U0689802

〔清〕秦蕙田 撰
方向東 王鍔 點校

五禮通考

十四

嘉禮〔五〕

中華書局

目録

五禮通考卷一百八十四

嘉禮五十七

觀象授時

測景之法

書堯典：分命羲仲，宅嵎夷，曰暘谷。傳：東表之地稱嵎夷。暘，明也。疏：禹貢青州曰：「嵎夷既略。」青州在東界外之畔爲表，故云「東表之地稱嵎夷」也。寅賓出日，傳：寅，敬。賓，導也。平秩東作。傳：秩，序也。

朱子曰：宅嵎夷之類，恐只是四方度其日景，如唐時尚使人去四方觀望。

又曰：「宅」字古與「度」字通，見周禮注等書者非一。宅嵎夷之屬皆謂度日景於此。

胡氏渭曰：案後漢書，東夷有九種，曰畎夷、于夷、方夷、黄夷、白夷、赤夷、玄夷、風夷、陽夷。贊曰：「宅是嵎夷，曰乃暘谷。巢山潛海，厥區九族。」是以九夷爲嵎夷也。説文：「暘山在遼西，一曰嵎銕，暘谷也。」既在遼西，則冀域而非青域，不可以當禹貢之嵎夷。薛士龍云嵎夷今登州，齊乘因以寧海州爲嵎夷，近世皆宗其説。余案封禪書，秦始皇東遊海上，祠齊之八神，其七曰日，主祠成山，成山斗入海，最居齊東北隅，以迎日出云。韋昭曰成山在東萊不夜縣，今文登縣東北一百八十里有成山是也。謂羲仲之所宅在此，頗近理。然文登與萊州接壤，禹既略嵎夷，不應越萊夷而西治濰淄，是則可疑耳。且朝鮮更在成山之東，寅賓出日，尤爲得宜。范史以東夷九種爲嵎夷，必有根據。杜氏通典亦用其説。通鑑唐高宗顯慶五年，命蘇定方伐百濟，以新羅王春秋爲嵎夷道行軍總管，是亦以東夷爲嵎夷也。元史天文志言郭守敬爲太史，四海測景之所凡二十七，東極高麗，西至滇池，南踰朱崖，北盡鐵勒，皆古人之所未及。案高麗即古朝鮮，北極出地三十八度，與登州同。後世朝鮮爲外國，測景但可在登州。堯時嵎夷爲青域，測景自當在朝鮮也。

申命羲叔，宅南交。平秩南訛，傳：申，重也。南交言夏與春交。訛，化也。疏：鄭云：「夏不言『曰明都』三字，摩滅也。」伏生所誦與壁中舊本並無此字，非摩滅也。王肅以「夏無『明都』，避『敬致』，然即『幽』足見『明』，闕文相避」，如肅之言，義可通矣。**敬致。**

司馬氏貞曰：孔注未是。然則冬與秋交，何故下無其文？且東嵎夷、西昧谷、北幽都三方皆言地，而夏獨不言地，乃云與春交，斯不例之甚也。然南方地有名交趾者，或古文略舉一字名地，南交即是交趾不疑也。

林氏之奇曰：周官「冬夏致日」，左氏曰「日官居卿以底日」，則敬致者，致日之謂也。

朱子曰：致日，考日中之景，如周禮土圭之法。圭只是量表景底尺，長一尺五寸，以玉爲之。夏至立表，視表景長短，以玉圭量之。

分命和仲，宅西，曰昧谷。寅餞納日，平秩西成。傳：昧，冥也。餞，送也。

申命和叔，宅朔方，曰幽都。平在朔易。疏：釋訓：「朔，北方也。」李巡云：「萬物盡於北方，蘇而復生。」釋詁：「在，察也。」

吕氏祖謙曰：北方終其陰而後始其陽，故曰朔方。既承今歲之終，又慮來歲之始，故曰朔易。始而終，終而始，此天地生生不窮之道。

黄氏度曰：禹貢西被流沙，自流沙以西皆夷界，山川不紀於職方，故稱西以見境域之不止此也。朔則北限沙漠，荒茫悠遠，山川不可見，故稱朔方，以爲大界。或曰山海經北荒有幽都山，樂史寰宇記幽州有幽都山，皆爲附會。

梅氏文鼎曰：日月星辰之行度不變，而人所居，有東南西北、正視側視之殊，則所見各異，謂之里差，亦曰視差。自漢及晉，未有知之者也。北齊張子信始測交道有表裏，此方不見食者，人在月外，必反見食。宣明本之，爲氣、刻、時三差。而大衍有九服測食定晷漏法，元人四海測驗二十七所，而近世歐邏巴航海數萬里，以身所經山海之程，測北極爲南北差，測月食爲東西差，里差之説，至是而確。是蓋合數千年之積測以定歲差，合數萬里之實驗以定里差，距數逾遠，差積逾多，而曉然易辨。且其爲法，既推之數千年數萬里而準，則施之近用，可以無惑。曆至今日，屢變益精，以此。然余亦謂定於唐、虞之時，何也？不能預知者，差之數；萬世不易者，求差之法。古之聖人以日之所在不可以目視而器窺也，故爲之中星以紀之，鳥、火、虚、昴，此萬世求歲差之根數也。又以日之出入發斂，不可以一方之所見爲定也，故爲之嵎夷、昧谷、南交、朔方之宅以分候之，此萬世求里差之定法也。

又曰：周髀所言東方日中、西方夜半云云者，皆相距六時，其相去之地皆一百八十度。地與天應，其周度皆三百六十，則其相對必一百八十。此東西差之極大者也。細考之，則日在極東，而東方爲日中午時，則其地在極南者，必見日初出地而爲卯時，在極北者，必見日初入地而爲酉時，故又云此四方者晝夜易處，加四時相及。自南方卯至東方午爲四時，自東方日中午至北方酉亦四時，故每加四時則相及矣。若以度計之，實相距九十。又細分之，則東西相距三十度必早晚差一時，如日在極南，爲午時，其西距三十度之地必見其爲巳時，而其東距三十度之地必見爲未時，其餘地準此推之，並同。相距十五度必相差四刻。堯分命羲仲寅賓出日，和仲寅餞内日者，測此東西里差也。寅賓寅餞，互文見意，非羲仲但朝測，和仲但暮測也。又周髀所言，北極下半年爲晝，中衡下，五穀一歲再熟云云者，其距緯皆相去九十度，乃南北差之極大者也。細考之，北極高一度，則地面差數百十里，屢代所測，微有不同，今定爲二百五十里。而寒暑密移，晝夜之長短各異。和叔、羲叔分處南北，以測此南北里差也。

蕙田案：宅嵎夷、宅西，所以測最東最西日出入相差時刻也。東方見日早，西方見日晚，如今雲南寅初，朝鮮已寅末；朝鮮酉末，雲南方酉初。是以節朔及月食幾差一時。然則東西里差者，推節朔及月食所必用也。宅南交、宅朔方，所以測最南最北日永短相差，並驗其氣候之有不齊也。如冬至廣東之晝短，山西較之益短，有差不啻半時。夏至廣東之晝長，山西較之益長，其差亦不啻半時。

且不但此也，自中土而南，寒漸平，其冬或如春秋焉，而一歲兩夏者有矣。赤道之下。自中土而北，寒愈甚，其夏或如春秋焉，而春秋已同乎中土之冬矣。赤道北四十餘度。然則南北里差者，驗晝夜節候之所參稽也。既分測於南北東西最遠之地，自遠而近，亦當以遞及焉。然後相校以得其率而法可起矣。致日之義別詳後。

周禮地官司徒：以土圭之灋測土深，正日景，以求地中。日南則景短多暑，日北則景長多寒，日東則景夕多風，日西則景朝多陰。注：土圭，所以致四時日月之景也。鄭司農云：「測土深，謂南北東西之深也。」玄謂晝漏半而置土圭，表陰陽，審其南北。景短於土圭謂之日南，是地於日爲近南也。景長於土圭謂之日北，是地於日爲近北也。東於土圭謂之日東，是地於日爲近東也。西於土圭謂之日西，是地於日爲近西也。如是則寒暑陰陽偏而不和，是未得其所求。凡日景於地，千里而差一寸。疏：案玉人職云：「土圭尺有五寸。」度土之深，深謂日景長短之深也。正日景者，夏日至，晝漏半[一]，表北得尺五寸景，正與土圭等，即地中，故云「正日景以求地中」也。中表景得正時，東表日已昳矣。晝漏半已得夕景，故云景夕。中表景得正時，西表日未中，仍得朝時之景，故云景朝。日至之景

[一]「漏」，原脱，據光緒本、周禮注疏卷一〇補。

尺有五寸，謂之地中，天地之所合也，四時之所交也，風雨之所會也，陰陽之所和也。然則百物阜安，乃建王國焉，制其畿方千里而封樹之。注：鄭司農云：「土圭之長尺有五寸，以夏至之日立八尺之表，其景適與土圭等，謂之地中。今潁川陽城地爲然。」

隋書天文志：劉焯云：「周官夏至日影，尺有五寸。張衡、鄭玄、王蕃、陸績先儒等，皆以爲影千里差一寸。言南戴日下萬五千里，表影正同，天高乃異。考之算法，必爲不可。寸差千里，亦無典説，明爲意斷，事不可依。今交、愛之州，表北無影，計無萬里，南過戴日。是千里一寸，非其實差。」

舊唐書天文志：案貞觀中，史官所載鐵勒、回紇部在薛延陁之北，去京師六千九百里，又有骨利幹居回紇北方瀚海之北，北距大海，晝長而夕短，既日没後，天色正曛，煮一羊胛纔熟，而東方已曙。開元十二年，太史監南宫説擇河南平地，以水準繩，樹八尺之表，而以引度之。始自滑州白馬縣，北至之晷，尺有五寸七分。自滑州臺表南行一百九十八里百七十九步，得汴州浚儀古臺表，夏至影長一尺五寸微强。又自浚儀而南百六十七里二百八十一步，得許州扶溝縣表，夏至影長一尺四寸四分。又自扶溝而南一百六十里百一十步，至豫州上蔡武津表，夏至影長一尺三寸六分半。大率五百二十六里二百七十步，影差二寸有餘。而先儒以爲王畿千里，影移一寸，乖舛而不同矣。

李氏光地曰：土圭條所謂地中及東西南北之偏，就九州以内言之耳。如今南方多熱，北方多寒，近海處多風，近山處多陰，故惟中州氣候爲得其正。而其日景，則夏至之日適與土圭齊，故取以爲準，是日景以土中而定，非土中因日景而得也。經云正景以求地中，所謂求者，猶標識之義耳。景短多暑，言景短時多暑也。景長多寒，言景長時多寒也。景夕多風，言景夕時多風也。景朝多陰，言景朝時多陰也。景短謂夏，景長謂冬，景夕謂午後，景朝謂午前。

又曰：日南則景短多暑，謂從此中表而南之地，則當景短之時，盛暑不堪，若今廣州夏時炎赫倍于他州；蓋景短即夏至，非短于尺有五寸之謂也。日北則景長多寒者，謂從此中表而北之地，則當景長之時，隆寒不堪，若今塞外冬時凜栗亦倍；蓋景長即冬至，非長于尺有五寸之謂也。日東則景夕多風者，謂從中表而東之地，則景夕之時多風；蓋東地多水，多水則多風，若吾州午後即海風揚也。風起于夕，故以景夕言之。日西則景朝多陰者，謂從此中表而西之地，則景朝之時多陰；蓋西地多山，多山則雲氣盛，若柳子厚所謂庸蜀之南恒雨少日是也。陰霾于朝，故以景朝言之。如此則寒暑陰風，偏而不和，是未得其所求。天地之所合者，地中與天中氣合也。合則四時交，而無多暑多寒之患。合則風雨會，而無多風。合則陰陽和，而無多陰。何以定之？以驗寒暑陰風於五土而知，惟此爲不偏也。然則沖和所會，無水旱昆蟲之災，無凶饑妖孽之疾，兆民之衆，含生之類，莫不阜安，是乃王者之都也。日至之景尺有五寸謂之地中者，非謂必日景尺有五寸乃爲地中，是言地中之處其景尺有五寸，蓋用以爲標識也。

蕙田案：必求地中者，王者處中以御天下，即用是得各方定節氣時刻之率也。

又案：寒暑陰風之偏，及四時天地交合，陰陽風雨和會，一皆實驗。先驗其偏，後求之而得其中也。「求」字之義甚實。李安溪謂求猶標識，初以其説爲然，細案之，語意乃非也。午後多風、午前多陰之説，亦未確。大概東方多風，西方多陰爾。古人用土圭測黄、赤二道，猶今之測北極高下也。寒暑進退、晝夜永短因之，而隨地不同，合堯典、周禮觀之，古人測里差極詳，測非獨夏至。夏至日中景最短，以最短爲度，及其長若干皆用是度之。周髀有七衡以正十二中氣，必由於實測，然後立爲準的也。

春官典瑞：土圭以致四時日月，封國則以土地。注：以致四時日月者，度其景至不至，冬夏以致日，春秋以致月。土地猶度地也。鄭司農説以玉人職曰：「土圭尺有五寸，以致日，以土地。」以求地中，故謂之土圭。疏：冬至，立八尺之表，晝漏半度之，表北得丈三尺景。又大司徒云「日至之景尺有五寸，謂之地中」，是其景至也。若不依此，或長或短，則爲不至也。

夏官土方氏：掌土圭之灋，以致日景。注：致日景者，夏至景尺有五寸，冬至景丈三尺，其間則日有長短。以土地相宅，而建邦國都鄙〔一〕。注：土地猶度地〔二〕。知東西南北之深，而相其可居者。宅，居也。

考工記玉人：土圭尺有五寸，以致日，以土地。注：致日，度景至不。夏日至之景尺有五寸，冬日至之景丈有三尺。土猶度也。建邦國以度其地，而制其域。疏：於地中立八尺之表，中漏半，夏至日，表北尺五寸，景與土圭等。冬至日，丈三尺，爲景至。若不依此，皆爲不至，故云度景至不也。

匠人建國，注：立王國若邦國者。水地以縣，注：於四角立植，而縣以水，望其高下。高下既定，乃爲位而平地。疏：植即柱也。柱四畔縣繩以正柱。柱正，然後去柱，遠以水平之法遥望，柱高下定，即知地之高下。然後平高就下，地乃平也。置槷以縣，眡以景。注：於所平之地中央，樹八尺之臬，以縣正之，眡之以其景，將以正四方也。疏：槷亦謂柱也。欲取柱之景，先須柱正，當以繩縣而垂

〔一〕「邦」，原脱，據光緒本、周禮注疏卷三三補。
〔二〕「猶」，諸本作「又」，據周禮注疏卷三三改。

之於柱之四角四中，以八繩縣之，其繩皆附柱，則其柱正矣。爲規，識日出之景與日入之景。注：日出日入之景，其端則東西正也。又爲規以識之者，爲其難審也。自日出而畫其景端，以至日入，既則爲規測景兩端之内規之，規之交乃審也。度兩交之間，中屈之以指臬，則南北正。疏：以繩規取景之兩端，一帀則景之遠近定，遠近定，則東西乃審。晝參諸日中之景，夜考之極星，以正朝夕。注：日中之景，最短者也。極星謂北辰。

蕙田案：土圭尺有五寸，合乎地中夏日至之景，凡建邦土地悉用之者，蓋以是爲法，而度其方之日景短長。過乎土圭，則其地近南。而南北氣候不同，可就土圭知之，猶今之測北極高下也。不及土圭，則其地近埶之景也。晝識景，夜考極，蓋定南北西東及隨時隨地昏旦刻分，故曰以正朝夕。埶與土圭合而爲用，舉其一則兩者可見。土圭所度，即八尺以定？注家但云案漏，特其一法耳。今又能驗諸月食，於理尤確。環地南北之度，有北極高下爲準，而東西之度，即周禮所謂景朝景夕者，非有法推之，何以確鑿言之若是乎？周禮之法，惜乎不傳，宜以今日測驗補之。

宋史天文志：沈括上景表議曰：步景之法，惟定南北爲難。古法置埶爲規，識日出之景與日入之景。晝參諸日中之景，夜考之極星。極星不當天中，而候景之法取晨夕景之最長者規之，兩表相去中折以參驗，最短之景爲日中。然測景之地，百里之間，地之高下東西不能無偏；其間又有邑屋山林之蔽，倘在人目之外，則與濁氛相雜，莫能知其所蔽；而濁氛又繫其日之明晦風雨，人間烟氣塵坌變作不常。臣在本局候景，入濁出濁之節，日日不同，此又不足以考見出没之實，則晨夕景之短長未能得其極數。參考舊聞，别立新術。候景之表三，其崇八尺，博三寸三分，殺一以爲厚者。圭首剡其南使偏鋭，其趺方厚各二尺，環趺刻渠受水以爲準，以銅爲之。表四方志墨以爲中刻之，綴四繩，垂以銅丸，各當一方之墨。先約定四方，以三表南北相重，令趺相切，表别相去二尺，各使端直。四繩皆附墨，三表相去左右上下以度量之，令相重如一。自日初出，則量西景三表相去之度，又量三表之端景之所至，各别記之。至日欲入，候東景亦如之。長短同，相去之疏密又同，則以東西景端隨表影規之，半折以求最短之景。五者皆合，則半折最短之景爲北，表南墨之下爲南，東西景端爲東西。五候一有不合，未足以爲正。既得四方，則惟設一表，方首，表下爲石席，以水平之，植表於席之南端。席廣三尺，長如九服冬至之景，自表趺刻以爲分，分積爲寸，寸積爲尺，爲密室以棲表，當極爲霤，以下午景使當表端。副表併趺崇四寸，趺博二寸，厚五分，方首，剡其南，以銅爲之。凡景表景薄不可辨，即以小表副之，視景墨而易度。

元史天文志：正方案，方四尺，厚一寸。四周去邊五分爲水渠。先定中心，畫爲十字，外抵水渠。去心一寸，畫爲圓規，自外寸規之，凡十九規。外規内三分，畫爲重規，徧布周天度。中爲圓，徑二寸，高亦如之。中心洞底植臬，高一尺五寸，南至則減五寸，北至則倍之。凡欲正四方，置案平地，注水於渠，眡平，乃植臬於中。自臬景西入外規，即識以墨影，少移輒識之，每規皆然，至東出外規而止。凡出入一規之交，皆度以線，屈其半以爲中，即所識與臬相當，且其景最短，則南北正矣。復徧閱每規之識，以審定南北。南北既正，則東西從而正。然二至前後，日軌東西行，南北差少，即外規出入之景以爲東西，允得其正。當二分前後，日軌東西行，南北差多，朝夕有不同者，外規出入之景或未可憑，必取近内規景爲定，仍校以累日則愈真。又測用之法，先測定所在北極出地度，即自案地平以上度，如其數下對南極入地度，以墨斜經中心界之，又横截中心斜界爲十字，即天腹赤道斜勢也。乃以案側立，懸繩取正。凡置儀象，皆以此爲準。

圭表以石爲之，長一百二十八尺，廣四尺五寸，厚一尺四寸。座高二尺六寸。南北兩端爲池，圓徑一尺五寸，深二寸，自表北一尺，與表梁中心上下相直。外一百二十尺，中心廣四寸，兩旁各一寸，畫爲尺寸分，以達北端。兩旁相去一寸爲水渠，深廣各一寸，與南北兩池相灌通以取平。表長五十尺，廣二十四寸，厚減廣之半，植於圭之南端圭石座中，入地及座中一丈四尺，上高三十六尺。其端兩旁爲二龍，半身附表上擎横梁，自梁心至表顛四尺，下屬圭面，共爲四十尺。梁長六尺，徑三寸，上爲水渠以取平。兩端及中腰各爲横竅，徑二分，横貫以鐵，長五寸，繫線合於中，懸錘取正，且防傾墊。案表短則分寸短促，尺寸之下所謂分秒太半少之數，未易分别；表長則分寸稍長，所不便者景虚而淡，難得實影。前人欲就虚景之中考求真實，或設望筩，或置小表，或以木爲規，皆取端日光，下徹表面。今以銅爲表，高三十六尺，端挾以二龍，舉一横梁，下至圭面共四十尺，是爲八尺之表五。圭表刻爲尺寸，舊一寸，今申而爲五，釐毫差易分别。

景符之制，以銅葉博二寸，長加博之二，中穿一竅，若針芥然。以方闑爲趺，一端設爲機軸，令可開闔，楮其一端，使其勢斜倚，北高南下，往來遷就於虚梁之中。竅達日光，僅如米許，隱然見横梁於其中。舊法以表端測晷，所得者日體上邊之景。今以横梁取之，實得中景，不容有毫末之差。至元十六年己卯夏至晷景，四月十九日乙未景一丈二尺三寸六分九釐五毫。至元十六年己卯冬至晷景，十月二十四日戊戌景七丈六尺七寸四分。

闚几之制，長六尺，廣二尺，高倍之。下爲趺，廣三寸，厚二寸，上闆廣四寸，厚如趺。以板爲面，厚及寸，四隅爲足，撐以斜木，務取正方。面中開明竅，長四尺，廣二寸。近竅兩旁一寸分畫爲尺，内三寸刻爲細分，下應圭面。几面上至梁心二十六尺，取以爲準。闚限各各長二尺四寸，廣二寸，脊厚五分，兩刃斜剟，取其於几面相符，著限兩端，厚廣各存二寸，銜入几闆。俟星月正中，從几下仰望，視表梁南北以爲識，折取分寸中數，用爲真景。又於遠方同日闚測取景數，以推星月高下也。

明史天文志：宣城梅文鼎曰：極度晷影常相因。知北極出地之高，即可知各節氣午正之影。測得各節氣午正之影，亦可知北極之高。然其術非易易也。圭表之法，表短則分秒難明，表長則影虚而淡。郭守敬所以立四丈之表，用影符以取之也。日體甚大，竪表所測者日體上邊之影，横表所測者日體下邊之影，皆非中心之數，郭守敬所以於表端架横梁以測之也，其術可謂善矣。但其影符之制，用銅片鑽針芥之孔，雖前低後仰以向太陽，但太陽之高低每日不同，銅片之欹側安能俱合？不合則光不透，臨時遷就而日已西移矣。須易銅片以圓木，左右用兩板架之，如車軸然，則轉動甚易。更易圓孔以直縫，而用始便也。然影符止可去虚淡之弊，而非其本，必須正其表焉，平其圭焉，均其度焉，三者缺一不可以得影。三者得矣，而人心有粗細，目力有利鈍，任事有誠僞，不可不擇也。知乎此，庶幾晷影可得矣。西洋之法又有進焉。謂地半徑居日天半徑千餘分之一，則地面所測太陽之高，必少於地心之實高，於是有地半徑差之加。近地有清蒙氣，能升卑爲高，則晷影所推太陽之高，或多於天上之實高，於是又有清蒙差之減。是二差者，皆近地多而漸高漸減，以至於無，地半徑差至天頂而無，清蒙差至四十五度而無也。

新法曆書：定南北線本法。用地平經緯儀，取最近北極一星，測其東西行所至兩經度，中分之即正北方也。用句陳大星，西名小熊尾，第一夏至子時在極東，冬至子時在極西。用句陳第五星，西名小熊尾，第三冬至酉時在極西，卯時在極東。用此即定線，一夕可得。若無本器，用兩表之法。兩表者，一定表，其體與地平爲垂線；一游表，其直邊亦與地平爲垂線。先以二表與星相望，參直成一線。若星漸移而東，則遷游表隨東，至不復東而止，移西亦如之。末從定表望兩游表，各以直線聯之成三角形，平分其角，作南北正線。

西史第谷欲究極日躔行度之理，造大渾儀，測諸經緯度分，每渾儀所測之緯度，高於所算太陽之緯度，乃知真高在視高之下，因悟差高之緣，蓋清蒙之氣所爲也。清蒙之氣者，地中游氣，時時上騰，入夜爲多，水上更多，其質輕微，略似澄清之水，其於物體，不能隔礙人目，使之隱蔽，却能映小爲大，升卑爲高，故日月出入，人從地平上望之，比于中天則大；星座出入，人從地平上望之，比于中天則廣。此映小爲大也。見定望日時，地在日月之間，人在地平，無兩見之理，而恒得兩見，或日未西没而已見月食于東，日已東出，而尚見月食於西，或高山之上見日月出入，以較算定時刻，每先昇後墜，此升卑爲高也。清蒙之氣，有厚薄，有高下。氣盛則厚而高，氣減則薄而下。厚且高，則映像愈大，升像愈高；薄且下，則映像不甚大，升像亦不甚高。其所繇厚且高者，若海若江湖水氣多也。或水少而土浮虚，此氣能令輕塵上升，亦厚且高也。地勢不等，氣勢亦不等，故受蒙者，其勢亦不等，欲定日躔月離五星列宿等之緯度，宜先定本地之清蒙差。清蒙之本性，能昇物象，令高于實在之所，不能偏左偏右，故其差恒在緯度，不在經度。

凡七政之視差有二，一爲地半徑差，一爲清蒙氣差。地半徑差，月最大，日、金、水次之，火、木、土則漸遠漸消，恒星天最遠。地居其中，止于一點，故絶無地半徑差，而獨有清蒙之差。清蒙地氣，去人甚近，故不論天體近遠，但以高卑爲限。星去地平未遠，人目望之，星爲此氣所蒙，不能直射人目，必成折照乃能見之，一經轉折，人之見星，必不在其實所，即星體在地平之下，人所目見，乃在其上也。迨升度既高，蒙氣已絶，則直射人目，是爲正照。雖星月之間微有濕氣，不能爲差也。試用一星於地平近處測其去北極之度，迨至子午圈上又測之，即兩測必不合；或用兩星于地平近處測其距度，逮至子午圈上又測之，即兩測亦不必合，此其證也。此氣晴明時有之，人目所不見，而能曲折相照，升卑爲高，故名清蒙。若雲霧等濁蒙，直是難測，不論視差矣。

觀承案：測景直推至清蒙氣差，比地半徑差爲更盡矣。正唯如此，則立表測量，亦第能得其大分耳。圭撮芒渺之間，安能使之須眉畢現也哉？故後世雖立法更密，測望更精，而天道幽玄，必非人力所能窮竟者。觀象者但當順天以求合，而不能爲合以驗天。西法雖善，千百年後安能保其無纖毫差謬也？

江氏永曰：凡徹體之物，如氣如水，如玻璃水晶，皆能變物之形，遠可使近，小可使大，直可使曲，深可使淺，卑可使高。遠鏡，其顯者也，插篙於水，置錢於盂，無不可驗。是以日月出地與將入地，視徑加大，蒙氣映之故也。不唯加大而已，更能升之使高，實未出地而已出地也，雖已入地而猶未入也，故日食於高卑、南北、東西三差之外，更有清蒙氣差、清蒙徑差，此爲帶食言之也。有此二差，則旦暮日食以東西差加減之，而當食者蒙氣或升之而不食矣，其不當食者或升之而見食矣。視徑加大，則能變食限與加時早晚食分多少矣。此非臺官所能豫定，必隨方測候，而後可知。前史有書當食不食、不當食而食者，其故或由此與？

蕙田案：隋書姜岌言地有遊氣，故參、伐在旁則其間疏，在上則其間數。日晨夕近地，故色赤而大；無遊氣則色白，大不甚矣。宋沈括言在本局候景入濁出濁之節，日日不同，蓋皆以近地之氣能變易實體，而謂之遊氣，謂之濁氛，日日有之，且厚薄無常，隨地不等也。西法辨别其間有清蒙、濁蒙，濁蒙則全無準，清蒙尚可得其準差。要之，既爲氣差，詎能一定？隨各地厚薄之常較驗爲法可也。

右測景之法

測日景求地中以定里差

舊唐書天文志：開元十二年，詔太史交州測景，夏至影表南長三寸三分〔一〕，測影使者大相元太云：「交州望極，纔出地二十餘度。以八月自海中南望老人星殊高。老人星下，環星燦然，其明大者甚衆，圖所不載，莫辨其名。大率去南極二十度以上，其星皆見。乃古渾天家以爲常没地中，伏而不見之所也。」陽城北至之晷，一尺四寸八分弱；冬至之晷，一丈二尺七寸一分半；春秋分，其長五尺四寸三分。以覆矩斜視，北極出地三十四度四分。凡度分皆以十分爲法。自滑臺表視之，高三十五度三分。差陽城九分。自浚儀表視之，高三十四度八分。差陽城四分〔二〕。自武津表視之，高三十三度

〔一〕「三寸」，原作「三十」，據光緒本、舊唐書天文志上改。

〔二〕「四分」，原作「九分」，據光緒本、舊唐書天文志上改。

八分。差陽城六分〔一〕。雖秒分稍有盈縮〔二〕，難以目校，然大率五百二十六里二百七十步而北極差一度半，五百三十一里八十步而差一度〔三〕。樞極之遠近不同，則黄道之軌景固隨而遷變矣。自此爲率，推之比歲朗州測影，夏至長七寸七分，冬至長一丈五寸三分，春秋分四尺三寸七分半。以圖測之，定氣長四尺四寸七分。案圖斜視，北極出地二十九度半。差陽城五度二分。蔚州横野軍測影，夏至長二尺二寸九分，冬至長一丈五尺八寸九分，春秋長六尺四寸四分半。以圖測之，六尺六寸三分半。案圖斜視，北極出地四十度。差陽城五度二分。凡南北之差十度半〔四〕，其徑三千六百八十里九十步。自陽城至朗州，一千八百二十六里百九十六步。自陽城至蔚州横野軍〔五〕，一千八百六十一里二百一十四步。北至之晷，差一尺五寸三分。自陽城至朗州，差七寸二分。自陽城至横野軍，差八寸。南至之晷，差五尺三寸六分。自陽城至朗州，差二尺一寸八分。自陽城至横野軍，差三尺一寸八分。率夏至與

〔一〕「六分」，原作「九分」，據光緒本改。
〔二〕「秒」，原作「秋」，據光緒本、舊唐書天文志上改。
〔三〕「五百三十一里」，舊唐書天文志上作「三百五十一里」。
〔四〕「南」，原作「兩」，據光緒本、舊唐書天文志上改。
〔五〕「蔚州」，原作「朗州」，據舊唐書天文志上改。

南方差少，冬至與北方差多。又以圖校安南，日在天頂北二度四分，北極高二十度四分，冬至影長七尺九寸四分，定春秋分影長二尺九寸三分。差陽城十四度三分，其徑五千二十三里。至林邑國〔一〕，日在天頂北六度六分强，北極之高十七度四分，周圜三十五度，常見不隱。冬至影長六尺九寸〔二〕，其徑六千一百一十二里。假令距陽城而北，至鐵勒之地亦十七度四分，合與林邑正等，則五月日在天頂南二十七度四分〔三〕。北極之高五十二度，周圜一百四度，常見不隱。北至之晷四尺一寸三分，南至之晷二丈九尺二寸六分，定春秋分影長九尺八寸七分。北方日没地纔十五度餘，昏伏於亥之正西，晨見於丑之正東，以里數推之，已在回紇之北，又南距洛陽九千八百一十六里，則五月極長之日，其夕常明，然則骨利幹猶在其南矣。一行因脩大衍圖，更爲覆矩圖。林邑國，北極高十七度四分。冬至影在表北六尺九寸。定春秋分影在表北二尺八寸五分，夏至影表南五寸七分。安南都護府，北極高二十六度六分。冬至影在表北七尺九寸四分。定春秋分影在表

〔一〕「林邑國」，諸本作「林邑圖」，據舊唐書天文志上改。下同。
〔二〕「冬至」，諸本脱，據舊唐書天文志上補。
〔三〕「南」，諸本脱，據舊唐書天文志上補。

北二尺九寸三分，夏至影在表南三寸三分。朗州武陵縣，北極高二十九度五分。冬至影在表北一丈五寸三分。定春秋分景在表北四寸七分〔一〕，夏至影在表北七寸七分。襄州。恒春分影在表北四尺八寸。蔡州上蔡縣武津館，北極高三十三度八分。冬至影在表北一丈二尺三寸八分。定春秋分影在表北五尺二寸八分，夏至影在表北一尺三寸六分半。許州扶溝，北極高三十四度三分。冬至影在表北一丈二尺五寸三分。定春秋分影在表北五尺三寸七分，夏至影在表北五尺四寸四分〔二〕。汴州浚儀太岳臺，北極高三十四度八分。冬至影在表北一丈二尺八寸五分。定春秋分影在表北五尺五寸，夏至影在表北一尺五寸三分。滑州白馬，北極高三十五度三分。冬至影在表北一丈三尺。定春秋分影在表北五尺三寸六分，夏至影在表北一尺五寸七分。太原府。恒春秋分在表北六尺。蔚州橫野軍，北極高四十度〔三〕。冬至影在表北一丈五尺八寸九分。定春秋分影在表北六尺六寸三分，夏至影在表北二尺二寸九分。

唐書天文志：凡晷差，冬夏不同，南北亦異。先儒一以里數齊之，遂失其實。今

〔一〕「四寸七分」，舊唐書天文志上作「四尺三寸七分半」。

〔二〕「五尺」，舊唐書天文志上作「一尺」。

〔三〕「四十度」，諸本作「三十度」，據舊唐書天文志上校勘記改。

更爲覆矩圖，南自丹穴，北暨幽都，每極移一度，輒累其差，可以稽日食之多少，定晝夜之長短，而天下之晷皆協其數矣。

盡鐵勒。元史天文志：四海測景之所，凡二十有七。東極高麗，西至滇池，南踰朱崖，北盡鐵勒。司天之官遵而用之，靡有差忒。南海，北極出地一十五度，夏至景在表南，長一尺一寸六分，晝五十四刻，夜四十六刻。衡嶽，北極出地二十五度，夏至日在表端，無景，晝五十六刻，夜四十四刻。嶽臺，北極出地三十五度，夏至晷景長一尺四寸八分，晝六十刻，夜四十刻。和林，北極出地四十五度，夏至晷景長三尺二寸四分，晝六十四刻，夜三十六刻。鐵勒，北極出地五十五度，夏至晷景長五尺一分，晝七十刻，夜三十刻。北海，北極出地六十五度，夏至晷景長六尺七寸八分，晝八十二刻，夜一十八刻。大都，北極出地四十度太强，夏至晷景長一尺三寸六分，晝六十二刻，夜三十八刻。上都，北極出地四十三度少。北京，北極出地四十二度强。益都，北極出地三十七度少。登州，北極出地三十八度少。高麗，北極出地三十八度少。西京，北極出地四十度少。太原，北極出地三十八度少。安西府，北極出地三十四度半强〔一〕。興元，北極出地三十三度半强。成都，北極出地三十一度半强。西涼州，北極出地四十度强。東平，北極出地三十五度太。大名，北極出地三十六度。南京，北極出地三十四度太强。河南府陽城，北極出地三十四度太弱。揚州，北極出地三十三度。鄂州，北極出地三十一度半。吉州，北極出地二十六度半。雷州，北極出地二十度太。瓊州，北極出地一十九度太。

明史天文志：地居天中，其體渾圓，與天度相應。中國當赤道之北，故北極常現，南極常隱。南行二百五十里則北極低一度，北行二百五十里則北極高一度。以周天度計之，知地之全周爲九萬里也。以周徑密率求之，得地之全徑爲二萬八千六百四十七里又九分里之八也。凡北極出地之度同，則四時寒暑靡不同。崇禎初，西洋人測得京省北極出地度分。北京四十度，周天三百六十度，度六十分立算。下同。南京三十二度半，山東三十七度，山西三十八度，陝西三十六度，河南三十五度，浙江三十度，江西二十九度，湖廣三十一度，四川二十九度，廣東二十三度，福建二十六度，廣西二十

〔一〕「三十四度」，原作「二十四度」，據光緒本、元史天文志一改。

五度，雲南二十二度，貴州二十四度。以上極度，惟兩京、江西、廣東四處皆係實測，其餘則據地圖約計之。又以十二度度六十分之表測京師各節氣午正日影，夏至三度三十三分，芒種、小暑三度四十二分，小滿、大暑四度十五分，立夏、立秋五度六分，穀雨、處暑六度二十三分，清明、白露八度六分，春、秋分十度四分，驚蟄、寒露十二度二十六分，雨水、霜降十五度五分，立春、立冬十七度四十七分，大寒、小雪二十度四十七分，小寒、大雪二十三度三十分，冬至二十四度四分。

蕙田案：古人憑土圭測景，知各方分、至、啓、閉之景，則知北極出地高下，而各方氣候不同，以土圭知之矣。唐以後漸詳於測北極與二十四氣，所得晷景互相參稽，唐至元皆據古度法，較今度所差不多也。唐志言五百三十餘里差一度〔一〕，今徑直計之，定爲二百五十里。所用者八寸舊尺，若十寸尺，則二百里而差一度。里數不同，覈實則一。

又案：以上北極高度即南北里差。

〔一〕「五百三十」，舊唐書天文志上作「三百五十」。

明史天文志：東西偏度，以京師子午線爲中，而較各地所偏之度。凡節氣之早晚，日食之先後，胥視此。蓋人各以見日出入爲東西爲卯酉，以日中爲南爲午。而東方見日早，西方見日遲，東西相距三十度則差一時，東方之午乃西方之巳，西方之午乃東方之未也。相距九十度則差三時，東方之午乃西方之卯，西方之午乃東方之酉也。相距一百八十度則晝夜時刻俱反對矣。東方之午乃西方之子。西洋人湯若望曰：「天啓三年九月十五夜，戌初初刻望，月食，京師初虧在酉初一刻十二分，而西洋意大里雅諸國望在晝，不見。推其初虧在巳正三刻四分，相差三時二刻八分，以里差計之，殆距京師之西九十九度半也。故欲定東西偏度，必須兩地同測一月食，較其時刻。若早六十分時之二則爲偏西一度，遲六十分時之二則爲偏東一度。節氣之遲早亦同。今各省差數未得測驗，據廣輿圖計里之方約略條列，或不致甚舛也。南京應天府、福建福州府並偏東一度，山東濟南府偏東一度十五分，山西太原府偏西六度，湖廣武昌府、河南開封府偏西三度四十五分，陝西西安府、廣西桂林府偏西八度半，浙江杭州府偏東三度，江西南昌府偏西二度半，廣東廣州府偏西五度，四川成都府偏西十三度，貴州貴陽府偏西九度半，雲南雲南府偏西十七度。」右偏度，載崇禎曆書。未暇分測度數，實多未確，存之以備考訂云。

蕙田案：以上東西偏度即東西里差。

右測日景求地中以定里差

五禮通考卷一百八十五

嘉禮五十八

觀象授時

測中星考日躔以定歲差

書堯典：日中，星鳥，以殷仲春。傳：日中謂春分之日。鳥，南方朱鳥七宿。殷，正也。春分之昏，鳥星畢見，以正仲春之氣節。轉以推季孟則可知。日永，星火，以正仲夏。傳：永，長也。謂夏至之日。火，蒼龍之中星，舉中則七星見可知。以正仲夏之氣節。季孟亦可知。宵中，星虚，以殷仲秋。傳：宵，夜也。春言日，秋言夜，互相備。虚，玄武之中星，亦言七星皆以秋分日見，以正三秋。

日短，星昴，以正仲冬。傳：日短，冬至之日。昴，白虎之中星，亦以七星並見，以正冬之三節。

疏：馬融云：「古制，刻漏晝夜百刻。晝長六十刻，夜短四十刻。晝短四十刻，夜長六十刻。晝中五十刻，夜亦五十刻。」融之此言據日出見爲説。天之晝夜以日出入爲分，人之晝夜以昏明爲限。日未出前二刻半爲明，日入後二刻半爲昏，損夜五刻以裨於晝，則晝多於夜，復校五刻。古今曆術與太史所候皆云：夏至之晝六十五刻，夜三十五刻。冬至之晝四十五刻，夜五十五刻。春分秋分之晝五十五刻，夜四十五刻。此其不易之法也。然今太史細候之法，則校常法半刻也。從春分至於夏至，晝漸長，增九刻半。夏至至於秋分，所減亦如之。從秋分至於冬至，晝漸短，減十刻半。從冬至至於春分，其增亦如之。又於每氣之間增減刻數有多有少，不可通而爲率。漢初未能審知，率九日增減一刻，和帝時待詔霍融始請改之。曲禮説軍陳象天之行，「前朱雀，後玄武，左青龍，右白虎」。「雀」即鳥也。「武」謂龜甲捍禦，故變文「玄武」焉。是天星有龍虎鳥龜之形也。四方皆有七宿，各成一形。東方成龍形，西方成虎形，皆南首而北尾。南方成鳥形，北方成龜形，皆西首而東尾。以南方之宿象鳥，故言鳥，謂朱鳥七宿也。此經舉宿，爲文不類。春言「星鳥」，總舉七宿。夏言「星火」，獨指房、心。虚、昴惟舉一宿。文不同者，互相通也。計仲春日在奎、婁而入於西地，則初昏之時井、鬼在午，柳、星、張在巳，軫、翼在辰，是朱鳥七宿皆得見也。天道左旋，日體右行，故星見之方與四時相逆。春則南方見，夏則東方見，秋則北方見，冬則西方見，此則勢自當然。馬融、鄭玄以爲「星鳥、星火謂正在南方。春分之昏七星中，仲夏之昏心星中，秋分之昏虚星中，冬至之昏昴星中，皆舉正中之星，不爲一方盡見」，此其與孔異也。至于舉仲月以統一時，亦與孔同。王肅亦以星鳥之屬爲昏中之星，其要異者，以所宅爲孟月，日中、日永爲仲月〔一〕，星鳥、星火爲季月，「以殷」、「以正」皆總三時之月。讀「仲」爲中，言各正三月之中氣也。以馬融、鄭玄之言不合天象，星火之屬仲月未中，故爲每時皆歷陳三月，言日以正仲春，以正春之三月中氣。若正春之三月中，當言「以正春中」，不應言「以正仲春」。王氏之説非文勢也。孔氏直取「畢見」，稍爲迂闊，比諸王、馬，於理最優。計七宿房在其中，但房、心連體，心統其名。左傳言「火中」、「火見」，詩稱「七月流火」，皆指房、心爲火，故曰「火，蒼龍之中星」。特舉一星，與鳥不類，故曰「舉中則七星見可知」。計仲夏日在東井而入於酉地，即初昏之時角、亢在午，氐、房、心在巳，尾、箕在辰，是東方七宿皆得見也。北方七宿則虚爲中，故虚爲玄武之中星。計仲秋日在角、亢而入於酉地，初昏之時斗、牛在午，女、虚、危在巳，室、壁在辰，舉虚中星言之，亦言七星皆以秋分之日昏時並見，以正秋之三月。

齊氏召南曰：孔疏于「日短，星昴，以正仲冬」似脱正義一段。堯時冬至日躔所在，曆家多以意説。宋何承天、隋袁充皆謂日在須女十度，已爲近之。唐一行直謂日在虚一，則星火星昴皆以仲月昏中得其解矣。

〔一〕「日永」，原作「星永」，據光緒本、尚書正義卷二改。

潘氏士遴曰：凡測星，治地令平，規而圜之，徑二十步一尺七寸四分寸之二，六尺爲步。周三百六十五寸二十五分。一尺爲一度，以象周天之數。立一表於地，規之中，命曰中表。不動，從表之北向南而望星。置一表於正南之經頭，命曰遊儀之表。每日逐星西過，以尺量其下，去所表之數每一尺爲一度。候星以牽牛爲始，望星在正南之昏時爲法。從此以後，日西過經八日，昏時女星來中，故牛爲八度。復候女星至十二日後，虚星來中，故爲十二度。復候虚星至十日後，危星來，故虚爲十度。

欽定書經傳説彙纂：測中星，亦所以測日也。恒星當午，自人視之爲天之中，故曰中星。蓋因晝有日光而不見星，故於初昏測之。既得中星，計至日入度分，加入昏刻所行，而太陽之真躔乃得確據。晝測日影，夜考中星，此觀象之要務也。又中星諸方各異，隨時不同，故分測四方，參互考驗，始無差忒。然恒星隨天左旋，自東而西，又有自行度分，自西而東，每歲所行，今定爲五十一秒，即古之歲差也。其自行分秒雖微，久則自著。堯時春分日躔在昴，而初昏中星爲鶉鳥。今之春分日躔在室，而初昏中星則在東井。自堯至今四千餘年，而相差若此，是知術不可以一時爲準，法不可以一隅而定，惟使疇人專家明習其理，隨時隨地實測互證，常加修改，協於天行，斯無弊之良法也。

戴氏震書補傳〔一〕：日中、宵中、日永、日短，此終古不變者也。星鳥、星火、星虛、星昴，此列宿之舉目可見，千百年乃覺其大差，隨時爲書，以示民者也。二者相爲經緯。唐、虞時孟春日在奎，仲春在胃，季春在參，夏小正「三月參則伏」，以日所躔，故伏而不見也。稽諸古籍，惟夏小正與堯典多合，其時未甚相遠。至周，則恒星東移已及一次，春分日躔降婁，月令「仲春日在奎，昏弧中」，周末然也，今則又移一次矣。據乎堯典，星象爲首，二萬五千四百餘年乃復此象。夏小正「四月初昏，南門正」，南門兩大星横亢下，壽星次也。南門正，則壽星正值午位矣。「五月初昏大火中，大火，心也」。夏至日躔鶉火，故房、心昏中，堯典、夏小正其象合。至周，夏至日躔鶉首，周初日在柳，月令「仲夏日在東井，昏亢中」，周末然也。豳風「七月流火」，則因六月昏火中矣。月令言於季夏，與詩合。夏小正「八月辰則伏」，「九月辰繫于日」〔二〕，心爲大辰，秋分以後日所躔之宿也，與堯典合。至周，秋分日躔壽星，周初日在亢、氐，月令「仲秋日在角，昏牽牛中」，周末然也。夏小正「十月織女正北鄉，則旦」，織女恒鄉降婁，降婁值子，星紀必值卯，日所在之次也。十一月則日在玄枵，春秋傳：「玄枵，虛中也。」唐、虞時，冬至日蓋在虛五六度，至周，冬至日躔星紀。周初日在牽牛，月令「仲冬日在斗，昏東壁中」，周末然也。説者咸謂

〔一〕「書補傳」，原作「詩補傳」，據味經窩本、乾隆本、光緒本改。
〔二〕「九月」，原作「三月」，據味經窩本、乾隆本、光緒本改。

斗、牛爲列宿之首，故謂之星紀，言星自此紀也。考周初，日在牽牛，至周末，則在斗，皆星紀之次。由是觀之，日月之行起于斗、牛，特周時之天象。堯典仲冬星昴，日月之行起于玄枵正中，不以星紀序首矣。十二次之名，必周時始定。堯典曰鳥，曰火，曰虚，曰昴，蓋據當時所有之名言之。以鳥爲全舉南陸之宿，火爲全舉大火之宿者，非也。猶之古人但有分、至、啓、閉，後人遂定爲二十四氣，而或存古名，或更立名，事正相類。

蕙田案：唐、虞時春分日在胃末昴初，故初昏七星中，七星，鶉火次也。鶉火值正午，則鶉首值未，鶉尾值巳。夏至日在七星，故初昏心中，大火次也。大火值正午，則壽星值未，析木之津值巳。仲秋日在氐、房，故初昏虚中，玄枵次也。玄枵值正午，則星紀值未，娵訾之口值巳。冬至日在虚五六度，故初昏昴中，大梁次也。大梁值正午，則降婁值未，實沈值巳。馬融、鄭康成之説得之。凡列宿之差，越二千一百餘年則東移一次。孔疏不知列宿有推移，據周末星象以釋堯典，疏矣。況巳、午、未爲正南，堯典言中星而舉偏東辰巳午三位，何哉？王肅以星鳥、星火爲季月者，亦據月令釋堯典，其説非也。

觀承案：堯典中星只舉鳥、火、虚、昴之四宿，而不指天體，則星自星，天自天，而歲差之法自在其中矣。其以鳥、火、虚、昴循序而分四仲，則天左旋，恒星七曜亦本左旋之理，亦明矣。其後人謂恒星右移者，即是古人逆算之截法耳。然其理只一，合來無異，正不必自高其術也。

夏小正：正月初昏，參中，斗柄縣在下。傳：言斗柄者，所以著參之中也。三月參則伏。傳：伏者，非亡之辭也。星無時而不見，我有不見之時，故曰伏云。四月昴則見，初昏，南門正。傳：南門者，星也。歲再見，一正。五月參則見，傳：參也者，伐星也〔一〕。初昏，大火中。傳：大火者，心也。六月初昏，斗柄正在上。傳：五月大火中，六月斗柄正在上，用此見斗柄之不正當心也，蓋當依。依，尾也。七月漢案户，傳：漢也者，天河也。案户也者，直户也，言正南北也。初昏，織女正東鄉，斗柄縣在下，則旦。八月辰則伏，傳：辰也者，謂心也。伏也者，入而不見也。參中則旦。九月辰繫於日。十月初昏，南門見，傳：南門者，星也。及此再見也。織女正北鄉，則旦。傳：織女，星名也。

唐書志：大衍日度議曰：「夏小正雖頗疏簡失傳，乃羲、和遺迹。何承天循大戴之説，復用夏時，

〔一〕「伐星」，原作「牧星」，據光緒本、大戴禮記匯校集解卷二改。

更以正月甲子夜半合朔雨水爲上元，進乖夏曆，退非周正，故近代推月令、小正者，皆不與古合。開元曆推夏時立春日在營室之末，昏東井二度中。古曆以參右肩爲距，方當南正。故小正曰：「正月初昏，斗杓懸在下。」魁枕參首，所以著參中也。季春，在昴十一度半，去參距星十八度，故曰「三月參則伏」。立夏日在井四度，昏角中。南門右星入角距西五度，其左星入角距東六度，故曰「四月初昏，南門正，昴則見」。五月節，日在輿鬼一度半。參在日道最遠，以渾儀度之，參體始見，其肩股猶在濁中〔一〕。房星正中，故曰「五月參則見，初昏大火中」。「八月參中則曙」，失傳也。辰伏則參見，非中也。「十月初昏，南門見」，亦失傳也。定星方中，則南門伏，非昏見也。

蕙田案：建寅之月，夏以爲正月。於時日躔降婁，初昏參已過中，猶云參中者，舉大體言之，非若後代求諸度分之細也。斗柄縣在下者，史記云「杓攜龍角，衡殷南斗，魁枕參首」。參中則魁南上、杓北下矣。二月日躔大梁，三月日躔實沈。參伏者，日所在之宿故伏而不見也。四月日躔鶉首，故昴宿朝覿，南門在亢、氐之南。五月日躔鶉火，故參宿朝覿。大火中者，夏以建午之月，周以建未之月。左傳張趯曰：「火星中而寒暑退。」謂建丑之月旦中寒退，建未之月昏中暑

〔一〕「其肩」，原誤倒，據味經窩本、乾隆本、光緒本、新唐書曆志三乙正。

退也。六月日躔鶉尾，斗魁北下，故杓南上也。七月日躔壽星。漢案户者，與户南北直也。織女三星恒嚮降婁，壽星西入，則降婁東陞，故初昏織女東嚮。斗柄縣在下者，魁枕參首，魁參相應也。七月斗柄縣在下則旦，八月參中則旦，皆略舉大體。八月日躔大火。辰則伏者，爾雅大火謂之大辰，日所在之宿故伏也。旦參中者，已過中猶言之，舉大體也。九月日躔析木之津。辰繫于日者，日將出，心乃見東方也。十月日躔星紀，南門二星朝見於東南隅，非昏見也。「初昏」二字衍文。織女北嚮者，星紀東陞，故降婁值北，織女恒嚮降婁者也。十有一月日躔玄枵。十有二月日躔娵訾之口。凡夏小正星象，合之堯典不殊，大衍曆謂小正爲羲、和遺迹者，得之。其所推日躔中星，尚未盡合。

詩鄘風定之方中：定之方中，作于楚宫。傳：定，營室也。方中，昏正四方。箋：定星昏中而正，於是可以營制宫室，故謂之營室。定昏中而正，謂小雪時，其體與東壁連正四方。疏：釋天云：「營室謂之定。」孫炎曰：「定，正也。天下作宫室者，皆以營室中爲正。」釋天云：「娵觜之口，營室東壁也。」孫炎曰：「營室東壁，四方似口，故因名云。」

戴氏震詩補傳：定爲大水，春秋傳「水昏正而栽」是也。周時建亥之月，日在尾，故初昏定中，唐、虞建戌之月，今建子之月，其象如此。然則土功視定中爲候，據周制爾。營室之名，或亦起於周也。

詩豳風七月：七月流火，九月授衣。傳：火，大火也。流，下也。九月霜始降，婦功成，可以授冬衣矣。箋：大火者，寒暑之候也。火星中而寒暑退，故將言寒，先著火所在。疏：昭三年左傳張趯曰：「火星中而寒暑退。」服虔云：「火，大火，心也。季冬十二月平旦正中在南方，大寒退。季夏六月黄昏火星中，大暑退。」是火爲寒暑之候事也。知此兩月昏、旦火星中者，月令季夏昏火星中。六月既昏中，以衡反之，故十二月旦而中也。若然，六月之昏，火星始中。而堯典云：「日永星火，以正仲夏。」所以五月得火星中者，鄭志孫皓問：「月令季夏火星中，季夏中心也。不知夏至中星名。」答曰：「日永星火，此謂大火也。大火，次名。東方之次，有壽星、大火、析木。三者大火爲中，故尚書舉中以言焉。又每三十度有奇，非特一宿者也。如此言中，則日永星火謂大火之次，非心星也。堯典四時言中星者，春夏交舉其次，言『星鳥』、『星火』，秋冬舉其宿，言『星虚』、『星昴』，故注云：『星鳥，鶉火之方。星火，大火之屬。虚，玄武中虚宿也。昴，白虎中昴宿也。』以其東方南方皆三次，鶉火、大火居其中；西方北方俱七宿，虚星、昴星居其中。每時總舉一方，故指中宿與次而互言之耳。其實仲夏之月，大火之次亦未中也。」是鄭以「日永星火」大火之次與此火之心星别。

戴氏震詩補傳：凡星每晝夜隨天左旋，至正南爲最高，猶日當午正爲最高也。故未中以前，漸陞而上；既中以後，漸流而下。據周時季夏昏火中，故孟秋之月初昏已過中，但見其西流耳。若堯典之

「日永星火，以正仲夏」，夏小正之「五月初昏大火中」，則流火自六月矣。此虞、夏至周，歲差不同也。以心爲寒暑之候，特周時爲然。

觀承案：七月乃豳風，其時正在夏初，故篇中月數皆用夏代之正朔。七月流火，乃是建申之月，與堯典不爲異也。蓋日永星火，在五月午位，則六月尚在未位。巳午未俱屬南方，直至七月而火在申位，始流於西耳。周公作經，未必不詳考其實。今欲證周時與堯典異，而謂周公據當時之星宿以寫夏初之豳風，恐未然也。

春秋桓公五年左氏傳：龍見而雩。注：龍見，建巳之月。蒼龍，宿之體，昏見東方。

莊公二十九年左氏傳：凡土功，龍見而畢務，戒事也。注：謂今九月，周十一月，龍星角、亢晨見東方，三務始畢，戒民以土功事。疏：今之九月，則季秋也。月令：「季秋之月，日在房。」漢志論星之度數云：「角十二，亢九，氐十五。」自角之初至房初三十六度。晨謂夜之將旦，於晨之時，日體在房，故角、亢見在東方也。東方之宿盡爲龍星，角即蒼龍角也，故角、亢專得龍名。火見而致用，注：大火，心星，次角、亢見者。疏：襄九年傳曰：「心爲大火。」星度：心五，尾十八。月令：「孟冬之月，日在尾。」自心初至於尾末二十三度。十月之初，心星次角、亢之後而晨見東方也。水昏正而栽，注：謂今十月，定星昏而中。疏：五行，北方水，故北方之宿爲水星。言「水昏正」者，夜之初昏，水星有正中者耳，非北方七宿皆正中也。詩云：「定之方中，作于楚宮。」釋天云：「營室謂之定。」孫炎云：「定，正也。

天下作宮室者，皆以營室爲正。」周語云：「營室之中，土功其始。」是定星昏而正，爲土功之大候，故知「水昏正」謂十月定星昏而正中時也。詩箋云：「定星昏中而正，謂小雪時。」小雪，十月之中氣。月令：「仲冬之月，昏東壁中。」室十六度，日行一度，是十月半而室中，十一月初而壁中。**日至而畢。**注：日南至，微陽始動，故土功息。

昭公三年左氏傳：譬如火焉，注：火，心星。**火中，寒暑乃退。**注：心以季夏昏中而暑退，季冬旦中而寒退。疏：月令：「季夏之月，日在柳，昏心中，旦奎中。」「季冬之月，日在婺女，昏婁中，旦氐中。」氐後即次房、心，是季冬旦火中也。**此其極也，能無退乎？**

昭公四年左氏傳：申豐曰：「古者日在北陸而藏冰。注：陸，道也。謂夏十二月，日在虚、危。疏：釋天云：「北陸，虚也。西陸，昴也。」孫炎云：「陸，中也。北方之宿，虚爲中也。西方之宿，昴爲中也。」杜以「西陸朝覿」謂「奎星朝見」，昴爲西方中宿，則昴未得見。宿是日行之道。爾雅「高平曰陸」，故以陸爲道也。漢志載劉歆三統曆云：「玄枵之初，日在婺女八度爲小寒節，在危初度爲大寒中，終于危十五度。」是夏之十二月，日在虚、危也。以此知日在北陸，謂夏之十二月也。**西陸朝覿而出之。**注：春分之中，奎星朝見東方。疏：曆法，星去日半次，則得朝見。三統曆：「春分日在婁四度，宿分奎有十六度，乃次婁。」則春分之日，奎之初度去日已二十度矣。服虔以爲二月日在婁四度。春分之中，奎始朝見東方也。**火出而畢賦。**注：火星昏見東方，謂三月四月中。

昭公十七年左氏傳：梓慎曰：「火出，於夏爲三月，注：謂火見。於商爲四月，於周爲五月。」

哀公十二年左氏傳：冬十二月，螽。季孫問諸仲尼。仲尼曰：「丘聞之，火伏而後蟄畢。今火猶西流，司曆過也。」注：猶西流，言未盡没。知是九月，曆官失一閏〔一〕。疏：月令季夏之月，昏火星中。詩云：「七月流火。」毛傳云：「流，下也。」謂昏而見于西南，漸下流也。周禮司爟云：「季秋内火。」是九月之昏火始入，十月之昏則伏。「火猶西流」者，言其未盡没，是夏九月也〔二〕。釋例言：「今推春秋，此十二月乃夏之九月，實周之十一月也。此年當有閏，而今不置閏，此爲失一閏月耳。」

國語周語：虢文公曰：「農祥晨正，日月底于天廟，土乃脈發。」注：農祥，房星也。晨正，謂立春之日，晨中于午也。農事之後，故曰農祥。底，止也。天廟，營室也。孟春之月，日月皆在營室。

單子曰：「夫辰角見而雨畢，注：辰角，大辰蒼龍之角。角，星名也。見者，朝見東方建戌之

〔一〕「曆」，諸本脱，據春秋左傳正義卷五九補。
〔二〕「月」，原脱，據味經窩本、乾隆本、光緒本、春秋左傳正義卷五九補。

初，寒露節也。雨畢者，殺氣日盛，雨氣盡也。天根見而水涸，注：天根，亢、氐之間也。謂寒露雨畢之後五日，天根朝見，水潦盡竭也。月令：「仲秋，水始涸。」天根見，乃盡竭也。本見而草木節解，注：本，氐也。謂寒露之後十日，陽氣盡，草木之枝節皆理解也。駟見而隕霜，注：駟，天馬，房星也。謂建戌之中霜始降。火見而清風戒寒。注：謂霜降之後，清風先至，所以戒人爲寒備也。故先王之教曰：『雨畢而除道，水涸而成梁，草木節解而備藏，隕霜而冬裘具，清風至而修城郭宫室。』故夏令曰：『九月除道，十月成梁。』其時儆曰：『收而場功，治而畚挶。營室之中，土功其始。注：定，謂之營室。謂建亥小雪之中，定星昏正于午，土功可以始也。火之初見，期于司里。』注：期，會也。致其築作之具，會于司里之官。

蕙田案：左傳、國語所舉數條，蓋周初以星象紀課候之書，與詩經合；月令則又周末書也。若堯典、夏小正星象，與此差一次。申豐之言古者，指周初爲古耳。夫子亦云聞之，特聞於周時有是語，千載以上千載以下皆不同也。單襄公所述時儆，亦當謂周初之令，非夏令也。

禮記月令：孟春之月，日在營室，昏參中，旦尾中。注：孟，長也。日月之行，一歲十二會，聖王因其會而分之，以爲大數焉。觀斗所建，命其四時。此云孟春者，日月會於諏訾，而斗建寅之辰也。凡記昏明中星者，爲人君南面而聽天下，視時候以授民事。　疏：此言「孟春」者，夏正建寅之月也。呂不韋在於秦世，秦以十月爲歲首，不用秦正，而用夏時者，以夏數得天正，故用之也。周禮雖以建子爲正，其祭祀田獵亦用夏正也。「日在營室」者，案三統曆：立春，日在危十六度；正月中，日在室十四度。元嘉曆：立春，日在危三度；正月中，日在室一度。「昏參中」者，案三統曆：立春，昏畢十度中，去日八十九度；正月中，昏井二度中，去日九十三度。元嘉曆：立春，昏昴九度中，月半昏觜觿一度中。皆不昏參中者，月令昏明中星，皆大略而言，不與曆正同，但有一月之内有中者即得載之。計正月昏參中，依三統曆在立春之後六日，參星初度昏得中也。但二十八宿，其星體有廣狹，相去遠近，或月節月中之日，昏明之時，前星已過於午，後星未至正南。又星有明暗，見有早晚，明者昏早見而旦晚没，暗者則昏晚見而旦早没，所以昏明之星〔一〕，不可正依曆法，但舉大略耳。餘月昏明，從此可知。

仲春之月，日在奎，昏弧中，旦建星中。注：仲，中也。仲春者，日月會於降婁，而斗建卯之辰也。弧在輿鬼南，建星在斗上。　疏：案三統曆：二月節，日在奎五度，昏井二十一度中，去日九十七度；旦斗五度中。春分日在婁四度，昏柳五度中，去日一百二度；旦斗十六度中。案元嘉曆：二月節，日在壁一度，昏井十度中，旦箕四度中。春分日在奎七度，昏東井三十度中，旦斗四度中。弧與建星非二十

〔一〕「昏」，諸本作「暗」，據禮記正義卷一四改。

八宿，而昏明舉之者，由弧星近井，建星近斗。井有三十三度，斗有二十六度，其度既寬，若舉井、斗，不知何日的至井、斗之中，故舉弧星、建星也。然春分之時日夜中，計春分昏中之星，去日九十一度。今日在奎五度，奎與鬼之初乃一百九度。所以不同者，鄭雖云弧在鬼南，其實仍當井之分域，故皇氏云從奎第五度爲二月節，數至井第十五度得九十一度，是弧星當井之十六度也。若從井星十六度，至斗之初一百七十二度，計昏中星與明中之星，春秋分時相去分天之半，應一百八十二度餘。但日入以後二刻半始昏，不盡二刻半爲明，昏明相去，少晝五刻，一刻有三度半强，五刻有十七度餘，則昏之中星去明之中星一百六十五度餘，則建星不得在斗初，在斗十度也。此仲春之月昏弧中，案尚書云「日中星鳥」，不同者，如鄭康成之意，南方七宿總爲鳥星，井、鬼則鳥星之分，故云鳥星。案仲夏昏亢中，尚書云「日永星火」，不同者，案鄭答孫顥曰：「星火非謂心星也，卯之三十度總爲大火。」月令舉其月初，尚書總舉一月，故不同也。案仲秋之月，昏牽牛中，尚書云「宵中星虚」；其仲冬之月，云昏東壁中，尚書云「日短星昴」，不同者，亦是月令舉其初朔，尚書總舉一月之中。

季春之月，日在胃，昏七星中，旦牽牛中。注：季，少也。季春者，日月會於大梁，而斗建辰之辰。疏：案三統曆云：三月之節，日在胃七度，昏張二度中，去日一百七度，旦斗二十六度中。清明日在昴八度，昏翼四度中，去日一百一十一度，旦女二度中。案元嘉曆：三月節，日在婁六度，昏柳十二度中，旦斗十四度中。三月中，日在胃九度。「昏七星中」者，案志云：胃十四度，昴十一度，畢十六度，觜二度，參九度，井三十三度，鬼四度，柳十五度，七星七度。從胃七度至七星之初度，有九十九度，以日漸長，日没之時，稍在西北，去七星之初九十八度，故昏時七星在南方之中。「旦牽牛中」者，從七星之初至牽牛之初。

孟夏之月，日在畢，昏翼中，旦婺女中。 注：孟夏者，日月會於實沈，而斗建巳之辰。

疏：三統曆：四月節，日在畢十二度，昏軫四度中，去日一百一十四度，旦虚三度中。四月中，日在井初度，昏角六度中，去日一百一十七度，旦危六度中。元嘉曆：四月節，日在畢十一度，昏翼十度中，旦女三度中。四月中，日在畢十五度，昏軫十度中，旦虚九度中。

仲夏之月，日在東井，昏亢中，旦危中。 注：仲夏者，日月會於鶉首，而斗建午之辰也。

疏：案三統曆：五月節，日在井十六度，昏氐二度中，去日一百一十九度，旦室三度中。五月中，日在井三十一度，昏房二度中，去日一百一十九度，旦奎十一度中。元嘉曆：五月節，日在井三度，昏角十度中，旦危九度中。五月中，日在井十八度，昏氐五度中，旦室五度中。

季夏之月，日在柳，昏火中，旦奎中。 注：季夏者，日月會於鶉火，而斗建未之辰也。疏：案三統曆：六月節，日在柳九度，昏尾七度中，去日一百一十九度，旦婁八度中。六月中，日在張三度，昏箕三度中，去日一百一十七度，旦胃十四度中。元嘉曆：六月節，日在井三十二度，昏房四度中，旦東壁八度中。六月中，日在柳十二度，昏尾八度中，旦奎十二度中。

孟秋之月，日在翼，昏建星中，旦畢中。注：孟秋者，日月會於鶉尾，而斗建申之辰也。

疏：案三統曆：七月節，日在張十八度，昏斗四度中，去日一百一十四度，旦畢八度中。七月中，日在翼十五度，昏斗十六度中，去日一百一十一度，旦井初度中。元嘉曆：七月節，日在張五度，昏箕二度中，旦胃二度中。七月中，日在翼十度，昏斗三度中，旦昴七度中。

仲秋之月，日在角，昏牽牛中，旦觜觿中。注：仲秋者，日月會於壽星，而斗建酉之辰也。

疏：三統曆：八月節，日在軫十二度，昏斗二十六度中，去日一百六度，旦井二度中。八月中，日在角十度，昏女三度中，去日一百六度，旦井二十一度中。元嘉曆：八月節，日在翼十七度，昏斗十四度中，旦畢十六度中。八月中，日在軫十五度，昏斗二十四度中，旦井九度中。

季秋之月，日在房，昏虚中，旦柳中。注：季秋者，日月會於大火，而斗建戌之辰也。疏：三統曆：九月節，日在氐五度，昏虚二度中，去日九十七度，旦張初度中。九月中，日在房五度，昏危三度中，去日九十三度，旦張十八度中。元嘉曆：九月節，日在亢一度，昏牛八度中，旦井二十九度中。九月中，日在氐七度，昏女十一度中，旦柳十一度中。

孟冬之月，日在尾，昏危中，旦七星中。注：孟冬者，日月會於析木之津，而斗建亥之辰也。疏：案三統曆：十月節，日在尾十度，昏危十四度中，去日八十九度，旦翼初度中。十月中，日在箕七度，昏室十度中，去日八十六度，旦軫五度中。元嘉曆：十月節，日在心二度，昏危一度中，旦張八度中。十月中，日在尾十二度，昏危十三度中，旦翼八度中。

仲冬之月，日在斗，昏東壁中，旦軫中。注：仲冬者，日月會於星紀，而斗建子之辰也。疏：案律曆志云「仲冬之初，日在斗十二度」〔一〕，故云「日在斗」也。三統曆：大雪，日在斗十二度，昏壁五度中，去日八十四度，旦角三度中。冬至，日在牛初度，昏奎十度中，去日八十二度，旦亢七度中。元嘉曆：大雪，日在箕十度，昏氐九度中，旦軫八度中。冬至，日在斗十四度，昏東壁八度中，晝漏四十五刻，旦角七度中。

季冬之月，日在婺女，昏婁中，旦氐中。注：季冬者，日月會於玄枵，而斗建丑之辰也。疏：案律曆志：季冬初，日在婺女八度。三統曆：小寒，日在婺女八度，昏婁十一度中，去日八十四度，旦氐十二度中。大寒，日在危初度，昏昴二度中，去日八十度，旦心五度中。元嘉曆：日在牛三度，昏奎十五度中，晝漏四十五度六分，旦亢九度中。大寒，日在女十度，昏胃四度中，晝漏四十六刻七分，旦氐十三度中。**是月也，日窮于次，月窮于紀，星回於天，數將幾終。**注：日月星辰運行，於此月皆周匝於故處也。次，舍也。紀，會也。疏：「日窮于次」者，謂去年季冬「日次于玄枵」，從此以來，每月移次他辰，至此月窮盡，還次玄枵，故云「日窮于次」。「月窮于紀」者，紀猶會也。去年季冬月與日相會於玄

〔一〕「律曆志」，諸本作「律志」，據禮記正義卷一七補。下段同。

枵，自此以來，月與日相會在于他辰，至此月窮盡，還復會于玄枵，故云「月窮于紀」。「星回于天」者，謂二十八宿隨天而行，每日雖周天一匝，早晚不同，至于此月，復其故處，與去年季冬早晚相似，故云「星回于天」。「數將幾終」者，幾，近也。以去年季冬至今年季冬三百五十四日，未滿三百六十五日，未得正終，唯近於終，故云「數將幾終」。歲且更始。

齊氏召南曰：孔疏引三統、元嘉二曆以證昏旦中星不同，是也。但云「不與曆正同」，其說未然。夫月令之中星不同堯典，猶之三統、元嘉不同月令，此則歲差使然，唐、宋以來又去元嘉遠矣。

後漢書志：元和二年二月甲寅，制書曰：「史官用太初鄧平術，冬至之日，日在斗二十一度，而曆以爲牽牛。」

晉書志：後秦姚興時，當孝武太元九年，歲在甲申，天水姜岌造三紀甲子元曆，其略曰：「治曆之道，必審日月之行，然後可以上考天時，下察地化。殷曆斗分麤，故不施於今。乾象斗分細，故不得通於古。景初斗分雖在麤細之中，而日之所在乃差四度。今治新曆，日在斗十七度，天正之首。」岌以月蝕檢日宿度所在，爲曆術者宗焉。

宋書志：宋太祖頗好曆數，太子率更令何承天私撰新法。元嘉二十年，上表曰：

「漢代雜候清臺，以昏明中星課日所在，雖不可見，月盈則蝕，必當其衝，以月推日，則躔次可知焉。堯典云『日永星火，以正仲夏』。今季夏則火中。又『宵中星虛，以殷仲秋』。今季秋則虛中。爾來二千七百餘年，以中星檢之，所差二十七八度。則堯令冬至[一]，日在須女十度左右也。漢之太初曆，冬至在牽牛初，後漢四分及魏景初法，同在斗二十一。臣以月蝕檢之，則景初今之冬至，應在斗十七。」

大明六年，南徐州從事史祖沖之上表曰：「堯典云：『日短星昴，以正仲冬。』以此推之，唐代冬至，日在今宿之左五十許度。漢代之初，即用秦曆，冬至日在牽牛六度。漢武改立太初曆，冬至日在牛初。後漢四分法，冬至日在斗二十一[二]。晉時姜岌以月蝕檢日，知冬至在斗十七。今參以中星，課以蝕望，冬至之日在斗十一。通而計之，未盈百載，所差二度。舊法並令冬至日有定處，天數既差，則七曜宿度漸與曆舛。乖謬既著，輒應改制，僅合一時，莫能通遠，遷革不已，又由此條。今令冬至所

〔一〕「令冬」，原誤倒，據光緒本、宋書律曆志中乙正。

〔二〕「二十一」，諸本作「二十二」，據宋書律曆志下校勘記改。

在，歲歲微差，卻檢漢注，並皆審密，將來久用，無煩屢改。」臣法興議：「書云：『日短星昴，以正仲冬。』直以月維四仲，則中宿常在衛陽，羲、和所以正時，取其萬世不易也。」沖之曰：「書以四星昏中審分至者，據人君南面而言也。且南北之正，其詳易准，流見之勢，中天爲極。先儒注述，其義僉同，而法興以爲書説四星皆在衛陽之位，自在巳地，進失向方，退非始見。捨午稱巳，午上非無星也。必據中宿，餘宿豈復不足以正時？若謂舉中語兼七列者，觜、參尚隱，則不得言。月盈則食，必在日衝。以檢日則宿度可辨。違衝移宿，顯然易覩。故知天數漸差，則當式遵以爲典，事驗昭晳，豈得信古而疑今？中星見伏，記籍每以審時者，蓋以曆數難詳，而天驗易顯，各據一代所合，以爲簡易之政也。亦猶夏禮未通商典，濩容豈襲韶節，誠天人之道同差，則蓺之興，因代而推移矣。」

唐書志：日度議曰：古曆，日有常度，天周爲歲終，故係星度于節氣。其説似是而非，故久而益差。虞喜覺之，使天爲天，歲爲歲，乃立差以追其變，使五十年退一度。何承天以爲太過，乃倍其年，而反不及。皇極取二家中數爲七十五年，蓋近之矣。考古史及日官候簿，以通法之三十九分太爲一歲之差。自帝堯演紀之端，在虛一度。及今開元甲子，却三十六度，而乾策復初矣。日在虛一，則鳥、火、昴、虛皆以仲月昏中，合于堯典。劉炫依大明曆四十五年差一度，則冬至在虛、危，而夏至火已過中矣。梁武帝據虞劆曆百八十六年差一度，則唐、虞之際，日在斗、牛間，而冬至昴尚未中。以爲皆承閏後節前，月却使然。而此經終始一歲之事，不容頓有四閏，故淳風因爲之説曰：「若冬至昴中，則夏至秋分星火、星虛，皆在未正之西。若以夏至火中，秋分虛中，則冬至昴在巳正之東。互有盈縮，不足以爲歲差證。」是又不然。今以四象分天，北正玄枵中，虛九度；東正大火中，房二度；南正鶉火中，七星七度；西正大梁中，昴七度。總晝夜刻以約周天，命距中星，則春分南正中天，秋分北正中天。冬至之昏，西正在午東十八度；夏至之昏，東正在午西十八度：軌漏使然也。冬至，日在虛一度，則春分昏張一度中，秋分虛九度中；冬至胃二度中，昴距星直午正之東十二度；夏至尾十一度中，心後星直午正之西十二度。四序進退，不逾午正間。而淳風以爲不叶，非也。又王孝通云：「如歲差自昴至壁，則堯前七千餘載，冬至，日應在東井。井極北，故暑；斗極南，故寒。寒暑易位，必不然矣。」所謂歲差者，日與黄道俱差也。假冬至日躔大火之中，則春分黄道交於虛九，而南至之軌更出房、心外，距赤道亦二十四度。設在東井，差亦如之。若日在東井，猶去極最近，表景最短，則是分、至常居其所。黄道不遷，日行不退，又安得謂之歲差乎？孝通及淳風以爲冬至日在斗十三度，昏東壁中，昴在巽維之左，向明之位，非無星也。水星昏正可以爲仲冬之候，何必援昴於始覿之際，以惑民之視聽哉！

古曆，冬至昏明中星去日九十二度，春分秋分百度，夏至百一十八度，率一氣差三度，九日差一刻。

宋史天文志：四時中星見於堯典，蓋聖人南面而治天下，即日行而定四時，虚、鳥、火、昴之度在天，夷隩析因之候在人，故書首載之，以見授時爲政之大也。而後世考驗冬至之日，堯時躔虚，至於三代則躔於女，春秋時在牛，至後漢永元已在斗矣。大略六十餘年輒差一度。開禧占測已在箕宿，校之堯時幾退四十餘度。蓋自漢太初至今，已差一氣有餘。而太陽之躔十二次，大約中氣前後，乃得本月宫次。蓋太陽日行一度，近歲紀元曆定歲差，約退一分四十餘秒。蓋太陽日行一度而微遲緩，一年周天而微差，積累分秒而躔度見焉。曆家考之，萬五千年之後，所差半周天，寒暑將易位，世未有知其説者焉。

蕙田案：歲差者，星辰推移也；寒暑者，日道發斂也，本屬兩事。日行一周天而成歲，於天無差，而以星校之，則歲歲有差者，星自移而東也。宋志所云乃求其故不得而爲之辭。

元史志：周天之度，周歲之日，皆三百六十有五。全策之外，又有奇分，大率皆四分之一。自今歲冬至距來歲冬至，歷三百六十五日，而日行一周，凡四周，歷千四百六十，則餘一日，析而四之，則四分之一也。然天之分常有餘，歲之分常不足，其數有不能齊者，惟其所差至微，前人初未覺知。迨漢末劉洪，始覺冬至後天，謂歲周餘分太强，乃作乾象曆，減歲餘分二千五百爲二千四百六十二。至晉虞喜、宋何承天、祖沖之，謂歲當有差，因立歲差之法。其法損歲餘，益天周，使歲餘浸弱，天周浸强，强弱相減，因得日躔歲退之差。歲餘、天周，二者實相爲用，歲差由斯而立，日躔由斯而得，一或損益失當，孰能與天叶哉？今自劉宋大明壬寅以來，凡測景驗氣得冬至時刻真數者有六，取相距積日時刻，以相距之年除之，各得其時所用歲餘。復自大明壬寅距至元戊寅積日時刻，以相距之年除之，得每歲三百六十五日二十四分二十五秒，比大明曆減去一十一秒，定爲方今所用歲餘。餘七十五秒，用益所謂四分之一，共爲三百六十五度二十五分七十五秒，定爲天周。餘分强弱相減，餘一分五十秒，用除全度，得六十六年有奇，日却一度，以六十六年除全度，適得一分五十秒，定爲歲差。復以堯典中星考之，其時冬至日在女、虚之交。及考之前史，漢元和二年，冬至日在斗二十一度；晉太元九年，退在斗十七度；宋元嘉十年，在斗十四度末；梁大同十年，在斗十二度；隋開皇十八年，猶在斗十二度；唐開元十二年，在斗九度半；今退在箕十度。取其距今之年、距今之度較之，多者七十餘年，少者不下五十年，輒差一度。宋慶元間，改統天曆，取大衍歲差率八十二年及開元所距之差五十五年，折取其中，得六十七年，爲日却行一度之差。施之今日，質諸天道，實爲密近。然古今曆法，合於今必不能通於古，密於古必不能驗於今。今授時曆，以之考古，則增歲餘而損歲差；以之推來，則增歲差而損歲餘；上推春秋以來冬至，往往皆合；下求方來，可以永久而無弊。

日之麗天，縣象最著〔一〕，大明一生，列宿俱熄。古人欲測躔度所在，必以昏旦夜

〔一〕「最」，原作「星」，據味經窩本、乾隆本、光緒本、元史曆志一改。

半中星衡考其所距，從考其所當；然昏旦夜半時刻未易得真，時刻一差，則所距、所當不容無舛。晉姜岌首以月食衝檢，知日度所在；紀元曆復以太白誌其相距遠近，於昏後明前驗定星度，因得日躔。今用至元丁丑四月癸酉望月食既，推求得冬至日躔赤道箕宿十度，黄道九度有奇。仍自其年正月至己卯歲終，三年之間，日測太陰所離宿次及歲星、太白相距度，定驗參考，共得一百三十四事，皆躔箕宿，適與月食所衝允合。以金趙知微所修大明曆法推之，冬至猶躔斗初度三十六分六十四秒，比新測實差七十六分六十四秒。

蕙田案：日月五星右移，曆家通説也。恒星亦有右移之度，與七曜同法，故今歲冬至，日躔起某宿某度，至明年即少差，其差甚微，幾於不覺，積之七十年而差及一度，此日星相較有差，非日躔於天有差也。損歲餘益天周，謬於實理。至若一歲小餘，古强今弱，一由日小輪徑差，一由最卑動移，説詳江氏歲實消長辨。郭氏增損歲餘歲差，乃未得其根，而以法遷就，似密實疏，不足爲法。

觀承案：天行萬古無差，日行既一日一周天，而適足於天無差，則日亦無差矣。其歲之有差者，新法謂星自移而東，其差蓋在星也。差在星則日本無差也。

然則星自移而東爲右旋者可知。日自隨乎天而左旋矣，何必執定右旋之説以爲實測也耶？

明史天文志：古今中星不同，由於歲差，而歲差之説，中西復異。中法謂節氣差而西，西法謂恒星差而東，然則歸一也。今將李天經、湯若望等所推崇禎元年京師昏旦時刻中星列於後。春分，戌初二刻五分昏，北河三中；寅正一刻一十分旦，尾中。清明，戌初三刻十三分昏，七星偏東四度；昏旦時或無正中之星，則取中前、中後之大星用之。距中三度以内者，爲時不及一刻，可勿論。四度以上，去中稍遠，故紀其偏度焉。寅正初刻二分旦，帝座中。穀雨，戌正一刻七分昏，翼偏東七度；寅初二刻八分旦，箕偏東四度。立夏，戌正三刻二分昏，軫偏東五度；寅初初刻十三分旦，箕偏西四度。小滿，亥初初刻十二分昏，角中；丑正三刻三分旦，箕中。芒種，亥初一刻十二分昏，大角偏西六度；丑正二刻三分旦，河鼓二中。夏至，亥初二刻五分昏，房中；丑正一刻一十分旦，須女中。小暑，亥初一刻十二分昏，尾中；丑正二刻三分旦，危中。大暑，亥初初刻十二分昏，箕偏東七度；丑正三刻三分旦，營室中。立秋，戌正三刻二分昏，箕中；寅初三刻十三分旦，婁偏東六度。處暑，戌正一刻七分昏，織女一中；寅初初刻八分旦，婁中。

白露，戌初三刻十三分昏，河鼓二偏東四度；寅正初刻二分旦，昴偏東四度。秋分，戌初二刻五分昏，河鼓二中；寅正一刻十一分旦，畢偏西五度。寒露，戌初初刻十四分昏，牽牛中；寅正三刻一分旦，參四中。霜降，酉正三刻十一分昏，須女偏西五度；卯初初刻四分旦，南河三偏東六度。立冬，酉正二刻十一分昏，危偏東四度；卯初一刻五分旦，輿鬼中。小雪，酉正一刻十二分昏，營室偏東七度；卯初二刻二分旦，張中。大雪，酉正一刻五分昏，營室偏西八度；卯初二刻一十分旦，翼中。冬至，酉正一刻二分昏，土司空中；卯初二刻十三分旦，五帝座中。小寒，酉正一刻五分昏，婁中；卯初二刻一十分旦，角偏東五度。大寒，酉正一刻十三分昏，天囷一中；卯初二刻二分旦，亢中。立春，酉正一刻一十分昏，昴偏西六度；卯初一刻五分旦，氐中。雨水，酉正三刻十一分昏，參七中；卯初初刻四分旦，貫索一中。驚蟄，戌初初刻十四分昏，天狼中；寅正三刻一分旦，心中。

梅氏文鼎曰：天一日一周，自東而西。七曜在天，遲速不同，皆自西而東。此中西所同也。然西法謂恒星東行，比於七曜，今考其度，蓋即古曆歲差之法耳。歲差法，昉於虞喜，而暢於何承天、祖沖之、劉焯、唐一行，歷代因之，講求加密。然皆謂恒星不動，而黄道西移，故曰天漸差而東，歲漸差而西。所謂天，即恒星；所謂歲，即黄道分至也。西法則以黄道終古不動，而恒星東行。假如至元十八年冬至在箕十度，至康熙辛未，歷四百十一年，而冬至在箕三度半。在古法謂是冬至之度自箕十度西移六度半，而箕宿如故也。在西法則是箕星十度東行過冬至限六度半，而冬至如故也。其差數本同，所以致差者則不同耳。然則何以知其必爲星行乎？曰：西法以經緯度候恒星，則普天星度俱有歲差，不止冬至一處。此蓋得之實測，非臆斷也。然則普天之星度差，古之測星者，何以皆不知耶？曰：亦嘗求之於古矣。蓋有三事可以相證。其一，唐一行以銅渾儀候二十八舍，其去極之度，皆與舊經異。今以歲差考之，一行銅儀成于開元七年，其時冬至在斗十度，而自牽牛至東井十四宿，去極之度皆小於舊經，是在冬至以後至夏至之半周，其星自南而北，南緯增則北緯減，故去北極之度漸差而少也。自輿鬼至南斗十四宿，去極之度皆大於舊經，是在夏至以後至冬至之半周，其星自北而南，南緯減則北緯增，故去北極之度漸差而多也。嚮使非恒星移動，何以在冬至後者漸北，在夏至後者漸南乎？恒星循黄道行，實只東移，無所謂南北之行也，而自赤緯觀之，則有南北之差，蓋横斜之勢使然。其一，古測極星即不動處，齊、梁間測得離不動處一度强，祖暅所測。至宋熙寧測得離三度强；沈存中測，詳夢溪筆談。至元世祖至元中，測得離三度有半。郭太史候極儀徑七度，終夜見極星循行環内，切邊而行是也。嚮使恒星不動，則極星何以離次乎？其一，二十八宿之距度，古今六測不同，詳元史。故郭太史疑其動移。此蓋星既循黄道東行，而古測皆依赤道，黄、赤斜交，句弦異視，所以度有伸縮，正由距有横斜耳。不則豈其前人所測皆不足憑哉？故僅以冬至言差，則中西之理本同；而合普天之星以求經緯，則恒星之東移有據。何以言之？近兩至處，恒星之差在經度，故可言星東移者，亦可言歲西遷。近二分處，恒星之差竟在緯度，故惟星實東移，始得有差，若只兩至西移，諸星經緯不應有變也。如此，則恒星之東移信矣。恒星既東移，不得不與七曜同法矣。恒星東移，既與七曜同法，即不得不更有天挈之西行。此宗動所由立也。

欽定協紀辨方書：今臺官相傳之法，則於日入後八刻起更，日出前九刻攢點，計起更至攢點共若干時刻，五分之以爲五更。日出前減朦影刻分爲旦刻，日入後加朦影刻分爲昏刻。如春秋分日入至日出計四十八刻，減一更距日入後八刻、攢點距日出前九刻，餘三十一刻〔一〕，以五分之，得六刻三分。自一更遞加之，即得各更時刻也。如以度數而論，日入後八刻起更在赤道爲三十度，日出前九刻攢點在赤道爲三十三度四十五分，於地平下赤道半周一百八十度内減之，餘一百一十六度一十五分，以五分之，得二十三度一十五分，爲每更相距赤道度。每一度當時之四分，亦得六刻三分，爲每更相距時刻也。時刻之在赤道，其度常均。而在地平，則闊狹不等。其法爲半徑與時刻距午赤道度切線之比，同於北極出地之正弦與日影距午地平經度切線之比，故子午卯酉四正之位不移，而子午前後則狹，卯酉前後則闊也。日出入昏旦更點時刻，各節不同。

附中星更録：

立春，子宫十五度：日出卯正三刻十二分，晝四十刻六分。日入酉初初刻三分，夜五十五刻九分。

一更戌初初刻三分：昴宿第一星偏西十度四十二分，畢宿第一星偏東十七分。

〔一〕「三十一刻」，原作「三十二刻」，據味經窩本、乾隆本、光緒本改。

二更戌正三刻十四分：井宿第一星偏西十六分，天狼偏東六度二十分。

三更亥正三刻十分：北河第三星偏西八度四十三分，鬼宿第一星偏東三度七分。

四更子正三刻十分：軒轅第十四星偏西一度十三分，翼宿第一星偏東十一度五十八分。

五更丑正三刻一分：五帝座偏西四度五十三分，軫宿第一星偏東一度四十七分。

攢點寅正二刻十二分：角宿第一星偏西九度五十七分，亢宿第一星偏東一度五十六分。

子宫二十度：日出卯正三刻六分，晝四十一刻三分。日入酉初初刻九分，夜五十四刻十二分。

一更戌初初刻九分：畢宿第一星偏西六度七分，五車第二星偏東四度五十四分。

二更亥初初刻二分：井宿第一星偏西五度五十八分，天狼偏東三十八分。

三更亥正三刻十一分：柳宿第一星偏西十九分，星宿第一星偏東十二度二十四分。

四更子正三刻四分：軒轅第十四星偏西五度五十五分，翼宿第一星偏東七度十六分。

五更丑正二刻十三分：軫宿第一星偏西度二十五分，角宿第一星偏東十四度五十一分。

攢點寅正二刻六分：大角偏西十二分，氐宿第一星偏東十四度五十二分。

子宫二十五度：日出卯正三刻，晝四十二刻。日入酉初一刻，夜五十四刻。

一更戌初一刻：參宿第七星偏西一度二十四分，參宿第一星偏東二度四十六分。

二更亥初初刻六分：天狼偏西五度十四分，南河第三星偏東八度四十六分。

三更亥正三刻十二分：柳星第一星偏西五度二十六分，星宿第一星偏東七度十七分。

四更子正三刻三分：軒轅第十四星偏西十度三十二分，翼宿第一星偏東二度三十九分。

五更丑正二刻九分：軫宿第一星偏西六度十七分，角宿第一星偏東十度五十九分。

攢點寅正二刻：大角偏西三度四十二分，氐宿第一星偏東四度三十分。

雨水亥宫初度：日出卯正二刻九分，晝四十二刻十二分。日入酉初一刻六分，夜五十三刻三分。

一更戌初一刻六分：觜宿第一星偏西二度一分，參宿第四星偏東三度三分。

二更亥初初刻十分：天狼偏西十一度三分，南河第三星偏東一度五十七分。

三更亥正三刻十三分：柳宿第一星偏西十度三十分，星宿第一星偏東二度十三分。

四更子正三刻二分：翼宿第一星偏西一度五十五分，五帝座偏東十度十四分。

五更丑正二刻五分：軫宿第一星偏西六度十七分，角宿第一星偏東七度十分。

攢點寅正一刻九分：大角偏西七度一分，氐宿第一星偏東一度十一分。

亥宮五度：日出卯正二刻三分，晝四十三刻九分。日入酉初一刻十二分，夜五十二刻六分。

一更戌初一刻十二分：參宿第四星偏西三度十二分，井宿第一星偏東三度二十一分。

二更亥初初刻十三分：北河第三星偏西二度三十六分，鬼宿第一星偏東九度十四分。

三更亥正三刻十四分：星宿第一星偏西二度四十七分，張宿第一星偏東三度十六分。

四更子正三刻一分：翼宿第一星偏西六度二十五分，五帝座偏東五度四十四分。

五更丑正二刻二分：軫宿第一星偏西十四度六分，角宿第一星偏東三度十分。

攢點寅正一刻三分：氐宿第一星偏西二度四分，氐宿第四星偏東四度三十四分。

亥宮十度：日出卯正一刻十一分，晝四十四刻八分。日入酉初二刻四分，夜五十一刻七分。

一更戌初二刻四分：井宿第一星偏西三度五分，天狼偏東三度三十一分。

二更亥初一刻二分：北河第三星偏西八度十七分，鬼宿第一星偏東三度三十三分。

三更子初初刻一分：張宿第一星偏西一度五十五分，軒轅第十四星偏東一度五十八分。

四更子正二刻十四分：翼宿第一星偏西十度三十六分，五帝座偏東一度三十三分。

五更丑正一刻十二分：角宿第一星偏西三十一分，亢宿第一星偏東十一度二十二分。

攢點寅正初刻十一分：氐宿第一星偏西五度，氐宿第四星偏東一度三十八分。

驚蟄亥宫十五度：日出卯正一刻五分，晝四十五刻五分。日入酉初二刻十分，夜五十刻十分。

一更戌初二刻十分：天狼偏西二度三十九分，南河第三星偏東十度二十一分。

二更亥初一刻六分：柳宿第一星偏西二十一分，星宿第一星偏東十二度二十二分。

三更子初初刻二分：軒轅第十四星偏西二度五十七分，翼宿第一星偏東十度十四分。

四更子正二刻十三分：五帝座偏東二度五十二分，軫宿第一星偏東三度四十八分。

五更丑正一刻九分：角宿第一星偏西四度十一分，亢宿第一星偏東七度四十二分。

攢點寅正初刻五分：氐宿第四星偏西一度三十二分，貫索第一星偏東六度六分。

亥宫二十度：日出卯正初刻十三分，晝四十六刻四分。日入酉初三刻二分，夜四十九刻十一分。

一更戌初三刻二分：天狼偏西九度一分，南河第三星偏東三度五十九分。

二更亥初一刻十分：柳宿第一星偏西六度三十四分，星宿第一星偏東六度九分。

三更子初初刻三分：軒轅第十四星偏西七度四十九分，翼宿第一星偏東五度二十二分。

四更子正二刻十二分：軫宿第一星偏西三十四分，角宿第一星偏東十六度四十二分。
五更丑正一刻五分：角宿第一星偏西七度四十八分，亢宿第一星偏東四度五分。
攢點寅初三刻十三分：氐宿第四星偏西四度二十四分，貫索第一星偏東三度十四分。

亥宫二十五度：日出卯正初刻七分，晝四十七刻一分。日入酉初三刻八分，夜四十八刻十四分。

一更戌初三刻八分：北河第三星偏西一度十分，鬼宿第一星偏東十度四十分。
二更亥初一刻十四分：柳宿第一星偏西十一度九分，星宿第一星偏東一度九分。
三更子初初刻五分：軒轅第十四星偏西十二度五十五分，翼宿第一星偏東十六分。
四更子正二刻十分：軫宿第一星偏西四度四十分，角宿第一星偏東十二度三十六分。
五更丑正一刻一分：角宿第一星偏西十一度五十一分，亢宿第一星偏東二分。
攢點寅初三刻七分：氐宿第四星偏西七度三十分，貫索第一星偏東八分。

春分戌宫初度：日出卯正初刻，晝四十八刻。日入酉正初刻，夜四十八刻。

一更戌正初刻：北河第三星偏西七度三十分，鬼宿第一星偏東四度二十分。
二更亥初二刻三分：星宿第一星偏西四度二十六分，張宿第一星偏東一度三十七分。

三更子初初刻六分：翼宿第一星偏西四度三十四分，五帝座偏東七度三十五分。

四更子正二刻九分：軫宿第一星偏西九度，角宿第一星偏東八度十六分。

五更丑正初刻十二分：大角偏西一度五十五分，氐宿第一星偏東六度十七分。

攢點寅初三刻：房宿第一星偏西十八分，心宿第一星偏東五度十七分。

戌宫五度：日出卯初三刻八分，晝四十八刻十四分。日入酉正初刻七分，夜四十七刻一分。

一更戌正初刻七分：柳宿第一星偏西十四分，星宿第一星偏東十二度二十九分。

二更亥初二刻七分：軒轅第十四星偏西五分，翼宿第一星偏東十三度六分。

三更子初初刻七分：翼宿第一星偏西九度二十四分，五帝座偏東四度二十五分。

四更子正二刻八分：軫宿第一星偏西十三度二十分，角宿第一星偏東三度五十六分。

五更丑正初刻八分：大角偏西五度三十分，氐宿第一星偏東三度五十六分。

攢點寅初二刻八分：房宿第一星偏西三度八分，心宿第一星偏東二度二十七分。

戌宫十度：日出卯初三刻二分，晝四十九刻十一分。日入酉正初刻十二分，夜四十六刻四分。

一更戌正初刻十三分：柳宿第一星偏西六度二十分，星宿第一星偏東六度二十三分。

二更亥初二刻十一分：軒轅第十四星偏西五度四十一分，翼宿第一星偏東七度三十分。

三更子初初刻九分：五帝座偏西二度二十一分，軫宿第一星偏東四度十九分。

四更子正二刻六分：角宿第一星偏西十分，亢宿第一星偏東十一度四十三分。

五更丑正初刻四分：氐宿第一星偏西五十四分，氐宿第四星偏東五度四十四分。

攢點寅初二刻二分：心宿第一星偏西三十九分，尾宿第一星偏東六度二十七分。

清明戌宮十五度：日出卯初二刻十分，晝五十刻十分。日入酉正一刻五分，夜四十五刻五分。

一更戌正一刻五分：柳宿第一星偏西八度五十七分，星宿第一星偏東三度四十六分。

二更亥初三刻：軒轅第十四星偏西十一度十八分，翼宿第一星偏東一度五十三分。

三更子初初刻十分：軫宿第一星偏西三十三分，角宿第一星偏東六度四十三分。

四更子正二刻五分：角宿第一星偏西四度三十二分，亢宿第一星偏東七度三十二分。

五更丑正初刻：氐宿第一星偏西四度三十一分，氐宿第四星偏東二度七分。

攢點寅初一刻十分：心宿第一星偏西三度三十一分，尾宿第一星偏東三度三十五分。

戌宮二十度：日出卯初二刻四分，晝五十一刻七分。日入酉正一刻十一分，夜四十四刻八分。

一更戌正一刻十一分：張宿第一星偏西六分，軒轅第十四星偏東三度四十七分。

二更亥初三刻四分：翼宿第一星偏西三度四十七分，五帝座偏東八度二十二分。

三更子初初刻十一分：軫宿第一星偏西五度二十八分，角宿第一星偏東十一度四十八分。

四更子正二刻四分：角宿第一星偏西八度五十七分，亢宿第一星偏東二度五十六分。

五更丑初三刻十一分：氐宿第四星偏西一度三十三分，貫索第一星偏東六度五分。

攢點寅初一刻四分：心宿第一星偏西六度四十一分，尾宿第一星偏東二十五分。

戌宫二十五度：日出卯初一刻十二分，晝五十二刻六分。日入酉正二刻三分，夜四十三刻九分。

一更戌正二刻三分：軒轅第十四星偏西二度三十九分，翼宿第一星偏東十度三十二分。

二更亥初三刻八分：翼宿第一星偏西九度二十八分，五帝座偏東三度四十一分。

三更子初初刻十三分：軫宿第一星偏西十度三十九分，角宿第一星偏東六度三十七分。

四更子正二刻二分：大角偏西五分，氐宿第一星偏東八度八分。

五更丑初三刻七分：氐宿第四星偏西五度十四分，貫索第一星偏東二度二十四分。

攢點寅初初刻十二分：尾宿第一星偏西二度三十一分，帝座偏東四度四十分。

穀雨酉宮初度：日出卯初一刻六分，晝五十三刻三分。日入酉正二刻九分，夜四十二刻十二分。

一更戌正二刻九分：軒轅第十四星偏西八度五十四分，翼宿第一星偏東四度十七分。

二更亥初三刻十一分：五帝座偏西二度四十九分，軫宿第一星偏東三度五十一分。

三更子初初刻十四分：軫宿第一星偏西十五度三十九分，角宿第一星偏東一度三十七分。

四更子正二刻一分：大角偏西四度三十五分，氐宿第一星偏東四度三十八分。

五更丑初三刻四分：貫索第一星偏西一度三十六分，房宿第一星偏東四十八分。

攢點寅初初刻六分：尾宿第一星偏西五度四十六分，帝座偏東一度二十五分。

酉宮五度：日出卯初一刻，晝五十四刻。日入酉正三刻，夜四十二刻。

一更戌正三刻：翼宿第一星偏西二度二分，五帝座偏東十度七分。

二更亥正初刻：軫宿第一星偏西一度五十八分，角宿第一星偏東十五度十八分。

三更子初一刻：角宿第一星偏西三度二十七分，亢宿第一星偏東八度三十六分。

四更子正二刻：氐宿第一星偏西五十六分，氐宿第四星偏東五度四十二分。

五更丑初三刻：房宿第一星偏西三度一分，心宿第一星偏東二度三十四分。

攢點寅初初刻：帝座偏西一度五十四分，箕宿第一星偏東九度四十三分。

酉宫十度：日出卯初初刻九分，晝五十四刻十二分。日入酉正三刻六分，夜四十一刻三分。

一更戌正三刻六分：翼宿第一星偏西八度二十四分，五帝座偏東三度四十五分。

二更亥正初刻四分：軫宿第一星偏西七度五十分，角宿第一星偏東九度二十六分。

三更子初一刻一分：角宿第一星偏西八度三十四分，亢宿第一星偏東三度十九分。

四更子正一刻十四分：氐宿第一星偏西五度三十三分，氐宿第四星偏東一度五分。

五更丑初二刻十一分：心宿第一星偏西一度十八分，尾宿第一星偏東五度四十八分。

攢點丑正三刻九分：帝座偏西五度十六分，箕宿第一星偏東六度二十一分。

立夏酉宫十五度：日出卯初初刻九分，晝五十五刻九分。日入酉正三刻十二分，夜四十刻六分。

一更戌正三刻十二分：五帝座偏西二度四十二分，軫宿第一星偏東三度五十八分。

二更亥正初刻七分：軫宿第一星偏西十三度三十二分，角宿第一星偏東三度四十四分。

三更子初一刻二分：大角偏西四十二分，氐宿第一星偏東七度三十分。

四更子正一刻十三分：氐宿第四星偏西三度三十七分，貫索第一星偏東四度一分。

五更丑初二八分：心宿第一星偏西五度三十分，尾宿第一星偏東一度三十六分。

攢點丑正三刻三分：帝座偏西八度四十三分，箕宿第一星偏東二度五十四分。

西宫二十度：日出寅正三刻十三分，晝五十六刻四分。日入戌初初刻二分，夜三十九刻十一分。

一更亥初初刻二分：軫宿第一星偏西二度十八分，角宿第一星偏東十四度五十八分。

二更亥正初刻十分：角宿第一星偏西二度二分，亢宿第一星偏東九度五十一分。

三更子初一刻三分：大角偏西五度五十八分，氐宿第一星偏東二度十四分。

四更子正一刻十二分：貫宿第一星偏西四十五分，房宿第一星偏東一度三十九分。

五更丑初二刻五分：房宿第一星偏西二度四十分，帝座偏東四度三十一分。

攢點丑正二刻十三分：箕宿第一星偏西五十二分，織女第一星偏東八度四十八分。

西宫二十五度：日出寅正三刻八分，晝五十六刻十四分。日入戌初初刻七分，夜三十九刻一分。

一更亥初初刻七分：軫宿第一星偏西八度三十八分，角宿第一星偏東八度三十八分。

二更亥正初刻十三分：角宿第一星偏西七度五十二分，亢宿第一星偏東四度一分。

三更子初一刻四分：氐宿第一星偏西三度六分，氐宿第四星偏東三度三十二分。

四更子正一刻十一分：房宿第一星偏西三度十一分，心宿第一星偏東二度二十四分。

五更丑初二刻二分：尾宿第一星偏西七度，帝座偏東十一分。

攢點丑正二刻八分：箕宿第一星偏西四度四十二分，織女第一星偏東四度五十八分。

小滿申宫初度：日出寅正三刻三分，晝五十七刻九分。日入戌初初刻十二分，夜三十八刻六分。

一更亥初初刻十二分：軫宿第一星偏西十五度四分，角宿第一星偏東二度十二分。

二更亥正一刻一分：大角偏西四十四分，氐宿第一星偏東七度二十八分。

三更子初一刻五分：氐宿第四星偏西一度五十四分，貫索第一星偏東五度四十四分。

四更子正一刻十分：心宿第一星偏西二度三十二分，尾宿第一星偏東四度三十四分。

五更丑初一刻十四分：帝座偏西四度十五分，箕宿第一星偏東七度二十二分。

攢點丑正二刻三分：箕宿第一星偏西八度三十八分，織女第一星偏東一度二分。

申宫五度：日出寅正二刻十四分，晝五十八刻二分。日入戌初一刻一分，夜三十七刻十三分。

一更亥初一刻一分：角宿第一星偏西四度二分，亢宿第一星偏東七度五十一分。

二更亥正一刻四分：大角偏西六度四十四分，氐宿第一星偏東一度二十九分。

三更子初一刻六分：氐宿第四星偏西七度二十三分，貫索第一星偏東十五分。

四更子正一刻九分：尾宿第一星偏西二十五分，帝座偏東六度四十六分。

五更丑初一刻十一分：帝座偏西八度四十四分，箕宿第一星偏東二度五十三分。

攢點丑正一刻十四分：斗宿第一星偏西二度四十八分，河鼓第二星偏東十四度十九分。

申宫十度：日出寅正二刻十一分，晝五十八刻八分。日入戌初一刻四分，夜三十七刻七分。

一更亥初一刻四分：角宿第一星偏西十度五分，亢宿第一星偏東一度四十八分。

二更亥正一刻五分：氐宿第一星偏西四度四分，氐宿第四星偏東二度三十四分。

三更子初一刻七分：房宿第一星偏西二度五十三分，心宿第一星偏東二度四十一分。

四更子正一刻八分：尾宿第一星偏西五度二十八分，帝座偏東一度四十三分。

五更丑初一刻十分：箕宿第一星偏西二度十分，織女第一星偏東七度三十分。

攢點丑正一刻十一分：斗宿第一星偏西七度二十一分，河鼓第二星偏東九度四十六分。

芒種申宫十五度：日出寅正二刻八分，晝五十八刻十四分。日入戌初一刻七分，夜三十七刻一分。

一更亥初一刻七分：大角偏西三度八分，氐宿第一星偏東五度四分。

二更亥正一刻七分：氐宿第四星偏西三度十八分，貫索第一星偏東四度二十分。

三更子初一刻七分：心宿第一星偏西二度四十一分，尾宿第一星偏東四度二十五分。

四更子正一刻八分：帝座偏西三度三十九分，箕宿第一星偏東七度五十八分。

五更丑初一刻八分：箕宿箕一星偏西七度二分，織女第一星偏東二度三十八分。

攢點丑正一刻八分：斗宿第一星偏西十一度五十八分，河鼓第二星偏東五度九分。

申宫二十度：日出寅正二刻六分，晝五十九刻三分。日入戌初一刻九分，夜三十六刻十二分。

一更亥初一刻九分：氐宿第一星偏西五十分，氐宿第四星偏東五度四十八分。

二更亥正一刻八分：貫宿第一星偏西一度十九分，房星第一星偏東一度五分。

三更子初一刻八分：尾宿第一星偏西一度十四分，帝座偏東五度五十七分。

四更子正一刻七分：帝座偏西八度四十八分，箕宿第一星偏東二度四十九分。

五更丑初一刻七分：斗宿第一星偏西二度七分，河鼓第二星偏東十五度。

攢點丑正一刻六分：斗宿第一星偏西十六度五十二分，河鼓第二星偏東十五分。

申宮二十五度：日出寅正二刻五分，晝五十九刻五分。日入戌初一刻十分，夜三十六刻十分。

一更亥初一刻十分：氐宿第一星偏西六度三十一分，氐宿第四星偏東七分。

二更亥正一刻九分：房宿第一星偏西四度三十六分，心宿第一星偏東五十九分。

三更子初一刻八分：尾宿第一星偏西六度四十分，帝座偏東三十一分。

四更子正一刻七分：箕宿第一星偏西二度三十七分，織女第一星偏東七度三分。

五更丑初一刻六分：斗宿第一星偏西七度十八分，河鼓第一星偏東九度四十九分。

攢點丑正一刻五分：河鼓第二星偏西四度五十六分，牛宿第一星偏東二度十二分。

夏至未宮初度：日出寅正二刻五分，晝五十九刻五分。日入戌初一刻十分，夜三十六刻十分。

一更亥初一刻十分：氐宿第四星偏西五度二十分，貫索第一星偏東二度十八分。
二更亥正一刻九分：心宿第一星偏西四度二十八分，尾宿第一星偏東二度三十八分。
三更子初一刻八分：帝座偏西四度五十六分，箕宿第一星偏東六度四十一分。
四更子正一刻七分：箕宿第一星偏西八度四分，織女第一星偏東一度三十六分。
五更丑初一刻六分：斗宿第一星偏西十二度四十五分，河鼓第二星偏東四度二十二分。
攢點丑正一刻五分：天津第一星偏西一度四十二分，女宿第一星偏東三度三十二分。
未宮五度：日出寅正二刻五分，晝五十九刻五分。日入戌初一刻七分，夜三十六刻十分。
一更亥初一刻十分：房宿第一星偏西四十五分，心宿第一星偏東四度五十分。
二更亥正一刻九分：尾宿第一星偏西二度四十九分，帝座偏東四度二十二分。
三更子初一刻八分：帝座偏西十度二十三分，箕宿第一星偏東一度十四分。
四更子正一刻七分：斗宿第一星偏西三度二十七分，河鼓第二星偏東十三度四十分。
五更丑初一刻六分：河鼓第二星偏西一度五分，牛宿第一星偏東六度三分。
攢點丑正一刻五分：女宿第一星偏西一度五十五分，虛宿第一星偏東九度八分。
未宮十度：日出寅正二刻二分，晝五十九刻三分。日入戌初一刻九分，夜三十六刻十二分。

一更亥初一刻九分：心宿第一星偏西二十一分，尾宿第一星偏東六度四十五分。

二更亥正一刻八分：帝座偏西四十九分，箕宿第一星偏東十度四十八分。

三更子初一刻八分：箕宿第一星偏西四度十二分，織女第一星偏東五度二十八分。

四更子正一刻七分：斗宿第一星偏西八度五十三分，河鼓第二星偏東八度十四分。

五更丑初一刻七分：河鼓第二星偏西六度四十六分，牛宿第一星偏東二十二分。

攢點丑正一刻六分：女宿第一星偏西七度三十六分，虛宿第一星偏東三度二十七分。

小暑未宫十五度：日出寅正二刻八分，晝五十八刻十四分。日入戌初一刻七分，夜三十七刻一分。

一更亥初一刻七分：心宿第一星偏西五度十五分，尾宿第一星偏東一度五十一分。

二更亥正一刻七分：帝座偏西五度五十八分，箕宿第一星偏東五度三十九分。

三更子初一刻七分：箕宿第一星偏西九度二十一分，織女第一星偏東十九分。

四更子正一刻八分：斗宿第一星偏西十四度三十二分，河鼓第二星偏東二度三十五分。

五更丑初一刻八分：天津第一星偏西三度四十四分，女宿第一星偏東一度三十分。

攢點丑正一刻八分：虛宿第一星偏西二度二十七分，危宿第一星偏東六度十二分。

未宫二十度：日出寅正二刻十一分，晝五十八刻八分。日入戌初一刻四分，夜三十七刻七分。

一更亥初一刻四分：尾宿第一星偏西二度四十六分，帝座偏東四度二十五分。

二更亥正一刻五分：帝座偏西十度五十分，箕宿第一星偏東四十七分。

三更子初一刻七分：斗宿第一星偏西四度三十九分，河鼓第二星偏東十二度二十八分。

四更子正一刻八分：河鼓第二星偏西二度四十七分，牛宿第一星偏東四度二十一分。

五更丑初一刻十分：女宿第一星偏西四度二十二分，虚宿第一星偏東六度四十一分。

攢點丑正一刻十一分：虚宿第一星偏西八度三十四分，危宿第一星偏東五分。

未宫二十五度：日出寅正二刻十四分，晝五十八刻二分。日入戌初一刻一分，夜三十七刻十三分。

一更亥初一刻一分：帝座偏西八分，箕宿第一星偏東十一度二十九分。

二更亥正一刻四分：箕宿第一星偏西四度十六分，織女第一星偏東六度四十四分。

三更子初一刻六分：斗宿第一星偏西九度四十二分，河鼓第一星偏東七度二十五分。

四更子正一刻九分：牛宿第一星偏西一度十二分，天津第一星偏東二十一分。

五更丑初一刻十一分：女宿第一星偏西九度五十五分，虚宿第一星偏東一度八分。

攢點丑正一刻十四分：危宿第一星偏西五度五十八分，北洛師門偏東六度四十三分。

大暑午宫初度：日出寅正三刻三分，晝五十七刻九分。日入戌初初刻十二分，夜三十八刻六分。

一更亥初初刻十二分：帝座偏西四度二十二分，箕宿第一星偏東七度十五分。

二更亥正一刻一分：箕宿第一星偏西八度四十五分，織女第一星偏東五十五分。

三更子初一刻五分：斗宿第一星偏西十四度四十一分，河鼓第一星偏東二度二十六分。

四更子正一刻十分：天津第一星偏西五度八分，女宿第一星偏東六分。

五更丑初一刻十四分：虚宿第一星偏西四度五十一分，危宿第一星偏東三度四十八分。

攢點丑正二刻三分：危宿第一星偏西十二度十二分，北落師門偏東二十九分。

午宫五度：日出寅正三刻八分，晝五十六刻十四分。日入戌初初刻七分，夜三十九刻八分。

一更亥初初刻七分：帝座偏西八度十八分，箕宿第一星偏東三度十九分。

二更亥正初刻十三分：斗宿第一星偏西三度七分，河鼓第二星偏東十四度。

三更子初一刻四分：河鼓第二星偏西二度三十分，牛宿第一星偏東三度三十八分。

四更子正一刻十一分：牛宿第一星偏西五度二十分，虛宿第一星偏東五度四十三分。

五更丑初二刻二分：危宿第一星偏西二度八分，北落師門偏東十度三十三分。

攢點丑正一刻八分：室宿第一星偏西三度四十八分，壁宿第一星偏東十三度十三分。

午宫十度：日出寅正三刻十三分，晝五十六刻四分。日入戌初初刻二分，夜三十九刻十一分。

一更亥初初刻二分：箕宿第一星偏西三十一分，織女第一星偏東九度九分。

二更亥正初刻十分：斗宿第一星偏西七度二十七分，河鼓第二星偏東九度四十分。

三更子初一刻三分：牛宿第一星偏西十二分，天津第一星偏東一度二十三分。

四更子正一刻十二分：女宿第一星偏西十度四十分，虛宿第一星偏東二十三分。

五更丑初二刻五分：危宿第一星偏西七度五十八分，北落師門偏東四度四十三分。

攢點丑正二刻十三分：室宿第一星偏西十度八分，壁宿第一星偏東六度五十三分。

立秋午宫十五度：日出卯初初刻三分，晝五十五刻九分。日入酉正三刻十二分，夜四十刻六分。

一更戌正一刻十二分：箕宿第一星偏西六度十七分，織女第一星偏東三度二十七分。

二更亥正初刻七分：斗宿第一星偏西十一度四十一分，河鼓第二星偏東五度二十四分。

三更子初一刻二分：天津第一星偏西三度二十五分，女宿第一星偏東一度四十九分。

四更子正一刻十三分：虚宿第一星偏西四度五十四分，危宿第一星偏東三度四十六分。

五更丑初二刻八分：北落師門偏西一度三分，室宿第一星偏東一度六分。

攢點丑正三刻三分：室宿第一星偏西十六度二十四分，壁宿第一星偏東三十七分。

午宫二十度：日出卯初初刻九分，晝五十四刻十二分。日入酉正三刻六分，夜四十一刻三分。

一更戌正三刻六分：箕宿第一星偏西七度四十四分，織女第一星偏東一度五十六分。

二更亥正初刻四分：斗宿第一星偏西十五度五十五分，河鼓第二星偏東一度十二分。

三更子初一刻一分：女宿第一星偏西二度五十三分，虚宿第一星偏東八度十分。

四更子正一刻十四分：危宿第一星偏西一度二十六分，北落師門偏東十一度十五分。

五更丑初二刻十一分：室宿第一星偏西四度三十六分，壁宿第一星偏東十二度二十五分。

攢點丑正三刻九分：壁宿第一星偏西五度五十分，土司空偏東一度五十分。

午宫二十五度：日出卯初一刻，晝五十四刻。日入酉正三刻，夜四十二刻。

一更戌正三刻：斗宿第一星偏西一度二分，河鼓第二星偏東十六度五分。
二更亥正初刻：河鼓第二星偏西二度四十分，牛宿第一星偏東四度二十八分。
三更子初一刻：女宿第一星偏西七度三十分，虚宿第一星偏東三度三十三分。
四更子正二刻：危宿第一星偏西六度三十三分，北落師門偏東六度八分。
五更丑初三刻：室宿第一星偏西十度二十八分，壁宿第一星偏東六度三十三分。
攢點寅初初刻：奎宿第一星偏西一度十七分，婁宿第一星偏東二度五十五分。
處暑巳宫初度：日出卯初一刻六分，晝五十三刻三分。日入酉正二刻九分，夜四十二刻十二分。
一更戌正二刻九分：斗宿第一星偏西四度二十一分，河鼓第二星偏東十二度四十六分。
二更亥初三刻十一分：河鼓第二星偏西六度二十九分，牛宿第一星偏東三十九分。
三更子初初刻十四分：虚宿第一星偏西一度一分，危宿第一星偏東七度三十八分。
四更子正二刻一分：危宿第一星偏西十一度三十七分，北落師門偏東一度四分。
五更丑初三刻四分：室宿第一星偏西十六度十七分，壁宿第一星偏東四十四分。
攢點寅初初刻六分：奎宿第一星偏西七度三十六分，婁宿第一星偏東六度三十六分。

巳宫五度：日出卯初一刻十二分，晝五十二刻六分。日入酉正二刻三分，夜四十七刻九分。

一更戌正二刻三分：斗宿第一星偏西七度三十六分，河鼓第二星偏東九度三十一分。

二更亥初三刻八分：天津第一星偏西一度四十八分，女宿第一星偏東三度二十四分。

三更子初初刻十三分：虚宿第一星偏西五度三十一分，危宿第一星偏東三度八分。

四更子正二刻二分：室宿第一星偏西一度二十七分，壁宿第一星偏東十五度十四分。

五更丑初三刻七分：壁宿第一星偏西四度四十六分，土司空偏東二度五十四分。

攢點寅初初刻十二分：奎宿第一星偏西十三度五十一分，婁宿第一星偏東二十一分。

巳宫十度：日出卯初二刻四分，晝五十一刻七分。日入酉正一刻十一分，夜四十四刻八分。

一更戌正一刻十一分：斗宿第一星偏西十度三十二分，河鼓第二星偏東六度三十五分。

二更亥初三刻四分：女宿第一星偏西十五分，虚宿第一星偏東十度四十八分。

三更子初初刻十一分：危宿第一星偏西一度三分，北落師門偏東十一度三十八分。

四更子正二刻四分：室宿第一星偏西六度五十八分，壁宿第一星偏東十度三分。

五更丑初三刻十一分：土司空偏西二度四十七分，奎宿第一星偏東二十八分。

攢點寅初一刻四分：婁宿第一星偏西六度五分，胃宿第一星偏東五度五十四分。

白露巳宫十五度：日出卯初二刻十分，晝五十刻十分。日入酉正一刻五分，夜四十刻五分。

一更戌正一刻五分：斗宿第一星偏西十三度四十二分，河鼓第二星偏東三度二十五分。

二更亥初三刻：女宿第一星偏西三度五十五分，虚宿第一星偏東七度八分。

三更子初初刻十分：危宿第一星偏西五度二十八分，北落師門偏東七度十三分。

四更子正二刻五分：室宿第一星偏西十一度五十三分，壁宿第一星偏東五度五分。

五更丑正初刻：奎宿第一星偏西五度十二分，婁宿第一星偏東九度。

攢點寅初一刻十分：胃宿第一星偏西十六分，天囷第一星偏東四度五十一分。

巳宫二十度：日出卯初三刻二分，晝四十九刻十一分。日入酉正初刻十二分，夜四十六刻四分。

一更戌正初刻十三分：斗宿第一星偏西十六度三十四分，河鼓第二星偏東三十三分。

二更亥初二刻十一分：女宿第一星偏西七度三十二分，虚宿第一星偏東三度三十一分。

三更子初初刻九分：危宿第一星偏西九度五十分，北落師門偏東二度五十一分。

四更子正二刻六分：室宿第一星偏西十六度四十五分，壁宿第一星偏東十六分。

五更丑正初刻四分：奎宿第一星偏西十度四十九分，婁宿第一星偏東三度二十三分。

攢點寅初二刻二分：天囷第一星偏西一度三十一分，昴宿第一星偏東八度四十二分。

巳宫二十五度：日出卯初三刻八分，晝四十八刻十四分。日入酉正初刻七分，夜四十七刻一分。

一更戌正初刻七分：河鼓第二星偏西三度三十三分，牛宿第一星偏東四度三十五分。

二更亥初二刻七分：虚宿第一星偏西五分，危宿第一星偏東四度三十四分。

三更子初初刻七分：北落師門偏西一度十五分，室宿第一星偏東五十四分。

四更子正二刻八分：壁宿第一星偏西四度五十分，土司空偏東二度五十分。

五更丑正初刻八分：婁宿第一星偏西一度十三分，胃宿第一星偏東九度四十六分。

攢點寅初二刻八分：天囷第一星偏西七度三十七分，昴宿第一星偏東二度三十六分。

秋分辰宫初度：日出卯正初刻，晝四十八刻。日入酉正初刻，夜四十八刻。

一更戌正初刻：河鼓第二星偏西五度二十三分，牛宿第一星偏東一度四十五分。

二更亥初二刻三分：虚宿第一星偏西三度四十分，危宿第一星偏東四度五十九分。

三更子初初刻六分：室宿第一星偏西三度二十六分，壁宿第一星偏東十三度三十五分。

四更子初二刻九分：土司空偏西二度，奎宿第一星偏東一度十五分。

五更丑正初刻十一分：婁宿第一星偏西七度四十八分，胃宿第一星偏東四度十一分。

攢點寅初三刻：昴宿第一星偏西三度四十四分，畢宿第一星偏東七度十五分。

辰宫五度：日出卯正初刻七分，晝四十七刻一分。日入酉初三刻八分，夜四十八刻十四分。

一更戌初三刻八分：牛宿第一星偏西一度五分，天津第一星偏東二十八分。

二更亥初一刻十四分：虚宿第一星偏西七度十五分，危宿第一星偏東一度二十四分。

三更子初初刻五分：室宿第一星偏西七度四十六分，壁宿第一星偏東九度十五分。

四更子正二刻十分：奎宿第一星偏西三度三十五分，婁宿第一星偏東十度三十七分。

五更丑正一刻一分：胃宿第一星偏西一度二十四分，天囷第一星偏東三度四十三分。

攢點寅初三刻七分：昴宿第一星偏西十度四分，畢宿第一星偏東五十五分。

辰宫十度：日出卯正一刻五分，晝四十五刻五分。日入酉初二刻十分，夜五十刻十分。

一更戌初三刻二分：天津第一星偏西二度三十八分，女宿第一星偏東二度三十六分。

二更亥初一刻十分：危宿第一星偏西二度十二分，北落師門偏東十度二十九分。

三更子初初刻三分：室宿第一星偏西十一度五十二分，壁宿第一星偏東五度九分。

四更子正二刻十二分：奎宿第一星偏西八度四十一分，婁宿第一星偏東五度三十一分。

五更丑正一刻五分：天囷第一星偏西一度五十三分，昴宿第一星偏東八度二十分。

攢點寅初三刻十三分：畢宿第一星偏西五度十一分，五車第二星偏東五度五十三分。

寒露辰宮十五度：日出卯正一刻五分，晝四十五刻五分。日入酉初二刻二分，夜五十刻十分。

一更戌初二刻十分：女宿第一星偏西十六分，虚宿第一星偏東十度四十七分。

二更亥初一刻六分：危宿第一星偏西五度四十九分，北落師門偏東六度五十二分。

三更子初初刻二分：室宿第一星偏西十六度十四分，壁宿第一星偏東四十七分。

四更子正二刻十三分：奎宿第一星偏西十三度三十三分，婁宿第一星偏東三十九分。

五更丑正一刻九分：天囷第一星偏西七度三十分，昴宿第一星偏東二度四十三分。

攢點寅正初刻五分：五車第二星偏西二十九分，參宿第七星偏東三十五分。

辰宫二十度：日出卯正一刻十一分，晝四十四刻八分。日入酉初二刻四分，夜五十一刻七分。

一更戌初二刻四分：女宿第一星偏西三度二十六分，虚宿第一星偏東七度三十七分。

二更亥初一刻二分：危宿第一星偏西九度二十九分，北落師門偏東三度十二分。

三更子初初刻一分：壁宿第一星偏西三度三十八分，土司空偏東四度二分。

四更子正二刻十四分：婁宿第一星偏西四度十六分，胃宿第一星偏東九度四十三分。

五更丑正一刻十三分：昴宿第一星偏西二度五十七分，畢宿第一星偏東八度二分。

攢點寅正初刻十一分：觜宿第一星偏西五十三分，參宿第四星偏東四度十一分。

辰宫二十五度：日出卯正二刻三分，晝四十三刻九分。日入酉初一刻十二分，夜五十二刻六分。

一更戌初一刻十二分：女宿第一星偏西六度二十二分，虚宿第一星偏東四度四十一分。

二更亥初初刻十三分：北落師門偏西二十九分，室宿第一星偏東一度四十分。

三更亥正三刻十四分：土司空偏西九分，奎宿第一星偏東三度六分。

四更子正三刻一分：婁宿第一星偏西九度二十七分，胃宿第一星偏東二度三十二分。

五更丑正二刻二分：昴宿第一星偏西八度三十八分，畢宿第一星偏東二度二十一分。

攢點寅正一刻三分：參宿第一星偏西二度十五分，井宿第一星偏東四度十八分。

霜降卯宫初度：日出卯正二刻九分，晝四十二刻十二分。日入酉初一刻六分，夜五十三刻三分。

一更戌初一刻六分：女宿第一星偏西九度三十七分，虛宿第一星偏東一度二十六分。

二更亥初初刻十分：室宿第一星偏西二度二十分，壁宿第一星偏東十四度四十八分。

三更亥正三刻十三分：奎宿第一星偏西一度二十四分，婁宿第一星偏東十二度四十八分。

四更子正三刻二分：胃宿第一星偏西二度二十八分，天囷第一星偏東二度三十九分。

五更丑正二刻五分：畢宿第一星偏西三度九分，五車第二星偏東七度五十五分。

攢點寅正一刻九分：井宿第一星偏西一度五十七分，天狼偏東四度三十九分。

卯宫五度：日出卯正三刻，晝四十二刻。日入酉初一刻，夜五十四刻。

一更戌初一刻：虛宿第一宿偏西一度五十三分，危宿第一宿偏東六度四十六分。

二更亥初初刻六分：室宿第一星偏西六度九分，壁宿第一星偏東十度五十二分。

三更亥正三刻十二分：奎宿第一星偏西五度五十八分，婁宿第一星偏東八度十四分。

四更子正三刻三分：天囷第一星偏西二度二十五分，昴宿第一星偏東七度四十八分。

五更丑正二刻九分：畢宿第一星偏西八度五十八分，五車第二星偏東二度六分。

攢點寅正二刻：天狼偏西一度四十分，南河第三星偏東十一度二十分。

卯宫十度：日出卯正三刻六分，晝四十一刻三分。日入酉初初刻九分，夜五十四刻十二分。

一更戌初初刻九分：虚宿第一星偏西五度十五分，危宿第一星偏東三度三十四分。

二更亥初初刻二分：室宿第一星偏西十度一分，壁宿第一星偏東七度。

三更亥正三刻十一分：奎宿第一星偏西十度三十五分，婁宿第一星偏東三度三十七分。

四更子正三刻四分：天囷第一星偏西七度三十二分，昴宿第一星偏東二度四十一分。

五更丑正二刻十三分：參宿第一星偏西二度四十二分，參宿第一星偏東一度二十八分。

攢點寅正二刻六分：天狼偏西八度二分，南河第一星偏東四度五十八分。

立冬卯宫十五度：日出卯正三刻十二分，晝四十刻六分。日入酉初初刻三分，夜五十五刻九分。

一更戌初初刻三分：危宿第一星偏西一度三分，北落師門偏東十一度三十八分。

二更戌正三刻十四分：室宿第一星偏西十四度十三分，壁宿第一星偏東二度四十八分。

三更亥正三刻十分：婁宿第一星偏西一度五分，胃宿第一星偏東十度五十四分。

四更子正三刻五分：昴宿第一星偏西二度三十一分，畢宿第一星偏東八度二十八分。

五更丑正三刻一分：觜宿第一星偏西三度四十二分，參宿第四星偏東一度二十二分。

四分。

攢點寅正二刻十二分：北河第三星偏西三十二分，鬼宿第一星偏東十一度十八分。

卯宫二十度：日出辰初初刻二分，晝三十九刻十一分。日入申正三刻十三分，夜五十六刻四分。

一更酉正三刻十三分：危宿第一星偏西三度四十九分，北落師門偏東八度四十八分。

二更戌正三刻十一分：壁宿第一星偏西一度二十八分，土司空偏東六度十二分。

三更亥正三刻九分：婁宿第一星偏西五度五十一分，胃宿第一星偏東六度八分。

四更子正三刻六分：昴宿第一星偏西七度四十七分，畢宿第一星偏東三度十二分。

五更丑正三刻四分：參宿第一星偏西四度二十四分，井宿第一星偏東二度九分。

攢點寅正三刻二分：北河第三星偏西六度四十八分，鬼宿第一星偏東五度二分。

卯宫二十五度：日出辰初初刻七分，晝三十九刻一分。日入申正三刻八分，夜五十六刻十四分。

一更酉正三刻八分：危宿第一星偏西七度三十九分，北落師門偏東五度二分。

二更戌正三刻八分：壁宿第一星偏西五度四十八分，土司空偏東一度五十二分。

三更亥正三刻八分：婁宿第一星偏西十度四十一分，胃宿第一星偏東一度十八分。

四更子正三刻七分：畢宿第一星偏西二度八分，五車第二星偏東八度五十六分。

五更丑正三刻七分：井宿第一星偏西三度四十一分，天狼偏東二度五十五分。

攢點寅正三刻七分：鬼宿第一星偏西一度十八分，柳宿第一星偏東二十八分。

小雪寅宮初度：日出辰初初刻十二分，晝三十八刻六分。日入申正三刻三分，夜五十七刻九分。

一更酉正三刻三分：危宿第一星偏西十一度三十五分，北落師門偏東一度六分。

二更戌正三刻五分：土司空偏西二度三十四分，奎宿第一星偏東四十一分。

三更亥正三刻七分：胃宿第一星偏西三度三十八分，天囷第一星偏東一度二十九分。

四更子正三刻八分：畢宿第一星偏西七度三十四分，五車第二星偏東三度三十分。

五更丑正三刻十分：天狼偏西三度一分，南河第三星偏東九度五十九分。

攢點寅正三刻十二分：柳宿第一星偏西五度五十八分，星宿第一星偏東六度四十五分。

寅宮五度：日出辰初一刻一分，晝三十七刻十三分。日入申正二刻十四分，夜五十八刻二分。

一更酉正二刻十四分：室宿第一星偏西五十九分，壁宿第一星偏東十六度二分。

二更戌正三刻二分：奎宿第一星偏西三度四十八分，婁宿第一星偏東十度二十四分。
三更亥正三刻六分：天囷第一星偏西三度三十分，昴宿第一星偏東六度四十三分。
四更子正三刻九分：參宿第七星偏西五十五分，參宿第一星偏東三度十五分。
五更丑正三刻十三分：天狼偏西九度，南河第三星偏東四度。
攢點卯初初刻一分：柳宿第一星偏西十二度十二分，星宿第一星偏東三十一分。
寅宮十度：日出辰初一刻四分，晝三十七刻七分。日入申正二刻十二分，夜五十八刻八分。
一更酉正二刻十一分：室宿第一星偏西五度三十二分，壁宿第一星偏東十一度二十九分。
二更戌正三刻一分：奎宿第一星偏西八度五十一分，婁宿第一星偏東五度三十一分。
三更亥正三刻五分：天囷第一星偏西八度三十三分，昴宿第一星偏東一度四十分。
四更子正三刻十分：觜宿第一星偏西一度四十六分，參宿第一星偏東三度十八分。
五更丑正三刻十四分：北河第三星偏西三十六分，鬼宿第一星偏東十一度十四分。
攢點卯初初刻四分：星宿第一星偏西五度三十二分，張宿第一星偏東三十一分。
大雪寅宮十五度：日出辰初一刻七分，晝三十七刻一分。日入申正二刻八分，夜五十八刻十四分。

一更酉正二刻八分：室宿第一星偏西十度九分，壁宿第一星偏東六度五十二分。

二更戌正二刻十四分：奎宿第一星偏西十三度四十三分，婁宿第一星偏東二十九分。

三更亥正三刻五分：昴宿第一星偏西三度四十三分，畢宿第一星偏東七度十七分。

四更子正三刻十分：參宿第一星偏西二度四分，井宿第一星偏東四度二十九分。

五更寅初初刻一分：北河第三星偏西六度二十八分，鬼宿第一星偏東五度二十二分。

攢點卯初初刻七分：軒轅第十四星偏西四十三分，翼宿第一星偏東十二度二十八分。

寅宮二十度：日出辰初一刻九分，晝三十六刻十二分。日入申正二刻六分，夜五十九刻三分。

一更酉正二刻六分：室宿第一星偏西十五度三分，壁宿第一星偏東一度五十八分。

二更戌正二刻十三分：婁宿第一星偏西四度四十分，胃宿第一星偏東一度五十八分。

三更亥正三刻四分：昴宿第一星偏西八度五十一分，畢宿第一星偏東二度八分。

四更子正三刻十一分：井宿第一星偏西一度十分，天狼偏東五度二十六分。

五更寅初初二分：鬼宿第一星偏西十七分，柳宿第一星偏東一度二十九分。

攢點卯初初刻九分：軒轅第十四星偏西七度三十七分，翼宿第一星偏東五度三十四分。

寅宮二十五度：日出辰初一刻十分，晝三十六刻十分。日入申正二刻五分，夜五十九刻五分。

一更酉正二刻五分：壁宿第一星偏西三度十三分，土司空偏東四度二十七分。

二更戌正二刻十二分：婁宿第一星偏西九度五十一分，胃宿第一星偏東二度八分。

三更亥正三刻四分：畢宿第一星偏西三度十八分，五車第二星偏東七度四十六分。

四更子正三刻十一分：天狼當中。

五更寅初初刻三分：柳宿第一星偏西四度十二分，星宿第一星偏東八度三十一分。

攢點卯初初刻十分：翼宿第一星偏西七分，五帝座偏東十二度二分。

冬至丑宮初度：日出辰初一刻十分，晝三十六刻十分。日入申正二刻五分，夜五十九刻五分。

一更酉正二刻五分：土司空偏西一度，奎宿第一星偏東二度十五分。

二更戌正二刻十二分：胃宿第一星偏西三度十九分，天囷第一星偏東一度四十八分。

三更亥正三刻四分：畢宿第一星偏西八度四十五分，五車第二星偏東二度十九分。
四更子正三刻十一分：天狼偏西五度二十七分，南河第三星偏東七度三十三分。
五更寅初初刻三分：柳宿第一星偏西九度三十九分，星宿第一星偏東三度四分。
攢點卯初初刻十分：翼宿第一星偏西五度三十四分，五帝座偏東六度三十五分。
丑宮五度：日出辰初一刻十分，晝三十六刻十分。日入申正二刻五分，夜五十九刻五分。
一更酉正二刻五分：奎宿第一星偏西三度十二分，婁宿第一星偏東十一度。
二更戌正二刻十二分：天囷第一星偏西三度三十九分，昴宿第一星偏東六度三十四分。
三更亥正三刻四分：參宿第七星偏西二度四分，參宿第一星偏東二度六分。
四更子正三刻十一分：天狼偏西十度五十四分，南河第三星偏東二度六分。
五更寅初初刻三分：星宿第一星偏西二度二十六分，張宿第一星偏東二度四十分。
攢點卯初初刻十分：翼宿第一星偏西十一度一分，五帝座偏東一度八分。
丑宮十度：日出辰初一刻九分，晝三十六刻十二分。日入申正二刻六分，夜五十九刻三分。
一更酉正二刻六分：奎宿第一星偏西八度五十三分，婁宿第一星偏東五度十九分。
二更戌正二刻十三分：天囷第一星偏西九度二十分，昴宿第一星偏東五十三分。

三更亥正三刻四分：觜宿第一星偏西二度四十八分，參宿第四星偏東二度十六分。

四更子正三刻十一分：北河第三星偏西二度三十六分，鬼宿第一星偏東九度二十七分。

五更寅初初刻二分：張宿第一星偏西一度三十一分，軒轅第十四星偏東二度二十二分。

攢點卯初初刻九分：五帝座偏西四度三分，軫宿第一星偏東二度三十七分。

小寒丑宫十五度：日出辰初一刻七分，晝三十七刻一分。日入申正二刻八分，夜五十八刻十四分。

一更酉正二刻八分：婁宿第一星偏西三十五分，胃宿第一星偏東十一度二十四分。

二更戌正二刻十四分：昴宿第一星偏西四度四十六分，畢宿第一星偏東六度十三分。

三更亥正三刻五分：參宿第四星偏西三度二十三分，井宿第一星偏東三度十分。

四更子正三刻十分：北河第三星偏西七度三十二分，鬼宿第一星偏東四度十八分。

五更寅初初刻一分：軒轅第十四星偏西二度四十七分，翼宿第一星偏東十度二十四分。

攢點卯初初刻七分：軫宿第一星偏西二度十七分，角宿第一星偏東十五度三十九分。

丑宫二十度：日出辰初一刻四分，晝三十七刻七分。日入申正二刻十一分，夜五十八刻八分。

一更酉正二刻十一分：婁宿第一星偏西六度四十二分，胃宿第一星偏東五度十七分。

二更戌正三刻一分：昴宿第一星偏西十度三十八分，畢宿第一星偏東二十一分。

三更亥正三刻五分：井宿第一星偏西二度十二分，天狼偏東四度二十四分。

四更子正三刻十分：鬼宿第一星偏西一度三分，柳宿第一星偏東四十三分。

五更丑正三刻十四分：軒轅第十四星偏西六度三十九分，翼宿第一星偏東六度三十二分。

攢點卯初初刻四分：軫宿第一星偏西六度五十四分，角宿第一星偏東十度二十二分。

丑宫二十五度：日出辰初一刻一分，晝三十七刻十三分。日入申正二刻十四分，夜五十八刻二分。

一更酉正二刻十四分：胃宿第一星偏西四十六分，天囷第一星偏東四度二十一分。

二更戌正三刻二分：畢宿第一星偏西五度十二分，五車第二星偏東五度五十二分。

三更亥正三刻六分：天狼偏西一度九分，南河第三星偏東十一度五十一分。

四更子正三刻九分：柳宿第一星偏西四度二十一分，星宿第一星偏東八度二十二分。

五更丑正三刻十三分：軒轅第十四星偏西十二度四十二分，翼宿第一星偏東二十九分。

攢點卯初初刻一分：軫宿第一星偏西十一度二十七分，角宿第一星偏東五度四十九分。

大寒子宮初度：日出辰初初刻十二分，晝三十八刻六分。日入申正三刻三分，夜五十七刻九分。

一更酉正三刻三分：天囷第一星偏西一度五十三分，昴宿第一星偏東八度二十分。

二更戌正三刻五分：五車第二星偏四七分，參宿第一星偏東五十七分。

三更亥正三刻七分：天狼偏西六度三十八分，南河第三星偏東六度二十二分。

四更子正三刻八分：柳宿第一星偏西九度二十分，星宿第一星偏東三度二十三分。

五更丑正三刻十分：翼宿第一星偏西四度，五帝座偏東八度九分。

攢點寅正三刻十二分：軫宿第一星偏西十五度四十一分，角宿第一星偏東一度三十五分。

子宮五度：日出辰初初刻七分，晝三十九刻一分。日入申正三刻八分，夜五十六刻十四分。

一更酉正三刻八分：天囷第一星偏西八度十九分，昴宿第一星偏東一度五十四分。

二更戌正三刻八分：觜宿第一星偏西十七分，參宿第四星偏東四度四十七分。

三更亥正三刻八分：天狼偏西十二度四分，南河第三星偏東五十六分。

四更子正三刻八分：星宿第一星偏西一度三十三分，張宿第一星偏東四度三十分。

五更丑正三刻七分：翼宿第一星偏西七度五十六分，五帝座偏東四度十三分。

攢點寅正三刻七分：角宿第一星偏西二度二十一分，亢宿第一星偏東九度三十二分。

子宫十度：日出辰初初刻二分，晝三十九刻十一分。日入申正三刻十三分，夜五十六刻四分。

一更酉正三刻十三分：昴宿第一星偏西四度十一分，畢宿第一星偏東六度四十八分。

二更戌正三刻十一分：參宿第四星偏西一度三分，井宿第一星偏東五度三十分。

三更亥正三刻九分：北河第三星偏西三度二十七分，鬼宿第一星偏東八度二十三分。

四更子正三刻六分：張宿第一星偏西二十分，軒轅第十四星偏東三度三十三分。

五更丑正三刻四分：五帝座偏西三十七分，軫宿第一星偏東六度三分。

攢點寅正三刻二分：角宿第一星偏西六度十一分，亢宿第一星偏東五度四十二分。

右測中星考日躔以定歲差

致日月以正節氣

周禮春官馮相氏：冬夏致日，春秋致月，以辨四時之叙。注：冬至，日在牽牛，景丈三尺。夏至，日在東井，景尺五寸。此長短之極。春分日在婁，秋分日在角，而月弦于牽牛、東井。疏：春分日在婁，其月上弦在東井，圓于角，下弦于牽牛。秋分日在角，上弦于牽牛，圓于婁，下弦于東井。鄭并言月弦于牽牛、東井，不言圓望，義可知也。

梅氏文鼎曰：日行黄道有南至、北至，月亦有之。月之北至，則陰曆是也。月之南至，則陽曆是也。夫月之陰陽曆，隨時變遷，而必於春秋測之，何耶？凡言至者，皆要其數之所極，則必有中數以爲之衷。如日道有南至、北至，相差四十七度奇，而其中數則赤道也。月有陰曆，有陽曆，出入於黄道各六度弱，而其中數則黄道也。夫黄道之在冬夏，既自相差四十七度奇，則已無定度，又何以爲月道之中數乎？惟春秋二分之黄道與赤道同度，則其東出西没及過午之度，並與赤道無殊。於此測月，可得陰陽曆出入黄道之真度矣。假如二分之望月在其衝，春分之望月必在秋分之宿度，秋分之望月必在春分之宿度。則日没於酉正而月出於卯正，日出於卯正而月没於酉正，其出没方位，必居卯酉正中，與日相等。然而或等焉，或不等焉。或有時而出没於酉正卯正之南，則知其在陽曆也；有時而在卯正酉正之北，則知其在陰曆也。又此時日之過午也，必與本處之赤道同高，即冬、夏二至日軌高度折中之處。則月亦宜然。然而月之過午，或有時而高於日度，則知其在陰曆也；有時而卑於日度，則知其在陽曆也。若月之出没，在卯酉之正而不偏南北，月之過午一如日軌之度，而略無高卑，則爲正當交道，而有虧食，故曰惟春秋可以測月也。

又曰：但以日軌爲主，則春秋致月亦致日之餘事，即於兩弦立説，亦足以明。若正言致月之理，則必將詳考其交道出入之端，與夫陰陽曆遠近之距，則兼望言之，其理益著也。

問：陰陽曆之法，於兩弦亦可用乎？曰：可。凡冬夏至表景，既有土圭之定度，夏至尺五寸，即土圭之定度也。冬至景丈三尺，蓋亦以土圭之度度之而知。則月亦宜然。而今測月景，每有不齊，則交道可知。假如春分日在婁，而月上弦於東井；秋分日在角，而月下弦於東井，則是月所行者，夏至日道也，其午景宜與土圭等。又如春分日在婁，而月下弦於牽牛；秋分日在角，而月上弦於牽牛，則是月行冬至日道也，其午景宜與土圭所度冬至長景等。而徵之所測，或等焉，或不等焉。其等於定度者，必月交黄道之度也。其短於定度者，必月在日道之北而爲陰曆也。其長於定度者，必月在日道之南而爲陽曆也。是故兩弦亦可以測陰、陽曆也。然則陰、陽曆之變動若此，又何以正四時之叙？曰：日道之出入赤道也，距遠至廿四度。月道之出入黄道，最遠止六度。距廿四度，故景之進退也大。夏至尺五寸，冬至一丈三尺，相去懸絶。距止六度，故景之進退也小。陰曆陽曆之月景所差于日景者，不過尺許而已。假如月上下弦在東井，而景更短於土圭，其爲夏至之陰曆，更無可疑。即使是陽曆，而景長於土圭，其長不過尺許，無害其爲夏至之黄道也。又如月上下弦在牽牛，景加長於土圭所定之度，其爲冬至之陽曆，已成確據。即使是陰曆，而景短於土圭所定之度，其短亦不過尺許，無損其爲冬至之日道也。夫兩弦之月道既在二至之度，則日躔必在二分，而四叙不忒，故曰舉弦立説，亦足以明也。

或疑洛下閎製渾儀，止知黄道，至東漢永元銅儀，始知月道。至陰陽交道之説，後代始密。周禮所言致月，或未及此。曰：洪範言日月之行，則有冬有夏，是古有黄道也。十月之交見於詩，是古知交道也。洛下閎等草創於祖龍煨燼之餘，故制未備，而以此疑周禮乎？夫謂曆屢變益精者，如歲差之類，必數十年始差一度，故久而後覺；若月之陰、陽曆，月必一周，視黄道之變，尤爲易見，而謂古人全不之知，吾不信也。

或又疑土圭只尺有五寸，則惟北至時可用，餘三時何以定之？曰：經固言日北景長，日南景短矣。其長其短亦必有數，則皆以土圭之尺寸度之耳。然則夏日至景如土圭者，冬日至景必數倍於土圭，而以土圭度之，無難得其丈尺，故冬夏並言致日也。

李氏光地曰：曆法之要，惟定二至二分爲先。二至定，則曆元正矣。必也立表測晷，檢驗長短之極，如祖沖之及今曆之密焉。此冬夏致日之説也。日行有贏、縮曆。自秋分至春分之前縮，自春分至秋分之前贏，若但以百八十二日中分之，以求赤道之交，則晷景不得矣。此亦可以立表參求，而今曆更得一術，用日月東西對望檢之，便得二分之正。蓋冬行南陸，則地上之天少，而地下之天多；夏行北陸，則地上之天多，而地下之天少。其日月之東西相對者，非望也。惟春分秋分行於中道，則日月對衝於地平，即真望矣。以其真望之在何時檢二分之所在，此春秋致月之説也。冬夏致日者於南北，春秋致月者於東西，亦各以其方位。爲此説者，以爲獨得之秘，而不知古之聖人知此久矣。

蕙田案：春秋傳「日在北陸而藏冰，西陸朝覿而出之」，爾雅「北陸，虚也。西陸，昴也」，推是而言，東陸，鳥也；南陸，火也。四陸即天之四象。唐、虞時，冬至日在虛，行北陸；夏至日在七星，行南陸。後漢志「日行北陸謂之冬，西陸謂之春，南陸謂之夏，東陸謂之秋」，與春秋傳同。漢冬至日在斗，北陸之宿也。今冬至日在箕，屬東北維。夏至日在參，屬西南維。至於日道發南，不可謂之行南陸；日道斂北，不可謂之行北陸，相承誤用，非也。冬夏致日，測黄道也。春秋致月，測月道也。亦名白道。

觀承案：南陸北陸之名，相沿而誤解久矣，榕村亦不免承訛而未覺。日道發南不可謂行南陸，日道斂北不可謂行北陸，剖晰豁然，可爲燭龍矣。

右致日月以正節氣

漏刻星晷

周禮夏官挈壺氏：注：壺，盛水器也。世主挈壺水以爲漏。凡軍事，縣壺以序橾；凡喪，縣壺以代哭者。皆以水火守之，分以日夜。注：以水守壺者，爲沃漏也。以火守壺者，夜則火視刻數也。分以日夜者，異晝夜漏也。漏之箭，共百刻，冬夏之間有長短焉。

秋官司寤氏：掌夜時。注：夜時，謂夜晚早，若今甲乙至戌。疏：此文與下爲目，故注云「謂夜晚早」，甲乙則早時，戌亥則晚時也。以星分夜，以詔夜士夜禁。注：夜士，主行夜徼候者，如今都候之屬。疏：「以星分夜」者，若今時觀參辰知夜早晚，是以書傳云：「春昏張中，可以種稷。夏大火中，可以種黍菽。秋虚中〔一〕，可以種麥。冬昴中，可以收斂蓋藏。」彼雖非分夜以詔夜士，亦是以星知早晚之類也。

蕙田案：素問曰：「一日一夜，五分之。」漢書西域傳杜欽曰：「斥候士五分夜擊刁斗自守。」隋志曰：「晝有朝，有禺，有中，有晡，有夕。夜有甲、乙、丙、丁、戊，昏旦有中星。」顔氏家訓曰：「漢、魏以來謂爲甲夜乙夜丙夜丁夜戊夜，亦云一更二更三更四更五更，皆以五爲節。」此鄭注甲乙至戊，「戊」譌作「戌」，賈疏遂言「戌亥」，非也。以星分夜者，視星移次，某星中，或某星見，爲甲夜乙夜也。

隋書天文志：昔黄帝創觀漏水，制器取則，以分晝夜。其後因以命官，周禮挈壺氏則其職也。其法，總以百刻，分于晝夜。冬至晝漏四十刻，夜漏六十刻。夏至晝漏六十刻，夜漏四十刻。春秋二分，晝夜各五十刻。日未出前二刻半而明，既没後二刻

〔一〕「秋」，原脱，據味經窩本、乾隆本、光緒本、周禮注疏卷三六補。

半乃昏。減夜五刻，以益晝漏，謂之昏旦。漏刻皆隨氣增損。冬夏二至之間，晝夜長短，凡差二十刻。每差一刻爲一箭。冬至互起其首，凡有四十一箭。晝有朝，有禺，有中，有晡，有夕。夜有甲、乙、丙、丁、戊。昏旦有星中。每箭各有其數，皆所以分時代守，更其作役。漢興，張蒼因循古制，猶多疏闊。及孝武考定星曆，下漏以追天度，亦未能盡其理。劉向鴻範傳記武帝時所用法云：「冬夏二至之間，一百八十餘日，晝夜差二十刻。」大率二至之後，九日而增損一刻焉。至哀帝時，又改用晝夜一百二十刻，尋亦寢廢。至王莽竊位，又遵行之。光武之初，亦以百刻九日加減法，編於甲令，爲常符漏品。至和帝永元十四年，霍融上言：「官曆率九日增減一刻，不與天相應。或時差至二刻半，不如夏曆漏刻隨日南北爲長短。」乃詔用夏曆漏刻。依日行黄道去極，每差二度四分，爲增減一刻。凡用四十八箭。終於魏、晉，相傳不改。宋何承天以月蝕所在，當日之衡，考驗日宿，知移舊六度。冬至之日，其影極長，測量晷度，知冬至移舊四日。前代諸漏，春分晝長，秋分晝短，差過半刻。皆由氣日不正，所以而然。遂議造漏法。春秋二分，昏旦晝夜漏各五十五刻。齊及梁初，因循不改。至天監六年，武帝以晝夜百刻分配十二辰，辰得八刻，仍有餘分。乃以晝夜爲九十六刻，一辰有全刻八焉。至大同十年，又改用一百八刻，依尚書考靈曜晝夜三十六頃之數，因而三之。冬至晝漏四十八刻，夜漏六十刻。夏至晝漏七十刻，夜漏三十八刻。春秋二分晝漏六十刻，夜漏四十八刻。昏旦之數各三刻。先令祖暅爲漏經，皆依渾天黄道日行去極遠近爲用箭日率。陳文帝天嘉中，亦命舍人朱史造漏，依古百刻爲法。周、齊因循魏漏。晉、宋、梁大同並以百刻分於晝夜。隋初，用周朝尹公正、馬顯所造漏經。至開皇十四年，鄜州司馬袁充上晷影漏刻。充以短影平儀，均布十二辰，立表，隨日影所指辰刻，以驗漏水之節。十二辰刻，互有多少，時正前後，刻亦不同。袁充素不曉渾天黄道去極之數，苟役私智，變改舊章。其於施用，未爲精密。開皇十七年，張胄玄用後魏渾天鐵儀，測知春秋二分，日出卯酉之北，不正當中。與何承天所測頗同，皆日出卯三刻五十五分，入酉四刻五十五分。晝漏五十刻一十分，夜漏四十九刻四十分，晝夜差六十分刻之四十。仁壽四年，劉焯上皇極曆，有日行遲疾，推二十四氣，皆有盈縮定日。春秋分定日，去冬至各八十八日有奇，去夏至各九十三日有奇。二分定日，晝夜各五十刻。又依渾天黄道，驗知冬至夜漏五十九刻一百分刻之八十六，晝漏四十刻一十四分，夏至晝漏五十九刻八十六分，夜漏四十刻一十四分。

冬夏二至之間，晝夜差一十九刻一百分刻之七十二。胄玄及焯漏刻，並不施用。然其法制，皆著在曆術，推驗加時，最爲詳審。大業初，耿詢作古欹器，以漏水注之，獻於煬帝。帝善之，因令與宇文愷，依後魏道士李蘭所修道家上法稱漏，制造稱水漏器，以充行從。又作候影分箭上水方器，置於東都乾陽殿前鼓下司辰。又作馬上漏刻，以從行辨時刻。揆日晷，下漏刻，此二者，測天地、正儀象之本也。晷漏沿革，今古大殊，故列其差，以補前闕。

困學紀聞：考五代會要，晉天福三年，司天臺奏漏刻經云：「晝夜一百刻，分爲十二時，每時有八刻三分之一。六十分爲一刻，一時有八刻二十分。四刻十分爲正前，十分四刻爲正後，二十分中心爲時正。」上古以來皆依此法。

沈括晷漏議：予占天候景，以至驗於儀象，考數下漏，凡十餘年。下漏家常患冬月水澀，夏月水利，以爲水性如此，又疑冰凘所壅，萬方理之，終不應法。予以理求之，冬至日行速，天運已朞，而日已過表，故百刻而有餘。夏至日行遲，天運未朞，而日已至表，故不及百刻。既得此數，然後覆求晷景漏刻，莫不脗合，此古人之所未知也。

天合。宋史志：淳熙十四年，國學進士會稽石萬言：「淳熙曆立元非是，氣朔多差，不與天合。南渡以來，渾儀草創，不合制度，無圭表以測日景長短，無機漏以定交食加時，設欲考正其差，而太史局官尚如去年測驗太陰虧食，自一更一點還光一分之後，或一點還光二分，或一點還光三分以上，或一點還光三分以下，更點乍疾乍徐，隨影走弄，以肆欺蔽。然其差謬非獨此耳，冬至日行極南，黄道出赤道二十四度，晝極短，故四十刻，夜極長，故六十刻；夏至日行極北，黄道入赤道二十四度，晝極長，故六十刻，夜極短，故四十刻；春、秋二分，黄、赤二道平而晝夜等，故各五十刻。此地中古今不易之法。至王普重定刻漏，又有南北分野，冬夏晝夜長短三刻之差。今淳熙曆皆不然，冬至晝四十刻極短，夜六十刻極長，乃在大雪前二日，所差一氣以上；自冬至之後，晝當漸長，夜當漸短，今過小寒〔一〕，晝猶四十刻，夜猶六十刻，所差七日有餘；夏至晝六十刻極長，夜四十刻極短，乃在芒種前一日，所差亦一氣以上；自夏至之後，晝當漸短，夜當漸長，今過小暑，晝猶六十刻，夜猶四十刻，所差亦七日有餘；及晝夜各五十

〔一〕「寒」，原作「雪」，據光緒本、宋史律曆志十五改。

刻，又不在春分秋分之下。至於日之出入，人視之以爲晝夜，其長短有漸，不可得而急與遲也。今日之出入，增減一刻，近或五日，遠或三四十日，而一急一遲，與日行常度無一合者〔一〕。請考正淳熙曆之差，俾之上不違於天時，下不違於人事。」送秘書省、禮部詳之。

明史天文志：崇禎二年，禮部侍郎徐光啓兼理曆法，請造象限大儀六，紀限大儀三，平懸渾儀三，交食儀一，列宿經緯天球一，萬國經緯地球一，平面日晷三，轉盤星晷三，候時鐘三，望遠鏡三。報允。已，又言：「定時之法，當議者五事：一曰壺漏，二曰指南鍼，三曰表臬，四曰儀，五曰晷。漏壺，水有新舊滑濇則遲疾異，漏管有時塞時磷則緩急異。正漏之初，必於正午初刻。此刻一誤，靡所不誤。故壺漏特以濟晨昏陰晦儀晷表臬所不及，而非定時之本。指南鍼，術人用以定南北，辨方正位，咸取則焉。然鍼非指正子午，曩云多偏丙午之間。以法考之，各地不同。在京師則偏東五度四十分。若憑以造晷，冬至午正先天一刻四十四分有奇，夏至午正先天五十一分

〔一〕「一」，原作「不」，據味經窩本、乾隆本、光緒本、宋史律曆志十五改。

有奇。若表臬者，即考工匠人置槷之法，識日出入之影，參諸日中之影，以正方位。今法置小表於地平，午正前後累測日影，以求相等之兩長影爲東西，因得中間最短之影爲正子午，其術簡甚。儀者，本臺故有立運儀，測驗七政高度。臣用以較定子午，於午前屢測太陽高度，因最高之度，即得最短之影，是爲南北正線。既定子午卯酉之正線，因以法分布時刻，加入節氣諸線，即成平面日晷。又今所用員石欹晷是爲赤道晷，亦用所得正子午線較定。此二晷皆可得天之正時刻，所爲晝測日也。若測星之晷，實周禮夜考極星之法。然古時北極星正當不動之處，今時久漸移，已去不動處三度有奇，舊法不可復用。故用重盤星晷，上書時刻，下書節氣，仰測近極二星即得時刻，所謂夜測星也。」七年，督修曆法右參政李天經言：「輔臣光啓言定時之法，古有壺漏，近有輪鐘，二者皆由人力遷就，不如求端於日星，以天合天，乃爲本法，特請製日晷、星晷、望遠鏡三器。臣奉命接管，敢先言其略：日晷者，礱石爲平面，界節氣十三線，内冬夏二至各一線，其餘日行相等之節氣，皆兩節氣同一線也。平面之周列時刻線，以各節氣太陽出入爲限。又依京師北極出地度，範爲三角銅表置其中。表體之全影指時刻，表中之鋭影指節氣。此日晷之大略也。星晷者，治銅爲柱，上安重盤。

内盤鐫周天度數，列十二宫以分節氣，外盤鐫列時刻，中横刻一縫，用以窺星。法將外盤子正初刻移對内盤節氣，乃轉移銅盤，北望帝星與勾陳大星，使兩星同見縫中，即視盤面鋭表所指，爲正時刻。此星晷之大略也。若夫望遠鏡，亦名窺筩，其制虚管層疊相套，使可伸縮，兩端俱用玻璃，隨所視物之遠近以爲長短。不但可以窺天象，且能攝數里外物如在目前。至於日晷、星晷皆用措置得宜，必須築臺，以便安放。」

新法曆引：太陽在地平上，人目可得而覩，謂之晝。太陽漸隱地平之下，人目無見，則謂之夜。是晝夜者，全由人居以分隨方極出地若干。隨時，太陽躔某宫。其晝夜刻分皆可依法推算焉。然而法算與目見恒異。蓋太陽體大，算法皆以體心出地爲晝始，而人目以一見日輪即爲晝始。又日出没升降，度有斜正不同。又地平各曜出没之界，受清蒙氣有變。凡此皆非人目能辨，故曆家立有視差法也。一晝一夜，平分爲十二時，時各八刻，一日十二時，共刻九十有六，此恒率也。其晝夜永短遞遷之故，則不但日行南陸北陸不同而已，亦由北極出地高卑互異，而永短因焉。如赤道正過天頂之地，兩極合於地平，其晝夜均停，絶無永短；又極在天頂，赤道與地平平行，其下晝夜亦無長短之較，但太陽百八十日恒見，百八十日恒隱耳。此外諸方，各有永短，顧其一歲之中晝夜均停者四日，握算者引而伸之，據四日之一日逐漸加減，因得九十日之晝夜長短，隨可以推終歲之數也。晨昏者，分晝分夜之二界也。太陽將出未出數刻之前，其光東發，星光漸爲所奪，是名爲晨。太陽已入，迴光返照，亦經數刻，逌然滅盡，是名爲昏。其久暫分數，亦因冬夏而分短長。新法以日在地平下十八度内爲晨昏之限，但太陽行此十八度，又各方各宫不等，因有五刻七刻十刻之别。若論極高七十二度以上之處〔一〕，則夏月晨昏相切，雖至丙夜，無甚黯黑也。

欽定協紀辨方書：日出入之早晚，晝夜永短所由分也。而早晚之故有二：一由於日行之内外，一由於人居之南北。蓋日行黄道與赤道斜交，春秋分日行正當交點，與地平交於卯酉，地平上下之度相等，故晝夜適均。春分以後，日行赤道内，至夏至而極其距等圈，與地平交於寅戌，地平上下之度，上多下少，故晝長夜短。秋分以後，日行赤道外，至冬至而極其距等圈，與地平交於辰申，地平上下之度，上少下多，故晝短夜長。二分前後，距交不遠，黄道勢斜，則緯行疾，故數日而差一刻。二至前後，黄

〔一〕「處」，原作「度」，據光緒本改。

道勢平，則緯行遲，故半月而差一刻。此由日行之内外而生者也。至於人居有南北，則北極出地有高下，於是見日之出入早晚，隨地不同。中國在赤道北，北極出地上，南極出地下，故夏晝長，冬晝短。自京而北，北極愈高，則永短之差愈多。至於北極之下，則赤道當地平，夏則有晝而無夜，冬則有夜而無晝，蓋以半年爲晝，半年爲夜矣。所居之地愈南，北極漸低，則永短之差漸少。至於赤道之下，則兩極當地平，而晝夜常均矣。赤道以南，與北相反。此由人居之南北而生者也。

朦影者，古所謂晨昏分也。太陽未出之先，已入之後，距地平下一十八度皆有光，故以十八度爲朦影限，然十八度同也，而時刻則隨時隨地不同。隨時不同者，天度使然也。蓋十八度者，大圈之度也。赤道亦爲大圈，其度闊。自赤道而南北皆距等圈，其度狹。近二分者以闊度當闊度，故刻分少。近二至者以狹度當闊度，故刻分多也。隨地不同者，地南則赤道距天頂近，太陽正升正降，其度徑；地北則赤道距天頂遠，太陽斜升斜降，其度紆，故愈北則朦影之刻分愈多，愈南則朦影之刻分愈少也。若夫北極出地四十八度半以上，則夏至之夜半猶有光，愈北則愈不夜矣。南至赤道下，則二分之刻分極少，而二至之刻分相等。赤道以南反是。

顧氏炎武曰：曆家有大刻，有小刻。初一、初二、初三、初四，正一、正二、正三、正四，謂之大刻。每刻止合一日計之，得九十六刻。其不盡者，置一初初於初一之上，置一正初於正一之上，謂之小刻。每刻止當大刻六分之一，合一日計之，爲初初者十二，爲正初者十二。又得四大刻，合前爲百刻。宋王逵蠡海集言百刻之説，每刻分爲六十分，百刻共得六千分，散于十二時，每時得五百分。如此，則一時占八刻零二十分。將八刻截作初正各四刻，却將二十分零數分作初初、正初微刻，各一十分也。周禮挈壺氏注「漏箭晝夜共百刻」。禮記樂記「百度得數而有常」注：「百度，百刻也。」靈樞經：「漏水下百刻以分晝夜。」説文：「漏以銅受水，刻節，晝夜百刻。」五代史馬重績傳重績言：「漏刻之法，以中星考晝夜爲一百刻，八刻六十分刻之二十爲一時，時以四刻十分爲正。此自古所用也。今失其傳，以午正爲時始，下侵未四刻十分而爲午。由是晝夜昏曉皆失其正。請依古改正。從之。」玉海：「每時初行一刻，至四刻六分之一爲時正，終八刻三分之一則交入次時。」國史志：每時八刻二十分，每刻一擊鼓，八鼓後進時牌，餘二十分爲雞唱，唱絶擊一十五鼓爲時正。

李氏光地曰：今日用九十六刻，蓋得易之真數。八卦六爻，互相乘之數也。

蕙田案：古刻法，晝夜共百刻。每刻六分之，爲六小刻；每小刻又十分之，故晝夜六千刻，每刻六十分也。其散於十二辰，每一辰四大刻二小刻，共得五百分。漢建平中，改百刻爲百二十刻。若不改分，則五十分爲一刻，十刻爲一辰也。梁天監中，改用整刻九十六。若不改分，則每刻得六十二分有半。二法皆不若古用八大刻二小刻之密。回回晝夜刻法亦用整刻九十六，每一辰八整刻，而以四刻爲一小時，猶夫古法之有初初、初一、初二、初三、初四、正初、正一、正二、正三、正四也。每小時六十分，猶夫古法每刻六十分之意，而變用之也。其度法，有初度，有一度，亦猶古法有初初、初一、正初、正一也。周天用三百六十度，亦猶晝夜三十六頃之説也。今歐邏巴刻法悉同回回。

右漏刻星晷

五禮通考卷一百八十六

嘉禮五十九

觀象授時

歲實

書堯典：帝曰：「咨！汝羲暨和，期三百有六旬有六日。」傳：咨，嗟。暨，與也。匝四時曰期。疏：周天三百六十五度四分度之一，而日日行一度，則一期三百六十五日四分日之一。此言三百六十六日者，王肅云：「四分日之一又入六日之内，舉全數以言之，故云三百六十六日也。」

蕙田案：此即推步家所謂歲周。歲周者，日行天一周也，亦曰歲實。歲實者，一歲實行之數也。八分之爲八節，二十四分之爲中氣節氣，七十二分之爲候。每候五日奇，每氣三候，凡十五日奇。每一期之日，三百六十，大餘五，小餘不及四分日之一。

欽定書經傳説彙纂：期三百有六旬有六日，蓋舉成數言之，即今歲實也。前代諸家所定歲實不一。漢志以天周爲三百六十五度四分度之一，在天爲一度，在曆爲一日，是以天周即歲周也。東晉虞喜分周天爲三百六十五度二十六分，乃四分之一有餘；定歲周爲三百六十五日二十四分，爲四分之一不足。宋何承天改天周爲三百六十五度二十五分半，歲周爲三百六十五日二十四分半。元郭守敬考古準今，定天周爲三百六十五度二千五百七十五分，歲周爲三百六十五日二千四百二十五分。然天周、歲周俱用奇零，勢難齊一，惟邵子元、會、運、世以三百六十爲率。蓋天周爲起數之宗，天度既整，然後以整馭零，爲法較易，故今時憲曆定天周爲三百六十度，度爲六十分，分爲六十秒，秒以下俱以六十遞析。而歲周爲三百六十五日二四二一八七五。日爲十二時，時爲八刻，刻爲十五分，分爲六十秒，秒以下俱以六十遞析。二四二一八七五當十二時中二時七刻零三分四十五秒。列代以來，雖餘分多寡稍有增損，要皆本乎堯典之成數而修明之。

附漢以後歲實異同：

漢書志：三統曆：周天五十六萬二千一百二十。統法一千五百三十九。

戴氏震曰：周天即爲歲周，經歲三百六十五日併小餘也。以統法爲日分，亦名度法。周天滿統法得經歲，其小餘三百八十五，亦名度餘。今設萬萬爲日通分，以較古今歲實。通分乘小餘省乘進八位，滿統法得二千五百有一萬六千二百四十四奇。

蕙田案：此較四分稍强，後放此推之。

後漢書志：曆數之生也，乃立儀表，以校日景。景長則日遠，天度之端也。日發其端，周而爲歲，然其景不復，四周千四百六十一日，而景復初，是則日行之終。以周除日，得三百六十五日四分日之一，爲歲之日數。日日行一度，亦爲天度。四分曆：大周，三十四萬三千三百三十五。蔀月，九百四十。

戴氏震曰：此以大周爲周天，蔀月爲日分。周天滿日分，得經歲。其小餘二百三十五，以萬萬通之，滿日分得二千五百萬。

晉書志：漢靈帝時，會稽東部尉劉洪始悟四分於天疏闊，皆斗分太多故也。更以五百八十九爲紀法，百四十五爲斗分，作乾象法，周天二十一萬五千一百三十。

戴氏震曰：此以紀法爲日分，周天滿紀法得經歲，其小餘一百四十五。謂之斗分者，歲首冬至日躔起斗終斗，故度餘屬之斗，曰斗分。餘宿皆整度。以萬萬通斗分，滿紀法得二千四百六十一萬七千九百九十六奇。

蕙田案：是爲減歲餘之始。

魏文帝黄初中，太史丞韓翊以爲乾象減斗分太過，後當先天，造黄初曆，以四千八百八十三爲紀法，千二百五爲斗分。

戴氏震曰：以萬萬通斗分，滿紀法得二千四百六十七萬七千四百五十二奇。

蕙田案：此强於乾象。

景初曆：周天，六十七萬三千一百五十。紀法，千八百四十三。又見宋志。

戴氏震曰：周天滿紀法得經歲，其小餘四百五十五，以萬萬通之，滿紀法得二千四百六十八萬八千有八奇。

蕙田案：此强於黄初。

武帝時，侍中平原劉智，以斗曆改憲，推四分法，三百年而減一日，以百五十爲度法，三十七爲斗分。

戴氏震曰：以萬萬通斗分，滿度法得二千四百六十六萬六千六百六十六奇。

蕙田案：此强於乾象，弱於黄初。

後秦姚興時，當孝武太元九年，天水姜岌造三紀甲子元曆，以二千四百五十一分之六百五爲斗分。周天，八十九萬五千二百二十。紀法，二千四百五十一。

戴氏震曰：以萬萬通斗分，滿紀法得二千四百六十八萬三千八百有二奇。

蕙田案：此强於黄初，弱於景初。

魏書志：神龜初，正光曆周天分，二百二十一萬三千三百七十七。以度法通三百六十五度，納斗分。斗分，一千四百七十七。蔀法，六千六十。十二章爲一蔀，至此年小餘成日，爲度法。

戴氏震曰：以萬萬通斗分，滿蔀法得二千四百三十七萬二千九百三十七奇。

蕙田案：此弱於乾象。

李業興甲子元曆：周天，六百一十五萬八千一十七。度法通度内斗分之數。斗分，四千一百一十七。從斗量周天至此，不成度之分。度法，一萬六千八百六十。三十乘章歲，得此數。

戴氏震曰：以萬萬通斗分，滿度法得二千四百四十一萬八千七百四十二奇。

蕙田案：此强於正光，弱於黄初。

宋書志：何承天元嘉曆以七十五爲室分，周天，十一萬一千三十五。度法，三百四。

戴氏震曰：何氏以雨水爲日躔之初，起室終室，故謂度餘爲室分，以萬萬通室分，滿度法得二千四百六十七萬一千有五十二奇。

蕙田案：此强於劉智，弱於黄初。

大明六年，南徐州從事史祖沖之甲子元曆：周天，一千四百四十二萬四千六百六十四。虚分，萬四百四十九。歲餘，九千五百八十九。紀法，三萬九千四百九十一。

戴氏震曰：祖氏以上元日度發自虚一，故謂度餘爲虚分，以萬萬通虚分，滿紀法得二千六百四十五萬九千一百九十三萬奇。又以萬萬通歲餘，滿紀法得二千四百二十八萬一千四百八十一奇。

蕙田案：此歲餘不及度餘三萬九千四百九十一分之八百六十，是爲歲差分。天自爲天，歲自爲歲，其法始見於此，蓋定爲四十五六年差一度也。歲餘比正光更弱。

隋書志：開皇四年，張賓等新曆依何承天曆，微加增損。斗分，二萬五千六十三。蔀法，一十萬二千九百六十。

戴氏震曰：以萬萬通斗分，滿蔀法得二千四百三十四萬二千四百六十四奇。

蕙田案：此强於祖氏，弱於正光。

大業四年戊辰所定算曆：周天分，一千五百五十七萬四千四百六十六。斗分，一萬八百八十六。度法，四萬二千六百四十。歲分，一千五百五十七萬三千九百六十三。

戴氏震曰：以萬萬通斗分，滿度法得二千五百四十八萬三千一百一十四奇。歲分，滿度法得經歲，其小餘一萬有三百六十三，以萬萬通之，滿度法得二千四百三十萬有三千四百七十奇。

蕙田案：此强於祖氏，弱於張賓等新曆。歲分不及周天分四萬二千六百四十分之五百有三，是爲歲差。此定八十八九年而差一度。

劉焯皇極曆：度法，四萬六千六百四十四。氣日法同。周數，千七百三萬七千七十六。周分，萬二千一十六。歲數，千七百三萬六千四百六十六半。周差，六百九半。

戴氏震曰：以萬萬通周分，滿度法得二千五百七十六萬一千有八十三奇。周分即度餘也。在天曰度法，在歲曰氣日法。歲數滿氣日法得經歲，其小餘一萬一千四百有六半，以萬萬通之，滿氣日法得二千四百四十五萬四千三百七十七奇。

蕙田案：此强於李業興甲子元曆，弱於乾象。歲數不及周數六百有九半，謂之周差，即歲差也。定爲七十六年過半而差一度。

唐書志：唐始終二百九十餘年，而曆八改。初曰戊寅元曆，曰麟德甲子元曆，曰開元大衍曆，曰寶應五紀曆，曰建中正元曆，曰元和觀象曆，曰長慶宣明曆，曰景福崇玄曆而止矣。傅仁均戊寅曆，周分三百四十五萬六千八百四十五半。斗分二千四百八十五半。歲分三百四十五萬六千六百七十五。歲餘二千三百一十五。度法、氣法九千四百六十四。

戴氏震曰：以萬萬通斗分，滿度法得二千六百二十六萬二千六百七十九奇。又以萬萬通歲餘，滿氣法得二千四百四十六萬一千一百一十五。

蕙田案：此强於皇極，弱於乾象。其歲分不及周分九千四百六十四分之一百七十有半，是爲歲差。此定五十五年過半差一度也。

李淳風麟德甲子元曆：推法千三百四十。期實四十八萬九千四百二十八。

戴氏震曰：期實滿推法得經歲，其小餘三百二十八，以萬萬通之，滿推法得二千四百四十七萬七千六百一十一奇。

蕙田案：此强於戊寅，弱於乾象。

開元大衍曆：日法曰通法，歲分曰策實，周天曰乾實，餘分曰虛分。乾實百一十一萬三百七十九太。周天度三百六十五，虛分七百七十九太。歲差三十六太。通法三千四十。策實百一十一萬三百四十三。策餘萬五千九百四十三。

戴氏震曰：四分一爲少，三爲太。以萬萬通虛分，滿通法得二千五百六十四萬九千六百七十一奇。策餘者，用三百六十日爲整歲，其大餘五日併小餘也。以萬萬通之，滿通法得五億二千四百四十四萬有七百八十九奇。五億爲大餘五日，二千以下爲小餘。

蕙田案：此强於李業興甲子元曆，弱於皇極曆。其歲差八十年有奇而差一度。

寶應五紀曆：乾實四十八萬九千四百四十二，秒七十。周天度三百六十五，虛分三百四十二，秒七十。歲差十四，秒七十。策實四十八萬九千四百二十八。策餘七千二十八。通法千三百四十，秒法百。

蕙田案：此即用麟德甲子元曆更立歲差耳。策實即麟德之期實，通法即麟德之推法。策餘滿通法得大餘五日，小餘同麟德，無異法也。以萬萬通虚分，滿通法得二千五百五十七萬四千六百二十六奇，其歲差九十一年有奇而差一度。

建中正元曆：乾實三十九萬九千九百五十五，秒二。周天度三百六十五，虚分二百八十，秒二。歲差十二，秒二。秒母百。通法千九十五。策實三十九萬九千九百四十三。

戴氏震曰：以萬萬通虚分，滿通法得二千五百五十七萬二千六百有二奇。策餘滿通法得大餘五日，小餘以萬萬通之，滿通法得二千四百四十七萬四千八百八十五奇。

蕙田案：此强於皇極，弱於麟德。其歲差與五紀相近。

長慶宣明曆謂通法曰統法。策實曰章歲。策餘曰通餘。乾實曰象數。秒法三百，以乘統法，曰分統。象數九億二千四十四萬六千一百九十九。周天三百六十五度。虚分二千一百五十三，秒二百九十九。歲差二萬九千六百九十九。分統二百五十二萬。秒母三百。章歲三百六萬八千五十五。通餘四萬四千五十五。

戴氏震曰：象數滿分統，得周天度，其度餘六十四萬六千一百九十九。滿秒母，得虚分及秒。以萬萬通度餘，滿分統得二千五百六十四萬二千八百一十七奇。通餘滿統法，得大餘五日，小餘以萬萬通之，滿統法得二千四百四十六萬四千二百八十五奇。

蕙田案：此强於戊寅元曆，弱於正元曆。其歲差八十四五年而差一度。

景福崇玄曆：周天分四百九十三萬九百六十一，秒二十四。歲差百六十，秒二十四。周天三百六十五度，虛分三千四百六十一，秒二十四。歲實四百九十三萬八百一。歲餘七萬八百一。通法萬三千五百。

戴氏震曰：以萬萬通虛分，滿通法得二千五百六十三萬八千八百一十四奇。歲餘滿通法，得大餘五日，小餘以萬萬通之，滿通法得二千四百四十五萬一千八百五十一奇。

蕙田案：此强於大衍，弱於戊寅。其歲差八十三年有奇而差一度。

五代史司天考：周顯德三年[一]，王朴欽天曆：軌率二百六十二萬九千八百四十四，秒八十。軌策三百六十五，分一千八百四十四，秒八十。歲率二百六十二萬九千七百六十，秒四十。歲策三百六十五，分一千七百六十，秒四十。歲差八十

〔一〕「三年」，原作「二年」，據光緒本、新五代史司天考改。

四，秒四十。統法七千二百。通法一百。秒盈通法從分，分盈統法從日。

戴氏震曰：軌率、軌策即周天度、分、秒也。以萬萬通軌策之分、秒，滿統法得二千五百六十二萬二千二百二十二奇。以萬萬通歲策之分、秒，滿統法得二千四百四十五萬。

蕙田案：此强於大衍，弱於崇玄。

宋史志：崇天曆周天分三百八十六萬八千六十五，秒二。周天度三百六十五，加分二千七百一十五，秒二。歲差一百二十五，秒二。秒法一百。歲周三百八十六萬七千九百四十，歲餘五萬五千五百四十。樞法一萬五百九十。

戴氏震曰：去天度外，以萬萬通其加分，滿樞法得二千五百六十三萬七千四百一十二。歲餘滿樞法，得大餘五日，小餘以萬萬通之，滿樞法得二千四百四十五萬七千有三十四奇。

蕙田案：此强於崇玄，弱於戊寅。其歲差八十四五年而差一度。

明天曆：周天分二十二億七千九百一十萬四百四十七。周天三百六十五度，餘一百六十萬四百四十七。歲差八萬四百四十七。日度母六百二十四萬。歲周一千四百二十四萬四千五百。歲周三百六十五日，餘九千五百。元法三萬九千。

戴氏震曰：以萬萬通周天度餘滿日度母，得二千五百六十四萬八千一百八十九奇。以萬萬通歲餘滿元法，得二千四百三十五萬八千九百七十四奇。

蕙田案：此强於張賓新曆，弱於正光。其歲差七十七年過半而差一度。

觀天曆：周天分四百三十九萬四千三十四，秒五十七。周天度三百六十五，餘三千八十四，秒五十七。歲差一百五十四，秒五十七。秒母一萬。歲周四百三十九萬三千八百八十。歲餘六萬三千八十。統法一萬二千三十。

戴氏震曰：以萬萬通周天度餘滿統法，得二千五百六十三萬五千九百五十七奇。歲餘滿統法，得大餘五日，小餘以萬萬統之，滿統法得二千四百三十五萬五千七百七十七奇。

蕙田案：此强於張賓，弱於明天。其歲差七十八年有奇而差一度。

紀元曆：周天分二億一千三百一萬八千一十七。歲差七千九百三十七。期實二百六十六萬二千六百二十六。歲周三百六十五日，餘一千七百七十六。日法七千二百九十。

戴氏震曰：日法八十倍，得五十八萬三千二百爲度法。周天分滿度法，得三百六十五度，餘一十五萬一十七。以萬萬通之，滿度法得二千五百七十二萬三千七十九奇。以萬萬通歲餘，滿日法得二千四百三十六萬二千一百三十九奇。

蕙田案：此强於明天，弱於正光。其歲差七十三年有奇而差一度。

統元曆：周天二百五十三萬一千二百二十六，秒八十七。歲差八十八，秒八十七。秒法百。歲周二百五十三萬一千一百三十八。歲周日三百六十五，餘一千六百八十八。元法六千九百三十。

戴氏震曰：周天滿元法，得三百六十五度，餘一千七百七十六及秒八十七。以萬萬通之，滿元法得二千五百六十四萬有二百五十九。以萬萬通歲餘滿元法，得二千四百三十五萬七千八百六十四。

蕙田案：此强於觀天，弱於明天。其歲差七十七八年而差一度。

乾道曆：周天分一千九十五萬七千七百一十七，秒五。歲差四百九，秒五。秒法百。期實一千九十五萬七千三百八。歲周三百六十五，餘七千三百八。元法三萬。

戴氏震曰：周天滿元法，得三百六十五度，餘七千七百一十七及秒五。以萬萬通之，滿元法得二千五百七十二萬三千五百。又以萬萬通歲餘滿元法，得二千四百三十六萬。

蕙田案：此强於明天，弱於紀元。其歲差與紀元相近。

淳熙推法：乾實三億九百萬七千六百一十三。歲差一萬一千五百一十三。歲實二百五萬九千九百七十四。歲周日三百六十五，餘一千三百七十四。元法五千六百四十。

戴氏震曰：元法一百五十倍，得八十四萬六千爲度法。乾實滿度法，得三百六十五度，餘二十一萬七千六百一十三。以萬萬通之，滿度法得二千五百七十二萬二千五百七十六奇。歲餘滿元法，得二千四百三十六萬一千七百有二奇。

蕙田案：此强於乾道，弱於紀元。其歲差與紀元、乾道相近。

會元曆：氣率一千四百一十三萬四千九百三十二。軌差五百二十五，秒一十三。秒法百。統率三萬八千七百。

戴氏震曰：氣率滿統率得經歲小餘九千四百三十二。以萬萬通之，滿統率得二千四百三十七萬二千有九十三奇。

蕙田案：此强於紀元，弱於正光。其歲差七十三年過半而差一度。

統天曆：周天分四百三十八萬三千九十。歲分四百三十八萬二千九百一十，餘六萬二千九百一十。策法萬二千。

戴氏震曰：周天分滿策法得三百六十五度，餘三千有九十。以萬萬通之，滿策法得二千五百七十五萬。歲餘滿策法得大餘五日，小餘以萬萬通之，滿策法得二千四百二十五萬分。

蕙田案：此更弱於祖沖之甲子元曆。其歲差六十六七年而差一度。

開禧曆：周天率六百一十七萬二千八百五十九，秒一。歲差二百五十一，秒一。歲率六百一十七萬二千六百八。日法一萬六千九百。

戴氏震曰：歲率滿日法，得經歲小餘四千一百有八。以萬萬通之，滿日法得二千四百三十萬有七千六百九十二奇。

蕙田案：此强於大業中曆法，弱於張賓等新曆。其歲差六十七年有奇而差一度。

金史志：大明曆：周天分一百九十一萬二百九十三分，五百三十秒。歲差六十九分，五百三十秒。秒母一萬。歲實一百九十一萬二百二十四分。歲策三百六十五日，餘一千二百七十四分。日法五千二百三十分。

戴氏震曰：周天分滿日法得三百六十五度，餘一千三百四十三分五百三十秒。以萬萬通之，滿日法得二千五百六十七萬九千七百八十九奇。歲餘滿日法，得二千四百三十五萬九千四百六十四奇。

蕙田案：此强於明天，弱於乾道。其歲差七十五六年而差一度。

元史志：庚午元曆：周天一百九十一萬二百九十二，秒九十八。歲差六十八，秒九十八。秒母一百。歲實一百九十一萬二百二十四。歲策三百六十五，餘一千二百七十四。日法五千二百三十。

戴氏震曰：此據大明曆減天周七十三秒，則歲差亦少七十三秒。

授時曆：周天分三百六十五萬二千五百七十五分。歲實三百六十五萬二千四百二十五分。歲差一百五十分。日周一萬。

戴氏震曰：授時之周天、歲實、歲差悉與宋統天同，但不用日法。一度即爲萬分，一日亦爲萬分。

明史志：回回曆：天周度三百六十。每度六十分，每分六十秒，微纖以下俱準此。宮十二。每宮三十度。日周分一千四百四十，時二十四，每時六十分。刻九十六。每刻十五分。其法不用閏月，以三百六十五日爲一歲。歲十二宮，宮有閏日。凡百二十八年，而宮閏三十一日。

戴氏震曰：百二十八年閏三十一日，則每歲三百六十五日之外，餘百二十八分日之三十一也。即以百三十一爲日法，以萬萬通三十一，滿日法得二千四百二十一萬八千七百五十。

蕙田案：此弱於授時。

崇禎新書：依百分算定，用平行歲實爲三百六十五日二十四刻二十一分八十八秒六十四微。

戴氏震曰：此刻、分、秒、微皆以百迭析，以萬萬較之，是爲二千四百二十一萬八千八百六十四。

蕙田案：此强於回回，弱於授時。

新法書：西法歲三百六十五日四分日之一，每四歲之小餘成一日，因而置閏。百年中爲整年七十五，閏年二十五，共爲三萬六千五百二十五日。

蕙田案：此西人舊法，即古法三百六十五日四分日之一也。周髀算經以三百六十五日謂之經歲，餘四分日之一，故四年而閏一日。西法之初，蓋本乎周髀。其言地圓也，亦周髀之緒餘。洵乎西法，原出自中土，故列之以誌其所起。

當神宗十二年甲申，十三年乙酉，西域測前後兩春分得歲實三百六十五日二十三刻四分。

戴氏震曰：每日九十六刻，每刻十五分，法同回回曆。以十五通九十六，得一千四百四十分爲日法，以十五通二十三刻，納四分，得三百四十九分。又以萬萬通之，滿日法得二千四百二十三萬六千一百一十一奇。

蕙田案：此强於崇禎新書所定，弱於授時。

神宗十六年戊子，第谷測春分時刻與前弘治元年戊申西域白耳那瓦所測相較，定歲實三百六十五日二十三刻三分四十五秒。

戴氏震曰：每日九十六刻，以分、秒通之，得八萬六千四百秒，爲日法。以十五通二十三刻，納三分，又以六十通之，納四十五秒，得二萬有九百二十五秒。又以萬萬通之，滿日法得二千四百二十一萬八千七百五十，與回回同。

蕙田案：西洋前法本之周髀，後則本之回回。雖以爲自測驗得之，要亦有所本而後加以測驗耳。

恒星依黄道東行，六十九年一百九十一日七十三刻而行一度。多禄某測一百餘年而行一度，泥谷老後多禄某一千三百八十六年，又以時史所記測得六十一年而行一度。第谷用前賢之成法，展轉參訂，得每年行五十一秒，七十年又七閲月而行一度。

蕙田案：西人測恒星東行，或六七十年一度，或逾百年一度，亦如漢以來言歲差者之疏密不一。蓋步算積久漸密，擇其密者用之，隨時測驗損益，以合天可也。

又案：第谷所定歲實，本朝修時憲曆用之，其後西人奈端等又謂第谷所減太過，酌定爲三百六十五日五時三刻三分五十七秒四十一微有奇，以萬萬通其小餘，得二千四百二十三萬三千四百四十二奇。在明神宗時，西人前後兩測之間，雍正以來用之。

又案：歲實爲推步最大節目。歲實定，然後所推氣候始真，一切諸法皆輔翼乎此者也。由漢而下，一法輒更一歲實，時損時益，莫不有因。宋統天曆暗藏歲實消長之法，以上考下推，元授時用之。明大統曆一從授時，惟不用消長。梅氏仍主授時曆，江氏作辨，以有恒率者爲平歲實，均分之爲恒氣者也。以隨時實測損益者爲汎歲實，準於定氣者也。氣既有恒有定，則歲實有平有汎，宜矣。此千古未明之精義，今録其辨如左。

附江氏永歲實消長辨：

江氏永曰：歲實消長，前人多論之者。勿菴先生大約主授時，而亦疑其百年消長一分以乘距算，其數驟變，殊覺不倫。又謂「今現行之歲實稍大於授時，其爲復長，亦似有據」，因爲高衝近冬至而歲餘漸消，過冬至而復漸長之説，蓋存此以俟後學之深思。永別爲之説，謂平歲實本無消長，而消長之故在高衝之行與小輪之改，兩歲節氣相距，近高衝者歲實稍贏，近最高者稍朒，猶定朔定望定弦之不能均，惟逐節氣算其時刻分秒，而消長可勿論也。管見如斯，遂不能强同。爰引先生之言，逐節疏論於下。

梅氏文鼎答問：授時以萬分爲日，故其歲實三百六十五萬二千四百二十五分。其數自至元辛巳歲前天正冬至積至次年壬午歲前天正冬至，共得三百六十五日二十四刻二十五分。若逆推前一年，亦是如此。此歲實之數，大統與授時並同。

江氏永曰：歲實爲曆法大綱領，得其真確之數爲難。四分曆以前無論已。魏、晉以後，漸知一歲小餘，不及四分日之一。隨時測驗，一曆必更一斗分，不久即有差。此何以故？蓋步曆者泥履端於始之義，但以歲前冬至距今年冬至計其小餘時刻，併入大餘，以爲歲實，不知冬至距冬至所得者，活汎之歲實，而非經恒之歲實也。欲得經恒歲實，宜於近春分時測之。元至元時嘗測定氣春分。今歲春分距來歲春分，苟得真時刻，則得真歲實。又以前後遠年測準之春分，計其日時分秒，均之各歲，則歲實之恒率確矣。此何也？太陽因有高卑而生盈縮，近數百年間，春分則平行，當郭氏作曆時，定氣春分之時，正當平行之處〔一〕，此以前以後雖有差，亦甚微。故所得歲實爲恒率。得其恒，乃可以求其定，猶之月必有平朔之策，而後可求定朔也。郭太史改曆，自言創造簡儀高表，憑所測實數考正者七事：一曰冬至，二曰歲餘，其於歲實，考之詳矣。其求冬至也，自丙子年立冬後依每日測到晷景，逐日取對，冬至前後日差同者爲準，得丁丑年冬至在戊戌日夜半後八刻半。又定戊寅冬至在癸卯日夜半後三十三刻，己卯冬至在戊申日夜半後五十七刻，庚辰冬至在癸丑日夜半後八十一刻，辛巳冬至在己未日夜半後六刻。從甲子日始，五十五日零六刻，氣應五十五萬零六百分爲曆元。其求歲餘也，自劉宋大明以來，測景驗氣得冬至時刻真數者有六，用以相距，各得其時合用歲餘，考驗四年，相符不差。仍自宋大明壬寅年距至今八百一十九年，每歲合得三百六十五日二十四刻二十五分，減大明曆一十一秒，其二十五分，爲今曆歲餘合用之數〔二〕。愚以此二條考之，即郭氏當年所定之歲實已有微差，

〔一〕「平」，原作「並」，據味經窩本、乾隆本、光緒本、數學卷二改。
〔二〕「用」，諸本作「周」，據數學卷二改。

稽之於史，又多牴牾，其可以是爲消長之準乎？夫一歲小餘二十四刻二十五分，積之四歲正得九十七刻，無餘無欠。丁丑年冬至在戊戌日夜半後八刻半，則辛巳年冬至宜在己未夜半後五刻半，不應有六刻。如以辛巳之六刻爲確也，則丁丑年宜在九刻，不應只有八刻半，此四年既皆實測所得，則已多半刻矣，而云相符不差，何也？丁丑年之八刻半，雖約取整數，未必正是半刻，然已有數十分矣。其本法上考已往百年而長一刻，四年所長甚微，不應有半刻以下，然則當時冬至歲實刻下之小餘不止二十五分矣。又考劉宋孝武帝大明五年辛丑，祖沖之所測十月十日壬戌景長一丈七寸七分半，十一月二十五日丁未一丈八寸一分太，二十六日戊申一丈七寸五分强。以壬戌、戊申景相較，餘二分二釐半爲實。以丁未、戊申景相較，餘六分五釐爲法。以法除實，得三十四刻六十分，以減距日四千六百刻，餘四千五百六十五刻四十分，折取其日，二千二百八十二刻七十分。加半日刻，午正測景，故加半日。得二千三百三十二刻七十分。命壬戌算外，得十一月三日乙酉夜半後三十二刻七十分，劉宋都建康比元大都里差應後五十七分，則大都此日冬至三十二刻一十三分。案劉宋時太陽最高衝在冬至前幾半宮，則取冬至前後二十餘日之景，折取中數，以求冬至，仍有差。詳見冬至權度。辰初三刻冬至。大都減半刻奇。大明壬寅辛丑年之十一月，即壬寅歲之始。下距至元辛巳八百一十九年，以授時歲實積之，凡二十九萬九千一百三十三日六十刻七十五分，以乙酉辰初三刻距己未丑初一刻，凡二十九萬九千一百三十三日九十二刻，較多三十三刻。而云自大明壬寅距今每歲合得此數，何也？如郭氏百年長一之法，以八百一十九總乘所長之數，則壬寅冬至甲申日七十九刻太，較當時所測算者，又先五十餘刻，失之愈遠矣。○詳冬至權度。又云減大明曆一十一秒，考祖沖之大明曆紀法與周天一歲小餘二十四刻二十八分一十四秒，授時減去三分一十四秒，亦非一十一秒也。邢士登考謂金時趙知微重修大明曆，小餘二十四分三十六秒，實多授時一十一秒。郭所減者趙曆，非祖曆也。其説是。然則授時所定歲實，猶是近似活汎之數，而不可以爲恒。欲定經恒之歲實，則西曆恒年表之恒率是矣。案表一歲小餘五小時三刻三分四十五秒，一日二十四小時，一小時四刻，一刻十五分，一分六十秒。以分通之，三百四十八分有奇；以秒通之，二萬〇九百二十五秒。一日八萬六千四百秒。考其實，則回回曆已如此。回回曆一歲三百六十五日，歲有十二宫，宫有閏日，一百二十八年閏三十一日。然則一歲閏一百二十八分日之三十一，正西法之歲餘也。以一百二十八乘二萬〇九百二十五，得二百六十七萬八千四百。以八萬六千四百除之，得三十一。回回曆以春分爲歲首，其歲餘由累測春分得之。歐邏巴曆遂用之，至今不易。雖分下之四十五秒，未必無朓朒，當亦甚微矣。以此平率爲準，隨其時之最高衝與最高之行而進退焉。冬至近高衝則兩歲冬至之距必多於平率，今時多一分弱。夏至近最高則兩歲夏至之距必少於平率。今時少一分弱，猶之太陰當朔時入轉，兩朔相距之日時必多，當望時近月孛，兩望相距之日時必少。若朔時近月孛、望時近入轉，兩朔兩望相距反是〔一〕。又古時太陽本輪均輪半徑之差大於今日，則加減均數亦大，而冬至歲實當更增。至元辛巳間，高衝約與冬至同度，則歲實尤大。其小餘刻下之分約有三十分，而授時定爲二十五分，宜其自丁丑至辛巳四年之間即有半刻之差，而郭氏未之覺也。一年少五分，四年少二十分，幾於半刻之半矣。丁丑年之八刻半，本爲約略之數，半刻以下固難測算真的也。以西法歲餘依授時萬分日較之，只有二十四刻二十一分八十七秒半，少授時歲餘三分一十二秒半。當時冬至爲盈初，小輪半徑差又大，其多於平率必不止三分有奇也。

梅氏又曰：然授時原有消長之法，是其新意。其法自辛巳元順推至一百年，則歲實當消一分。

〔一〕「兩望」，諸本作「相望」，據數學卷二改。

若自辛巳元逆推至一百年，則歲實當長一分。每相距增一百年，則歲實消長各增一分，以是爲上考下求之準。大統諸法悉遵授時，獨不用消長之法上考下求，總定爲三百六十五日二十四刻二十五分。此其異也。

江氏永曰：案冬至相距之歲實大於平率，最高衝有行度，而小輪均數又有大小，宜其歲實有消長分數。然必當時測定之歲實已真確，又知其無可復加，而後知將來之漸消。若授時歲餘刻下之二十五分尚非確數，其差分已見端於丁丑辛巳四年之間，則辛巳以後能必其果消乎？郭太史曆考正者七事，創法者五事，皆不數歲實消長，蓋未能真知所以消長之故，但暗用楊忠輔統天曆爲活法以推往古，意謂下考將來亦如是耳。明大統曆悉遵授時，獨不用消長之法，當時曆官元統非有確見實測，知其不當用消分也。以今觀之，猶幸大統不用消分，冬至縱有先天，尚未甚遠。倘遽改二十五分爲二十四分，其先天不愈多乎？當至元時刻下小餘約有三十分，授時一歲少五分，百年約先天五刻。

梅氏又曰：歲實即一年之日數，自一年以至千百年，共積若干，是爲積日，亦謂之中積。假如今康熙庚午歲相距四百零九算，依授時曆推得積日一十四萬九千三百八十四日零一刻八十九分。大統不用消長，則積日爲一十四萬九千三百八十四日一十八刻二十五分。兩法相差一十六刻三十六分。

江氏永曰：天行盈縮進退必以漸，無驟增驟減之理。郭氏百年消長一分，則是百年之内皆無所差，至一百零一年驟增減一分，又越百年皆平差一分，至二百零一年又驟增減一分，豈有此數與法乎？即如其法算，數百年後亦當逐節計其消分，積而數之，不當總計當消之分，而以距算總乘之也。自一百一年至二百年各消一分積一百分，自二百一年至三百年積消二百分，併前爲三百分。自三百一年至四百年積消三百分，併前爲六百分。又自四百一年至四百九年積消三十六分，併前總消六百三十六分，爲六刻三十六分。若如郭氏總計消分以乘距算之法，遂消去一十六刻三十六分，較差一十刻，而先天愈多矣。此分算、總算兩者皆不成法，而總算尤爲無理。如大統算康熙庚午冬至癸卯日卯初三刻，授時則丑初三刻。查時憲曆，乃是巳初一刻。大統、授時用消分不用消分均無當天行，何哉？當年所測歲實刻下小餘，其數不真故也。歲實已弱矣，而又消之，安得不先天乎？使當年改二十五分爲三十分，由辛巳以後漸而消之，或庶幾耳。曰：至元歲餘若果二十四刻三十分，則上考當長乎？消乎？曰：上考亦消也。蓋至元時高衝與冬至同度，小輪均數又大，故冬至歲實爲長極之時，而上考下考皆當消，但消於三十分之内，非消於二十五分之内也。今時高衝在冬至後七八度，小輪又漸小，冬至歲餘以萬分日計之，約二十四刻二十八九分之間。劉宋大明時高衝在冬至前半宮，以祖沖之紀法除其歲周，當時歲實三百六十五日二十四刻二十八分一十四秒，可見至元前後皆消于三十分之内，其消甚遲，約四百餘年始消一分，蓋小輪均數在初宫，有若平差故也，至一宫以外則漸疾矣。若以春分平歲實相較，則冬至歲實上下數千年皆在長限之中，而至元時尤爲長之極，必俟高衝行至春分，則冬至歲實始平。如今之春分。又數千年高衝行至夏至，最高行至冬至，則冬至歲實始爲消之極耳。如今之夏至。然冬至歲實消，則春分歲實長。冬至歲實消之極，則夏至歲實又爲長之極矣。抑今日本輪差小，古時差大，則消長中復有消長，苟知此理，則後之治曆者，但隨時測高衝之行與小輪之差以算定氣，而歲實消長俱可勿論。猶之太陰但實算定朔定望定弦，不必復計此月與彼月多於朔策幾何、少於朔策幾何也。

梅氏又曰：問：歲實既有一定之數，授時何以有消長之法？曰：此非授時新法，而宋統天之法，然亦非統天億創之法，而合古今累代之法而爲之者也。

江氏永曰：統天曆，宋寧宗時，楊忠輔所造，其歲實與授時正同，以斗分乘距差爲躔差，暗藏加減之法，約百年加減一分零六秒弱。然行之未久，鮑澣之造開禧曆，臧元震造成天曆，皆增歲實，改各率，紛紛迄無定論云。

梅氏又曰：古曆周天三百六十五度四分度之一，一歲之日亦如之，故四年而增一日。其後漸覺後天，皆以爲斗分太强，因稍損之。

江氏永曰：古曆四年而增一日，其術甚疏。雖古斗分宜多，亦約百數十年即當後天一日，何以自周迄漢久而後覺？曰：周之曆却失之先天。僖公五年辛亥日南至、昭公二十年己丑日南至皆先天二三日，歷數百年，以有餘之歲實盈其所先天之數，乃適得其平。約在周、秦間。厥後猶執四分之術，漸失之後天，故久而後覺耳。

梅氏又曰：自漢而晉而唐而宋，每次改曆必有所減，以合當時實測之數，故用前代之曆，以順推後代必至後天，以斗分强也。若用後代之曆，據近測以逆溯往代亦必後天，以斗分弱也。

江氏永曰：漢以前之冬至非實測，先後天或至二三日，後漢末劉洪始覺其後天而減斗分，東晉虞喜始立歲差法，後秦姜岌始知以月蝕衝檢日宿度所在，而劉宋之初冬至猶後天三日，大明時祖沖之始詳於測景，以冬至前後二十餘日之景比對取中而定冬至，然後冬至日躔漸得其實，猶不能盡合也。故唐一行謂麟德曆已前實録所記，乃依時曆書之，非候景所得。郭太史謂自大明曆以來測景驗氣，得冬至時刻真數者有六。然則實測之能合天者，亦鮮矣。

梅氏又曰：統天曆見其然，故爲之法以通之，於歲實平行之中，加一古多今少之率，則于前代諸曆不相乖戾，而又不違於今之實測。此其用法之巧也。然統天曆藏其數於法之中，而未嘗明言消長，授時則明言之，今遂以爲授時之法耳。郭太史自述創法五端，初未及此也。

江氏永曰：授時曆實暗用統天之法者也。其歲餘二十四刻二十五分，與統天同，而上推百年長一之法亦相似，故授時曆議謂自魯獻公戊寅至至元辛巳冬至日名共四十九事，授時法合者三十九，不合者十。統天不合者，唯獻公戊寅與授時異，餘三十八與授時同。二曆推冬至略相似也。然而劉宋大明壬寅歲前冬至乙酉夜半後三十二刻七十分，則當時祖沖之測景推算所得者，縱有未確，亦不甚遠。當時所算，約後天十六刻，詳見冬至權度。依授時、統天法，皆推甲申日戌初初刻，先天甚多，豈可謂大明非而授時、統天是歟？郭氏謂自大明以來測景驗氣，得冬至時刻真數者有六，用以相距，既以大明壬寅之冬至爲得真數之首矣，及用法推算即失此，至乃謂日度失常，其可乎？以今觀之，一由授時所定歲餘本未真，一由長數當漸積，不當總計長分，而以八百一十九距算總乘之也。統天距差乘躔差減汎積，失亦略同。

梅氏又曰：然則大統曆何以不用消長？曰：此則元統之失也。當時李德芳固已上疏爭之矣。

然在洪武時，去授時立法不過百年，所減不過一分，積之不過一刻，故雖不用消長，無甚差殊也。崇禎曆書謂元統得之測驗，竊不謂然，何也？元統與德芳辯，但言未變舊法，不言測驗有差。又其所著通軌雖便初學，殊昧根宗，間有更張，輒違經旨，豈能於冬至加時先後一刻之間而測得真數乎？

江氏永曰：明初李德芳與元統爭歲實消長，爲曆家一段公案，關係有明二百餘年之曆法。邢士登恨元統不用消分，致明神宗間節氣後天九刻有奇。愚有以斷之，據授時歲實上考，固宜有長分矣。然而授時之歲餘本未確，則所據以爲長之端者亦未真。既言每百年長一分，則當以漸而長，乃總計長分以乘距算，則又無此算法。觀其推至大明壬寅，已違當時之實測，又何論春秋已前乎？德芳所據者，謂魯獻公十五年戊寅天正甲寅冬至，依授時法推得甲寅日夜子初三刻，依大統法推得己未日午正三刻，「己未」，史誤作「丁巳」。相差四日六時五刻，當用至元辛巳爲元及消長之法，方合天道。夫魯獻公之年，史有舛錯，本難憑信。漢志謂獻公十五年甲寅冬至，此自劉歆三統曆逆推當年冬至是甲寅耳，豈有實測紀之信史哉？而德芳以此駁元統，其無卓識可知矣。然元統之不用消長也，初無實據，但云「上考下推，不用消長，以合天道」，又云「天道無端，惟數可以推其機。天道至妙，因數可以明其理。理因數顯，數從理出，故理數可相倚，而不可相違」。夫既未嘗實測，而憑虚以言天道，言理數，宜其不能服德芳也。今日曆學大明，由後觀之，前此二百餘年，猶幸元統不用消分，冬至加時，先天尚未甚遠，蓋授時歲餘一歲約少五分，自至元辛巳至洪武甲子一百零三年，固已先天五刻矣。使大統減一分，又越百年二百年而更減之，先天不愈多乎？邢士登謂明神宗間大統曆後天九刻，此非有所測驗，但據用消分與不用消分，積算如此，豈知明曆皆失之先天乎？觀前所舉，康熙庚午年時憲書，癸卯日巳初一刻冬至，依大統算，卯初三刻則先天一十四刻；若依授時算，丑初三刻則先天三十刻，自辛酉溯戊辰五十餘年，約減二三刻，則戊辰以前，大統率先天十一二刻。若用授時法，先天遂至二十七八刻矣。此豈可厚非大統乎？

梅氏又曰：然則消長必不可廢乎？曰：上古則不可知矣。若春秋之日南至，固可考據，而唐、宋諸家之實測有據者，史册亦具存也。今以消長之法求之，其數皆合。若以大統法求之，則皆後天，而於春秋且差三日矣，安可廢乎？

江氏永曰：春秋曆法最疏，置閏或疏或密，日食或不在朔，則步冬至違天可知。

僖公五年丙寅正月辛亥朔日南至，以今法推此年平冬至乙卯日巳時，定冬至在甲寅，即令此時小輪均數大，能使定氣移前一日半，亦不過癸丑日之夜刻辛亥，實先天二三日；且定朔壬子，亦非辛亥也。昭公二十年己卯二月己丑日南至，以今法推此年平冬至壬辰，定冬至辛卯，當時推己丑，亦先天二日，且己丑爲此年正月朔，安得爲二月也？授時推僖五年冬至，以歲餘長十九分，乘距算一千九百三十五加於中積，得辛亥日寅初二刻，是以總長分數乘距算，而非積漸而長，亦因傳有辛亥日南至之文，强爲此算以求合，不知辛亥非實測也。唐一行謂僖公登觀臺以望而書雲物，出於表晷天驗，非時史億度。愚謂傳言書雲，未嘗言測景。其推昭二十年冬至，以十八乘距算一千八百零二，則不得己丑，而得戊子日戌初三刻，其先天愈甚矣。此二事一合一否，皆不足爲據。且既能上合一千九百餘年之冬至矣，何以劉宋元嘉丙子十一月甲戌景長而推癸酉，大明辛丑十一月乙酉冬至即壬寅天正冬至。而推丙申？此二事皆八百餘年，反先天一日，豈非總分乘距算之法非法，故失之乎？

梅氏又曰：然則統天、授時之法同乎？曰：亦不同也。統天逐年迭差，而授時消長之分以百年爲限，則授時之法又不如統天矣。

江氏永曰：統天以距差乘躔差，其失亦與授時等。由其根數未確。

梅氏又曰：夫必百年而消長一分，未嘗不是，乃以乘距算，其數驟變，殊覺不倫，鄭世子黄鐘曆法所以有所酌改也。

江氏永曰：授時之誤，勿菴先生亦既覺之矣，抑不唯如此而已，年愈遠則失愈甚。如推至春秋時一千九百年，則歲餘二十四刻四十四分，若一千九百零一年，歲餘增一分，此一分乘距算一千九百零一，前一歲忽增一十九刻有奇，則歲實有三百六十五日四十三刻有奇，豈不甚可笑乎？況又有遠於此者乎！

梅氏又曰：問：歲實消長之法既通于古，亦宜合于今，乃今實測之家，又以爲消極而長，其説安在？豈亦有所以然之故與？曰：授時雖承統天之法，而用消長，但以推之舊曆而合耳，初未嘗深言其故也。惟曆書則爲之説曰：歲實漸消者，由日輪之轂漸近地心也。余嘗竊疑其説，今具論之。夫西法以日天與地不同心，疏盈縮加減之理，其所謂加減，皆加減於天周三百六十度之中，非有所增損於其外也。如最高則視行見小，而有所減；最卑則視行見大，而有所加；加度則減時矣，減度則加時矣。然皆以最卑之所減補最高之所加，及其加減既周，則其總數適合平行，略無餘欠也。若果日輪之轂漸近地心，不過其加減之數漸平耳。加之數漸平，則減之數亦漸平，其爲遲速相補，而歸于平行一也。豈有日輪心遠地心之時，則加之數多，而減之數少；日輪心近地心時，則減之數少，而加之數多乎？必不然矣。

江氏永曰：冬至相距之日時，古今有多少，不過汎歲實與平歲實相差，其相差又有舒疾之漸耳。若知冬至有平有定，本必不言消長，必欲言其消長，則其故有二：一由高衝離冬至有遠近，一由日小輪古今有大小也。高衝自秋分行至冬至，此三宮定冬至皆在平冬至前。自冬至行至春分，此三宮定冬至皆在平冬至後。總此六宮，上下約萬年，以今時最高衝行約之。皆在長限，以其冬至汎歲實皆多於平歲實故也。惟高衝正當秋分春分，此兩歲歲實皆平。即西法三百六十五日五小時四十八分四十五秒是也。離此則漸有差。前三宮由平而漸增多，是爲長中之長。至高衝與冬至同度，則定冬至與平冬至同日同時，是爲長之極。當郭太史作曆正其時也。後三宮由極多而漸減以至於平，是爲長中之消。今時高衝在冬至後八度，其消尚未多也。若高衝過春分而行至夏至，此三宮定冬至亦在平冬至後。自夏至行至秋分，此三宮定冬至又在平冬至前。總此六宮，亦約萬年，皆在消限，以其冬至汎歲實皆少於平歲實故也。前三宮由平而漸減，是皆消中之消。至高衝與夏至同度，則定冬至亦與平冬至同日同時，是爲消之極。後三宮由極少而漸增以至於平，是爲消中之長。此通高衝行一周天，而總論其消長也。然而太陽兩小輪半徑三千五百八十四，古多而今少，多則小輪稍大，日躔加減均亦稍大；小則小輪稍小，加減均亦稍小。高衝之行一年一分一秒十微，西士後測。此一分一秒十微，若在均數稍大之中，則度分變爲時分之秒數，以加減於平時者必稍多。若在均數稍小之中，則度分變爲時分之秒數，以加減於平時者必稍少。如崇禎戊辰所立之加減差表，初宮之初度，十一宮之末度，每一十分均數二十二秒。高衝一年行一分一秒十微，約均數二秒有奇。此二秒有奇變爲時，約五十七秒，以加于平歲餘五小時三分四十五秒，得五小時四分四十二秒。如小輪稍大，則初度一十分之均不止二十二秒，而一歲高衝之行不止得均二秒有奇，其變時亦不止五十七秒矣。如小輪稍小，則初度十分不及二十二秒，高衝之行得均數不及二秒，則變時亦不及五十七秒矣。此略舉初度之均以爲例，其他可類推。古今小輪之大小雖不可盡知，以劉宋元嘉、大明間屢年之實測算，當時之不同心差蓋四千有奇，詳冬至權度。則均數必稍强。至元時授時曆冬至盈初，加分多於今日之加分，則當時小輪半徑不止三千五百八十四。自此以後至今日，小輪漸小，均數亦漸少。高衝行度所得之均數，以減度加時者，亦稍弱焉。此又因輪轂漸近地心而微有消分也。

梅氏又曰：又考日躔表，彼固原未有消長之説。日躔曆指言平歲用授時消分，定歲則用最高差，及查恒年表之用，則又只用平率。是其説未有所決也。

江氏永曰：曆書非出一手，故有不相應處。其歲實平率出回曆。回曆得之實測春分，此曆書最緊要處，惜未明白剖析。其日躔表説辨論從前言消長者之非，則固有定説矣，但小餘微有不同耳。曆書平歲實小餘五小時三刻三分四十五秒，以萬分通之，是二四二一八七五也。今考成亦用之，而日躔表説二四二一八八六四，較多一一四。

梅氏又曰：曆書言日輪漸近地心，數千年後將合爲一點。若前之漸消，由于兩心之漸近，則今之消極而長，兩心亦將由近極而遠。數千年後，又安能合爲一點乎？彼蓋見授時消分有據，而姑爲此説，非能極論夫消長之故者也。

江氏永曰：七政皆有小輪，獨日之小輪有改變。竊意久亦必復，豈有與地心合爲一點之理？自至元辛巳以後，正是長極而消，非消極而長也。或曰今實測之冬至，後於授時之中積，分明是長，而以爲消，何也？曰：前已言之矣。授時歲餘刻下之分當有三十分，而郭氏定爲二十五分也。授時之歲實，豈非出於實測？然因其自述丁丑辛巳四年冬至得其自相乖違之處，因以知至元時爲長極而消之大界，與日躔加減表十一宮末度以前均數漸減之理固相符也。

梅氏又曰：然則將何以求其故？曰：授時以前之漸消，既徵之經史而信矣，而今現行之歲實，又稍大於授時，其爲復長，亦似有據。竊考西曆，最高卑今定於二至後七度，依永年曆每年行一分有奇，則授時立法之時，最高卑正與二至同度，而前此則在至前，過此則在至後，豈非高衝漸近冬至，而歲餘漸消，及其過冬至而東，又復漸長乎〔一〕？余觀七政曆於康熙庚申年移改最高半度弱〔二〕，而其年歲實驟增一刻半强，此亦一徵也。存此以俟後之知曆者。

江氏永曰：歲實消長之故，一由最高衝之有行度，先生因最高改移歲實驟增而悟及此，猶云存之以俟知者，亦欲後人由此致思也。然其所言消長，若與實算相反，何也？曰躔加減表初宫與十一宫同均，而加減異號。至元辛巳以前，高衝行未及冬至，則用初宫之均度分秒，加度而減時；辛巳以後，高衝行已過冬至，則用十一宫之均度分秒，減度而加時。前減時則定冬至在平冬至前，後加時則定冬至在平冬至後。初宫之初度與十一宫之末度，其均最大，則一歲高衝之行所得均數最多，變爲時以加減於平時者亦最多，故此處歲實極大，皆最長之時也。初宫若離初度

〔一〕「又」，諸本作「久」，據曆算全書卷二改。
〔二〕「半」，諸本作「卑」，據曆算全書卷二改。

稍遠，則均漸少，而變時以減平時者亦稍少，歲實亦稍減矣。十一宫若離末度稍遠，則均漸少，而變時以加平時者亦稍少，歲實亦稍減矣。故高衝行漸近冬至，其均由少而多，歲實正漸增以至於極也，而此謂歲餘漸消。高衝已過冬至，其均由多而少，歲實則由極少以漸減也，而此謂復漸長。豈非與實算相反乎？蓋先生論消長，不主平歲實爲根耳。

梅氏又曰：王寅旭曰：「歲實消長，其説不一，謂由日輪之轂漸近地心，其數浸消者，非也。日輪漸近，則兩心差及所生均數亦異，以論定歲，誠有損益。若平率歲實尚未及均數，則消長之源與兩心差何與乎？識者欲以黄、赤極相距遠近求歲差朓朒，與星歲相較，爲節氣消長終始循環之法。夫距度既殊，則分至諸限亦宜隨易，用求差數，其理始全。然必有平歲之歲差，而後有朓朒之歲差，有一定之歲實，而後有消長之歲實，以有定者紀其常，以無定者通其變，始可以永久而無弊。」

江氏永曰：古今言歲實消長者，皆從冬至歲實言之，非論平率歲實也。因兩心差及所生均數異而定氣微有損益，是亦消長之一根，不可謂其無與。若黄、赤極相距遠近求差數，此説恐未然。其言「有平歲之歲差而後有朓朒之歲差，有一定之歲實而後有消長之歲實」，此數言極中肯綮。一定之歲實，從春分測定之平歲實是也。苟知此，則但言平冬至定冬至，不必言消長亦可矣。

梅氏又曰：寅旭此論，是欲據黄、赤之漸近以爲歲實漸消之根，蓋見西測黄、赤之緯，古大今小，今又覺稍贏，故斷以爲消極後長之故〔一〕。然黄、赤遠近其差在緯，歲實消長其差在經，似非一根。又西測距緯復贏者，彼固自疑其前測最小數之未真，則亦難爲確據。愚則以中曆歲實起冬至而消極之時，高衝與冬至同度，高衝離至而歲實亦增，以經度求經差，似較親切。

江氏永曰：經緯之辨最確，而謂高衝與冬至同度爲消極之時，永已論之於前。

梅氏又曰：日行盈縮，細考之，則春分距夏至，夏至距秋分，雖皆縮曆，而其縮亦不同。秋分距冬至，冬至距春分，雖皆盈曆，而其盈亦不同。又且年年不同，細求之，則節節不同，又細求之，且日日不同矣。其故何也？蓋最高一點不在夏至而在其後數度，又且年年移動，此太陽盈縮之根，而歲實所以有消長也。

江氏永曰：以太陽盈縮之根推歲實所以有消長，此先生之定見定説也。

梅氏又曰：庚申年夏至至冬至一百八十三日十三刻六分，辛未年夏至至冬至一百八十三日十四刻九分，十二年中共長一刻〇三分。壬戌年冬至至次年夏至一百八十二日九刻九分，庚午年冬至至

〔一〕「後」，曆算全書卷二作「復」。

次年夏至一百八十二日八刻十分，九年中共消十四分。又合計癸亥夏至至前半周一百八十二日九刻九分，冬至前半周一百八十三日十三刻十分，相較一日〇四刻一分。辛未夏至前半周一百八十二日八刻十分，冬至前半周一百八十三日十四刻九分，相較一日〇五刻十四分，八年中較數增一刻十三分。

江氏永曰：此以半年之氣前後相較，驗最高之東移。若以兩歲冬至春分夏至秋分及各節氣兩歲相距，皆各有其歲實，而冬至爲最大，夏至爲最小，春秋分爲近平。又越數十年，而諸歲實亦微有不同矣。前代只知冬至歲實，不知逐節氣皆有歲實也。

梅氏又曰：然二分之相距則無甚差，何也？蓋最高移而東，則夏至後多占最高之度，而減度加時之數益多，故益長。高衝移而東，則冬至後多占最卑之度，而加度減時之數益多，故益消。其近二至處皆爲加減差最大之處，故消長之較已極也。乃若二分與中距雖亦歲移，而中距皆爲平度，不係加減，其最高前後視行小之度，固全在春分後半周，最高衝前後視行大之度，亦全在春分後半周，毫無移動，故無甚消長也。

江氏永曰：二分無甚差，故欲得平歲實，須於近二分時測之。若高衝行至春分，則二分之距又最大，而二至反平矣。

梅氏又曰：授時消分爲不易之法，今復有長者，何耶？西法最高卑之點在兩至後數度，歲歲東移，故雖冬至亦有加減，不得以恒爲定也。此是西法中一大節目，其法自回回曆即有之。然了凡先生頗采用回回法，而不知此，熊礩石先生親與西儒論曆，而亦不言及，何耶？

江氏永曰：最高卑之有行度，誠西法中一大節目。袁氏新書不知有最高卑，又何以能較論前代諸曆之先後天乎？

梅氏又曰：袁了凡新書通回回之立成於大統，可謂苦心，然竟削去最高之算，又直用大統之歲餘，而棄授時之消長，將逆推數百年已不效，況數千萬年之久乎！

江氏永曰：袁書逆推數百年已不效，誠然。若棄授時之消長，則無足論。授時本非不刊之法也，今時用考成推步，只有求天正冬至與求定冬至之法，而不言消長，紛紛之論可定矣。

觀承案：法以疏而漸密，測以久而益精。勿庵之術兼統中西，誠爲冠絶古今。而江氏此篇推之更密，測之益精，能補勿庵之所未備者，其爲青冰之出矣乎！

右歲實

五禮通考卷一百八十七

嘉禮六十

觀象授時

測日行盈縮以推定氣

唐書志：日躔盈縮略例曰：北齊張子信積候合蝕加時，覺日行有入氣差，然損益未得其正。至劉焯立盈縮躔衰術，與四象升降。麟德曆因之，更名躔差。凡陰陽往來，皆馴積而變。日南至，其行最急，急而漸損，至春分及中而後遲。迨日北至，其行最舒，而漸益之，以至秋分又及中而後益急。急極而寒若，舒極而燠若，及中而雨暘之氣交，自然之數也。焯術於春分前一日最急，後一日最舒；秋分前一日最舒，後一日最急。舒急同於二至，而中間一日平行。其説非是。當以二十四氣晷景，考日躔盈縮而密於加時。

元史志：北齊張子信積候合蝕加時，覺日行有日入氣差，然損益未得其正。趙道嚴復準晷景長短，定日行進退，更造盈縮以求虧食。至劉焯立躔度，與四象升降，雖損益不同，後代祖述用之。夫陰陽往來，馴積而變，冬至日行一度强，出赤道二十四度弱，自此日軌漸北，積八十八日九十一分，當春分前三日，交在赤道，實行九十一度三十一分而適平。自後其盈日損，復行九十三日七十一分，當夏至之日，入赤道内二十四度弱，實行九十一度三十一分，日行一度弱，向之盈分盡損而無餘。自此日軌漸南，積九十三日七十一分，當秋分後三日，交在赤道，實行九十一度三十一分而復平。自後其縮日損，行八十八日九十一分，出赤道外二十四度弱，實行九十一度三十一分，復當冬至，向之縮分盡損而無餘。盈縮均有損益，初爲益，末爲損。自冬至以及春分，春分以及夏至，日躔自北陸轉而西，西而南，於盈爲益，益極而損，損至於無餘而縮。自夏至以及秋分，秋分以及冬至，日躔自南陸轉而東，東而北，於縮爲益，益極而損，損至於無餘而復盈。盈初縮末，俱八十八日九十一分而行一象；縮初盈末，俱九十三日七十一分而行一象；盈縮極差，皆二度四十分。由實測晷景而得，仍以算術推考，與所測允合。

梅氏文鼎疑問：問：日有高卑加減，始於西法與？曰：古曆有之，且詳言之矣，但不言卑高而謂之盈縮耳。曰：日何以有盈縮？曰：此古人積候而得之者也。秦火以還，典章廢闕，漢、晉諸家皆以太陽日行一度，故一歲一周天。自北齊張子信積候合蝕加時，始覺日行有入氣之差，而立爲損益之率。又有趙道嚴者，復準晷景長短，定日行進退，更造盈縮以求虧食。至隋劉焯立躔度，與四序升降，爲法加詳，厥後皆相祖述，以爲步日躔之準，蓋太陽行天三百六十五日，惟只兩日能合平行。一在春分前三日，一在秋分後三日，一年之内能合平行者惟此二日。此外日行皆有盈縮，而夏至縮之極，每日不及平行二十分之一；冬至盈之極，又過於平行二十分之一；兩者相較，爲十分之一。以此爲盈縮之宗，而過此皆以漸而進退焉，此盈縮之法所由立也。曰：日躔既每日有盈縮，則歲周何以有常度？曰：日行每日不齊，而積盈積縮之度前後自相除補，故歲周得有常度也。細考之，古今歲周亦有微差，此只論其大較，則實有常度。今以授時之法論之，冬至日行甚速，每日行一度有奇，歷八十八日九十一刻，當春分前三日，而行天一象限，古法周天四之一爲九十一度三十分奇，下同。謂之盈初。歷此後則每日不及一度，其盈日損，歷九十三日七十一刻，當夏至之日，復行天一象限，謂之盈末。歷夫盈末之行，每日不及一度，而得爲盈者，以其前此之積盈未經除盡，總度尚過於平行，故仍謂之盈。若其每日細行，固悉同縮初，此盈末縮初可爲一法也。試以積數計之，盈初日數少而行度多，其較爲二度四十分。盈末日數多而行度少，其較亦二度四十分。以盈末之所少消盈初之所多，則以半歲周之日共一百八十二日六十二刻奇。行半周天之度，一百八十二度六十二分奇。而無餘度矣。夏至日行甚遲，每日不及一度，歷九十三日七十一刻，當秋分後三日，而行天一象限，謂之縮初。歷此後則每日行一度有奇，其縮日損，歷八十八日九十一刻，復當冬至之日，而行天一象限，謂之縮末。歷夫縮末之行，每日一度有奇，而亦得爲縮曆者，以其前此之積縮未能補完，總度尚後於平行，故仍謂之縮。若其每日細行，則悉同盈初，此縮末、盈初可爲一法也。試以積數計之，縮初日數多而行度少，其較爲二度四十分。縮末日數少而行度多，其較亦二度四十分。以縮末之所多補縮初之所少，則亦以半歲周之日行半周天之度，而無欠度矣。夫盈曆縮曆既皆以前後自相除補而無餘欠，則分之而以半歲周行半周天者，合之即以一歲周行一周天，安得以盈縮之故，疑歲周之無常度哉？

問：日有盈縮是矣，然何以又謂之高卑？曰：此則回回、泰西之說也。其說曰：太陽在天，終古平行，原無盈縮，人視之有盈縮耳。夫既終古平行，視之何以得有盈縮哉？蓋太陽自居本天，而人所測其行度者則爲黄道。黄道之度，外應太虚之定位，即天元黄道與静天相應者也。其度匀剖，而以地爲心，太陽本天度亦匀剖，而其天不以地爲心，於是有兩心之差而高卑判矣。是故夏至前後之行度未嘗遲也，以其在本天之高半，故去黄道近而離地遠，遠則見其度小，謂太陽本天之度。而人自地上視之，遲於平行矣，縮初盈末半周，是太陽本天高處，故在本天行一度者，在黄道不能占一度，而過黄道遲。是則行度之所以有縮也。冬至前後之行度未嘗速也，以其在本天之低半，故去黄道遠而離地近，近則見其度大，亦謂本天之匀度。而人自地上視之，速於平行矣，盈初縮末半周，是太陽本天低處，故在本天行一度者，在黄道占一度有餘，而過黄道速。是則行度之所以有盈也。且夫行度有盈縮，而且日日不同，則不可以籌策御，而今以圜法解之，不同心之理通之，在高度不得不遲，在卑度不得不速。高極而降，遲者不得不漸以速。卑極而升，速者不得不漸以遲。遲速之損益，循圜周行，與算數相會，是則盈縮之徵於實測者，皆一一能得其所以然之故，此高卑之説，深足爲治曆明時之助者矣。太陽之平行者在本天，太陽之不平行者在黄道。平行之在本天者，終古自如。不平行之在黄道者，晷刻易率。惟其終古平行，知其有本天。惟其有本天，斯有高卑，以生盈縮。不平行之率，以平行而生者也。惟其盈縮多變，知其有高卑。惟其盈縮生於高卑，驗其在本天平行。平行之理，又以不平行而信者也。夫不平行之與平行，道相反矣，而求諸圜率，適以相成，是蓋七曜之所同然，而在太陽尤爲明白而易見者也。月五星多諸小輪加減，故本天不同心之理，惟太陽最明。

問：以高卑疏盈縮確矣，然又有最高之行，何耶？曰：最高非他，即盈縮起算之端也。盈縮之算，既生於本天之高卑，則其極縮處即爲最高，如古法縮曆之起夏至也；極盈處即爲最卑，如古法盈曆之起冬至也。亦謂之最高衝，或省曰高衝。然古法起二至者，以二至即爲盈縮之端也。西法則極盈極縮，不必定於二至之度，而在其前後，又各年不同，故最高有行率也。其説曰：上古最高在夏至前，今行過夏至後，每年東移四十五秒，今又定爲一年行一分一秒十微。何以徵之？曰：凡最高爲極縮之限，則自最高以後九十度及相近最高以前九十度，其距最高度等，則其所縮等，何也？以視度之小於平度者並同也。古法以盈末縮初通爲一限，亦是此意。高衝爲極盈之限，則自高衝以後九十度及相近高衝以前九十度，其距高衝度等，則其所盈亦等，何也？以視度之大於平度者並同也。古法以縮末盈初通爲一限，亦是此意。今據實測，則自定氣春分至夏至一象限即古盈末限。之日數，與自夏至後至定氣秋分一象限即古縮初限。之日數，皆多寡不同。又自定氣秋分至冬至一象限即古縮末限。之日數，與自冬至後至定氣春分一象限即古盈初限。之日數，亦多寡不同。由是觀之，則極盈極縮不在二至明矣。曰：若是，則古之實測皆非與？曰：是何言也？言盈縮者，始於張子信，而後之曆家又謂其損益之未得其正。由今以觀，則子信時有其時盈縮之限，後之曆家又各有其時盈縮之限，測驗者各據其時之盈縮爲主，則追論前術，覺其未盡矣。此豈非至高者之有動移乎？又古之盈縮，皆以二十四氣爲限，至郭太史始加密算，立爲每日每度之盈縮加分與其積度。由今考之，則郭太史時最高卑與二至最相近。自曆元戊辰逆溯至元辛巳三百四十八年，而最高卑過二至六度，以今率每年最高行一分一秒十微計之，其時最高約與夏至同度。以西人舊率每年高行四十五秒計之，其時最高已行過夏至一度三十餘分，其距度亦不爲甚遠也。故盈縮起二至，初無謬誤，測算雖密，秪能明其盈縮細分，若最高距至之差，無緣可得，非考驗之不精也。

問：最高有行，能周於天乎？抑只在二至前後數十度中，東行而復西轉乎？曰：以理徵之，亦可有周天之行也。曰：然則何以不徵諸實測？曰：無可據也。古西士去今一千八百年，以三角形測日軌，記最高在申宮五度三十五分，今以年計之，當在漢文帝七年戊辰。自漢文帝戊辰順數至曆元戊辰，積一千八百算外。此時西曆尚在權輿。越三百餘年，至多禄某而諸法漸備。然則所謂古西士之測算，或非精率，然而西史之所據止此矣。又況自此而逆溯於前，將益荒遠，而高行之周天以二萬餘年爲率，亦何從而得其起算之端乎？是故以實測而知其最高之有移動者，只在此數千百年之内；其度之東移者，亦只在二至前後一宫之間。若其周天，則但以理斷而已。曰：以理斷其周天，亦有説與？曰：最高之法，非特太陽有之，而月五星皆然。其加減平行之度者，亦中西兩家所同也。故中曆太陽五星皆有盈縮，太陰則有遲疾；在西法則皆曰高卑視差而已。然則月孛者，太陰最高之度也。而月孛既有周天之度矣，太陽之最高何獨不然？故曰以理徵之，最高得有周天之行也。

問：以最高疏盈縮，其義已足，何以又立小輪？曰：小輪即高卑也。但言高卑，則當爲不同心之天以居日月，小輪之法則日月本天皆與地同心，特其本天之周又有小輪爲日月所居，是故本天爲大輪負小輪之心向東而移，日月在小輪之周即邊也。向西而行，大輪移一度，日月在小輪上亦行一度；大輪滿一周，小輪亦滿一周，而盈縮之度與高卑之距，皆不謀而合。回回曆以七政平行爲中心行度，蓋謂此也。凡日月在小輪上半，順動天西行，故其右移之度遲，於平行爲減。在小輪下半，逆動天而東，故其右旋之度速，於平行爲加。五星同理。若在上下交接之時，小輪之度直下不見其行，謂之留際。留際者，不東行，不西行，無減無加，與平行等。此小輪上逐度之加減，以上下而分者也。若以入表，則分四限。小輪上半折半取中爲最高，小輪下半折半取中則爲最卑〔二〕。最卑最高之點，皆對小輪心與地心而成直線。七政居此，即與平行同度，故爲起算之端。假如七政起最高，在小輪上西行，能減

〔二〕「小」，原作「大」，據味經窩本、乾隆本、光緒本、曆算全書卷三改。

東移之度，半象限後西行漸緩，所減漸少，至一象限而及留際，不復更西，即無所復減。然積減之多，反在留際，何也？七政至此，其視度距小輪心之西爲大也，在古法則爲縮初。既過留際而下轉而東行，本爲加度，因前有積減，僅足相補，其視行仍在平行之西，至一象限而及最卑，積減之數，始能補足，而復於平行，是爲縮末。又如七政至最卑在小輪下東行，能加東移之度，半象限後東行漸緩，所加漸少，至一象限而又及留際，不復更東，亦無所復加，然積加之多，亦在留際，何也？七政至此，其視度距小輪心之東爲大也，在古法則爲盈初。過留際而上，復轉西行，即爲減度，然因前有積加，僅足相消，其視行仍在平行之東，至一象限而復及最高，積加之度，始能消盡，而復於平行，是爲盈末。此則表中入算加減，從小輪之左右而分者也。

小輪之用有二：其一爲遲速之行，在古法則爲日五星之盈縮、月之遲疾，西法則總謂之加減，即前所疏者是也。其一爲高卑之距，即回回曆影徑諸差是也。凡七政之居小輪最高，其去人遠，故其體爲之見小焉。其在最卑，去人則近，故其體爲之加大焉。驗之於日月交食，尤爲著明。別條詳之。是故所謂平行者，小輪之心；

而所謂遲速者，小輪之邊與其心前後之差。即東西。所謂高卑者，小輪之邊與其心上下之距也。知有小輪，而進退加減之行度，遠近大小之視差，靡所不貫矣。

然則何以又有不同心之算？曰：不同心之法生於小輪者也。七政之本天，即小輪心所行之道也。假如七政在小輪最高，小輪心東移一象限，七政之在小輪亦西行一象限，爲留際。小輪心東移滿半周，七政在小輪亦行半周，爲最卑。由是小輪心東移滿二百七十度，七政亦行小輪二百七十度，至留際。小輪心東移滿一周，七政行小輪上亦行滿一周，復至最高，若以小輪上七政所行聯之，即成大圈，此圈不以地心爲心，而别有其心，故曰不同心圈也。兩心之差，與小輪之半徑等，故可以小輪立算者，亦可以不同心立算；而行度之加減與視徑之大小，亦皆得數相符也。

問：二者之算悉符，果孰爲本法？曰：晶宇廖廓，天載無垠，吾不能飛形御氣翱步乎日月之表，小輪之在天，不知其有焉否耶？然而以求朓朒之行，則既有其度矣；以量高卑之距，則又有其差矣，雖謂之有焉可也。至不同心之算，則小輪實已該之，何也？健行之體，外實中虚。自地以上，至於月天，大氣所涵，空洞無物，故各重之天雖有高卑，而高卑兩際只在本天，七政各重之天相去甚遠〔一〕，其間甚厚，故可以容小輪，而其最高最卑，皆不越本重之内。非別有一不同之心遶地而轉也。不同心之天既同動天西運，則其心亦將遶地而旋〔二〕。況七政兩心之差，各一其率，若使其不同之心皆繞地環行，亦甚涣而無統矣，故曰不同心之算生於小輪，而小輪實已該之。觀回回曆但言小輪，可知其爲本法，而第谷於西術最後出，其所立諸圖，悉仍用小輪爲説，亦足以徵矣。論相因之理，則不同心之算從小輪而生。論測算之用，則小輪之徑亦從不同心而得。故推朓朒之度於小輪特親，小輪心即平行度也。從最高過輪心作線至地心爲平行指線。剖小輪爲二，則小輪右半在平行線西爲朒，左半在平行線東爲朓。而求最高之行，以不同心立算最切。最高在天，不可以目視，不可以器測，惟據朓朒之度，以不同心之法測之，而得其兩心之差，是即爲小輪之半徑，於以作圖立算，而朓朒之故益復犁然，是故不同心者，即測小輪之法也。

〔一〕「重」，諸本作「共」，據曆算全書卷三改。
〔二〕「將」，原作「既」，據味經窩本、乾隆本、光緒本、曆算全書卷三改。

小輪心在本天，七政在小輪，體皆相連。小輪心非能自動也，小輪之動，本天之動也。七政亦非自動也，七政之動，小輪之動也。其故何也？蓋小輪心既與本天相連，必有定處，因本天爲動天所轉，與之偕西，而不及其速，以生退度，故小輪心亦有退度焉。曆家紀此退度，以爲平行，回回曆所謂中心行度。故曰小輪之動，本天之動也。然則小輪心者，小輪之樞也。樞連於本天不動，故輪能動，而七政者又相連於小輪之周者也，小輪動則七政動矣，故曰七政之動，小輪之動也。

七政之居小輪也，有一定之向。本天挈小輪心東移，而七政在小輪上，常向最高，殆其精氣有以攝之也。故輪心東移一度，小輪上七政亦西遷一度，以向最高。譬之羅金：小輪者，其盤也。小輪心者，置針之處也。七政所居，則針所指之午位也。試爲大圓周分三百六十度，以法周天。别爲大圈加其上，使與大圓同心而可運，以法同心輪。乃置羅金於大圈之正午，而依針以定盤，則針之午即盤之午。此如小輪在最高，而七政居其頂，與最高同處也。於是運大圈東轉，使羅金離午而東，此如本天挈小輪而東移也。則盤針之指午者，必且西移，而向丁向未。因正午所定之盤，不復更置，則此時之丁之未，實爲針之午。如小輪從本天東移，而七政西遷居小輪之旁，以向最高之方。盤東移一度，針亦西移一度。盤東移一宫，針亦西移一宫。盤東行半周至大圓子位，則針在盤上亦西移半周，而反指盤之子。此時盤之子實針之午。此如小輪心行至最高衝，而七政居小輪之底，在小輪爲最卑，而所向者最高之方也。盤東移三百六十度而復至午，針亦西移一周而復其故矣。是何也？針自向午，不以盤之東移而改其度。自盤上觀之，見爲西移耳。七政之常向最高，何以異是？七政在小輪上，常向最高之方。

小輪以算視行，視行非一，故小輪亦非一也。凡算視行有二法，或用不同心輪，則惟月五星有小輪，而日則否，何也？以盈縮高卑，即於不同心之輪可得其度，故不以小輪加減，而小輪之用，已藏其中也。或用同心輪負小輪，則日有一小輪，月五星有兩小輪，其一是高卑小輪，爲日五星之盈縮、月之遲疾，即不同心之算，七政所同也。其一是合望小輪，在月爲倍離，即晦、朔、弦、望。在五星爲歲輪，即遲留逆伏。皆以距日之遠近而生，故太陽獨無也。若用小均輪，則太陽有二小輪，其一爲平高卑，二爲定高卑。而月五星則有三小輪，其一、二爲平高卑、定高卑，與太陽同；其三爲太陰倍離，五星歲輪，與太陽異也。凡此皆以齊視行之不齊，有不得不然者。然小輪之用不同，而名亦易相亂。如月離以高卑輪爲自行輪，又稱本輪，又曰古稱小輪，其定高卑輪，五星稱小均輪，月離稱均輪，或稱又次輪。至於距日而生之輪，月離稱次輪，五星或稱次輪，或稱年歲輪。然亦曰古稱小輪。今約以三者别之，一曰本輪，七政之平高卑是也。一曰均輪。七政平高卑之輪上，又有小輪以加減之，爲定高卑。此兩小輪相須爲用，二而一者也。一曰次輪。月五星距日有遠近而生異行，故曰次輪，而五星次輪，則直稱之歲輪也。

蕙田案：梅氏疏日行盈縮，辯論不同心天及七政小輪，最爲詳確。日有盈縮，月有遲疾，五星有留退，其理一也。舉日行而月五星皆可知矣。梅氏之論，實總七政之大綱，故備述之。

觀承案：日月五星雖統謂之七政，其實五緯以日月爲主，而月離又以日躔爲主，故日躔定而七政始可齊也。梅氏論日行盈縮，舉日行而七政皆可知，斯爲能挈其要，洵不刊之論也。

新法曆引：太陽之行黄道也，論其積歲平分之數，新法以天度計爲五十九分八秒有奇，所謂平行度分是也。然平行齊而實行則固非齊矣，冬盈而夏縮矣。所以然者，蓋緣黄道圈與日輪天不同心，而黄道之心即地球心，是日輪天與地球不同心也。心既不同，則日行距地近遠不等距。近即行疾，疾則所行之度過於平行而爲盈，每冬月一日計行一度一分有奇，以較平行盈二分矣。距遠即行遲，遲則所行之度不及平行而爲縮，每夏月一日計行五十七分有奇，以較平行則縮二分矣。盈縮相差若此，豈可謂之齊乎？終歲之間，但逢最高限最卑限二日，平實二行度數惟一。此外兩行之較，日日不等。新法因其或過或不及也，故有加分減分，謂之加減差。蓋以有恒率之平行爲限，而以加減差定之，然後差而不差非齊而齊矣。至論太陽之入某宮次以分節氣也，亦有平實二算。蓋算平行十五日二十一刻有奇爲一節氣，乃一歲二十四平分之一耳。若用躔度之日以算，則冬夏不齊，冬一節氣爲十四日八十四刻有奇，夏一節氣爲十五日七十二刻有奇。總由夏遲冬疾，故其差如此。太陽天距地極遠之點，謂之最高極；近之點，謂之最高衝。亦名最卑。此二點者，乃盈縮二行之界。古法於冬夏二至，謂其恒在一點，其實非也。案古今諸測，皆各不齊。古測最高在夏至前數度，今則在後六度矣。以此推知，一年之内，太陽自行四十五秒也。

蕙田案：日行盈縮以高卑又謂之不同心天。及小輪之法推之，極步算之巧妙。

梅氏謂小輪爲本法，高卑因小輪而生，誠確論也。西人刻白爾又創橢圓立算，專主不同心天。與高卑意同。合古今中西，法雖各殊，要以推日之實行，求其密合耳。既得實行，則定氣可知。定氣之名，見於隋書。明氣以此爲定，恒氣非日實行不得爲定也。其名蓋非漫設，唐以後猶以恒氣注曆，而定氣止爲算交食之用，踵一行之謬也。今已用定氣，梅氏尚堅主一行説。得江氏恒氣注曆辨，千古之疑乃釋。

附江氏永恒氣注曆辨：

江氏永曰：改憲以來，用定氣注曆久矣。勿庵梅氏嘗舉康熙己未以後曆年高行，及四正相距時日，别爲一卷。而云治曆首務太陽，太陽重在盈縮；又云西法最高卑之點在兩至後數度，歲歲東移，故雖冬至亦有加減，不得以恒爲定，則梅氏亦重定氣矣。而疑問補等書謂當如舊法之恒氣注曆，持論甚堅。永深思之，謂恒氣與平氣不同，冬至既不得以恒爲定，則諸節氣亦當用定，不可用恒。爰引梅氏之説，疏論其下。

梅氏文鼎疑問補曰：問：舊法節氣之日數皆平分，今則有長短，何也？曰：節氣日數平分者，古法謂之恒氣。其日數有多寡者，謂之定氣。二者之算，古曆皆有之，然各有所用。唐一行大衍曆議曰以恒氣注曆，以定氣算日月交食，是則舊法原知有定氣，但不以之注曆耳。

江氏永曰：案七政在天，皆有平行，有視行。平行爲步算之根，視行爲人事之用，故月必以定朔定望推交食，五星必以歲輪視度察陵犯。太陽尤爲氣化之主，其用於人最大，雖行於本天者，一日一度，此古之日度。無盈縮進退，而輪有高卑，人視黄道上，度有盈縮，則氣有長短，一切分至啓閉及諸節氣，皆當用其視行之定氣，不當用其平行之恒氣也。何以言之？如云冬至夏至，至者，極也。人視日極南極北，立表測之，景極長極短，而晝夜之短長亦於此日爲極也。春分秋分，黄道與赤道交，日正當其交處，陽曆陰曆於此分，而晝夜時刻均，亦於此日平分也。若景非極長極短，不得謂之至，日不正當赤道，不得謂之分，故皆當用視度，不用平度。如史紀冬至有從測景得者，書曰某日景長。景長者，定冬至，非平冬至也。平與定之差，隨高衝離冬至遠近而異。元至元以前，定冬至皆在平冬至前。至元以後，定冬至皆在平冬至後。其相差之極，亦如今之春秋分前後約二日〔一〕。日躔加減差表均數最

〔一〕「二日」下，數學卷三有「有奇」二字。

多者二度有奇，故平氣定氣能差二日有奇。而曆家紀冬至，必據景長之日，人事之最重大者，如朝會圜丘，皆以是日爲定，則自古以來，冬至皆用定氣矣。一歲節氣獨冬至用定，其餘二十三氣皆用恒，寧有是理？況其所謂恒氣者，並非恒氣也。如欲定在天之恒氣，當以太陽本天界爲二十四段，一段均得十五度。據今法整度言之。又以一歲三百六十五日二十三刻三分四十五秒之平歲實，據今曆歲實平率言之。分爲二十四氣，一氣均得十五日二十刻一十四分三十一秒五十二微半。亦據今之刻分秒微言之。以平冬至起根而均派之，猶曰此在天太陽平行之平氣也。今乃以太陽視行之定冬至，與來歲定冬至相距之時日折半，以爲夏至；四折，以爲春秋分。又均派以爲諸中氣節氣，無論春秋分非交赤道之日，即諸中氣節氣亦無一氣合乎在天之均平者矣，何也？平冬至與定冬至起根不同也。兩歲冬至相距爲活汎之歲實，與平率歲實多寡不同也。如月有平朔平望平弦，有定朔定望定弦，步算者必以月之經朔時日爲根，即平朔。以朔策累加之，爲逐月經朔。朔策折半爲平望，四折爲平弦。若以此月定朔，與後月定朔之時日，多者二十九日九時，少者二十九日三時。折半爲望，又折半爲弦，則平者皆非平矣。古法不知定朔，自唐以來，既用定朔定望，推交食必無復用平朔平望。注曆之理，若以定朔爲距，折半爲望，又折半爲弦，無此理，亦無此法。恒氣亦猶是也。古曆家唯隋劉焯皇極曆始用定氣，其曆未頒行。大衍曆以後諸家，皆有推定氣之法。然一行之言曰：凡推日月度及軌漏、交蝕依定氣，注曆依恒氣。則唐以後曆家必用恒氣注曆者，皆一行此言誤之也。

梅氏又曰：譯西法者未加詳考，輒謂舊法春秋二分並差兩日，則厚誣古人矣。夫授時曆所注二分日，各距二至九十一日奇，乃恒氣也。

江氏永曰：案授時之恒氣與大衍之恒氣，雖若無異，亦微有辨。至元時，平冬至與定冬至時刻略同，則其均派之恒氣，以定冬至爲根，猶之以平冬至爲根也。若一行作曆，在至元辛巳前五百五十餘年，高衝約在冬至前十度，其時兩心差，又較大定冬至約在平冬至前四十餘刻。其所謂恒氣者，以定冬至爲距，非以平冬至爲根，則當年恒氣二分加時，或近夜半前後者，與在天之平氣二分相差亦可一日矣。春分先天，秋分後天。此理一行固未知，郭氏亦未曉。郭氏之時，與天偶符。由太陽有高卑，高卑又有行度，兩心又有微差，重關未啓故也。今日此理已昭晰，固可無疑於定氣。

梅氏又曰：其所注晝夜各五十刻者，必在春分前兩日奇及秋分後兩日奇，則定氣也。定氣二分與恒氣二分，原相差兩日。授時既遵大衍曆議，以恒氣二分注曆，不得復用定氣，故但於晝夜平分之日紀其刻數，則定氣可以互見，非不知也。且授時果不知有定氣平分之日〔二〕，又何以能知其日之爲晝夜平分乎？

江氏永曰：案授時固明言四正定氣矣。然自小寒至大雪二十三氣皆用恒氣注曆，由惑於一行之曆議，亦由當時高衝與冬至同度，最高與夏至同度，冬至爲盈初，夏至爲縮初，意其盈縮之限常如此，故以兩冬至相距之時日均派爲二十四氣，以爲合於天之平分時日也。設當時以最高最卑隨時推移之理告之曰：「今日之盈初在冬至、縮初在夏至者，由太陽高卑兩點與二至同度故也。向後五十餘年，兩點各東移一度，則平冬至與定冬至不相值，而諸節氣中氣平定皆不同矣。又細推之，前後一歲半歲亦微有不同者矣。及其極也，平冬至與定冬至相差兩日，當是時，猶以兩定冬至相距時日均派爲二十四氣，則小寒至大雪二十三氣，不皆與平氣相差兩日

〔二〕「果」，原作「固」，據味經窩本、乾隆本、光緒本改。

乎？倘或併冬至亦用平，舍景長之日而用景未極長之日，既有所未可，或欲令二十三氣皆從平冬至起根而均派之，則是冬至至小寒驟減兩日，只有十三日，大雪至冬至驟增兩日，竟有十七日奇也。寧有是理乎？進退無所據，則欲遵大衍常以恒氣注曆者爲舛矣。」郭氏聞此論，亦當別立隨時推定氣之法，不當以恒氣注曆矣。

梅氏又曰：夫不知定氣，是不知太陽之有盈縮也。又何以能算交食？何以能算定朔乎？

江氏永曰：案經朔猶恒氣，定朔猶定氣，此理極是。然恒氣與經朔猶有辨，何也？經朔以日月平行算〔一〕，其相會是以平爲根。今注曆之冬至，由日躔加減表與日差表定其加時，則是視行之定冬至非平行之平冬至矣。上下數千年，惟至元辛巳間定冬至即平冬至，其他皆有差。其相差之極至二日，猶執算定之冬至以爲根，逐氣均派命爲恒氣，而謂其猶經朔，可乎？

梅氏又曰：夫西法以最高卑疏盈縮，其理原精，初不必爲此過當之言，良由譯書者並從西法入手，遂無暇參稽古曆之源流，而其時亦未有能真知授時立法之意者，爲之援據古義，以相與虛公論定，

〔一〕「行」，原作「理」，據味經窩本、乾隆本、光緒本、數學卷三改。

故遂有此等偏説以來後人之疑義，不可不知也。

江氏永曰：新書之言固過，然使今日猶執一行之恒氣注曆，推其流失，有如前條進退無據之云者，當酌所以處之。

梅氏又曰：其所以爲此説者，無非欲以定氣注曆，使春秋二分各居晝夜平分之日，以見授時立法之差兩日，以自顯其長，殊不知授時是用恒氣，原未嘗不知定氣，不得爲差，而西法之長於授時者，亦不在此。以定氣注曆不足爲奇，而徒失古人置閏之法，欲以自暴其長，反見短矣。故此處宜酌改也。後條詳之。

江氏永曰：案授時雖知有定氣，未知盈縮二根之有推移。今時冬至既不爲盈初，則據定氣冬至爲根，均派之一歲二十三氣，似非法矣。

梅氏又曰：問：授時既知有定氣，何爲不以注曆？曰：古者注曆只用恒氣，爲置閏地也。

江氏永曰：案定氣注曆，亦正爲密於置閏地也。閏以無中氣之月爲的，然必合算定朔定氣，視其無中氣之月置閏於此，乃爲真閏月。若只用定朔不用定氣，則無中氣之月，未必果無中氣也。譬之算定朔必合太陽盈縮、太陰遲疾，視其相會之日命爲朔，乃爲真定朔。若得其一，遺其一，則或有以晦爲朔、以二日爲朔者矣。古曆置閏疏謬，後漸知用定朔置閏於無中氣之月矣。而不用定氣[一]，則無中氣之月，亦非真。然則堯命羲、和，以閏月定四時成歲之法，必兼用定朔定氣，始精耳。

梅氏又曰：春秋傳曰：「先王之正時也，履端於始，舉正於中，歸餘於終。」「履端於始，序則不愆。舉正於中，民則不惑。歸餘於終，事則不悖。」蓋謂推步者，必以十一月朔日冬至爲起算之端，故曰「履端於始，而序不愆」也。

江氏永曰：履端於始，先生説近是，然不必朔日也。一歲冬至即履端於始也，杜注「步曆之始，以爲術之端首」，似後世之推曆元者，非也。

梅氏又曰：十二月之中氣，必在其月。如月内有冬至，斯爲仲冬十一月。月内有雨水，斯爲孟春正月。月内有春分，斯爲仲春二月。餘月並同，皆爲本月之中氣正在本月三十日之中[二]，而後可名之爲此月，故曰「舉正于中，民則不惑」也。

江氏永曰：案「舉正於中」，正即三正之正，舉此正朔示民，使民遵之，故曰「民則不惑」。正月爲歲首，而言「舉正於中」者，對冬至爲始，歲終爲終，則正朔在其中

[一]「不」下，數學卷三有「知」字。

[二]「三十日」，原作「十三日」，據味經窩本、乾隆本、光緒本改。

間也。周之正雖與冬至同月，而步曆猶以冬至爲始，故舉正爲中。且言先王之正時，亦通三正而言之也。杜注云「舉中氣以正月」，果爾，何以不云舉中而云舉正乎？且古曆節氣，亦由略而詳，由疏而密。上古少皞氏以鳥名官，有司分、司至、司啓、司閉，而左氏亦云「凡分、至、啓、閉，必書雲物」。啓者，立春立夏；閉者，立秋立冬；併二分二至爲八節，則古時只有八節，未有二十四氣也。二十四氣之名，蓋秦、漢以來始有之，其名義大約有所本。如云驚蟄者，本夏小正之「啓蟄」，月令之「蟄蟲始振」也。雨水者，本月令之「始雨水」也。芒種者，本周禮「澤草所生，種之芒種」也。小暑者，本月令「小暑至」也。處暑者，本楚語「處暑之既至」也。白露者，本月令「白露降」也。霜降者，本荀子「霜降殺内」，月令「霜始降」也。大寒者，本魯語「大寒降」也。而中氣節氣，漢以來亦有小異。漢始以驚蟄爲正月中，雨水爲二月節，而劉歆三統曆始改雨水爲正月中，驚蟄爲二月節。三統曆猶以穀雨爲三月節，清明爲三月中，而易緯通卦驗則以清明爲三月節，穀雨爲三月中。然則左氏時尚未有中氣節氣如今曆之詳密，不得以舉正爲舉中氣。

梅氏又曰：若一月之内只有一節氣而無中氣，則不能名之爲何月，斯則餘分之所積而爲閏月矣。

閏即餘也，前此餘分，累積歸於此月而成閏月，以爲餘分之所歸，則不致春之月入於夏，且不致冬之月入於明春，故曰「歸餘於終，事則不悖」也。

江氏永曰：案左氏之意，本謂閏月當在歲終。今文公元年閏三月爲非禮，此左氏習見當時置閏常在歲終，故爲此言，本非確論，亦可見古曆未有中氣節氣，如後世之詳密，不能定其當閏何月，故不得已總歸之歲末。秦人以十月爲歲首，閏月則爲後九月，漢初猶仍其失，太初曆以後始改之。左氏歸餘於終之言，信矣。先生謂歸餘分於無中氣之月，則終字之義似無所指。然先生於此句，本有兩説，其答李祠部云：「閏月之義，大旨不出兩端，其一謂無中氣爲閏月，此據左氏舉正於中爲説，乃曆家之説也。其一謂古閏月俱在歲終，此據左氏歸餘於終爲論，乃經學家之詁也。古今曆法原自不同，推步之理踵事加密，故自今日言曆，則以無中氣置閏爲安，而論春秋閏月，則以歸餘之説爲長。何則？治春秋者當主經文，今考本經書閏月俱在年終，此其據矣。」案歸餘於終，當以此説爲正。然則上句舉正於中非謂舉氣以正月，益明矣。

梅氏又曰：然惟以恒氣注曆，則置閏之理易明，何則？恒氣之日數皆平分，故其每月之内各有一節氣一中氣，此兩氣策之日，合之共三十日四十三刻奇，以較每月常數三十日多四十三刻奇，謂之氣盈。又太陰自合朔至第二合朔，實止二十九日五十三刻奇，以較每月三十日又少四十六刻奇，謂之朔虚。合氣盈朔虚計之，共餘九十刻奇，謂之月閏，乃每月朔策與兩氣策相較之差也。積此月閏至三十三個月間，其餘分必滿月策而生閏月矣。閏月之法，其前月中氣必在其晦，後月中氣必在其朔，則閏月只有一節氣而無中氣，然後名之爲閏月，斯乃自然而然，天造地設，無可疑惑者也。一年十二個月，俱有兩節氣，惟此一個月只一節氣，望而知爲閏月。

江氏永曰：案造化之妙，莫妙於均平與參差二者相爲用也。若無均平之數，則無以爲立算之根；若無參差之行，則無以爲變化之用。故七政各居一重天，各有其本行，而必有本輪均輪以生盈縮遲疾，且復有最高最卑之行度焉，又有兩心差之改焉，所以變動不窮也。使太陽可用恒氣，何不去其小輪，終古只一平行乎？置閏於無中氣之月，用定氣而理愈精。

梅氏又曰：今以定氣注曆則節氣之日數多寡不齊，故遂有一月内三節氣之時，又或有原非閏月而一月内反只有一中氣之時，其所置閏月，雖亦以餘分所積，而置閏之理不明，民乃惑矣。

江氏永曰：案一月三節氣甚稀，間有之，今時必在冬月，又必定朔最大，然後有此。其或首尾皆節氣，而中氣在月中也，則去閏月尚遠；其或首尾皆中氣，而節氣在月中也，則置閏在此月之前，不以後月爲閏。此於置閏之法，初無所妨。若一月之内只有一中氣，更無妨於閏月矣。

梅氏又曰：然非西法之咎，乃譯書者之疏略耳。何則？西法原只有閏日而無閏月，其仍用閏月者，遵舊法也。亦徐文定公所謂「鎔西洋之巧算，入大統之型模」也。

江氏永曰：案定氣注曆，改憲之大者。當時譯書者之失，惟在星紀等名係在中氣耳。若以定氣置閏，後世必無追咎譯書者。

梅氏又曰：案堯典云「以閏月定四時成歲」，乃帝堯所以命羲、和，萬世不刊之典也。今既遵堯典而用閏月，即當遵用其置閏之法，而乃不用恒氣用定氣，以滋人惑，亦昧於先王正時之理矣。是故策算雖精，而有當酌改者，此亦一端也。

江氏永曰：案羲、和之曆，或用恒氣與否不可考。使當時惟知用恒氣，今改用定氣，猶平朔改爲定朔，其理益精耳。

梅氏又曰：今但依古法以恒氣注曆，亦仍用西法最高卑之差，以分晝夜長短進退之序，而分注於定氣日之下，即置閏之理昭然衆著，而定氣之用亦並存而不廢矣。

江氏永曰：案定氣之用甚大，一切陰陽五行自干支出者，或係於月建，則交節氣之日時爲要；未交節氣係前月，既交係今月。或係於年歲，則交立春之日時爲要。未交立春係前年，既交係今年。諸節氣中氣，各方農家或以之占候有驗，而禄命三式諸術不可盡信，亦不可盡廢者。年月干支爲綱維，其交界之際，尤不可不確也。定氣恒氣之差，小者在時，大者在日，其極差兩日有奇，此豈可不辨其理之是非以定年月之交界，而姑爲並存之説，使定氣僅爲分晝夜長短之用乎？夫定氣所以必當用者，何也？太陽有本輪均輪，本輪之心恒平行於本天，而太陽之體實旋行於輪上，從地心出線至輪心，其度皆平度，若太陽行輪上有加減，則人視黄道上所當之度非輪心之度，而氣亦非均平之氣。日行卑時，氣策未滿，而度已盈，故氣短。日行高時，氣策已滿，而度未盈，故氣長。其積差在高卑之中兩日有奇，故定氣之度，即黄道上平剖爲二十四段者，太陽既到其上即爲實度，其氣即爲真氣。人生於地，安得不稟於其所視，而更從輪心之平行者乎？況又不以平冬至爲根，而以定冬至起算。天上原無此界限，夫以本無之界限命爲恒氣，而注之曆以爲民用，大者係一年，次者係一月，非前人之失乎？

梅氏又曰：案恒氣在西法爲太陽本天之平行，定氣在西法爲黄道上視行。平行度與視行度之積差有二度半弱，西法與古法略同，所異者，最高衝有行分耳。古法恒氣注曆，即是用太陽本天平行度數分節氣。

江氏永曰：案定氣時日不均而度均。若恒氣者，時日均而度反不均矣。且又以定冬至起算，則非本天行度數之分限。

梅氏又曰：案古曆每日行一度，原無盈縮。言盈縮者，自北齊張子信始也。厥後，隋劉焯、唐李淳風、僧一行言之綦詳，歷宋至元爲法益密，然不以之注曆者爲閏月也。大衍曆議曰：以恒氣注曆定氣算日月食。由今以觀，固不僅交日用盈縮也。凡定朔、定望、定弦，無處不用，但每月中節仍用恒氣，不似西洋之用定氣耳。西洋原無閏月，祇有閏日，故以定氣注曆爲便。若中土之法，以無中氣爲閏月，故以恒氣注曆爲宜。治西法者不諳此理，輒訶古法爲不知盈縮，固其所矣。

江氏永曰：案定氣注曆無妨於置閏，而置閏得此始真，前已辨之明矣。若唐以來，曆家知有定氣，而仍以恒氣注曆者，其故多端，一由不知日之所以盈縮者生於小輪也，一由不知盈縮之初限不恒係二至也，一由不知冬至相距爲活泛歲實而別有恒歲實也，一由不知景長爲定冬至而別有平冬至也，一由不知恒氣起定冬至，天上無此界限也。貿貿然用之以注曆，豈謂其宜於置閏哉？徐、李諸公不能明辨恒氣之失，而徒用西人之言，訶古法爲不知盈縮，此則其疏耳。

蕙田案：二十四氣，皆有平氣，有定氣。平氣者，均分平歲實，古所謂恒氣。

以其常久不變，故曰恒。以其二十四均分，故曰平。皆以太陽本輪心平行爲根，或起平春分，或起平冬至。而舊法起定冬至，其失顯然，梅氏未之覺耳。定氣者，人目所視太陽之實行，其日數無定，而以太陽實到其處方爲定，累積之則爲泛歲實。

觀承案：古人既知定氣，而不以注書，所謂立一法未盡其法之用也。

古人創一法，實已包括無盡，但渾淪含蓄，未盡説破耳。堯典授時，舜典璣衡，周公土圭，萬古言天者不能出其外，更益以周髀算經及漢、唐以來諸曆，理數已無不到，但天道幽微，象數雜賾，雖有精心大力，何能搜羅畢盡？故歷代皆互相補備以闡發之，如古人雖知有定氣，而不即以是注書。蓋立一法而未盡其法之用者，大抵皆然，不但定氣之一端。江氏能乘其間而疏明之，所謂勝者即用敗者之棋，誠好學深思人也。

右測日行盈縮以推定氣

五禮通考卷一百八十八

嘉禮六十一

觀象授時

考冬至以正氣序

孟子：天之高也，星辰之遠也，苟求其故，千歲之日至可坐而致也。注：天雖高，星辰雖遠，誠能推求其故常，千歲日至之日可坐而致也。星辰，日月之會。致，至也。知其日至在何日也。疏：雖千歲之後，其日至之日，亦可坐而計之也。

朱子集注：天雖高，星辰雖遠，然求其已然之迹，則其運有常。雖千歲之久，其日至之度，可坐而得。況於事物之近，若因其故而求之，豈有不得其理者？而何以穿鑿爲哉？必言日至者，造曆者以上古十一月甲子朔夜半冬至爲曆元也。

梅氏文鼎疑問：問：造曆者必先立元，元正然後定日法，法立然後度周天。古曆數十家皆同此術，至授時獨不用積年日法，何與？曰：造曆者必有起算之端，是謂曆元。然曆元之法有二，其一遠溯初古爲七曜齊元之元，自漢太初至金重修大明曆，各所用之積年是也。其一爲截算之元，自元授時不用積年日法，直以至元辛巳爲元，而今西法亦以崇禎戊辰爲元是也。二者不同，然以是爲起算之端，一而已矣。然則二者無優劣乎？曰：授時優。夫所謂七曜齊元者，謂上古之時歲月日時，皆會甲子，而又日月如合璧，五星如連珠，故取以爲造曆之根數也。使其果然，雖萬世遵用可矣。乃今廿一史中所載諸家曆元無一同者，是其積年之久近，皆非有所受之於前，直以巧算取之而已。然謂其一無所據，而出於胸臆，則又非也。當其立法之初，亦皆有所驗於近事，然後本其時之所實測，以旁證於書傳之所傳，約其合者既有數端，遂援之以立術。于是溯而上之，至於數千萬年之遠，庶幾各率可以齊同，積年之法所由立也。然既欲其上合曆元，又欲其不違近測，畸零分秒之數必不能齊，勢不能不稍爲整頓以求巧合。其始也，據近測以求積年；其既也，且將因積年而改近測矣，又安得以爲定法乎？授時曆知其然，故一以實測爲憑，而不用積年虚率上考下求，即以至元十八年辛巳歲前天正冬至爲元，其見卓矣。

案唐建中時，術者曹士蔿始變古法，以顯慶五年爲上元，雨水爲歲首，號符天曆。行於民間，謂之小曆。又五代石晉高祖時司天監馬重績造調元曆，以唐天寶十四載乙未爲上元，用正月雨水爲氣首。此二者，亦皆截算之法，授時曆蓋采用之耳。然曹、馬二曆未嘗密測遠徵，不過因時曆之率截取近用。若郭太史則製器極精，四海測驗者二十七所，又上考春秋以來至於近代，然後立術，非舍難而就易也。

又案：孟子千歲日至，趙注只云日至可知其日，孫奭疏則直云千歲以後之日至可坐而定，初不言立元。

蕙田案：法未有數百年不差者。蓋立法之始，必不能無差數，但其數甚微，積之久然後著。夫立一法，而行之百餘年即差。若所推曆元，大都在數千年以上，安必其無差乎？孟子所云千歲之日至，謂術家測驗既往，得其常度，可以順推將來，不必主立元爲説也。

觀承案：孟子此章極精，只寬説而理數俱該，然並無曆元之説。朱子注亦簡明，惟末載造曆者一條，反似贅説。羲、和觀象，並無立元之文。至太初曆始有之。孟子當時豈知後世將有太初之曆而預言之？夫曆豈無元？然隨代可立，不必追上古十一月甲子朔夜半冬至耳。授時曆直以至元辛巳爲元，允爲超絶古今。且孟子所謂日至者，亦兼二至在内，非專指冬至也。周之土圭，反專重夏至。堯典觀象，亦兼永短二至。其專以冬至爲元者，亦始自太初也。孔子删書，斷自堯典，馬遷作史，必欲追至黄帝，而穿鑿附會不少矣。必追上古甲子云云者，正同此病。孟子方惡小智之鑿，豈肯反教人以鑿爲智哉？

春秋僖公五年左氏傳：春，王正月辛亥朔，日南至。注：周正月，今十一月。冬至之日，日南極。公既視朔，遂登觀臺以望。而書，禮也。注：觀臺，臺上構屋，可以遠觀者也。朔旦冬至，曆數之所始〔一〕。治曆者因此則可以明其術數，審别陰陽，叙事訓民。凡分、至、啓、閉，必書雲物，注：分，春、秋分也。至，冬、夏至也。啓，立春、立夏。閉，立秋、立冬。爲備故也。疏：此朔即是至日，故視朔而遂登臺也。日之行天，有南有北。常立八尺之表以候景之短長，夏至之景尺有五寸，日最

〔一〕「曆」，諸本脱，據春秋左傳正義卷一三補。

長而景最短，是謂日北至也。自是以後，日稍近南。冬至之景一丈三尺，日最短而景最長，是謂日南至也。冬至者，十一月之中氣。中氣者，月半之氣也。月朔而已得中氣，是必前月閏。閏前之月，則中氣在晦；閏後之月，則中氣在朔。閏者，聚殘餘分之月，其月無中氣，半屬前月，半屬後月。是去年閏十二月十六日已得此年正月朔大雪節，故此正月朔得冬至也。而杜長曆僖元年閏十一月，此年閏十二月。又閏之相去，曆家大率三十二月耳〔一〕。杜以此閏相去凡五十月，不與曆數同者，杜推勘春秋日月上下置閏，或稀或概，自準春秋時法，故不與常曆同。

昭公二十年左氏傳：春，王二月己丑，日南至。注：是歲朔旦冬至之歲也。當言正月己丑朔，日南至。時史失閏，閏更在二月後，故經因史而書正月，傳更具于二月，記南至日，以正曆也。

疏：古法十九年爲一章，章首之歲，必周之正月朔旦冬至。僖五年正月辛亥朔，日南至，是章首之歲年也。計僖五年至往年合一百三十三年，是爲七章。今年復爲章首，故云「是歲朔旦冬至之歲也」。朔旦冬至，謂正月之朔。當言正月己丑朔，日南至，今傳乃云「二月己丑，日南至」，是錯名正月爲二月也。曆之正法，往年十二月後宜置閏月，即此年正月當是往年閏月，此年二月乃是正月，故朔日己丑，日南至也。時史失閏，往年錯不置閏，閏更在二月之後，傳于八月之下乃云「閏月戊辰」，是閏在二月後也。不言在八

〔一〕「三十二月」，光緒本作「三十三月」。

月後，而云在二月後者，以正月之前當置閏，二月之後即不可，故據二月言之。

後漢書志：黄道去極，日景之生，據儀表也。冬至晷景丈三尺。小寒晷景丈二尺三寸。大寒晷景丈一尺。立春晷景九尺六寸。雨水晷景七尺九寸五分。驚蟄晷景六尺五寸。春分晷景五尺二寸五分。清明晷景四尺一寸五分。穀雨晷景三尺二寸。立夏晷景二尺五寸三分〔一〕。小滿晷景尺九寸八分。芒種晷景尺六寸八分。夏至晷景尺五寸。小暑晷景尺七寸。大暑晷景二尺。立秋晷景二尺五寸五分。處暑晷景三尺三寸三分。白露晷景四尺三寸五分。秋分晷景五尺五寸。寒露晷景六尺八寸五分。霜降晷景八尺四寸。立冬晷景丈四寸二分〔二〕。小雪晷景丈一尺四分。大雪晷景丈二尺五寸六分。

宋書志：何承天上表曰：「史官受詔，以土圭測景，考校二至，差三日有餘。從來積歲及交州所上，檢其增減，亦相符驗。然則今之二至，非天之二至也。宜當隨時遷

〔一〕「二尺五寸三分」，後漢書律曆志下作「二尺五寸二分」。
〔二〕「四寸二分」，後漢書律曆志下無此四字。

革，以取其合。案後漢志，春分日長，秋分日短，差過半刻。尋二分在二至之間，而有長短，因識春分近夏至，故長；秋分近冬至，故短也。楊偉不悟，即用之，上曆表云：『自古及今，凡諸曆數，皆未能並己之妙。』何此不曉，亦何以云。」詔曰：「何承天所陳，殊有理據。可付外詳之。」太史令錢樂之、兼丞嚴粲奏曰：「去十一年起，以土圭測景。其年景初法十一月七日冬至前後，陰不見影。到十二年十一月十八日冬至，其十五日影極長。到十三年十一月二十九日冬至，其二十六日影極長。到十四年十一月十一日冬至，其前後並陰不見。到十五年十一月二十一日冬至，十八日影極長。到十六年十一月二日冬至，其十月二十九日影極長。到十七年十一月十三日冬至，其十日影極長。到十八年十一月二十五日冬至，二十一日影極長。到十九年十一月六日冬至，其三日影極長。到二十年十一月十六日冬至，其前後陰不見影。尋校前後，以影極長爲冬至，並差三日，如承天所上。」

隋書天文志：晷景，古法簡略，旨趣難究，術家考測，互有異同。先儒皆云：「夏至立八尺表於陽城，其影與土圭等。」案尚書考靈曜：「日永，景尺五寸。日短，景尺三寸。」易通卦驗曰：「冬至之日，樹八尺之表，日中視其晷景長短，以占和否。夏至景一尺四寸八分，冬至一丈三尺。」周髀云：「成周土中，夏至景一尺六寸，冬至景一丈三尺五寸。」劉向鴻範傳曰：「夏至景長一尺五寸八分，冬至一丈三尺一寸四分，春、秋二分景七尺三寸六分。」後漢四分曆、魏景初曆、宋元嘉曆、大明祖沖之曆，皆與考靈曜同。漢、魏及宋，所都皆別，四家曆法，候景則齊。且緯候所陳，恐難依據。劉向二分之景，直以率推，非因表候，定其長短。然尋晷景尺丈，雖有大較，或地域不改，而分寸參差，或南北殊方，而長短惟一。蓋術士未能精驗，馮古所以致乖。梁天監中，祖暅造八尺銅表，其下與圭相連。圭上爲溝，置水，以取平正。揆測日晷，求其盈縮。至大同十年，太史令虞劆又用九尺表，格江左之景，夏至一尺三寸二分，冬至一丈三尺七分，立夏、立秋二尺四寸五分，春分、秋分五尺三寸九分。陳氏一代，唯用梁法。齊神武以洛陽舊器，並徙鄴中。以暨文宣受終，竟未考驗。至武平七年，訖干景禮始薦劉孝孫、張孟賓等於後主。劉、張建表測景，以考分至之氣。草創未就，仍遇朝亡。周自天和以來，言曆者紛紛復出，亦驗二至之景，以考曆之精麤。及高祖踐極之後，大議造曆。張胄玄兼明揆測，言日長之瑞。有詔司存，而莫能考決。至開皇十九年，袁充爲太史令，欲成胄玄舊事。案日徐疾盈縮無常，充等以爲祥瑞，大爲議者所貶。

觀承案：考靈曜日短景尺三寸，殊謬，應是丈三尺耳。

唐書志：大衍曆中氣議曰：曆氣始於冬至〔一〕，稽其實，蓋取諸晷景。春秋傳僖公五年正月辛亥朔，日南至。以周曆推之，入壬子蔀第四章，以辛亥一分合朔冬至，殷曆則壬子蔀首也。昭公二十年二月己丑朔，日南至。魯史失閏，至不在正。左氏記之，以懲司天之罪。周曆得己丑二分，殷曆得庚寅一分。殷曆南至常在十月晦，則中氣後天也。周曆蝕朔差經或二日，則合朔先天也。傳所據者周曆也，緯所據者殷曆也。氣合于傳，朔合于緯，斯得之矣。戊寅曆月氣專合于緯，麟德曆專合于傳，偏取之，故兩失之。又命曆序以爲孔子修春秋用殷曆，使其數可傳于後。考其蝕朔不與殷曆合，及開元十二年，朔差五日矣，氣差八日矣。上不合于經，下不足以傳于後代，蓋哀、平間治甲寅元曆者託之，非古也。又漢太史令張壽王説黄帝調曆以非太初。有司劾：「官有黄帝調曆不與壽王同，壽王所治乃殷曆也。」漢自中興以來，圖讖漏泄，而考靈曜、命曆序皆有甲寅元，其所起在四分曆庚申元後百一十四歲。延光初中謁

〔一〕「曆氣」，諸本作「中氣」，據新唐書曆志三改。

者亶誦、靈帝時五官郎中馮光等皆請用之，卒不施行。緯所載壬子冬至，則其遺術也。魯曆南至，又先周曆四分日之三，而朔後九百四十分日之五十一。故僖公五年辛亥爲十二月晦，壬子爲正月朔。又推日蝕密於殷曆，其以閏餘一爲章首，亦取合於當時也。開元十二年十一月，陽城測景，以癸未極長，較其前後所差，則夜半前尚有餘分。新曆大餘十九，加時九十九刻，而皇極、戊寅、麟德曆皆得甲申。以玄始曆氣分二千四百四十三爲率，推而上之，則失春秋辛亥，是減分太多也。以皇極曆氣分二千四百四十五爲率，推而上之，雖合春秋，而失元嘉十九年乙巳冬至及開皇五年甲戌冬至、七年癸未夏至。若用麟德曆率二千四百四十七，又失春秋己丑。是減分太少也。故新曆以二千四百四十四爲率，而舊所失者皆中矣。漢會稽東部尉劉洪以四分疏闊，由斗分多，更以五百八十九爲紀法，百四十五爲斗分，減餘太甚，是以不及四十年而加時漸覺先天。韓翊、楊偉、劉智等皆稍損益，更造新術，而皆依讖緯「三百歲改憲」之文，考經之合朔多中，較傳之南至則否。玄始曆以爲十九年七閏，皆有餘分，是以中氣漸差。據渾天，二分爲東西之中，而晷景不等；二至爲南北之極，而進退不齊。此古人所未達也。更因劉洪紀法增十一年以爲章歲，而減閏餘十九分之一。春秋後五十四年，歲在甲寅，直應鍾章首，與景初曆閏餘皆盡。雖減章閏，然中氣加時尚差，故未合於春秋。其斗分幾得中矣。後代觀象，皆因循玄始，而損益或過差。大抵古曆未減斗分，其率自二千五百以上。乾象至於元嘉曆未減閏餘，其率自二千四百六十以上。玄始、大明至麟德曆皆減分破章，其率自二千四百二十九以上。較前代史官注記，唯元嘉十三年十一月甲戌景長，皇極、麟德、開元曆皆得癸酉，蓋日度變常爾。祖沖之既失甲戌冬至，以爲加時太早，增小餘以附會之。而十二年戊辰景長，得己巳；十七年甲午景長，得乙未；十八年己亥景長，得庚子。合一失三，其失愈多。劉孝孫、張胄玄因之，小餘益强，又以十六年己丑景長爲庚寅矣。治曆者糾合衆同以稽其所異，苟獨異焉，則失行可知。今曲就其一，而少者失三，多者失五，是捨常數而從失行也。周建德六年，以壬辰景長，而麟德、開元曆皆得癸巳。開皇七年，以癸未景短，而麟德、開元曆皆得壬午。先後相戾，不可叶也，皆日行盈縮使然。凡曆術在於常數，而不在於變行。既叶中行之率，則可以兩齊先後之變矣。麟德已前，實録所記，乃依時曆書之，非候景所得。又比年候景，長短不均，由加時有早晏，行度有盈縮也。自春秋以來至開元十二年，冬、夏至凡三十一事，戊寅曆得十六，麟德曆得二十三，開元曆得二十四。

蕙田案：何承天以景極長爲冬至，一行謂曆氣始於冬至，實取諸晷景，此皆所謂定冬至者也。而一行又有日度變常之説，最爲無識。每歲二十四氣，獨冬至用定氣，餘二十三歲悉用恒氣，非法之善也。詳江氏恒氣注曆辨。

元史志：天道運行，如環無端，治曆者必就陰消陽息之際，以爲立法之始。陰陽消息之機，何從而見之？唯候其日晷進退，則其機將無所遁。今以銅爲表，高三十六尺，地中八尺表景，冬至長一丈三尺有奇，夏至尺有五寸。今京師長表，冬至之景七丈九尺八寸有奇，在八尺表則一丈五尺九寸六分；夏至之景一丈一尺七寸有奇，在八尺表則二尺三寸四分。雖晷景長短所在不同，而其景長爲冬至、景短爲夏至則一也。惟是氣至時刻考求不易，蓋至日氣正，則一歲氣節從而正矣。劉宋祖沖之嘗取至前後二十三四日間晷景，折取其中，定爲冬至，且以日差比課，推定時刻。宋皇祐間，周琮則取立冬、立春二日之景，以爲去至既遠，日差頗多，易爲推考。紀元以後諸曆，爲法加詳，大抵不出沖之之法。新曆積日累月，實測中晷，自遠日以及近日，取前後日率相埒者，參考同異，初非偏取一二日之景，以取數多者爲定，實減大明曆一十九刻二十分。

附江氏永冬至權度：

履端於始，序則不愆。曆家詳求冬至，且求千歲以上冬至，證之史傳，或離或合，其故難言。元史有六曆冬至，開載魯獻公戊寅至至元庚辰四十九事，紀大衍、宣明、紀元、統天、重修大明、授時時刻之異同，勿菴梅氏因之，作春秋以來冬至考，删去獻公一事，各以其曆本法詳衍，算術雖明，而未有折衷。永因梅氏所考定者，用實法推算，有不合者，斷其爲曆誤、史誤，名曰冬至權度，俟知曆者考焉。

一論平歲實。太陽本天有平行，盡黄道一周爲平歲實，與月五星周平朔策合率同理，别有本輪均輪最高最卑之行，以視行加減平行，二十四氣時刻多少，歲歲不同，而古今冬至不能以一率齊之，是爲活汎之歲實，猶之月有實會，逐月不同；五星有實合，每周不同也。授時、大統以前，太陽高卑之理未明，雖知一歲之行有盈縮，不悟盈縮之中爲平歲實，但求歲實於活汎之冬至，故一曆必更一周率與歲實。然合今則戾古，合古又違今。統天曆遂立距差躔差之法，暗藏消長，以求上下兩合。授時曆本之，有百年長一消一之説。西法本回回，以春分相距測定歲周小餘五小時三刻三分四十五秒，以萬分通之爲二四二一八七五。此爲平行之歲實小餘，而各節氣之定氣，則以均度加減定之，此不易之法也。欲考往古冬至，當以平歲實爲本，算當年平冬至時刻，乃以定冬至較之，知其距最卑之遠近，或與今法有不合，則知其時本輪均輪之有半徑差，有相去之遠者，則知史傳所記非實測。所謂「苟求其故，千歲之日至可坐而致」者，此爲庶幾焉。倘以授時之歲實爲歲實，而以百年長一消一爲準，則非法矣。

一論最卑行。亦曰最高衝，省之則曰高衝。太陽本輪最卑點爲縮末盈初之端，歲有推移，與月入轉、五星入曆皆有盈度同理〔一〕。平冬至之改爲定冬至也，視此點之前後遠近，以加度而減時，減度而加時焉。至元辛巳間，最卑與平冬至同度。自是以前定冬至皆在平冬至前，以後定冬至皆在平冬至後，最卑有行度故也。郭氏時未悟此理，恒以冬至爲盈初。大統承用數百年，誤矣。西法近率最卑歲行一分一秒十微，以遠年冬至考之，此率似微朒，大約當加二秒，上求古時定冬至，以此爲準焉。

〔一〕「盈」，數學卷四作「行」。

一論輪徑差。最卑既有行度矣，而太陽之體在均輪，均輪之心在本輪，本輪之心在本天。此兩輪半徑，古今又有不同，則距地遠近兩心有差。西法始定兩輪半徑併千萬分之三十五萬八千四百一十六，而今又漸減，則古時必多於此。半徑大，則加減差亦大，而以均度變時分加減於平冬至者，視今時必稍贏焉。此差率出於恒差之外，曆家亦不能定者也。上考往古，又當以此消息之。余因劉宋大明五年測景求彼時兩半徑，併詳後。

右三事者，考冬至之權度也。大統以前，曆家莫能知，勿菴梅氏亦言之未詳，永竊爲補之，而春秋以來冬至俱準是考焉。

梅氏文鼎曰：春秋以來冬至多矣，而所考只此者，以其測驗之可據也。曆議原載四十八事，今考獻公在春秋前，無信史可徵，故删之，而以左傳僖公一條爲首，實四十七事也。併至元庚辰四十八事。

江氏永曰：竊疑四十七事，雖有信史可徵，而曆算與紀載未必無誤。若左傳所記兩冬至，尤未可信其由於實測，後詳之。

魯僖公五年丙寅歲正月辛亥朔旦冬至。唐開元大衍曆，辛亥亥正三刻。唐宣明曆，辛亥申正初刻。宋崇寧紀元曆，壬子戌正一刻。宋統天曆，辛亥寅正三刻。金重修大明曆，壬子亥初二刻。元授時曆。辛亥寅初二刻。

江氏永曰：傳載，是年「正月辛亥朔，日南至。公既視朔，遂登觀臺以望，而書」。古曆家皆謂至、朔同日之年也。今詳推之，謹案考成康熙甲子天正冬至氣應七日六五六三七四九一六，爲七日十五小時四十一分十一秒，上距僖公丙寅二千三百三十八年，中積八十五萬三千九百三十六日五小時三十七分三十秒，滿紀法去之，餘一十六日五小時三十七分三十秒，轉減氣應，加一紀減之。餘五十一日十小時七分四十一秒。平冬至乙卯巳正初刻八分。又案元至元辛巳前四年丁丑高衝即最卑。與冬至同度，上距此年一千九百三十一年，約四百年行七度，則此年高衝在冬至前一宫三度四十八分，於今法當加均一度八分，變時一日三小時三十六分，減平冬至，猶是甲寅日卯時。再約計是時小輪併徑加大，其加均或能至一度二三十分之間，變時一日十餘小時，以減平冬至，則定冬至亦止癸丑日亥子之間而已，必不能減至辛亥。則是時所推冬至，先天兩三日矣。又算此月平朔定朔皆在壬子，而當時誤推辛亥，亦先天一日。春秋緯命曆序壬子朔，隋張賓、張胄玄、唐一行皆從之。實考之，此年正月壬子朔，二日癸丑冬至耳，至、朔何嘗同日乎？張賓依命曆序壬子朔冬至。

張胄玄謂三日甲寅冬至，既不從傳，亦不從命曆序。雖甲寅或稍後天，然而胄玄之識卓矣。春秋時，王朝未必頒曆，各國自爲推步，閏餘乖次，日月參差，日食或不在朔，所以考求日至者，必不能如後世之精密，差至二三日，固無足怪。魏、晉以後，曆法漸明。劉宋時景初曆冬至猶後天三日，則春秋無足怪。曆家過信左氏，意謂此年特載日南至，必當時實測。唐一行謂「僖公登觀臺以望而書雲物，出於表晷天驗，非時史億度」，此一行之蔽也。傳言書雲，未嘗言測景。作曆欲求合於古，則多增斗分以就之。大衍推辛亥亥正三刻，宣明推辛亥申正初刻，皆泥此至之過也。大衍號稱善曆，行之數年而即差，由斗分太强之故。紀元與重修大明僅能得壬子，與辛亥差一日，知斗分不可過增，寧失此至，不强求合，猶爲近之。若統天創爲距差躔差之法巧合此至，而授時遂暗用之，有百年長一之率，算此至皆得辛亥日寅時，此未可爲確據。夫總計距算乘而益之，越百年則有驟增之時刻，年愈遠則驟增之數愈多。勿菴先生亦嘗疑之。授時以至元辛巳爲元，上距此年一千九百三十五算，即以一九三五總乘所長之一九而益歲餘，設減三十五算爲辛丑，當文公七年，距算一千九百，則歲餘二十四刻四十四分矣。前一年庚子距算一千九百零一，歲餘增一分。此一分乘一千九百零一凡一十九刻有奇，則當庚子年，驟增一十九刻有奇，天道寧有此數乎？況越二千年而驟增者愈多，其長伊於胡底乎？故消長之法斷不可用。而此年正月辛亥朔日南至，當以實法考求，決其爲步算之誤，不可過信傳文而舍法以求合也。

觀承案：江氏謂春秋時王朝未必頒曆，各國自爲推步，二語殊無確據。魯自文公始不視朔，而有司猶供餼羊，則王朝原自頒朔，但魯君自不視朔耳。今以左氏所載閏餘失次，日月參差，而委其故於王朝之不頒朔者，豈非臆測之耶？

魯昭公二十年己卯歲正月己丑朔旦冬至。大衍，己丑巳正三刻。宣明，己丑寅正三刻。紀元，庚寅卯正初刻。統天，戊子亥正三刻。重修大明，庚寅辰初初刻。授時。戊子戌初三刻。

江氏永曰：此年上距僖公五年一百三十三年，平冬至二十八日十五小時一十一分二十六秒，壬辰日申初初刻十一分，約計加均及小輪徑差減時不過一日八九小時，定冬至不過辛卯日卯辰之間而已，必不能減至己丑。而傳載己丑日南至，以此知春秋時步冬至，恒先天二三日也。且魯曆前年失閏，此年日南至在二月，夫周以子月爲正，日至必無在二月者，當時梓慎輩徒知望氛祥，占禍福，於時月之易明者猶不能正，何能實測冬至與天脗合乎？大衍、宣明、紀元、重修大明斗分有多少，故日名有合有不合。若統天、授時皆以活法求之，又先己丑一日，失之愈遠矣。同一左氏傳也，丙寅之冬至則合，己卯之冬至則違，亦可見活法之有時窮矣。由今觀之，違者固非，合者亦未盡是，而元史曆議乃以此至爲日度失行，不亦誣乎！

劉宋文帝元嘉十二年乙亥歲十一月十五日戊辰景長。大衍，戊辰辰正二刻。宣明，戊辰辰初三刻〔一〕。紀元，戊辰巳初二刻。統天〔二〕，戊辰午正三刻。重修大明，戊辰巳初三刻。授時。戊辰午初一刻。

江氏永曰：史記冬至景長始此。是時用景初曆推冬至率後天三日，何承天上表言之，太史令錢樂之言，是年景初推十一月十八日冬至，其十五日景極長。今推此年平冬至五日九小時四十五分一十一秒，己巳日巳初三刻。今核京師時刻，劉宋都當減八分四秒。後陳朝倣此。是時高衝約在平冬至前十四度太，又小輪半徑差多於

〔一〕「初三刻」，諸本作「刻三分」，據數學卷四改。

〔二〕「統天」，原作「統元」，據光緒本、數學卷四改。

今，加均減時不啻半日，定冬至宜在戊辰，與史合，然均度不過三十餘分，減時不能越十五小時，戊辰日加時大約在酉半以後，是以明年冬至當越六日甲戌景長。六曆推此年冬至非不得戊辰〔一〕，而加時皆早，既在午刻以前，則明年安得甲戌景長乎？

元嘉十三年丙子歲十一月二十六日甲戌景長。景初曆推二十九日冬至。大衍，癸酉未正一刻。宣明，癸酉未初三刻。紀元，癸酉申初一刻。統天，癸酉酉正二刻。重修大明，癸酉申初三刻。授時。癸酉酉初初刻。

江氏永曰：今推此年平冬至一十日十五小時三十三分五十六秒，甲戌日申初二刻四分，是時加均減時不能越十五時，是以定冬至亦在甲戌。史紀此日景長，必是實測，而六曆皆先一日癸酉，其不能與天密合，此已見其端。又案後四年庚辰甲午景長，四年之間小餘平積二十日二十三時一十五分，庚辰定冬至未至乙未，則甲午必是夜子初幾刻，逆推此年甲戌必是子正幾刻。又曰唐一行曆議云：元嘉十三年十一月甲戌景長，皇極、麟

〔一〕「冬至」上，數學卷四有「平」字。

德、開元曆皆得癸酉，蓋日度變常爾。祖沖之既失甲戌冬至，以爲加時太早，增小餘以附會之，而十二年戊辰景長得己巳，十七年甲午景長得乙未，十八年乙亥景長得庚子，合一失三，其失愈多。愚謂此年甲戌景長可推也。而一行以爲日度變常，非是。

元嘉十五年戊寅歲十一月十八日甲申景長〔一〕。景初曆推二十一日冬至。大衍，甲申丑正初刻。宣明，甲申丑初二刻。紀元，甲申寅初初刻。統天，甲申卯正一刻。重修大明，甲申寅初二刻。授時。甲申寅正三刻。

江氏永曰：推此年平冬至二十一日三小時一十一分二十六秒，乙酉日寅初初刻十一分，定冬至以丙子歲甲戌子正幾刻，推之當在甲申午正前後之間，六曆皆先天。

元嘉十六年己卯十一月二十九日己丑景長。景初曆推次月二日壬辰冬至。大衍，己丑辰初三刻。宣明，己丑辰初一刻。紀元，己丑辰正三刻。統天，己丑午正初刻。重修大明，

〔一〕「歲」，原脱，據味經窩本、乾隆本、光緒本、數學卷四補。

己丑巳初一刻。授時，己丑巳正二刻。

江氏永曰：推此年平冬至二十六日九小時零一十一秒，庚寅日巳初初刻，定冬至當在己丑酉正前，六曆皆先天。

元嘉十七年庚辰歲十一月初十日甲午景長。景初曆推十二日冬至。大衍，甲午未初三刻。宣明，甲午未初初刻。紀元，甲午未正三刻。統天，甲午酉正初刻。重修大明，甲午申初初刻。授時，甲午申正二刻。

江氏永曰：推此年平冬至三十一日十四小時四十八分五十六秒，乙未日未正三刻四分，加均減時定冬至當在子初幾刻，減時幾有十五小時，則加均約三十六分。以當時高衡在冬至前十四度有奇推之，而小輪半徑之差亦大略可知矣。又案隋志劉孝孫等言，此年曆注十三日冬至，十一日景長則是乙未日矣。

元嘉十八年辛巳歲十一月二十一日己亥景長。景初推二十五日冬至。大衍，己亥戌初二刻。宣明，己亥酉正四刻。紀元，己亥戌正二刻。統天，己亥夜子初三刻。重修大明，己亥亥初初刻。授時，己亥亥正一刻。

江氏永曰：推此年平冬至三十六日二十小時三十七分四十一秒，庚子日戌正二刻八分。考元嘉間定冬至加均減時，不能越十五時。此年若己亥景長，則減時二十有奇。蓋史文二十二日譌爲二十一日，故唐一行曆議與元史沿誤差一日也。錢樂之謂尋校前後以景極長爲冬至，並差三日。此年景初推二十五日冬至，景長在二十二日，是差三日。若二十一日，則差四日矣。定冬至宜在庚子日寅卯之間，六曆雖皆推己亥，未足爲據。又隋書劉孝孫等云此年陰無景可驗，今推二十二日冬至，更可證是庚子。

元嘉十九年壬午歲十一月初三日乙巳景長。景初推六日冬至。大衍，乙巳丑初二刻。宣明，乙巳子正四刻。紀元，乙巳丑正一刻。統天，乙巳卯初三刻。重修大明，乙巳丑正三刻。授時。乙巳寅正初刻。

江氏永曰：推此年平冬至四十二日二小時二十六分二十六秒，丙午日丑正一刻十一分，定冬至乙巳午初。

孝武帝大明五年辛丑歲十一月乙酉冬至。大衍，甲申申正四刻。宣明，甲申申正二刻。紀元，甲申酉初二刻。統天，甲申戌初初刻。重修大明，甲申酉正一刻。授時。甲申戌初初刻。

江氏永曰：此年祖沖之詳記測景推算冬至乙酉日夜半後三十二刻七十分〔二〕，今細推之，當時算冬至稍後天，而六曆推甲申，皆先天也。詳推如左。

一，推此年平冬至。案大明辛丑距康熙甲子天正冬至一千二百二十二年，中積四十四萬六千三百二十五日二十二小時五十二分三十秒，滿紀法去之，餘四十五日二十二小時五十二分三十秒，轉減甲子氣應，加一紀減之。餘二十一日十六小時五十二分四十一秒。平冬至乙酉申正三刻七分四十一秒，建康加八分四秒，酉初初刻四十五秒。

一，推此年高衝行。案元至元辛巳前四年丁丑高衝與冬至同度，上距此年八百一十五年。若依今法一年行一分一秒十微，則此年高衝在冬至前十三度五十分五十一秒。如此率未的，一年約加二秒，四百年行七度，則此年高衝在冬至前十四度十六分。

一，推此年十月十日壬戌景長高弧距緯并經度。案史，此年祖沖之測景十月

〔二〕「七十分」，諸本作「七分」，據數學卷四改。

十日壬戌景長一丈七寸七分半，以三率法推算，一率表八尺，二率景一丈七寸七分半，三率半徑全數，四率爲餘切。求得餘切一三四七。檢八線表，此日午正日高弧三十六度三十五分二十四秒，表所得者，太陽上邊之景，宜減太陽半徑一十五分二十九秒，得太陽中心距地平三十六度一十九分五十五秒。日軌高視差二分二十三秒内，減去青蒙氣差二十七秒，餘視差一分五十六秒，加於太陽中心，距地平得實高三十六度二十一分五十一秒，距天頂五十三度三十八分九秒。建康極出地約三十二度，以減距天頂度，餘二十一度三十八分九秒，爲本日午正黄、赤距緯。設此時兩道大距二十三度三十九分二十三秒，用三率法，兩道大距正弦爲一率，本日午正黄、赤距緯正弦爲二率，半徑全數爲三率，求得四率爲餘弦。求得餘弦九一八九，檢表二十三度一十四分爲壬戌午正距冬至實經度〔二〕，減用時七分二十九秒，爲平時午初三刻七分半太陽距冬至實經度。

一，推壬戌午時太陽平行度。建康平冬至見前。距壬戌午初三刻七分半，二十

〔二〕「二十三度」，諸本作「三十三度」，據數學卷四改。

三日五小時八分二十五秒，太陽平行二十二度五十二分五十秒，以減全周，壬戌午初三刻七分半太陽平行十一宫七度七分十一秒。

一，推十一月二十五日丁未景長高弧距緯并經度。案史，丁未景長一丈八寸一分太，以三率法推算，一率表八尺，二率景長一丈八寸一七五，三率半徑全數，四率爲餘切。求得餘切一三五二二，檢表此日午正日高弧三十六度二十九分三秒，減太陽半徑一十五分二十六秒，太陽中心距地平三十六度一十三分三十七秒。日軌高視差二分二十四秒，減去青蒙氣差二十七秒，餘視差一分五十七秒，加於太陽中心，距地平得實高三十六度一十五分三十四秒，距天頂五十三度四十四分二十六秒。極高三十二度，減距天頂度，餘二十四度四十四分二十六秒，爲本日午正黄、赤距緯。設兩道大距二十三度三十九分二十三秒，用三率法求得餘弦九一三二一，檢表二十二度三十七分六秒，爲本日午正距冬至實經度，加用時二分三十五秒，爲平時午正初刻二分三十五秒太陽距冬至實經度。

一，推丁未午時太陽平行度。建康平冬至距丁未午正初刻二分三十五秒，二十一日十九小時一分五十秒，太陽平行二十一度二十八分四十七秒。

一，推此時小輪半徑差。以本年高衝冬至前十四度十六分，減壬戌太陽平行距平冬至二十二度五十二分五十秒，餘八度三十六分五十秒。查舊日躔加減差表，減十八分四十八秒，化作一千一百二十八秒，爲一率。以舊表兩心差三五八四爲二率。又於壬戌經度二十三度一十四分內，減平行二十二度五十二分五十秒，餘二十一分十秒，化作一千二百七十秒，爲三率。求得四率四〇三五二爲此時兩小輪半徑併。太陽本天一百萬，本輪半徑三萬零二百六十四，均輪半徑一萬零八十八。由此可算其均度。

一，推乙酉日定冬至。前壬戌日午正太陽平行十一宮七度七分一十秒，至乙酉日子正二十二日半，平行二十二度一十分三十八秒〔一〕，加入壬戌午正平行度，此時平行十一宮二十九度一十七分四十八秒，加高衝十四度十六分，滿周天去之，餘一十三度三十四分，爲引數，以此時兩小輪半徑併算之，約加均度三十二分奇，加入前子正平行在十一宮二十九度五十分，未滿周天者，十分爲時，約四小時。定冬

〔一〕「二十二度」，原作「三十二度」，據味經窩本、乾隆本、光緒本、數學卷四改。

至在子正後十六刻有奇。當時以前後景折算，乙酉日子正後三十一刻冬至，約後天十五刻。

以冬至前後日景折算取中求冬至時刻，此法惟郭太史時可用，其時高衡與冬至同度故也。若大明時高衡在冬至前十四度有奇，則冬至前之日近高衡，太陽之行速，而景之進退也疾。冬至後之日遠高衡，太陽之行稍遲，而景之漸短亦必稍緩。雖前後之日景大略相同，而中間所歷之時刻必不均。當時欲以均數求冬至，宜其後天十五刻也。冬至前二十餘日，日行較速，時刻宜減。冬至後二十餘日，日行較遲，時刻宜加。若欲均之，則折半處必在所減之後，故後天。然劉宋之初，曆法甚疏。景初後天至三日，猶幸祖氏用景長推算，違天尚未甚遠。又幸史册紀載之詳，去今千有餘年，猶可細推其後天之時刻也。郭太史所定歲周小餘二四二五者，謂自大明壬寅距今每歲合得此數。案此年下距至元辛巳八百一十九年，以授時歲周積之二十九萬九千一百三十三日六十刻七十五分，以辛巳天正冬至己未日子正後六刻逆計之，則當時冬至在乙酉日子正後五十四刻，後天愈加多矣。既不能與當時所測算者密合，又爲百年長一之法，以求合乎遠古之冬至，以八百一十九總乘所長之數而益之[一]，則此年冬至又在甲申日七十九刻太，不又先天三十七刻乎？以此知授時之歲餘非定率，而統天之距差躔差、授時之消長皆謬法也。此年冬至所關者鉅，故考論加詳。若大衍諸曆，先天愈多，則無足論。而授時指爲日度失行者，總論之於後云。

陳文帝天嘉六年乙酉歲十一月庚寅景長。大衍，庚寅寅初初刻。宣明，庚寅寅初初刻。紀元，庚寅丑初二刻。統天，庚寅卯初四刻。重修大明，庚寅丑初四刻。授時。庚寅寅正初刻。

江氏永曰：推此年平冬至二十六日二十一時二十二分四十一秒，庚寅亥初一刻八分，定冬至蓋在辰巳間。諸曆推丑寅者皆太早，統天近之。

臨海王光大二年戊子歲十一月乙巳景長。大衍，乙巳戌正二刻。宣明，乙巳戌正三刻。紀元，乙巳戌初初刻。統天，乙巳夜子初二刻。重修大明，乙巳戌初二刻。授時。乙巳戌初二刻。

〔一〕「八百一十九」，諸本作「八百九十一」，據數學卷四改。

江氏永曰：此年平冬至丙午未正三刻九分，定冬至蓋在乙巳與丙午之間。乙巳之景長於次日，當亦甚微。然以後四歲丁卯景長推之，此年所紀猶可疑，説見後。

宣帝太建四年壬辰歲十一月二十九日丁卯景長。大衍，丙寅戌正初刻。宣明，丙寅戌正一刻。紀元，丙寅酉正二刻。統天，丙寅亥正三刻。重修大明，丙寅酉正三刻。授時。丙寅戌正四刻。

江氏永曰：推此年平冬至三日一十四時三分五十六秒，丁卯未正初刻四分，史紀丁卯景長，則定冬至蓋在子正初刻。以前四歲乙巳景長較之，殊可疑。此年平冬至子正後一十四時四分，而景長猶在本日，是加均減時不能越十四時四分也。光大二年之平冬至在丙午日子正後十四時四十五分，乃能越之，而景長在前一日乙巳，不應四歲之間差殊如此。此兩歲定冬至皆在子初子正之間，景長最難真確。乙巳與丁卯，當時測驗，有一是必有一非，竊疑乙巳之測未確。

太建九年丁酉歲十一月二十三日壬辰景長。大衍，癸巳丑初一刻。宣明，癸巳丑初二刻。紀元，壬辰夜子初三刻。統天，癸巳寅正一刻。重修大明，癸巳子正初刻。授時。癸巳丑正初刻。

江氏永曰：推此年平冬至二十九日一十九時七分四十一秒，癸巳戌初初刻八分。定冬至蓋在本日寅卯之間，統天近之。史紀二十三日壬辰景長，此必史誤。

太建十年戊戌歲十一月五日戊戌景長。大衍，戊戌辰初一刻。宣明，戊戌辰初二刻。紀元，戊戌卯初二刻。統天，戊戌巳正初刻。重修大明，戊戌卯初四刻。授時。戊戌辰正初刻。

江氏永曰：此與丁酉歲相去一年，平冬至己亥，定冬至戊戌，可考而知，故不細推。

隋文帝開皇四年甲辰歲十一月十一日己巳景長。大衍，己巳酉正二刻。宣明，己巳酉正二刻。紀元，己巳夜子初一刻。統天，己巳戌初初刻。重修大明，己巳酉初初刻。授時。己巳戌正二刻。

江氏永曰：推此年平冬至六日一十一時四十八分五十六秒，庚午日午初三刻四分。隋都長安早二刻，後唐朝倣此。定冬至己巳亥子之間。史云此年在洛州測冬至景，與京師二處進退絲毫不差。張賓曆推己巳冬至，張冑玄曆推庚午冬至。

開皇五年乙巳歲十一月二十一日乙亥景長。大衍，乙亥子正一刻。宣明，乙亥子正二刻。紀元，甲戌亥正二刻。統天，乙亥寅初初刻。重修大明，甲戌戌正三刻。授時。乙亥丑正二刻。

江氏永曰：推此年平冬至十一日一十七時三十七分四十一秒，乙亥酉初二刻八分。定冬至在本日寅時，推甲戌者非是。

開皇六年丙午歲十一月三日庚辰景長。大衍，庚辰卯正初刻。宣明，庚辰卯正一刻。紀元，庚辰卯正一刻。統天，庚辰辰正三刻。重修大明，庚辰寅正三刻。授時。庚辰辰正一刻。

江氏永曰：與前年相距一歲，平、定冬至皆在庚辰，可考而知。

開皇七年丁未歲十一月十四日乙酉景長。大衍，乙酉午正初刻。宣明，乙酉午正一刻。紀元，乙酉巳正初刻。統天，乙酉未正三刻。重修大明，乙酉巳正二刻。授時。乙酉未正初刻。

江氏永曰：此年平冬至丙戌卯初一刻，定冬至乙酉申時。

開皇十一年辛亥歲十一月二十八日丙午景長。大衍，丙午午初二刻。宣明，丙午午初三刻。紀元，丙午巳初二刻。統天，丙午未正初刻。重修大明，丙午巳初四刻。授時。丙午未初二刻。

江氏永曰：此年平冬至四十三日四時三十分一十一秒，丁未寅正二刻。定冬至丙午申時。

開皇十四年甲寅歲十一月辛酉朔旦冬至。大衍，壬戌卯初初刻。宣明，壬戌卯初一刻。紀元，壬戌寅初初刻。統天，壬戌辰初二刻。重修大明，壬戌寅初二刻。授時。壬戌辰初初刻。

江氏永曰：推此年冬至五十八日二十一時五十六分二十六秒，壬戌亥初三刻十一分。定冬至本日巳午間，而史記辛酉朔冬至，當時曆誤推先天。

唐太宗貞觀十八年甲辰歲十一月乙酉景長。大衍，甲申巳正一刻。宣明，甲申午初初刻。紀元，甲申辰初二刻。統天，甲申午正初刻。重修大明，甲申辰初三刻。授時。甲申巳正三刻。

江氏永曰：推此年平冬至二十一日三十三分五十六秒，乙酉子正二刻四分。長安里差二刻，平冬至已是子正初刻矣。減時不啻十時，定冬至當在甲申日未時，而史謂乙酉景長，誤。

貞觀二十三年己酉歲十一月辛亥景長。大衍，庚戌申初二刻。宣明，庚戌申正一刻。紀元，庚戌酉初一刻。統天，庚戌酉初一刻。重修大明，庚戌未初初刻。授時。庚戌申初三刻。

江氏永曰：推此年平冬至四十七日五時三十七分四十一秒，辛亥卯初二刻八分。定冬至庚戌日酉戌之間，而謂辛亥景長，亦誤。

高宗龍朔二年壬戌十一月四日己未至，戊午景長。大衍，戊午戌正初刻。宣明，戊午戌正二刻。紀元，戊午申正三刻。統天，戊午戌正初刻。重修大明，戊午酉初初刻。授時。戊午戌初三刻。

江氏永曰：推此年平冬至己未巳初初刻十一分，長安辰正二刻十一分。此時加均減時約十小時，定冬至戊午夜子時，是以戊午景長。當時曆推冬至己未，而實測景長在戊午，今推之果不爽也。

高宗儀鳳元年丙子歲十一月壬申景長。大衍，壬申卯正初刻。宣明，壬申卯正三刻。紀元，壬申丑正二刻。統天，壬申辰初初刻。重修大明，壬申丑正三刻。授時。壬申卯初一刻。

江氏永曰：推此年平冬至八日一十八時三十三分五十六秒，壬申酉正二刻四分。定冬至辰時。

高宗永淳元年壬午歲十一月癸卯景長。大衍，癸卯酉初一刻。宣明，癸卯酉正初刻。紀元，癸卯未初二刻。統天，癸卯酉正一刻。重修大明，癸卯未初四刻。授時。癸卯酉初三刻。

江氏永曰：此年平冬至甲辰卯初一刻十一分，定冬至癸卯酉戌之間。

明皇開元十年壬戌歲十一月癸酉景長。大衍，癸酉午初四刻。宣明，癸酉午正四刻。紀元，癸酉辰初二刻。統天，癸酉午初初刻。重修大明，癸酉辰初三刻。授時。癸酉午初初刻。

江氏永曰：此年平冬至癸酉亥初三刻十一分，定冬至巳時。

開元十一年癸亥歲十一月戊寅景長。大衍，戊寅酉初三刻。宣明，戊寅酉正三刻。紀元，戊寅未初三刻。統天，戊寅酉初三刻。重修大明，戊寅未初二刻。授時。戊寅酉初初刻。

江氏永曰：此年平冬至己卯，定冬至戊寅，與前間一歲，可考而知。開元十二年甲子歲十一月癸未冬至。大衍，癸未夜子初二刻。宣明，甲申子正三刻。紀元，癸未戌初一刻。統天，癸未夜子初三刻。重修大明，癸未戌初二刻。授時。癸未亥正三刻。

江氏永曰：此年僧一行陽城測景，癸未最長。今推此年平冬至二十日九時三十三分五十六秒，甲申巳初二刻四分，陽城約早一刻十分，爲巳初初刻九分。此年距元至元丁丑五百五十二年，高衝約行九度四十分。以今加減表考之，加均二十分二十秒〔一〕，變時八時一十五分，以減平時，餘五十四分，爲甲申子正三刻九分。當時小輪半徑大於今，再減一時有奇，則定冬至在癸未夜子刻，而大衍曆推算癸未九十八刻太强，此當年之實測，今固可追步也。案大衍曆以三千零四十爲通法，一百一十一萬零三百四十三爲策實，一萬五千九百四十三爲策餘。以通法五減策餘，餘七百四十三爲小餘，以萬分通之，小餘二千四百四十四又七九弱，視授時之

〔一〕「均」，諸本作「約」，據數學卷四改。

二四二五者多一十九太强。當時小餘雖大，必不及此數，是以自此年以前，大衍推往古則先天，推後來則後天。大衍欲求合左傳兩日南至，是以小餘過大。

宋真宗景德四年丁未歲十一月戊辰日南至。大衍，戊辰寅初三刻。宣明〔一〕，戊辰卯正一刻。紀元，丁卯酉初三刻。統天，丁卯戌初一刻。重修大明，丁卯酉正初刻。授時。丁卯戌初一刻。

江氏永曰：推此年平冬至三日二十二時三十分一秒，丁卯亥正二刻。宋都河南早八分，其時高衝在冬至前約四度四十二分，又有小輪半徑差，通減時約四時三刻有奇，定冬至蓋在丁卯酉初二刻，紀元近之。史紀戊辰日南至，斗分太多，誤推後天也。

仁宗皇祐二年庚寅歲十一月三十日癸丑景長。大衍，癸丑申初二刻。宣明，癸丑酉正三刻。紀元，癸丑卯初一刻。統天，癸丑卯初初刻。重修大明，癸丑卯初一刻。授時。癸丑卯初三刻。

〔一〕「宣明」，原作「寅明」，據味經窩本、乾隆本、光緒本改。

江氏永曰：推此年平冬至四十九日八時二十六分一十六秒，癸丑辰正一刻十一分。定冬至寅時。

神宗元豐六年癸亥歲十一月丙午景長。大衍，丙午酉初二刻。宣明，丙午戌正二刻。紀元，丙午卯正一刻。統天，丙午卯正一刻。重修大明，丙午卯正一刻。授時。丙午卯正一刻。

江氏永曰：推此年平冬至四十二日八時一十五分一秒，丙午辰正一刻。定冬至寅卯之間〔一〕。

元豐七年甲子歲十一月辛亥景長。大衍，辛亥夜子初一刻。宣明，壬子丑正一刻。紀元，辛亥午正初刻。統天，辛亥午正一刻。重修大明，辛亥午正初刻。授時。辛亥午正一刻。

江氏永曰：此與前間一歲，定冬至在辛亥巳時。

哲宗元祐三年戊辰歲十一月壬申景長。大衍，壬申亥正三刻。宣明，癸酉丑初二

〔一〕「冬」，原脱，據味經窩本、乾隆本、光緒本、數學卷四補。

刻。紀元，壬申午初二刻。統天，壬申午初二刻。重修大明，壬申午初二刻。授時。壬申午初二刻。

江氏永曰：此年平冬至壬申未初一刻四分，定冬至巳時。

元祐四年己巳歲十一月丁丑景長。大衍，戊寅寅正二刻。宣明，戊寅辰初三刻。紀元，丁丑酉初一刻。統天，丁丑酉初一刻。重修大明，丁丑酉初一刻。授時。丁丑酉初一刻。

江氏永曰：此與前間一歲，定冬至丁丑申時。

元祐五年庚午歲十一月壬午冬至。大衍，癸未巳正二刻。宣明，癸未未初二刻。紀元，壬午夜子初初刻。統天，壬午夜子初一刻。重修大明，壬午夜子初一刻。授時。壬午夜子初初刻。

江氏永曰：此與前間一歲，定冬至壬午亥時。

元祐七年壬申歲十一月癸巳冬至。大衍，癸巳亥正一刻。宣明，甲午丑初一刻。紀元，癸巳巳正三刻。統天，癸巳巳正三刻。重修大明，癸巳巳正三刻。授時。癸巳巳正三刻。

江氏永曰：此年平冬至癸巳午正二刻四分，定冬至巳初。

哲宗元符元年戊寅歲十一月甲子冬至。大衍，乙丑巳初二刻。宣明，乙丑午正二刻。紀元，甲子亥正初刻。統天，甲子亥初三刻。重修大明，甲子亥正初刻。授時。甲子亥初三刻。

江氏永曰：此年平冬至甲子二十三時二十六分一十六秒，夜子初一刻十分。定冬至戊時。案授時百年長一之率，年遠則所加分漸贏，其所定歲餘刻下二十五分又失之太弱，是以推遠年之冬至恒先天，推近年之冬至恒後天。開元甲子及此條斷定大衍、授時二術之弊，一行、守敬其何說之辭？

徽宗崇寧三年甲申歲十一月丙申冬至。大衍，丙申戊正三刻。宣明，丙申夜子初三刻。紀元，丙申巳初初刻。統天，丙申辰正三刻。重修大明，丙申巳初初刻。授時。丙申辰正二刻。

江氏永曰：此年平冬至丙申巳正一刻四分。定冬至卯辰之間。

光宗紹熙二年辛亥歲十一月壬申冬至。大衍，癸酉寅初初刻。宣明，癸酉卯正二刻。紀元，壬申未初三刻。統天，壬申午初一刻。重修大明，壬申未初三刻。授時。壬申午初一刻。

江氏永曰：此年平冬至壬申午正初刻，都臨安遲一刻，午正一刻。定冬至在己未。

寧宗慶元三年丁巳歲十一月癸卯日南至。大衍，甲辰未正初刻。宣明，甲辰酉初三刻。紀元，甲辰子正二刻。統天，癸卯亥正一刻。重修大明，甲辰子正三刻。授時。癸卯亥正一刻。

江氏永曰：此年平冬至癸卯亥正三刻八分，臨安遲一刻，夜子初初刻八分。定冬至亥初三刻。

寧宗嘉泰三年癸亥歲十一月甲戌日南至。大衍，丙子丑正一刻。宣明，丙子卯初初刻。紀元，乙亥午初三刻。統天，乙亥巳初初刻。重修大明，乙亥午初三刻。授時。乙亥巳初一刻。

江氏永曰：推此年平冬至乙亥巳初三刻，臨安巳正初刻。定冬至約減五刻有奇，在辰正二刻。當時推甲戌，曆誤也。

嘉定五年壬申歲十一月壬戌日南至。大衍，癸亥卯正初刻。宣明，癸亥巳初四刻。紀元，壬戌申初二刻。統天，壬戌未初二刻。重修大明，壬戌申正初刻。授時。壬戌未初二刻。

江氏永曰：此年平冬至壬戌未正初刻四分，臨安遲一刻，未正一刻四分。定冬至午正一刻。

理宗紹定三年庚寅歲十一月丙申日南至。大衍，丁酉申初二刻。宣明，丁酉戌初二刻。紀元，丁酉丑初三刻。統天，丙申亥正一刻。重修大明，丁酉丑初三刻。授時。丙申亥正一刻。

江氏永曰：此年平冬至丙申亥正二刻十一分，臨安亥正三刻十一分。定冬至亥正初刻。

淳祐十年庚戌歲十一月辛巳日南至。大衍，壬午未初初刻。宣明，壬午酉初初刻。紀元，辛巳亥正三刻。統天，辛巳酉正二刻。重修大明，辛巳亥正一刻。授時。辛巳酉正三刻。

江氏永曰：此年平冬至辛巳酉正三刻十一分，臨安戌初初刻十一分。定冬至酉正二刻。

元世祖至元十七年庚辰歲十一月己未夜半後六刻冬至。大衍，己未亥初初刻。

宣明，庚申丑初一刻。紀元，己未卯初初刻。統天〔二〕，己未丑初初刻。重修大明，己未卯正初刻。授時。己未丑初一刻。

江氏永曰：推此年平冬至五十五日一時一十八分四十六秒，己未丑初一刻四分，高衝在冬至後四分奇，約減均十二秒，加時約五分。定冬至丑初一刻九分，與當時郭太史測算氣應五十五日〇六百分者密合。

梅氏文鼎曰：以上自魯僖公以來冬至日名共四十七，并至元辛巳有刻爲四十八事。授時法合者三十八。不合者，昭公己卯，劉宋元嘉丙子，大明辛丑，陳太建壬辰、丁酉，隋開皇甲寅，唐貞觀甲辰、己酉，宋景德丁未，嘉泰癸亥，共十。統天曆同。

江氏永曰：四十七事，日名或有不合。其間有曆誤，有史誤。今以實法考之，合者不約而符，不合者亦灼然可見，非曆誤推，即史誤紀。雖去之千百年，猶旦暮也。此如以有法之度度短長，有準之權權輕重，故物莫能遁。若大衍諸曆，歲餘或强或弱，如權度未定，既不可以稱量，而統天之距差躔差，授時之百年長一，又於執

〔二〕「統天」，原作「統元」，據光緒本、數學卷四改。

秤執尺之時，參以智巧之私，實爲無理之法。其不合者固不合，其幸合者亦不知其實未嘗合也。近年冬至，時刻可定；去之遠者，不能細定分刻，以小輪半徑，古多今少，難得確率耳。若其大致，固可上下參考，而知當不違天甚遠。孟子曰「苟求其故」，愚謂恒歲實「最卑行」小輪差，皆其故也。後之言天者，精求諸此而已。若諸家立法，雖不可不知，要之皆已陳之芻狗，不可再用者也。

梅氏又曰：元史云：自春秋獻公以來凡二千一百六十餘年，用六曆推算冬至，凡四十九事，大衍合者三十二，不合者十七；宣明合者二十六，不合者二十三；紀元合者三十五，不合者十四；統天合者三十八，不合者十一；大明合者三十四，不合者十五；授時合者三十九，不合者十事。案獻公十五年戊寅歲正月甲寅朔旦冬至，授時得甲寅，統天得乙卯，後天一日。至僖公五年正月辛亥朔旦冬至，授時、統天皆得辛亥，與天合。下至昭公二十年己卯歲正月己丑朔旦冬至，授時、統天皆得戊子，並先一日。若曲變其法以從之，則獻公、僖公皆不合矣。以此知春秋所書昭公冬至，乃日度失行之驗，一也。

江氏永曰：案獻公之年，史有參差。所推甲寅朔旦冬至，乃劉歆三統曆以四分之法逆推，非有實測，紀之信史，不足爲據。若左氏傳二至，則當時之曆誤。乃欲曲法以求合，合者一而違者一，不悟其幸合者之非真，而以其不合者諉之於日度失行，此大惑也。

大衍考古冬至，謂劉宋元嘉十三年丙子歲十一月甲戌日南至，大衍與皇極、麟德三曆皆得癸酉，各先一日，乃日度失行，非三曆之差。今以授時考之，亦得癸酉，二也。

江氏永曰：案今以法推，正得甲戌，日度何嘗失行？

大明五年辛丑歲十一月乙酉冬至，諸曆皆得甲申，殆亦日度之差，三也。

江氏永曰：此年冬至，祖沖之考之特詳，正賴當年實測可驗高衡之所在，與兩心差之細數。雖推算時刻未甚親，亦可得其所以未親之由。今以法密算，其爲乙酉甚確。郭氏不悟統天之活法不足憑，獻、僖遠年之幸合未可據，乃以祖氏當年實測指爲日度失行，不亦惑乎！

觀承案：算術有疏密耳，天行安得有差乎？以爲日度失行，郭氏此説誠謬。此如杜氏解左傳不以爲傳誤而以爲經誤者同病矣。

陳太建四年壬辰歲十一月丁卯景長，大衍、授時皆得丙寅，是先一日。太建九年丁酉歲十一月壬辰景長，大衍、授時皆得癸巳，是後一日。一失之先，一失之後。若合於壬辰，則差於丁酉；合於丁酉，則差於壬辰，亦日度失行之驗，五也。

江氏永曰：案壬辰歲不誤，丁酉歲則史誤也。

開皇十一年辛亥歲十一月丙午景長，大衍、統天、授時皆得丙午，與天合。至開皇十四年甲寅歲十一月辛酉冬至，而大衍、統天、授時皆得壬戌。若合于辛亥，則失于甲寅；合于甲寅，則失于辛亥。其開皇十四年甲寅歲冬至，亦日度失行，六也。

江氏永曰：案甲寅歲乃曆誤。

唐貞觀十八年甲辰歲十一月乙酉景長，諸曆得甲申。貞觀二十三年己酉歲十一月辛亥景長，諸曆皆得庚戌。大衍曆議以永淳、開元冬至推之，知前二冬至乃史官依時曆以書，必非候景所得，所以不合。今以授時考之，亦然，八也。

江氏永曰：案此二至，若非曆誤，即史誤。

自前宋以來，測景驗氣者凡十七事。其景德丁未歲戊辰日南至，統天、授時皆得丁卯，是先一日。嘉泰癸亥歲甲戌日南至，統天、授時皆得乙亥，是後一日。一失之先，一失之後。若曲變其數以從景德，則其餘十六事多後天；從嘉泰，則其餘十六事多先天，亦日度失行之驗，十也。

江氏永曰：案此二至，皆曆誤，非日度失行。

前十事皆授時所不合。以此理推之，非不合矣。蓋類其同則知其中，辨其異則知其變。今于冬至略其日度失行，及史官依時曆書之者凡十事，則授時三十九事皆中。

江氏永曰：日爲七政之主、萬化之宗，必無失行之理。其兩心差之有改變，亦必有恒率，非失行也。郭氏于十事中，以八事爲日度失行，其説原于僧一行，亦近誣矣。其三十九事，自以爲中，未必果皆中也。中其日矣，未必中其時刻。除至元庚辰歲密合天外，推近歲之冬至時刻，恒後天；推遠歲之冬至時刻，恒先天。其故甚微，非以權度細推，誰其覺之？

以前代諸曆校之，授時爲密。庶幾千歲之日至可坐而致云。

江氏永曰：案授時固密，而有未密者存。

又曰：曆家最重識見。日度失行之説極紕繆，一行、守敬乃言之，載之史册，遺笑後人，皆由推冬至無權度，平歲實、高衡行、輪徑差三大節目關竅未啓，是以生此繆論，不得不詳載史文，以爲鑿知者鑒。

右考冬至以正氣序

五禮通考卷一百八十九

嘉禮六十二

觀象授時

置閏

書堯典：以閏月定四時，成歲。疏：六曆、諸緯與周髀皆云，日行一度，月行十三度十九分度之七，爲每月二十九日過半。所以無閏，時不定、歲不成者。若無閏，三年差一月，則以正月爲二月，每月皆差；九年差三月，即以春爲夏；若十七年差六月，即四時相反。時何由定，歲何得成乎？故須置閏以定四時。

春秋文公元年左氏傳：於是閏三月，非禮也。注：於曆法閏當在僖公末年，誤於今年三月置閏，蓋時達曆者所譏。先王之正時也，履端於始，注：步曆之始以爲術之端首。舉正於中，注：朞之日三百六十有六日，日月之行又有遲速，而必分爲十二月，舉中氣以正月。歸餘於終。注：有餘日則歸之於終，積而爲閏，故言「歸餘於終」。履端於始，序則不愆；注：四時無愆過。舉正於中，民則不惑；注：斗建不失其次，寒暑不失其常，故無疑惑。歸餘於終，事則不悖。注：四時得所，則事無悖亂。疏：古今曆法推閏月之術，皆以閏餘減章歲，餘以歲中乘之，章閏而一，所得爲積月，命起天正，算外，閏所在也。其有進退，以中氣定之。無中氣，則閏月也。古曆十九年爲一章，章有七閏：入章三年閏九月，六年閏六月，九年閏三月，十一年閏十一月，十四年閏八月，十七年閏四月，十九年閏十二月。此據元首初章，若于後漸積餘分，大率三十二月則置閏，不必恒同初章閏月。僖五年「正月辛亥朔，日南至」，治曆者皆以彼爲章首之歲。漢書志云：「文公元年距僖五年辛亥二十九歲，是歲閏餘十三，閏當在十一月後，而在三月，故傳曰『非禮也』。」志之所言，閏當在此年十一月後，今三月已即置閏，是嫌閏月大近前也。杜以爲僖三十年閏九月，文二年閏正月，故言於法閏當在僖公末年，誤於今年置閏，嫌置閏大近後也。杜爲長曆，置閏疏數無復定準。凡爲曆者，閏前之月中氣在晦，閏後之月中氣在朔。僖五年正月朔旦冬至，則四年當閏十二月也。杜長曆僖元年閏十一月，五年閏十二月。與常曆不同者，杜以襄二十七年再失閏，司曆過，昭二十年「二月己丑，日南至」，哀十二年「十二月，螽」，云「火猶西流，司曆過」。則春秋之世，曆法錯失，所置閏月，或前或後，不與常同。杜唯勘經傳上下日月以爲長曆，若日月同者，則數年不置閏月。若日月不同，須置閏乃同者，則未滿三十二月頻置閏，所以異於常曆，故釋例云「據經傳微旨，考日辰晦朔，以相發明，爲經傳長曆，未必得天，蓋春秋當時之曆也」。是杜自言不與常曆同。日月轉運于天，猶如人之行步，故推曆謂之步曆。「步曆之始以爲術之端首」，謂曆之上元必以日月全數爲始，於前更無餘分，以此日爲術之端首，故言「履端于始」也。「朞之日三百六十有六日」，謂從冬至至冬至必滿此數，乃周天也。日月之行有遲有速，日行遲，月行速。凡二十九日過半，月行及日，謂之一月。過半者，謂一日於曆法分爲九百四十分，月行及日，必四百九十九分，是過半二十九分。今一歲氣周有三百六十五日四分日之一，其十二月一周唯三百五十四日，是少十一日四分日之一，未得氣周。細而言之，一歲只少弱十一日，所以然者，一月有餘分二十九，一年十二月有餘分三百四十八。是一歲既得三百五十四日，又得餘分三百四十八。其四分日之一，一日爲九百四十分，則四分日之一爲二百三十五分。今於餘分三百四十八內取二百三十五，以當卻四分日之一，餘分仍有一百一十三。其整日唯有十一日，又以餘分一百一十三減其一日九百四十分，唯有八百二十七分。是一年有餘十日八百二十七分，少一百一十三分，不成十一日也。前朔後朔相去二十九日餘，前氣後氣相去三十日餘，每月參差，氣漸不正，但觀中氣所在，以爲此月之正，取中氣以正月，故言「舉正於中」也。月朔之與月節，每月剩一日有餘，所有餘日歸之於終，積成一月，則置之爲閏，故言「歸餘於終」。

文公六年左氏傳：閏月不告朔，非禮也。閏以正時，注：四時漸差，則置閏以正之。**時**

以作事，注：順時命事。事以厚生，注：事不失時，則年豐。生民之道，於是乎在矣。不告閏朔，棄時政也，何以爲民？

漢書志：朔不得中，是爲閏月。閏，所以正中朔也。

汪氏克寬曰：有朔而無中者爲閏月。月有晦朔，則自然有閏，無閏則失月行之數，故曰法乎月而有閏也。日月所會是謂辰。以曆言之，則是積餘分而置閏。以日月星辰觀之，則閏月日月亦會於辰，與他月無以異也。又曰：周天三百六十五度四分度之一，日一日一周，在天爲不及一度，積三百六十五日四分日之一而與天會，爲一歲，月一日不及天十三度十九分度之七，積三百五十四日九百四十分日之三百四十八而與日會者十二，爲一年。大率三百六十日爲常數，一歲多五日九百四十分日之二百三十五分爲二十四氣，是爲氣盈，而晝夜長短節氣寒暑于是定焉。一年少五日九百四十分日之五百九十二分爲十二月，是爲朔虚，而晦朔弦望于是定焉。積歲之有餘就年之不足而後有閏，三年一閏，尚餘三日有奇；五年再閏，則少五日有奇。積十九年閏在十二月，則氣朔分齊。大率三十二月則有閏，閏前之月中氣在晦，閏後之月中氣在朔。若不置閏，則弦望晦朔皆非其正，晝夜平分不在春秋之中，而寒暑反易矣。故書云「以閏月定四時成歲」。周禮注「中數曰歲，朔數曰年」。中朔大小不齊，正之以閏，乃天地自然之理，曆家因其自然，而立積分之數以合之耳。公羊謂閏月「天無是月」，穀梁謂「附月之餘日」，皆非是。夫二十九日九百四十分日之四百九十九而晦朔交，則爲一月，月非有閏之名，特以日月行天疾徐之不仝，而歲年盈縮之有異，遂謂之閏。天與日月之行自然有閏，豈可謂天無是月哉？月非有餘也，又豈可謂附月之餘哉？月之有閏，則由乎天，而月之名閏，乃由於人，故於文，王在門爲閏，禮稱天子閏月則聽朔於明堂，闔門左扉立於其中。王之謹乎閏月者如此，而諸侯安可不告月哉？考之經傳，凡言閏月多在歲終，蓋是時曆法謬矣，每置閏於歲終。故左傳以閏三月爲非禮，則無中者不謂之閏，而名曰閏者，非閏月矣。秦之後九月，實倣於此。

蕙田案：後代法密於古，月有平朔、亦名經朔。定朔，氣有平氣、亦名恒氣。定氣。平朔、平氣者，日月平行之數也。定朔、定氣者，日月實行之數也。實行亦名視行。孔疏及汪氏所云，皆據漢四分曆，有平行無實行，其平行亦未密也。十九年氣朔分齊殊不然，存之以見置閏大概耳。

明史志：崇禎十四年十二月，李天經言：「大統置閏，但論月無中氣，新法尤視合朔後先。今所進十五年新曆，其十月十二月中氣，適交次月合朔時刻之前，所以月内雖無中氣，而實非閏月。蓋氣在朔前，則此氣尚屬前月之晦也。至十六年第二月止有驚蟄一節，而春分中氣交第三月合朔之後，則第二月爲閏正月、第三月爲二月無疑。」

梅氏文鼎曰：閏月之議，紛紛聚訟，大旨不出兩端：其一謂無中氣爲閏月，此據左氏「舉正於中」爲説，乃曆家之法也。其一謂古閏月俱在歲終，此據左氏「歸餘於終」爲論，乃經學家之詁也。若如前推隱公辛酉冬至在經朔後三十日，宜閏歲前十二月，即兩説齊同，可無疑議。然有不同者，何以斷之？曰：古今曆法原自不同，推步之理踵事加密，故自今日言曆，則以無中氣置閏爲安。而論春秋閏月，則以歸餘之説爲長。何則？治春秋者當主經文，今考本經書閏月俱在年終，此其據矣。

蕙田案：閏以正時，時者因乎日行也。日發斂一周而四時始終，其數闊遠，茫若無界。月與日同行爲朔，相對爲望，一象爲弦，其數既近，仰觀即見，故用之爲界限。日月之會十二終，時亦幾終，故命爲一年，便於明民而已。日一周凡三百六十五日奇，日月之會十二終，凡三百五十四日奇，兩數相差十餘日，非閏月則四時不定歲不成矣。古但有分、至、啓、閉，未嘗分十二中氣以配月，閏月進退無據，不得不置之歲終。秦、漢之際，術家乃言二十四氣。漢以無中氣之月置閏，然所用者平氣平朔，未知有定氣定朔。厥後劉洪、張子信、何承天、祖沖之、劉焯諸人言定氣定朔詳矣。唐以來術家惟用定朔，而不用定氣注書，則置閏之法猶未密也。必得定氣定朔二者，審之既精，然後視無中氣之月爲閏月，斯不求而知。定氣者，日體實到之節序。定朔者，日體月體實會也。定朔日數不均，必先求經朔爲根，進退增減之。今考自漢以後經恒朔實異同如左。歲實朔實，授時之本，是以特詳著之。

右置閏

朔實

前漢書志：太初曆：一月之日二十九日八十一分日之四十三。

蕙田案：二十九日小餘四十三，是爲經朔，亦曰朔策，亦曰朔實。準前較歲實法，以萬萬通小餘，滿日分八十一。而一，得五千三百有八萬六千四百一十九奇。

三統曆：月法，二千三百九十二。日法，八十一。

蕙田案：月法即朔實，滿日法得二十九日，小餘四十三，與太初同。

後漢書志：四分曆，察日月俱發度端，日行十九周，月行二百五十四周，復會於端，是則月行之終也。以日周除月周，得一歲周天之數。以日一周減之，餘十二十九分之七，則月行過周及日行之數也，爲一歲之月。以除一歲日，爲一月之數。蔀月，九百四十。蔀日，二萬七千七百五十九。日法，四。周天，千四百六十一。

蕙田案：以十九通十二納七，得二百三十五，即章月。以日法乘之，得九百四十，即蔀月。以十九通周天，得二萬七千七百五十九，即蔀日。滿蔀月得二十九日，小餘四百九十九。以萬萬通之，滿蔀月得五千三百有八萬五千一百有六奇，弱於太初、三統。

晉書志：漢劉洪乾象曆：通法，四萬三千二十六。日法，千四百五十七。

蕙田案：通法即朔實，滿日法得二十九日，小餘七百七十三。以萬萬通之，滿日法得五千三百有五萬四千二百二十一奇，弱於四分。

魏景初曆：通數，十三萬四千六百三十。日法，四千五百五十九。

蕙田案：通數即朔實，滿日法得二十九日，小餘二千四百一十九。以萬萬通之，滿日法得五千三百有五萬九千八百八十一奇，强於乾象，弱於四分。

後秦姜岌甲子元曆：通數，十七萬九千四十四。日法，六千六十三。

蕙田案：通數滿日法得二十九日，小餘三千二百一十七。以萬萬通之，滿日法得五千三百有五萬九千五百四十一奇，强於乾象，弱於景初。

魏書志：正光曆：日法，七萬四千九百五十二。經月，大餘二十九，小餘三萬九千七百六十九。日法除周天分得之。日法者，一蔀之月數。周天分者，一蔀之日數。以蔀月除蔀日得一月二十九及餘〔一〕，是周天分，即爲月通。

蕙田案：以萬萬通小餘，滿日法得五千三百有五萬九千二百九十一奇，强於乾象，弱於姜岌甲子元。

〔一〕「以蔀月除蔀日」，諸本作「以其月除衆日」，據魏書律曆志上改。

李業興甲子元曆：通數，六百一十五萬八千一十七。日法，二十萬八千五百三十。

蕙田案：通數滿日法得二十九日，小餘十一萬六百四十七。以萬萬通之，滿日法得五千三百有六萬有四百七十奇，强於景初，弱於四分。

宋書志：何承天元嘉曆：通數，二萬二千二百七。日法，七百五十二。

蕙田案：通數滿日法得二十九日，小餘三百九十九。以萬萬通之，滿日法得五千三百有五萬八千五百一十奇，强於乾象，弱於正光。

祖沖之甲子元曆：月法，十一萬六千三百二十一。日法，三千九百三十九。

蕙田案：月法滿日法得二十九日，小餘二千有九十。以萬萬通之，滿日法得五千三百有五萬九千一百五十二奇，强於元嘉，弱於正光。

隋書志：張賓所造曆法：通月，五百三十七萬二千二百九。日法，一十八萬一千九百二十。

蕙田案：通月滿日法得二十九日，小餘九萬六千五百二十九。以萬萬通之，滿日法得五千三百有六萬一千二百三十五奇，强於李業興甲子元曆，弱於四分。

大業四年戊辰所定曆術：月法，三萬三千七百八十三。日法，千一百四十四。

蕙田案：月法滿日法得二十九日，小餘六百有七。以萬萬通之，滿日法得五千三百有五萬九千四百四十奇，强於正光，弱於姜岌甲子元。

劉焯皇極曆：朔實，三萬六千六百七十七。朔日法，千二百四十二。

蕙田案：朔實滿朔日法得二十九日，小餘六百五十九。以萬萬通之，滿朔日法得五千三百有五萬九千五百八十一奇，强於姜岌甲子元曆，弱於景初。

唐書志：傅仁均戊寅曆：月法，三十八萬四千七十五。日法，萬三千六。

蕙田案：月法滿日法得二十九日，小餘六千九百有一。以萬萬通之，滿日法得五千三百有六萬有一百二十六奇，强於景初，弱於李業興甲子元。

李淳風麟德曆：常朔實，三萬九千五百七十一。推法，千三百四十。

蕙田案：常朔實滿推法得二十九日，小餘七百一十一。以萬萬通之，滿推法得五千三百有五萬九千七百有一奇，强於皇極，弱於景初。

開元大衍曆：朔實曰揲法，日法曰通法，月策曰四象。一象之策即朔望弦相距也。揲法，八萬九千七百七十三。通法，三千四十四。象之策，二十九，餘千六百一十三。

蕙田案：揲法滿通法得二十九日，小餘千六百一十三，即四象之策也。其一象七日，小餘千一百六十三少。凡四分一爲少。以萬萬通四象小餘，滿通法得五千三百有五萬九千二百一十奇，强於祖沖之甲子元曆，弱於正光。

寶應五紀曆：揲法，三萬九千五百七十一。通法，千三百四十四。象之策，二十九，餘七百一十一。

蕙田案：四象策餘以萬萬通之，滿通法得五千三百有五萬九千七百三十一奇，强於麟德，弱於景初。

建中正元曆：揲法，三萬二千三百三十六。通法，千九十五。四象之策，二十九，餘五百八十一。

蕙田案：四象策餘以萬萬通之，滿通法得五千三百有五萬九千三百六十奇，强於正光，弱於大業戊辰所定曆。

長慶宣明曆：揲法曰章月，通法曰統法，四象之策曰合策。章月，二十四萬八千五十七。統法，八千四百。合策，二十九，餘四千四百五十七。

蕙田案：以萬萬通合策餘，滿統法得五千三百有五萬九千五百二十三奇，强於大業戊辰所定曆，弱於姜岌甲子元曆。

景福崇玄曆：揲法曰朔實，四象之策曰平會。朔實，三十九萬八千六百六十三。通法，萬三千五百。平會，二十九，餘七千一百六十三。

蕙田案：以萬萬通平會餘，滿通法得五千三百有五萬九千二百五十九奇，强於大衍，弱於正光。

五代史司天考：王朴欽天曆：朔率，二十一萬二千六百二秒二十八。統法，七千二百。通法，一百。秒盈通法從分，分盈統法從日。朔策，二十九分三千八百二十秒二十八。

蕙田案：以萬萬通朔策分秒，滿統法得五千三百有五萬九千四百四十四奇，强於大業戊辰所定曆，弱於宣明。

宋史志：崇天曆：朔實，三十一萬二千七百二十九。樞法，一萬五百九十。朔策，二十九，餘五千六百一十九。

蕙田案：以萬萬通朔策餘，滿樞法得五千三百有五萬九千四百九十奇，强於欽天，弱於宣明。

明天曆：朔實，一百一十五萬一千六百九十三。元法，三萬九千。朔策，二十九，餘二萬六百九十三。

蕙田案：以萬萬通朔策餘，滿元法得五千三百有五萬八千九百七十四奇，强於元嘉，弱於祖沖之甲子元曆。

觀天曆：朔實，三十五萬五千二百五十三。統法，一萬二千三十。朔策，二十九，餘六千三百八十三。

蕙田案：以萬萬通朔策餘，滿統法得五千三百有五萬九千有一十九奇，强於明天，弱於祖沖之甲子元曆。

紀元曆：朔實，二十一萬五千二百七十八。日法，七千二百九十。朔策，二十九，餘三千八百六十八。

蕙田案：以萬萬通朔策餘，滿日法得五千三百有五萬八千九百八十四奇，强於明天，弱於觀天。

統元曆：朔實，二十萬四千六百四十七。元法，六千九百三十。朔策，二十九日，餘三千六百七十七。

蕙田案：以萬萬通朔策餘，滿元法得五千三百有五萬九千一百六十三奇，强於祖沖之甲子元曆，弱於大衍。

乾道曆：朔實，八十八萬五千九百一十七秒七十六。元法，三萬。秒法，百。朔策，二十九日，餘一萬五千九百一十七秒七十六。

蕙田案：以萬萬通朔策餘，滿元法得五千三百有五萬九千二百，强於統天，弱於大衍。

淳熙曆：朔實，一十六萬六千五百五十二秒五十六。元法，五千六百四十。秒法，一百。朔策，二十九日，餘二千九百九十二秒五十六。

蕙田案：以萬萬通朔策餘，滿元法得五千三百有五萬九千五百七十四奇，强於姜岌甲子元曆，弱於皇極。

會元曆：朔率，一百一十四萬二千八百三十四。統率，三萬八千七百。朔策，二十九日，餘二萬五百三十四。

蕙田案：以萬萬通朔策餘，滿統率得五千三百有五萬九千四百三十一奇，强於正元曆，弱於大業戊辰所定曆。

統天曆：朔實，三十五萬四千三百六十八。策法，萬二千。朔策，二十九，餘六千三百六十八。

蕙田案：以萬萬通朔策餘，滿策法得五千三百有六萬六千六百六十六奇，强於張賓所造法，弱於四分。

開禧曆：朔率，四十九萬九千六十七。日法，一萬六千九百。朔策，二十九，餘八千九百六十七。

蕙田案：以萬萬通朔策餘，滿日法得五千三百有五萬九千一百七十一奇，强於統元，弱於乾道。

金史志：大明曆：朔實，一十五萬四千四百四十五分。日法，五千二百三十分。朔策，二十九日，餘二千七百七十五分。

蕙田案：以萬萬通朔策餘，滿日法得五千三百有五萬九千二百七十八奇，强於崇玄，弱於正光。

元史志：庚午元曆。同大明。

授時曆：朔實，二十九萬五千三百五分九十三秒。日周，一萬分。朔策，二十九日五千三百五分九十三秒。

蕙田案：以萬萬進之，爲五千三百有五萬九千三百，强於乾道，弱於正光。

新法曆書：西史依巴谷考驗一十二萬六千七日四刻，實兩交食各率齊同之距也。凡爲交會者，四千二百六十七。爲法而一得會望策，二十九日五十刻一十四分三秒。

蕙田案：以法推得小餘五千三百有五萬九千三百，與授時同。

又案：今時憲曆改定朔策爲二十九日五三〇五九〇五三。以萬萬進之，爲五千三百有五萬九千有五十三，强於觀天，弱於祖沖之甲子元曆。

右朔實

月行遲疾

後漢書志：賈逵論曰：「今史官推合朔、弦、望、月食加時，率多不中，在於不知月行遲疾意。李梵、蘇統以史官候注考校，月行當有遲疾，不必在牽牛、東井、婁、角之間。」

宋書志：劉洪造乾象法，又制遲疾曆，以步月行。元嘉二十年，何承天進元嘉曆表曰：「月有遲疾，合朔月蝕不在朔望〔一〕，非曆意也。故元嘉皆以盈縮定其小餘，以正朔望之日。」錢樂之、嚴粲奏曰：「承天法，每月有頻三大、頻二小，比舊法殊爲異。舊日蝕不唯在朔，亦有在晦及二日。公羊傳所謂『或失之前，或失之後』。愚謂此一條自宜仍舊。」員外散騎郎皮延宗又難承天：「若晦朔定大小餘，紀首值盈，則退一日，便應以故歲之晦爲新紀之首。」承天乃改新法依舊術，不復每月定大小餘，如延宗所難，太史所上。

北齊書方技列傳：信都芳私撰書，名爲靈憲曆，算月有頻大頻小，食必以朔，證據甚甄明。每云：「何承天亦爲此法，不能精，靈憲若成，必當百代無異議。」書未就而卒。

唐書志：傅仁均戊寅元曆：月有三大、三小。孝孫使算曆博士王孝通以甲辰曆

〔一〕「合朔月蝕」，諸本作「日月蝕」，據宋書律曆志中改。

法詰仁均曰：「平朔、定朔，舊有二家。三大、三小，爲定朔望。一大、一小，爲平朔望。日月行有遲速，相及謂之合會。晦、朔無定，由時消息。若定大小皆在朔者，合會雖定，而蔀、元、紀首三端并失。若上合履端之始，下得歸餘於終，合會有時，則甲辰元曆爲通術矣。」仁均對曰：「書云：『季秋月朔，辰弗集於房。』孔氏云：『集，合也。不合則日蝕可知。』又云：『先時者殺無赦，不及時者殺無赦。』既有先後之差，是知定朔矣。詩云：『十月之交，朔日辛卯。』又春秋傳曰：『不書朔，官失之也。』自後曆差，莫能詳正。故秦、漢以來，多非朔食。宋御史中丞何承天微欲見意，不能詳究，乃爲散騎侍郎皮延宗等所抑。孝通之語，乃延宗舊說。治曆之本，必推上元，日月如合璧，五星如連珠，夜半甲子朔旦冬至。自此七曜散行，不復餘分普盡，總會如初。唯朔分、氣分，有可盡之理。因其可盡，即有三端。此乃紀其日數之元爾。或以爲即夜半甲子朔冬至者，非也。冬至自有常數，朔名由於月起，月行遲疾匪常，三端安得即合？故必須日月相合與至同日者，乃爲合朔冬至耳。」

大衍曆合朔議曰：虞劇曰：「所謂朔在會合，苟躔次既同，何患於頻大也？日月相離，何患於頻小也？」春秋日蝕不書朔者八，公羊曰：「二日也。」穀梁曰：「晦也。」

左氏曰：「官失之也。」劉孝孫推俱得朔日，以丘明爲是，乃與劉焯皆議定朔，爲有司所抑，不得行。傅仁均始爲定朔，而曰「晦不東見，朔不西朓」。

元史志：古曆謂月平行十三度十九分度之七。漢耿壽昌以爲日月行至牽牛、東井，日過度，月行十五度，至婁、角，始平行，赤道使然。賈逵以爲今合朔、弦望、月食加時，所以不中者，蓋不知月行遲疾意。李梵、蘇統皆以月行當有遲疾，不必在牽牛、東井、婁、角之間，乃由行道有遠近出入所生。劉洪作乾象曆，精思二十餘年，始悟其理，列爲差率，以囿進退損益之數。後之作曆者，咸因之。至唐一行考九道委蛇曲折之數，得月行疾徐之理。先儒謂月與五星，皆近日而疾，遠日而遲。曆家立法，以入轉一周之日爲遲疾二曆，各立初末二限，初爲益，末爲損。在疾初遲末，其行度率過於平行；遲初疾末，率不及於平行。自入轉初日行十四度半强，從是漸殺，歷七日，適及平行度，謂之疾初限，其積度比平行餘五度四十二分。自是其疾日損，又歷七日，行十二度微强，向之益者盡損而無餘，謂之疾末限。自是復行遲度，又歷七日，適及平行度，謂之遲初限，其積度比平行不及五度四十二分。自此其遲日損，行度漸增，又歷七日，復行十四度半强，向之益者亦損而無餘，謂之遲末限。入轉一周，實二十七日五十五刻四十六分，遲疾極差皆五度四十二分。舊曆日爲一限，皆用二十八限。今定驗得轉分進退時各不同，今分日爲十二，共三百三十六限，半之爲半周限，析而四之爲象限。

梅氏文鼎曰：月行遲疾，一周之日數内分四限。入轉初日，太陰行最疾，積至六日八十餘刻，而復於平行，謂之疾初限。厥後行漸遲，積至十三日七十七刻奇，而其遲乃極，謂之疾末限。於是太陰又自最遲以復於平行，亦六日八十餘刻，謂之遲初限。厥後行又漸疾，亦積至十三日七十七刻奇，其疾乃極如初日矣，謂之遲末限。合而言之，共二十七日五十五刻四十六分，而遲疾一周謂之轉終也[一]。

遲疾分限數，何也？太陰行天有遲疾，其遲疾又有初末，與太陽之盈縮同。所不同者，太陽之盈縮以半歲周分初末，而其盈縮之度止於二度奇；太陰之遲疾以十三日七十七刻奇分初末，而其遲疾之度至於五度奇。疾初只六日八十八刻奇而疾五度，遲初只六日八十八刻奇而遲五度。曆家以八百二十分爲一限，即八刻奇。一日分十二限十

[一]「疾」，諸本脱，據曆算全書卷二一補。

二分，而自朝至暮，逐限之遲疾細分可得而求矣。

以右旋之度言之，日每日平行一度，月每日平行十三度有奇。合朔時，日月同度，歷弦策七日三八二六四八二五〔一〕。而月度超前，離日一象限，是爲上弦。又歷弦策而月度離日半周天，與日對度，是爲望。自此以後，月向日行，又歷弦策而距日一象限，是爲下弦。更歷弦策而月追日及之，又復周度而爲合朔矣。凡此者，皆有常度，有常期，故謂之經朔、經望、經弦也。乃若定朔、定望、定弦，則有時而後於常期，故有加差焉；有時而先於常期，故有減差焉。凡加差之因有二：一因於日度之盈。夫日行既越於常度，則月不能及。一因於月度之遲。夫月行既遲於常度，則不能及日。二者皆必於常期之外更增時刻，而後能及於朔、望、弦之度，故時刻加也。減差之因亦有二：一因於日度之縮。夫日行既緩於常度，則月易及之。一因於月度之速。夫月行既速於常度，則易及於日。二者皆不待常期之至，而已及於朔、弦、望之度，故時刻減也。乃若以日之盈遇月之遲，二者皆宜有加差；以日之縮

〔一〕「三」，諸本作「二」，據曆算全書卷二一改。

遇月之疾，二者皆宜有減差，故（盈與遲，縮與疾。）並爲同名，而其度宜併。若以日之盈遇月之疾，在日宜加，在月則宜減；以日之縮遇月之遲，在日宜減，在月宜加，故（盈與疾，縮與遲。）並爲異名，而其度宜相減，用其多者爲主也。如上所論，既以（盈縮、遲疾。）二差同名相從、異名相消，則加減差之大致已定。然而又有乘除者，上所言者度也，非時刻也，故必以此所得之度分，（即同名相從，異名相消之度分。）用每限之時刻（八百二十分。）乘之，爲實，每限之月行度爲法，（即遲疾行度。）除之，即變爲時刻，而命之爲加減差矣。以異乘同除之理言之，月行遲疾行度，則所歷時刻爲八百二十分，今加減之度有幾个遲疾行度，則月行時刻亦當有幾个八百二十分，故以此乘除，而知加減差之時刻。

新法曆引：太陰之行，參錯不一。推步籌算，爲力倍艱。苟或分秒乖違，交食豈能密合？故必細審其行度所以然，而後可立法致用也。蓋月較諸曜，本旋之外，行復多種。第一曰平行，一日十三度有奇。但此行之界凡四：一界是從某宮次度分起算，此界定而不動；二界爲本天之最高，此非定界，每日自順天右行七分有奇，是月距本天最高一日爲十三度三分有奇也，故其平行二十七日三十刻有奇爲一周，已復於宮次元度，又必再行二十三刻有奇，爲二十七日五十三刻，始能及於本天之最高。此行新法謂之月自行，中曆於此周謂之轉周，滿一周謂之轉終。其最高則行八年有奇而周天，謂之月孛；三界爲黃、白二道相交之所，所謂正交、中交，此界亦自有行，乃逆行也。自東而西。每日三分有奇，則月平行距正交一日爲十三度十三分有奇，至二十七日二十七刻，減交行之一度二十三分，得二十七日十五刻有奇，月乃回於元界，曆家謂之交終。四界是與太陽去離，太陽一日約行一度，則太陰距太陽爲十二度十分有奇，至二十九日五十三刻有奇，逐及太陽，復與之會，曆家謂朔策是也。凡上四行，總歸第一平行。其第二行曰小輪，每一朔内行滿輪周二次，每日爲二十四度有奇。若以不同心圈論，此即太陰中距圈也。因有此行，復生第二損益加減分。云第二者，蓋於朔望所用加減分外，再加再減故也。此行中曆所無。以上太陰諸行，新法定其軌轍，不外三者，均圈一，不同心圈一，小輪一，然不同心圈與小輪，名異而理實同。曆家資以推算，兩用互推，所得之數正等也。

各朔後月夕西見遲疾不一，甚有差至三日者，其故有三：一因月視行度，視行爲疾段則疾見，遲段則遲見。一因黃道升降，或斜或正，正必疾見，斜必遲見。一因白道在緯南緯北，凡在緯北疾見，緯南遲見也。此外又有極出地之不同，朦朧分與炁差諸異，所以遲疾難齊也。

新法表異：月與五星本輪之外皆有次輪，所以行度益繁。就月言之，同心輪負本輪之心而右，本輪又負次輪之心而左，俱一周而復。月復循次輪而右，半周而復，次輪半徑半於本輪半徑，并之，得五度弱，爲二弦。唯朔望月在本輪内規，不須次輪加減，止一加減已足，餘日則於一加減外，另有二三均數，多寡不等。

右月行遲疾

五禮通考卷一百九十

嘉禮六十三

觀象授時

日月交食

夏書胤征：惟時羲、和，顛覆厥德，沉亂於酒，畔官離次，俶擾天紀，遐棄厥司。乃季秋月朔，辰弗集於房。傳：辰，日月所會。房，所舍之次。集，合也。不合即日食可知。瞽奏鼓，嗇夫馳，庶人走。傳：凡日食，天子伐鼓于社。瞽，樂官。樂官進鼓則伐之。嗇夫，主幣之官。馳，取幣禮天神。衆人走，供救日食之百役也。羲、和尸厥官，罔聞知，昏迷于天象，以干先王之誅。政典曰：「先時者殺無赦，傳：政典，夏后爲政之典籍，若周官六卿之治典。先時，謂曆象之法，四時節氣，弦望晦朔。先天時則罪死無赦。不及時者殺無赦。」傳：不及謂曆象後天時。雖治其官，苟有先後之差，則無赦，況廢官乎！疏：昭七年左傳曰：「晉侯問于士文伯曰：『何謂辰？』對曰：『日月之會是謂辰。』」日月俱右行于天，日行遲，月行疾，日每日行一度，月日行十三度十九分度之七，計二十七日過半，月已行天一周，又逐及日而與日聚會，謂此聚會爲「辰」。一歲十二會，故爲十二辰，即子、丑、寅、卯之屬是也。「房」謂室之房也，故爲「所舍之次」。日月當聚會共舍，今言日月不合于舍，則是日食可知也。日食者，月掩之也。月體掩日，日被月映，即不成共處，故以不集言日食也。或以爲「房」謂房星，九月日月會于大火之次。房、心共爲大火，言辰在房星，事有似矣。知不然者，以集是止舍之處，言其不集于舍，故得以表日食；若言不集于房星，似太遲太疾，惟可見曆錯，不得以表日食也。且日之所在，星宿不見，止可推算以知之，非能舉目見之。君子慎疑，寧當以日在之宿爲文，以此知其必非房星也。「先時」、「不及」者，謂此曆象之法，四時節氣，弦望晦朔，不得先天時，不得後天時。四時時各九十日有餘，分爲八節，節各四十五日有餘也。節氣者，周天三百六十五日四分日之一，四時分之，均分爲十二月，則月各得三十日十六分日之七，以初爲節氣，半爲中氣，故一歲有二十四氣也。計十二月，每月二十九日彊半也。以月初爲朔，月盡爲晦，當月之中，日月相望，故以月半爲望。望去晦、朔，皆不滿十五日也。又半此望去晦、朔之數，名之曰弦。弦者，言其月光正半如弓弦也。晦者，月盡無月，言其闇也。朔者，蘇也，言月死而更蘇也。先天時者，所名之日，在天時之先。假令天之正時，當以甲子爲朔，今曆乃以癸亥爲朔，是造曆先天時也。若以乙丑爲朔，是造曆後天時也。曆後即是「不及時」也。其氣、望等皆亦如此。

大衍議：書曰：「乃季秋月朔，辰弗集于房。」劉炫曰：「房，所舍之次也。集，會也。會，合也。不合則日蝕可知。或以房爲房星，知不然者，日之所在正可推而知之。君子慎疑，寧當以日在之宿爲文。近代善曆者，推仲康時九月合朔，已在房星北矣。」案古文「集」與「輯」義同。日月嘉會，而陰陽輯睦，則陽不疚乎位，以常其明，陰亦含章示沖，以隱其形。若變而相傷，則不輯矣。房者，辰之所次；星者，所次之名，其揆一也。又春秋傳「辰在斗柄」、「天策焞焞」、「降婁之初」、「辰尾之末」，君子言之，不以爲謬，何獨慎疑于房星哉？新曆仲康五年癸巳歲九月庚戌朔，日蝕在房二度。炫以五子之歌，仲康當是其一，肇位四海，復修大禹之典，其五年，羲、和失職，則王命徂征。虞劆以爲仲康元年，非也。

蕙田案：掩食爲不安輯，因呈象而置辭耳。房，如「皆火房也」之「房」，非房宿也。仍當從舊説。或因小雅十月之詩有「月食其常，日食不臧」之文，疑古人但推月食，不推日食，非也。左傳梓慎曰：「二至二分，日有食之，不爲災，日月之行也，分同道也，至相過也，其他月則爲災，陽弗克也。」古人精于天象，其言有本蓋如此。小雅詩人去春秋時不甚遠，豈相懸至此？詩特爲憂時致儆之詞耳。陳師凱云：「觀篇中有『渠魁脅從』之語，羲、和聚黨助羿，明矣。仲康乘日食之變，正其昏迷之罪，羿亦不得而庇之，使非聚黨助逆，則褫職奪邑，司寇行戮足矣，何至興師誓衆哉？」此論雖似得當時情事，特日食亦非借辭也。羲、和司天之官，凡天變皆當測驗，先時、後時乃司天者之大戒，況如交食，又爲顯明。向使羲、和克舉厥職，早爲測定，則君臣上下預先誡備，何至臨時瞽與嗇夫、庶人忽奏忽馳忽走，爲此倉惶驚駭之狀哉？觀瞽與嗇夫三句，可知伐鼓用幣之禮，古已有之，而日食之必爲推驗無疑矣。況欽若授時，經上古數聖人精心創制，迥非後人沿襲推算者所可及，寧有天象之變如日食之大者，而顧不及耶？堯典「命羲、和」，乃統舉大綱，語其常而不及其變耳。

觀承案：羲、和之事引證自無不可，解經則自以陳説爲長。蓋日食失占，鰥官之罪難辭。然非常赦不原者，何至興師動衆，必欲滅此而殺無赦哉？且仲康原是乘其有罪而討之，初非借詞，則知罪固有浮於此者，特因是以誅之，可以泯然無迹，則聖賢自有作用，原非宋襄仁義可比者耳。

詩小雅十月之交：朔日辛卯，日有食之，亦孔之醜。傳：之交，日月之交會。醜，惡也。箋：周之十月，夏之八月也。八月朔日，日月交會而日食，陰侵陽，臣侵君之象。彼月而微，此日而微。傳：月，臣道。日，君道。箋：微，謂不明也。疏：每月皆交會，而月或在日道表，或在日道裏，故不食。其食要于交會，又月與日同道，乃食也。日者，太陽之精，至尊之物，不宜有所侵，侵之則爲異。計古今之天，度數一也。日月之食，本無常時，故曆象爲日月交會之術，大率以百七十三日有奇爲限。而日月行天，各自有道，雖至朔相逢，而道有表裏。若月先在裏，依限而食者多。若月先在表，雖依限而食者少。日月之食，于算可推而知，則是數自當然，而云爲異者，人君者位貴居尊，恐其志移心易，聖人假之靈神，作爲鑒戒耳。夫以昭昭大明，照臨下土，忽爾殲亡，俾晝作夜，其爲怪異，莫斯之甚，故有伐鼓用幣之儀，貶膳去樂之數，皆所以重天變、警人君者也。而天道深遠，有時而驗，或亦人之禍釁，偶與相逢，故聖人得因其變常，假爲勸戒，使智達之士，識先聖之深情，中下之主，信妖祥以自懼。但神道可以助教，而不可以爲教。神之則惑衆，去之則害宜，故其言若有若無，其事若信若不信，期于大通而已矣。

戴氏震詩補傳：交者，月道交于黄道也。月以黄道爲中，其南至，則在黄道南不滿六度。步算家謂之陽曆。其北至，則在黄道北不滿六度。謂之陰曆。其自北而南，古名爲正交，今名爲中交。自南而北，古名爲中交，今名爲正交。斜穿黄道而過，是爲交。交乃有食。以步算之法上推，幽王六年乙丑建酉之月，辛卯朔，辰時日食。詩據周正十月，非夏正。以爲夏十月周十二月建亥者，誤也。凡日食，月掩日也。月在日之下，人又在月之下。三者相準，則有日食。故日食恒在朔，日月正相對，而地在中央。三者相準則有月食，故月食恒在望。月食由于地影，日食則主人目，蓋月卑日高，相去尚遠，人自地視之，其食分之淺深，及虧復之時刻，隨南北東西而移，故視會與實會不同。步算家立三差求之，高下差也，東西差也，南北差也。前人之爲術疏，有當食不食、不當食而食之説，占家之妄也。然則日月之行有常度，終古不變。聖人以爲天變而懼，何也？曰：日月之主乎明者常也，其有所掩之者，則爲變也。君道比于日，故以日引喻尤切，宜常明而不宜有蔽者也。聖人恐懼修省，無時不然，所謂日食修德，月食修刑，又其敬天變而加警惕耳。古人鑒白圭之玷而慎言，豈以圭之玷爲災異乎？此詩借日食以警王，欲王自知其掩蔽也。知其爲一時所揜蔽而醜之，則修德而復乎常明之體矣。

日月告凶，不用其行。四國無政，不用其良。箋：行，道度也。不用之者，謂相干犯也。

彼月而食，則惟其常。此日而食，于何不臧！

戴氏震詩補傳：行，道也。日月以常明爲道，有時虧食以告凶于上，是不用其道也。告凶，所謂日月之災是也。君當用善以爲政，今四國無政，是不用其良也。日之所繫大矣，故其食非月食之比，以喻君之所繫大也。詩中凡理道皆曰行，如「示我周行」、「女子有行」之類。先儒誤以爲行度，遂有日失行之説，誤矣。

觀承案：行即道也，道即度也。赤道、黄道，是日月之道，即是日月之度。各行其道，故日月並明，即交於其道亦不相掩食，是之謂能用其行也。蓋行道之道，即道理之道，無二道也。今必謂日月行度，本不失其常，乃是失其常明之道理，試思下人見爲交食而無光者，天上視之，其常明之道理並無少損也。其故全在交道之行，非如常行之度耳。則謂失其常行之度者，亦何不可！戴氏此解，不免執己見以改舊説矣。

春秋隱公三年：春，王二月己巳，日有食之。公羊傳：何以書？記異也。日食，則曷爲或日，或不日？或言朔，或不言朔？曰：某月某日朔，日有食之者，食正朔也。其或日，或不日，或失之前，或失之後。失之前者，朔在前也。注：謂二日食。失之後者，朔在後也。注：謂晦日食。穀梁傳：言日不言朔，食晦日也。其日有食之何也？吐者外壤，食者内壤。注：凡所吐出者，其壤在外；其所吞咽者，壤入于内。闕然不見其壤，有食之者也。有，内辭也；或，外辭也。有食之者，内于日也。注：内于日，以壤不見于外。其不言食之者，何也？知其不可知，知也。疏：徐邈云：「己巳謂二月晦，則三月不得有庚戌也明。宣十年四月丙辰、十七年六月癸卯，皆是前月之晦也。則此己巳正月晦冠以『二月』者，蓋交會之正，必主于朔，今雖未朔而食，著之此月，所以正其本，亦猶成十七年十月壬申而繫之十一月也。取前月之日，而冠以後月，故不得稱晦。以其不得稱晦，知非二月晦也。」穀梁之例，書日食凡有四種之別。言日不言朔，食晦日也。言朔不言日，食既朔也。不言日不言朔，夜食也。言日言朔，食正朔也。

李氏光地曰：日食書日書朔，朔日食也。書日不書朔，朔後食也。書朔不書日，朔前食也。不書日不書朔，陰雨食也。陰雨食則國都不見，而他處見之，非靈臺所覘測，則未知其爲正朔與？朔之前後與？是以闕之也。若夫夜食之説則非，日食不占夜，猶月食不占晝，是以唐一行之作曆也，上溯往古，必使千有餘年日食必在晝，月食必在夜也。襄之二十一年連月日食，非變也，蓋史者異文，或曰九月庚戌，或曰十月庚辰，而夫子兩存之以闕疑，如甲戌己丑陳侯鮑卒之例。

梅氏文鼎曰：案古日食每不在朔者，以古用平朔耳。古所以用平朔者，以日月並紀平度也。東漢劉洪作乾象曆，始知月有遲疾。北齊張子信積修二十年，始知日有盈縮。有此二端，以生定朔，然而人猶不敢用也。至唐李淳風、僧一行始用之，至今遵用，乃驗曆之要。然非有洛下閎之渾儀，張衡之靈憲，則測驗且無其器，又何以能加密測？愚故曰古人之功不可没也。

桓公三年：秋七月壬辰朔，日有食之，既。杜注：既，盡也。曆家之説，日月同會，月掩日，故日食。食有上下者，行有高下，日光輪存而中食者相揜密，故日光溢出。皆既者，正相當而相揜間疏也。然聖人不言月食日，而以自食爲文，闕于所不見。疏：食既者，謂日光盡也。曆家之説，當日之衝，有大如日者謂之闇虚。闇虚當月，則月必滅光，故爲月食。張衡靈憲曰：「當日之衝，光常不合，是謂闇虚。在星則星微，遇月則月食。」若是，應每望常食，而望亦有不食者，由其道度異也。日月異道，有時而交，交則相犯，故日月遞食。交在望前，朔則日食，望則月食；交在望後，望則月食，後月朔則日食。交正在朔，則日食既前，後望不食；交正在望，則月食既前，後朔不食。大率一百七十三日有餘而道始一交，非交則不相侵犯，故朔望不常有食也。道不正交，則日斜照月，故月光更盛；道若正交，則日衝當月，故月光即滅。日月同會，道度相交，月揜日光，故日食。言月食是日光所衝，日食是月體所映，故日食常在朔，月食常在望也。「食有上下者，行有高下」，謂月在日南，從南入食，南下北高，則食起于下；月在日北，從北入食，則食發于高，是其行有高下，故食不同也。故異義云「月高則其食虧于上，月下則其食虧于下」也。相揜密者，二體相近，正映其形，故光得溢出而中食也。相揜疏者，二體相遠，月近則日遠，自人望之，則月之所映者廣，故日光不復能見而日食既也。日食者，實是月映之也。但日之所在，則月體不見。聖人不言月來食日，而云有物食之，以自食爲文，闕于所不見也。公羊傳：既者何？盡也。注：光明滅盡也。穀梁傳：言日朔，食正朔也。注：朔日食也。既者，盡也，有繼之辭也。注：盡而復生謂之既。

十有七年：冬十月朔，日有食之。注：甲乙者，曆之紀也。晦朔者，日月之會也。日食不可以不存晦朔，晦朔須甲乙而可推，故日食必以書朔日爲例。左氏傳：「冬十月朔，日有食之。」不書日，官失之也。天子有日官，諸侯有日御。日官居卿以底日，禮也。日御不失日，以授百官于朝。穀梁傳：言朔不言日，食既朔也。

莊公十有八年：春，王三月，日有食之。穀梁傳：不言日，不言朔，夜食也。何以知其夜食也？曰：王者朝日。注：何休曰：「春秋不言月食日者，以其無形，故闕疑。其夜食何緣書乎？」鄭君釋之曰：「一日一夜合爲一日。今朔日日始出，其食有虧傷之處未復，故知此自以夜食。夜食則亦屬前月之晦，故穀梁子不以爲疑。」故雖爲天子，必有尊也。貴爲諸侯，必有長也。故天子朝日，諸侯朝朔。

二十五年：夏六月辛未朔，日有食之。鼓，用牲于社。左氏傳：夏六月辛未朔，日有食之。鼓，用牲于社，非常也。注：非常鼓之月。長曆推之，辛未實七月朔，置閏失所，故致月錯。唯正月之朔，慝未作。注：正月，夏之四月，周之六月，謂正陽之月。今書六月而傳云「唯」者，明此月非正陽月也。慝，陰氣。日有食之，于是乎用幣于社，伐鼓于朝。公羊傳：日食則曷爲鼓用牲于社？求乎陰之道也。以朱絲營社，或曰脅之，或曰爲闇，恐人犯之，故營之。穀梁傳：言日言朔，食正朔。鼓，禮也。用牲，非禮也。天子救日，置五麾，陳五兵、五鼓。諸侯置三麾，陳三鼓、三兵。大夫擊門。士擊柝。言充其陽也。注：凡有聲皆陽事，以壓陰氣。充，實也。疏：五麾者，麋信云：「各以方色之旌置之五處也。」五兵者，徐邈云：「矛在東，戟在南，鉞在西，楯在北，弓矢在中央。」麋信與范數五兵與之同，是相傳説也。五鼓者，麋信、徐邈並云：「東方青鼓，南方赤鼓，西方白鼓，北方黑鼓，中央黃鼓。」諸侯三者，則云降殺以兩，去黑、黃二色。

二十有六年：冬十有二月癸亥朔，日有食之。

三十年：秋九月庚午朔，日有食之。鼓，用牲于社。

僖公五年：秋九月戊申朔，日有食之。

十有二年：春，王三月，庚午，日有食之。

十有五年：夏五月，日有食之。左氏傳：夏五月，日有食之。不書朔與日，官失之也。

文公元年：春二月癸亥，日有食之。

十有五年：夏六月辛丑朔，日有食之。鼓，用牲于社。左氏傳：六月辛丑朔，日有食之。鼓，用牲于社，非禮也。注：得常鼓之月，而于社用牲爲非禮。日有食之，天子不舉，伐鼓于社，諸侯用幣于社，伐鼓于朝，以昭事神，訓民事君，示有等威，古之道也。

宣公八年：秋七月甲子，日有食之。

十年：夏四月丙辰，日有食之。

十有七年：夏六月癸卯，日有食之。

成公十有六年：夏六月丙寅朔，日有食之。

十有七年：冬十有二月丁巳朔，日有食之。

襄公十有四年：春二月乙未朔，日有食之。

十有五年：秋八月丁巳，日有食之。

二十年：冬十月丙辰朔，日有食之。

二十有一年：秋九月庚戌朔，日有食之。

冬十月庚辰朔，日有食之。

二十有三年：春，王二月癸酉朔，日有食之。

二十有四年：秋七月甲子朔，日有食之，既。疏：七月日食既，而八月又食，于推步之術，必無此理。蓋古書磨滅，致有錯誤。劉炫云：「漢末以來八百餘載，考其注記，莫不皆爾，都無頻月日食之事。計天道轉運，古今一也。後世既無其事，前世理亦當然。」此與二十一年頻月日食，理必不然。但其字則變古爲篆，改篆爲隸，書則縑以代簡，紙以代縑。多歷世代，或轉寫誤，失其本真，執文求義，理必不通。後之學者，宜知此意也。

八月癸巳朔，日有食之。

二十有七年：冬十有二月乙亥朔，日有食之。注：今長曆推十一月朔，非十二月。傳曰：辰在申，再失閏。若是十二月，則爲三失閏，故知經誤。左氏傳：十一月乙亥朔，日有食之。辰在申，司曆過也，再失閏矣。注：文十一年三月甲子，至今年七十一歲，應有二十六閏。今長曆推得二十四閏，通計少再閏。疏：曆法十九年爲一章，章有七閏，從文十一年至襄十三年，凡五十七年，已成三章，當有二十一閏；又從襄十四年至今爲十四年，又當有五閏，故爲應有二十六閏也。魯之司曆漸失其閏，至此年日食之月，以儀審望，于是始覺其謬，遂頓置兩閏，以應天正，以叙事期。然則前閏月爲建酉，後閏月爲建戌，十二月爲建亥，而歲終焉。是故明年經書「春，無冰」，傳以爲時災也。若不復頓置二閏，則明年春是今之九月、十月、十一月也。今之九月、十月、十一月無冰非天時之異，無緣總書春也。

昭公七年：夏四月甲辰朔，日有食之。左氏傳：夏四月甲辰朔，日有食之。晉侯問于士文伯曰：「誰將當日食？」對曰：「魯、衛惡之，衛大魯小。」公曰：「何故？」對曰：「去衛地，如魯地。注：衛地，豕韋也。魯地，降婁也。日食于豕韋之末，及降婁之始乃息，故禍在衛大，在魯小也。周四月，今二月，故曰在降婁。疏：娵訾之次，一名豕韋。于是有災，魯實受之。注：災發于衛，而魯受其餘禍。其大咎，其衛君乎？魯將上卿。」注：八月衛侯卒，十一月季孫宿卒。公曰：「詩所謂『彼日而食，于何不臧』者，何也？」對曰：「不善政之謂也。國無政，不用善，則自取謫于日月之災。」

十有五年：夏六月丁巳朔，日有食之。

十有七年：夏六月甲戌朔，日有食之。左氏傳：夏六月甲戌朔，日有食之。祝史請所用幣。昭子曰：「日有食之，天子不舉，伐鼓于社，諸侯用幣于社，伐鼓于朝，禮也。」平子禦之，曰：「止也。唯正月朔，慝未作，日有食之，于是乎有伐鼓用幣，禮也。其餘則否。」太史曰：「在此月也。注：正月，謂建巳正陽之月也。于周爲六月，于夏爲四月。四月純陽用事，陰氣未動而侵陽，災重，故有伐鼓用幣之禮也。平子以爲六月非正月，故太史答言在此月也。日過分而未至，注：過春分而未夏至。三辰有災，于是乎百官降物，君不舉，辟移時，樂奏鼓，祝用幣，史用辭。故夏書曰：『辰不集于房，瞽奏鼓，嗇夫馳，庶人走。』此月朔之謂也。當夏四月，是謂孟夏。」平子弗從。昭子退曰：「夫子將有異志，不君君矣。」

二十有一年：秋七月壬午朔，日有食之。左氏傳：秋七月壬午朔，日有食之。公問于梓慎曰：「是何物也？禍福何爲？」對曰：「二至二分，日有食之，不爲災。日月之行也，分，同道也；至，相過也。注：二分日夜等，故言同道。二至長短極，故相過。疏：日之行天，一日一周；月之行天，二十九日有餘。已得一周，日月異道，互相交錯。月之一周必半在日道裏，從外而入内也。半在日道表，從内而出外也。或六入七出，或七入六出，凡十三出入而與日一會，曆家謂之交道。通而計之，一百七十三日有餘而有一交。交在望前，朔則日食，望則月食；交在望後，望則月食，後月朔則日食，此自然之常數也。交數滿則相過，非二至乃相過也。其他月則爲災，陽不克也，故常爲水。」于是叔輒哭日食。昭子曰：「子叔將死，非所哭也。」八月，叔輒卒。

二十有二年：冬十有二月癸酉朔，日有食之。杜注：此月有庚戌。又以長曆推校前後，當爲癸卯朔，書癸酉，誤。疏：案傳「十二月庚戌，晉籍談」云云，庚戌上去癸酉三十七日〔一〕，若此月癸酉朔，其月不得有庚戌也。又傳十二月下有「閏月，晉箕遺」云云，又云「辛丑伐京」，辛丑是壬寅之前日也。二十三年傳曰：「正月壬寅朔，二師圍郊。」則辛丑是閏月之晦日也。又計明年正月之朔與今年十二月朔，中有一閏，相去當爲五十九日。此年十二月當爲癸卯朔，經書癸酉，明是誤也，故言「長曆推校」。十一月小，甲戌朔。傳有乙酉十二日也，又有己丑十六日也。十二月大，癸卯朔，傳有庚戌八日也。閏月小，癸酉朔，傳有閏月辛丑二十九日也。明年正月壬寅朔，則上下符合矣。

二十四年：夏五月乙未朔，日有食之。左氏傳：夏五月乙未朔，日有食之。梓慎曰：「將水。」昭子曰：「旱也。日過分而陽猶不克，克必甚，能無旱乎？陽不克莫，將積聚也。」

三十有一年：冬十有二月辛亥朔，日有食之。左氏傳：十有二月辛亥朔，日有食之。是夜也，趙簡子夢童子羸而轉以歌。旦占諸史墨，曰：「吾夢若是，今而日食，何也？」對曰：「六年及此月也，吴其入郢乎？終亦弗克。入郢必以庚辰。注：庚日有變，日在辰尾，故曰『以庚辰』。定四年十一月庚辰，吴入郢。疏：于天文房、心、尾爲大。辰尾是辰後

〔一〕「三十七日」，原作「二十七日」，據味經窩本、乾隆本、光緒本、春秋左傳正義卷五〇改。

之星也。日在辰尾，自謂在辰星。庚辰入郢，乃謂日是辰日。二辰不同，而以日在辰尾配庚爲庚辰者，二辰實雖不同，而同名曰辰，以其名同，故取以爲占。此則史墨能知，非是人情所測。此十二月日食，彼十一月入郢，則是未復其月，而云及此月者，長曆定四年閏十月庚辰，吴入郢，是十一月二十九日。杜云「昭三十一年傳曰六年十二月庚辰〔一〕，吴入郢，今十一月者，并閏數也」。然則彼是新閏之後，且十一月二十九日又其月垂盡，故得爲及此月也。**日月在辰尾。**注：辰尾，龍尾也。周十二月，今之十月，日月合朔于辰尾而食。**庚午之日，日始有謫。火勝金，故弗克。**」注：謫，變氣也。庚午十月十九日，去辛亥朔四十一日。雖食在辛亥，更以始變爲占也。午，南方，楚之位也。午，火；庚，金也。日以庚午有變，故災在楚。楚之仇敵惟吴，故知入郢必吴。火勝金者，金爲火妃。食在辛亥，亥，水也，水數六，故六年也。疏：長曆此年十月壬子朔，故庚午是十月十九日也。從庚午下去十二月辛亥朔爲四十一日，雖食在辛亥之日，而更以庚午爲占，舍近而取遠，自是史墨所見，其意不可知也。

定公五年：春，王三月辛亥朔，日有食之。

十有二年：冬十有一月丙寅朔，日有食之。

十有五年：秋八月庚辰朔，日有食之。

〔一〕「三十一年」，原作「二十一年」，據光緒本、春秋左傳正義卷五三改。

陸氏九淵曰：春秋日食三十六，而食之既者三。日之食與食之深淺，皆曆家所能知。是蓋有數，

疑若不爲變也。然天人之際，實相感通，雖有其數，亦有其道。昔之聖人未嘗不因天變以自治，「洊雷

震，君子以恐懼修省」，「君子無終食之間違仁，造次必于是，顛沛必于是」，所以修其身者素矣。然洊震

之時，必因以恐懼修省，此君子所以無失德而盡事天之道焉〔一〕，況日月之眚見于上乎！遇災而懼，側

身修行，欲銷去之，此宣王之所以中興也。知天災有可銷去之理，則無疑于天人之際，而知所以自求多

福矣。日者，陽也。陽爲君，爲父，苟有食之，斯爲變矣。食至于既變又大矣。言日不言朔，食不在朔

也。日之食必在朔，食不在朔，曆差也。

觀承案：象山此論，至爲精當。此天人感通之理，非有道者不能知。考禮者

雖得其數，不可不以此理立其本也。

哀公十有四年左氏傳：夏五月庚申朔，日有食之。

後漢書志：朔會望衡，鄰于所交，虧薄生焉。

宋書志：日行黄道，陽路也。月者陰精，不由陽路，故或出其外，或入其内，出入

去黄道不得過六度。入十三日有奇而出，出亦十三日有奇而入，凡二十七日而一入

〔一〕「事」，諸本作「是」，據象山先生全集卷二三改。

一出矣。交于黃道之上，與日相掩，則蝕焉。

唐書志：大衍日蝕議：小雅：「十月之交，朔日辛卯。」虞劆以曆推之，在幽王六年。開元曆定交分四萬三千四百二十九，入蝕限，加時在晝。交會而蝕，數之常也。詩云：「彼月而食，則維其常。此日而食，于何不臧？」日，君道也，無朏魄之變；月，臣道也，遠日益明，近日益虧。望與日軌相會，則徙而寖遠，遠極又徙而近交，所以著臣人之象也。望而正于黃道，是謂臣干君明，則陽斯蝕之矣。朔而正于黃道，是謂臣壅君明，則陽爲之蝕矣。且十月之交，于曆當蝕，君子猶以爲變，詩人悼之。然則古之太平，日不蝕，星不孛，蓋有之矣。若過至未分，月或變行而避之；或五星潛在日下，禦侮而救之；或涉交數淺，或在陽曆，陽盛陰微則不蝕；或德之休明，而有小眚焉，則天爲之隱，雖交而不蝕。此四者，皆德教之所由生也。四序之中，分同道，至相過，交而有蝕，則天道之常。如劉歆、賈逵，皆近古大儒，豈不知軌道所交，朔望同術哉？以日蝕非常，故闕而不論。黃初已來，治曆者始課日蝕疏密，及張子信而益詳。劉焯、張胄玄之徒自負其術，謂日月皆可以密率求，是專于曆紀者也。以戊寅、麟德曆推春秋日蝕，大最皆入蝕限。于曆應蝕而春秋不書者尚多，則日蝕必在交限，其入限者不必盡蝕。開元十二年七月戊午朔，于曆當蝕半彊，自交趾至于朔方，候之不蝕。十三年十二月庚戌朔，于曆當蝕太半，時東封泰山，還次梁、宋間，皇帝徹膳不舉樂，不蓋，素服，日亦不蝕。時群臣與八荒君長之來助祭者，降物以需，不可勝數，皆奉壽稱慶，肅然神服。雖算術乖舛，不宜如此，然後知德之動天，不俟終日矣。若因開元二蝕，曲變交限而從之，則差者益多。自開元治曆，史官每歲較節氣中晷，因檢加時小餘，雖大數有常，然亦與時推移，每歲不等。晷變而長，則日行黄道南；晷變而短，則日行黄道北。行而南，則陰曆之交也或失；行而北，則陽曆之交也或失。日在黄道之中，且猶有變，況月行九道乎！杜預云「日月動物，雖行度有大量，不能不小有盈縮。故有雖交會而不蝕者，或有頻交而蝕者」是也。故交曆必稽古史，虧蝕深淺、加時朓朒陰陽，其數相叶者，反覆相求，由曆數之中，以合辰象之變；觀辰象之變，反求曆數之中。類其所同，而中可知矣；辯其所異，而變可知矣。其循度則合于曆，失行則合于占。占道順成，常執中以追變；曆道逆數，常執中以俟變。知此之説者，天道如視諸掌。使日蝕皆不可以常數求，則無以稽曆數之疏密。若皆可以常數求，則無以知政教之休咎。今更設考日蝕或限術，得常則合于數。又日月交會大小相若，而月在日下，自京師斜射而望之，假中國食既，則南方戴日之下所虧纔半，月外反觀，則交而不蝕。步九服日晷以定蝕分，晨昏漏刻與地偕變，則宇宙雖廣，可以一術齊之矣。

蕙田案：日食雖云數有定，而其爲天變固顯然者。不知其數一定，非也。知其一定，而不謹天變，不加警惕，亦非也。唐時推日食猶未能密合，又不知變差氣差等在尋常食法之外，而亦具一定之故，謬爲月變行五星禦侮之説，弗知妄作矣。其言里差，則有可取，略識梗概而已。

宋史志：四正食差：正交如累璧，漸減則有差。在内食分多，在外食分少；交淺則間遥，交深則相薄；所觀之地又偏，所食之時亦别。苟非地中，皆隨所在而漸異。縱交分正等同在南方，冬食則多，夏食乃少。假均冬夏，早晚又殊，處南北則高〔一〕，居東西則下。視有斜正，理不可均。

元史志：曆法疏密，驗在交食，然推步之術難得其密，加時有早晚，食分有淺深，

〔一〕「南北」，諸本作「南辰」，據宋史律曆志七改。

取其密合，不容偶然。推術加時，必本于躔離朓朒；考求食分，必本于距交遠近；苟入氣盈縮、入轉遲疾未得其正，則合朔不失之先，必失之後。合朔失之先後，則虧食時刻，其能密乎？日月俱東行，而日遲月疾，月追及日〔一〕，是爲一會。交直之道，有陽曆陰曆；交會之期，有中前中後；加以地形南北東西之不同，人目高下邪直之各異，此食分多寡，理不得一者也。今合朔既正，則加時無早晚之差；氣刻適中，則食分無强弱之失。推而上之，自詩、書、春秋及三國以來所載虧食，無不合焉者。合于既往，則行之悠久，自可無弊矣。

明史志：正德十五年，禮部員外郎鄭善夫言：「日月交食，日食最爲難測。蓋月食分數，但論距交遠近，别無四時加減，且月小闇虚大，八方所見皆同。若日爲月所揜，則日大而月小，日上而月下，日遠而月近，日行有四時之異，月行有九道之分，故南北殊觀，時刻亦異。必須據地定表，因時求合。如正德九年八月辛卯日食，曆官報食八分六十七秒，而閩、廣之地，遂至食既。時刻分秒，安得而同？今宜案交食以更

〔一〕「及日」，原誤倒，據光緒本、元史曆志二乙正。

曆元，時刻分秒，必使奇零剖析詳盡。不然，積以歲月，躔離朓朒，又不合矣。」

鄭世子書：日道與月道相交處有二：若正會于交，則食既。若但在交前後相近者，則食而不既。此天之交限也。又有人之交限。假令中國食既，戴日之下所虧纔半，化外之地則交而不食。易地反觀亦如之。何則？日如大赤丸，月如小黑丸，共縣一線，日上而月下，即其下正望之，黑丸必揜赤丸，似食之既，及旁觀有遠近之差，則食數有多寡矣。春分已後，日行赤道北畔，交外偏多，交内偏少；秋分已後，日行赤道南畔，交外偏少，交内偏多，是故有南北差。冬至已後，日行黄道東畔，午前偏多，午後偏少；夏至已後，日行黄道西畔，午前偏少，午後偏多，是故有東西差。日中仰視則高，旦暮平視則低，是故有距午差。食于中前見早，食于中後見遲，是故有時差。凡此諸差，唯日有之，月則無也。故推交食，惟日頗難。欲推九服之變，必各據其處，考晷景之短長，揆辰極之高下，庶幾得之。曆經推定之數，徒以燕都所見者言之耳。舊云，月行内道食多有驗，月行外道食多不驗。又云，天之交限，雖係内道，若在人之交限之外，類同外道，日亦不食。此説似矣而未盡也。假若夏至前後日食于寅卯、酉戌之間，人向東北、西北觀之，則外道食分反多于内道矣。日體大于月，月不能盡揜之，或遇食既而日光四溢，形如金環，故日無食十分之理。雖既亦止九分八十秒。授時曆日食陽曆限六度，定法六十；陰曆限八度，定法八十；各置其限度，如其定法，而一皆得十分。今于其定法下各加一數，以除限度，則得九分八十餘秒也。

崇禎四年夏四月戊午夜望月食，光啓預推分秒時刻方位，奏言：「日食隨地不同，則用地緯度算其食分多少，用地經度算其加時早宴。月食分秒，海内並同，止用地經度推求先後時刻。臣從輿地圖約略推步，開載各布政司，月食初虧度分，蓋食分多少，既天下皆同，則餘率可以類推。不若日食之經緯各殊，必須詳備也。又月體一十五分，則盡入闇虚亦十五分止耳。今推二十六分六十秒者，蓋闇虚體大于月，若食時去交稍遠，則月體不能全入闇虚，止從月體論其分數，是夕之食極近于交，故月入闇虚十五分方爲食既，更進一十一分有奇〔一〕，乃得生光，故爲二十六分有奇。如回回曆推十八分四十七秒，略同此法也。」

〔一〕「一十一分」，諸本作「一十五分」，據明史曆志一改。

冬十月辛丑朔日食，新法預推順天見食二分一十二秒，應天以南不食，大漠以北食既，例以京師見食不及三分，不救護。光啓言：「月食在夜，加時早晚，苦無定據，惟日食案晷定時，無可遷就，故曆法疏密，此爲的證。臣等纂輯新法，漸次就緒，而向後交食爲期尚遠，此時不與監臣共見，至成曆後，將何徵信？且是食之必當測候，更有説焉。舊法食在正中，則無時差。今此食既在日中，而新法仍有時差者，蓋以七政運行皆依黄道，不由赤道。舊法所謂中乃赤道之午中，非黄道之正中也。黄、赤二道之中，獨冬、夏至加時正午，乃得同度。今十月朔，去冬至度數尚遠，兩中之差二十三度有奇，豈可因加時近午，不加不減乎？適際此日，又值此時，足可驗時差之正術，一也。本方之地，經度未得真率，則加時難定。其法必從交食時測驗數次，乃可較勘畫一。今此食依新術測候，其加時刻分，或前後未合，當取從前所記地經度分，斟酌改定。此可以求里差之真率，二也。時差一法，但知中無加減，而不知中分黄、赤。今一經目見，人人知加時之因黄道，因此推彼，他術皆然，足以知學習之甚易，三也。即分數甚少，亦宜詳加測候，以求顯驗。」帝是其言，至期，光啓率監臣預點日晷，調壺漏，用測高儀器測食甚日晷高度，又于密室中斜開一隙，置窺筩遠鏡以測虧圓，盡日體分數圖板以定食方。其時刻高度悉合，惟食甚分數未及二分。于是光啓言：「今食甚之度分密合，則經度里差已無煩更定矣。獨食分未合原推者，蓋因太陽光大能減月魄，必食及四五分以上，乃得與原推相合。然此測用密室窺筩，故能得此分數，倘止憑目力，或水盆照映，則眩耀不定，恐少尚不止此也。」又曰：「宋仁宗天聖二年甲子歲五月丁亥朔，曆官推當食不食，諸曆推算皆云當食，夫于法則實當食，而于時則實不食，今當何以解之？蓋日食有變差一法，月在陰曆，距交十度强，于法當食，而獨此日此地之南北差變爲東西差，故論天行則地心與日月相參值，實不失食，而從人目所見，則日月相距近變爲遠，實不得食。顧獨汴京爲然，若從汴以東數千里則漸見食，至東北萬餘里外則全見食也。夫變差時時不同，或多變爲少，或少變爲多，或有變爲無，或無變爲有，推曆之難，全在此等。」

五年九月十五日月食，監推初虧在卯初一刻，光啓推在卯初三刻，回回科推在辰初初刻，三法異同，致奉詰問。至期測候，陰雲不見，無可徵驗。光啓具陳三法不同之故，言：「時刻之加減，由于盈縮、遲疾兩差，而盈縮差舊法起冬、夏至，新法起最高。最高有行分，惟宋紹興間與夏至同度，郭守敬後此百年，去離一度有奇，故未覺。今最高在夏至後六度，此兩法之盈縮差所以不同也。遲疾差舊法只用一轉周，新法謂之自行輪，自行之外又有兩次輪，此兩法之遲疾差所以不同也。至于回回又異者，或由于四應，或由于里差，臣實未曉其故。總之，三家俱依本法推步，不能變法遷就也。將來有宜講求者二端：一曰食分多寡。日食時陽晶晃耀，每先食而後見，月食時游氣紛侵，每先見而後食，其差至一分以上。今欲灼見實分，有近造窺筩，日食時于密室中取其光景映照尺素之上，初虧至復圓，分數真確，晝然不爽。月食用以仰觀二體離合之際，鄞鄂著明，與目測迥異，此定分法也。一曰加時早晚。定時之術，壺漏爲古法，輪鐘爲新法，然不若求端于日星，晝則用日，夜則任用一星，皆以儀器測取經緯度數，推算得之，此定時法也。二法既立，則諸術之疏密，毫末莫遁矣。古今月食，諸史不載。日食自漢至隋凡二百九十三，而食于晦者七十七，晦前一日者三，初二日者三，其疏如此。唐至五代凡一百一十，而食于晦者一，初二日者一，稍密矣〔一〕。宋凡一百四十八，無晦食者，更密矣。猶有推食而不食者十三。元凡四十五，亦無晦食。猶有推食而不食者一，食而失推者一，夜食而書晝者一，至加時差至四五刻者，當其時已然。可知高遠無窮之事，必積時累世，乃稍見其端倪，故漢至今千七百歲，立法者十有三家，而守敬爲最優，尚不能無數刻之差，而况于沿習舊法者，何能責其精密哉？」

六年〔二〕，李天經進交食之議四：一曰日月景徑分恒不一。蓋日月有時行最高，有時行最卑，因相距有遠近，見有大小；又因遠近得太陰過景時有厚薄，所以徑分不能爲一。二曰日食午正非中限，乃以黄道九十度限爲中限。蓋南北東西差俱依黄道，則時差安得不從黄道論其初末以求中限乎？且黄道出地平上，兩象限自有其高，亦自有其中，此理未明，或宜加反減，宜減反加，凡加時不合者〔三〕，由此也。三曰日食初虧復圓，時刻多寡恒不等，非二時折半之説。蓋視差能變實行爲視行，

〔一〕「稍密矣」上，明史曆志一有「初三日者一」五字。
〔二〕「六年」，據明史曆志一應爲「八年」。
〔三〕「凡加」，諸本脱，據明史曆志一補。

則以視差較食甚前後，鮮有不參差者。夫視差既食甚前後不一，又安能令視行前後一乎？今以視行推變時刻，則初虧復圓，其不能相等也明矣。四曰諸方各以地經推算時刻及日食分。蓋地面上東西見日月出没，各有前後不同，即所得時刻亦不同，故見食雖一，而時刻異。此日月食皆一理。若日食則因視差隨地不一，即太陰視距不一，所見食分亦異焉。

新法曆書：步交食之術有二：一曰加時早晚，一曰食分淺深。加時者，日食于朔，月食于望，當豫定其食甚在某時刻分秒也。食分者，月所借之日光食于地景，地所受之日光食于月景，當豫定其失光幾何分秒也。加時早晚，非在日月正相會相望之實時，而在人目所見、儀器所測之視時。乃視時無均度可推，故日月兩食，皆先求其實時，既得實時，然後從視處密求日食之定時。惟月食則實時，即近視時也。然日與月實相會之度分未定，即欲求其實時，無從可得，故須先推中會時，計其平行及自行而得均數，然後以均數加減，求得其實會，因得其實時矣。若食甚之前爲初虧，食甚之後爲復圓，此兩限間亦應推定時刻分秒。其法于前後數刻間，推步日躔月離，求其實行視行，月有遲疾，經時則生變易，故宜近取。以得起復之間時刻久近也。食分多寡，謂日食時月體揜日體若干，月食時月體入地景若干也。其法以日月兩半徑較太陰距黃道度分，得其大小；次求二曜距交遠近，與古法不異。第日月各有最高庳，景徑因之小大；黃白距度有廣狹，食限爲之多少；至於日食三差，尤多曲折，此爲異矣。

欲定本地之日食分，必先定本地之蒙氣差，以限本地之視徑；又宜累驗本地之食分加時，然後酌量消息，蒙差視徑可得而定也。今所考求酌定者，太陽在最高得徑三十〇分，在最庳徑三十一分。太陰不分朔望，蒙氣稍薄故也。在最高視徑三十〇分三十〇秒，在最庳視徑三十四分四十〇秒。地景最小者四十三分，最大者四十七分。日月行最高最庳處之間，視徑亦漸次不一。

食限者，日月行兩道，各推其經度距交若干，爲有食之始也。而日與月不同，月食則太陰與地景相遇，兩周相切，以其兩視半徑較白道距黃道度，又以距度推交周度，定食限。若日食，則太陽與太陰相遇，雖兩周相切，其兩視半徑未可定兩道之距度，爲有視差，必以之相加而得距度，故特論半徑，則日食之二徑狹，月食之二徑廣。論日食之限，反大于月食之限，以視差也。

太陰食限。表中地景半徑最大者，先定四十七分，太陰半徑最大者一十七分二十〇秒，并得一度〇四分二十〇秒。日月兩道之距在此數以內，可有月食。可食者，可不食也。以此距度推其相值之交，常得一十二度二十八分，爲月食限，推法最大距度四度五十八分半，與象限九十度，若距度與交常之弧也。其最小者，地半景定四十三分，月半徑一十五分一十五秒，并得五十八分一十五秒。若距度與之等者，依前法推交常度，得一十一度一十六分。此限以內，月過景必有食也。必食者，無不食也。抑此兩者，皆論實望時之食限耳。若論平望，其限尤寬。

太陽食限。表中太陽之最大半徑一十五分三十〇秒，太陰之最大半徑一十七分二十〇秒，并得三十二分五十〇秒，所謂二徑折半也。以此推相值之交，常爲六度四十〇分，是太陽不論視差，不分南北，正居實會之食限也。第日食不在天頂，即有高庳視差，太陰每偏而在下交會時，以此差故，或就近於太陽，或移遠，隨地隨時，各各不同，安得以實度遽定日食之限乎？測太陰交食時，最大高庳差得一度〇四分，因距遠五十四地半徑故。減太陽之最大高庳差三分，餘一度〇一分，此爲太陰偏南之極多者。凡日食時，必有一方能見其然，是爲大地公共之最大差。以加二徑折半，得總視距度一度三十三分五十〇秒。外此即無日食，在其內則可食。依前法求食限，得兩交前後各一十八度五十〇分，爲兩大視徑折半之限也。若以小半徑求食限與前差度，并得一度三十一分有奇，推相值之交周度一十七度四十八分，爲小視徑折半之日食限。若日月會入此限内者，日必食，但非總大地能見，必有地能見耳。若以中會論食限，又須加入實會距中會之度。其最大弧三度，則中會有食之限二十餘度。

欲知此月内有無交食，則以食限求之。欲知此食食分幾何，則以距度求之。距度者，在月食，爲太陰心實距地景之心，兩心愈相近，月食分愈多。在日食，爲日月兩心以視度相距，其近其遠，皆以目視爲準，不依實推。蓋定朔爲實交會，天下所同，而人見日食，東西南北各異，所以然者，皆視度所爲也。

太陰在食限内過地景，其兩心最相近時爲食甚，而食分必多。欲知食甚之處，用距度求之。蓋距度與地半景及月半徑相減，得月入景之分。此言分者，天周度數之分，非平分月徑之分也。如兩半徑得一度，距度四十〇分相減，餘二十分，爲所求月入景之分也。但距度與半景或等或不等，若過不及之分小于月半徑，則月不全入景，而止食其半，或大半，或少半而已。若距度小于半景者，爲太陰之正半徑，則雖全食，隨復生光，其食分即太陰之全徑。以月自行推之，若絶無距度，即太陰遇景正在兩交，則并其兩半徑，可推月食之分也。

食甚前初虧也，食甚後復圓也。兩限間之時刻多寡，其緣有三：一在太陰本時距度。因距度或多或寡，每食不同，即太陰入景淺深不同，淺則時刻必少，深則時刻必多。其二在月及景兩視半徑。半徑小，太陰過之所須時刻少；半徑大，太陰過之所須時刻多。其三在太陰自行。自行有時速，有時遲，雖則距度同視徑同，而自行遲疾不同，即所須時刻不同矣。

月食生於地景，景生於日，故天上之實食，即人所見之視食，無二食也。日食不然，有天上之實食，有人所見之視食。其食分之有無多寡，加時之早晚先後，各各不同。推步日食難于太陰者，以此。其推算視食，則依人目與地面爲準。凡交會者，必參相直不參直不相揜也。日之有實食也，地心與月與日參居一線之上也。其有視食也，人目與月與日參居一線之上也。人目居地面之上，與地心相距之差，爲大地之半徑，則所見日食與實食恒偏左偏右，其所指不得同度分，是生視差，而人目所參對之線不得爲實會，而特爲視會。視會與實會無異者，惟有正當天頂之一點，過此以地半徑、以日月距地之遠測太陽及太陰實有三等視差。其法以地半徑爲一邊，以太陽太陰各距地之遠爲一邊，以二曜高度爲一邊，成三角形，用以得高庳差，一也。又偏南而變緯度，得南北差，二也。以黄道九十度限偏左偏右而變經度，得東西差，三也。因東西視差，故太陽與太陰會有先後遲速之變。二曜之會在黄平象限東，即未得實會，而先得視會；若在黄平象限西，則先得實會，而後得視會，所謂中前宜減、中後宜加者也。因南北視差，故太陰距度有廣狹，食分有大小之變。如人在夏至之北，測太陰得南北視差，即以加于太陰實距南度以減於實距北度，又東西南北兩視差皆以黄平象限爲主，蓋正當九十度限，絶無東西差，而反得最大南北差。距九十度漸遠，南北差漸小，東西差漸大，至最遠，乃全與高庳差爲一也。三差恒合爲句股形，高庳其弦，南北其股，東西其句，至極南則弦與股合，至極東極西則弦與句合也。

東西、南北、高庳三差之外，復有三差，不生於日月地之三徑，而生於氣。氣有輕重，有厚薄，各因地因時，而三光之視差爲之變易有三：一曰清蒙高差，是近於地平，爲地面所出清蒙之氣變易高下也。二曰清蒙徑差，亦因地上清蒙之氣而人目所見太陽本徑之大小爲所變易也。三曰本氣徑差。本氣者，四行之一，即内經素問所謂大氣。地面以上，月天以下，充塞太空者是也。此比於地上清蒙更爲精微，無形質，而亦能變易太陽之光照，使目所見之視度隨地隨時小大不一也。

梅氏文鼎日食附説：恒年表以首朔爲根，何也？曰：首朔者，年前冬至後第一朔也。因算交會必于朔望，故以此爲根也。太陽平引與其經度不同，何也？曰：太陽引數從最高衝起算，經度從冬至起算也。冬至定于初宫初度，最高衝在冬至後六七度，且每年有行分，此西曆與古法異者也。日定均者，即古法之盈縮差也。月定均者，遲疾差也。距弧者，平朔與實朔進退之度也。距時者，平朔實朔進退之日時也。因兩定均生距弧，因距弧生距時，即古法之加減差也。平朔既有進退矣，則此進退之時刻内亦必有平行之數，故各以加減平行而爲實引也。實引既不同平引，則其均數亦異，故又有實均以生實距弧及實距時也。夫然後以之加減平朔而爲實朔也。平朔，古云經朔。實朔，古云定朔。然古法定朔即定于加減差，定盈縮、定遲疾則惟于算交食用之，而西曆用于定朔，此其微異者也。朔有進退，則交周亦有進退，故有實交周。案古法亦有定交周，其法相同。

問：平朔者，古經朔也。實朔者，古定朔也。何以又有視朔？曰：此測驗之理，因加減時得之，古法所無也。何以謂之加減時？曰：所以求實朔時太陽加時之位也。時刻有二：其一爲時刻之數，其一爲時刻之位。凡布算者，稱太陽右移一度稍弱爲一日，又或動天左旋行三百六十一度稍弱爲一日。此則天行之健，依赤道而平轉。其數有常，于是自子正歷丑寅，復至子正，因其運行之一周而均截之，爲時爲刻，以紀節候，以求中積，所謂時刻之數也。凡測候者，稱太陽行至某方位爲某時爲某刻，此則太虚之體依赤道以平分。其位一定，于是亦自子正歷丑寅，復至子正，因其定位之一周而均分之，爲時爲刻，以測加時，以候凌犯，所謂時刻之位也。之二者並宗赤道，宜其同矣。然惟二分之日，黄、赤同點，經緯並同。二至之日，黄、赤同經，緯異經同。則數與位合，所算時刻之數，太陽即居本位，與所測加時之位一一相符。不用加減時。其過此以往，則二分後有加分。加分者，太陽所到之位在實時西。二至後有減分。減分者，太陽所到之位在實時東也。然則所算實朔，尚非實時乎？曰：實時也。實時何以復有此加減？曰：正惟實時，故有此加減。若無此加減，非實時矣。蓋此加減時分，不因里差而異，九州萬國加減悉同，非同南北東西差之隨地而變。亦不因地平上高弧而改，高弧雖有高下，加減時並同，非若地半徑及蒙氣等差之以近地平多，近天頂少。而獨與實時相應，但問所得實時入某節氣，或在分至以後，或在分至以前，其距分至若同，即其加減時亦同，是與實時相應也。故求加減時者，本之實時。而欲辨實時之真者，亦即徵諸加減時矣。其以二分後加，二至後減，何也？曰：升度之理也。凡二分以後，黄道斜而赤道直，故赤道升度少，升度少則時刻加矣。二至以後，黄道以腰圍大度行赤道殺狹之度，故赤道升度多，升度多則時刻減矣。加減時即視時也，一曰用時；其實朔時，一曰平時。加減時之用有二：其一加減實時爲視時，則施之測驗，可以得其正位。其一反用加減，以變視時爲實時，則施之推步，可以得其正算。然其理無二，故其數亦同也。古今測驗而得者，並以太陽所到之位爲時，故曰加時，言太陽加臨其地也。然則皆視時而已。

月距地者何？即月天之半徑也。月天半徑而謂之距地者，地處天中故也。地恒處天中，則半徑宜有恒距，而時時不同者，生于小輪也。月行小輪，在其高度則距地遠矣，在其卑度則距地近矣，每度之高卑各異，故其距地亦時時不同也。

日半徑、月半徑者，言其體之視徑也。論其真體，日必大于月。論其視徑，日月略相等。所以能然者，日去人遠，月去人近也。然細測之，則其兩視徑亦時時不等，此其故亦以小輪也。日月在小輪高處，則以遠目，而損其視徑；在其卑處，則以近目，而增其視徑矣。并徑者，日月兩半徑之總數也。兩半徑時時不同，故其并徑亦時時不同，而食分之深淺因之，虧復之距分因之矣。

總時者，何也？以求合朔時午正黄道度分也。何以不言度而言時？以便與視朔相加也。然則何不以視朔變爲度？曰：日實度者，黄道度也。時分者，赤道度也。若以視朔時變赤道度，亦必以日實度變赤道度，然後可以相加。今以日實度變爲時，即如預變赤道矣。此巧算之法也。其必欲求午正黄道，何也？曰：以求黄平象限也。即表中九十度限。何以爲黄平象限？曰：以大圈相交，必互相均剖爲兩平分，故黄、赤二道之交地平也，必皆有半周百八十度在地平之上；黄道、赤道地平並爲渾圓上大圈，故其相交必皆中剖。其勢如虹，若中剖虹腰，則爲半周最高之處，而兩旁各九十度，故謂之九十度限也。此九十度限，黄、赤道並有之。然在赤道，則其度常居正午，以其兩端交地平常在卯正酉正也。黄道則不然，其九十度限，或在午正之東，或在午正之西，時時不等。惟二至度在午正，則九十度限亦在午正，與赤道同法。此外則無在午正者，而且時時不同矣。其兩端交地平，亦必不常在卯正酉正，亦惟二至度在午正爲九十度限，則其交地平之處即二分點，而黄道與赤道同居卯酉。此外則惟赤道常居卯酉。而黄道之交于地平，必一端在赤道之外而居卯酉南，一端在赤道之内而居卯酉北。而時時不等故也。黄道東交地平在卯正南，其西交必酉正北，而九十度限偏于午規之西。若東交地平在卯正北，其西交地平必酉正南，而九十度限偏于午正之東。則半周如虹，時時轉動，勢使然也。蓋黄道在地平上半周之度，自此中分，則兩皆象限。若從天頂作線，過此以至地平，必成三角，而其勢平過如十字，故又曰黄平象限也。地平圈爲黄道所分，亦成兩半周。若從天頂作弧線過黄平象限而引長之，成地平經度半周，必分地平之兩半周爲四象限。而此經線必北過黄極，與黄經合而爲一。

問：黄平象限在午正必二至日，有之乎？曰：否。每日有之也。凡太陽東陞西没，成一晝夜，則周天三百六十度皆過午正而西，故每日必有夏至冬至度在午正時。此時此刻，即黄平象限與子午規合而爲一，每日只有二次也。自此二次之外，二至必不在午正，而黄平象限亦必不在二至矣。黄平象限表以極出地分，何也？曰：地平上黄道半周，中折之爲黄平象限，其兩端距地平不等，而自非二至在午正，則黄道之交地平，必一端近北，一端近南，極出地漸以高，則近北之黄道漸以出，近南之黄道漸以没，而黄平象限亦漸以移，此所以隨地立表也。求黄平象限，何以必用總時？曰：黄平象限時時不同，即午規之度亦時時不同，是午正黄道與黄平象限同移也。則其度必相應，是故得午正即得黄平。黄平限爲某度，其午正必爲某度，謂之相應。然則午正爲某度，即黄平限必某度矣。故得此可以知彼。而總時者，午正之度也。此必用總時之理也。日距限分東西，何也？曰：所以定時差之加減也。凡用時差，日在限西則加，日在限東則減。日距地高，何也？曰：所以求黄道之交角也。時差氣差並生于交角，又生于限距地及限距日。二者交食之關鍵，而非黄平象限無以知之矣。

日距地高，何也？謂合朔時太陽之地平緯度也，亦曰高弧。高弧之度，隨節氣而殊，故論赤緯之南北。赤緯之南北同矣，又因里差而異，故論極出地。極出地同矣，又以加時而變，故又論距午刻分。極出地者，南北里差；距午刻分者，東西里差也。合是數者，而日距地平之高可見矣。其必求高弧者，何也？所以求月高下差也。高下差在月，而求日距地高者，日食時經緯必同度，故日在地平之高即月高也。何以爲月高下差？曰：合朔時太陰之視高必下于真高。其故何也？月天在日天之内，其間尚有空際，故地心與地面各殊，地面所見謂之視高，以較地心所見之真高，往往變高爲下，以人在地面旁視而見其空際也，故謂之月高下差。地心見食，謂之真食。地面見食，謂之視食。有時反不見食，見視食時反非地心之真食，縱使地心地面同得見食，而食分淺深亦必不同，凡此皆月高下差所爲也。月高下差，時時不同，其緣有二：其一爲月小輪高卑。在小輪卑處，月去人近，則距日遠而空際多，高下差因之而大矣。在小輪高處，月去人遠，則距日近而空際少，高下差因之而小矣。其一爲高弧。高弧近地平，從旁視，而所見空際多，則高下差大矣。高弧近天頂，即同正視，而所見空際少，則高下差小矣。若高弧竟在天頂，即與地心所見無殊，無高下差。小輪高卑天下所同，高弧損益隨地各異，故當兼論也。

兩圈交角，何也？曰：日所行爲黄道圈，以黄極爲宗者也。人在地平上，所見太陽之高下爲地平經圈，以天頂爲宗者也。此兩圈者，各宗其極，則其相遇也，必成交角矣。因此交角遂生三差，日食必求三差，故先論交角也。三差之内，其一爲地平緯差，即高下差；其一爲黄道經差，即東西差；其一爲黄道緯差，即南北差。此三差者，惟日食在九十度限，則黄道經圈與地平經圈相合爲一而無經差，故但有一差。無經差則但有緯差，是無東西差而有南北差也。而兩經緯既合爲一，則地平之高下差，又即爲黄道之南北差，而成一差。若日食不在九十度，而或在其東，或在其西，則兩經圈不能相合爲一，遂有三差。月高下差恒爲地平高弧之緯差，而黄道經圈自與黄道爲十字正角，不與地平經合，以生經度之差角，是爲東西差。又黃道上緯度自與黃道爲平行，不與地平緯度合，以生緯度之差角，是爲南北差。東西南北並主黃道爲言，與地平之高下差相得而成句股形，則東西差如句，南北差如股，而高下差常爲之弦，合之則成三差也。因此三差，有此方見日食，彼方不見，或此見食分深，彼見食分淺之殊，故交食重之，而其源皆出于交角。三差既爲句股形，則有兩圈之交角，即有其餘角，而交角所對者爲氣差，即南北差。餘角所對者爲時差，即東西差。

定交角，何也？所以求三差之真數也。何以爲三差真數？曰：日食三差，皆人所見太陰之視差，而其根生于交角，則黃道之交角也。殊不知太陰自行白道，與黃道斜交，其交于地平經圈也，必與黃道之交不同角，則所得之差容有未真。今以月道交黃道之角加減之爲定交角，以比兩圈交角之用爲親切耳。

時差，古云東西差。其法，日食在東，則差而東爲減差。減差者，時刻差早也。日食在西，則差而西爲加差。加差者，時刻差遲也。其故何也？太陽之天在外，太陰之天在內，並東升而西降；而人在地面所見之月度，既低于真度，則其視差之變高爲下者，必順于黃道之勢，故合朔在東陞之九十度，必未食而先見；限東一象限，東下西高，故月之真度尚在太陽之西，未能追及于日，而以視差之變高爲下，亦遂能順黄道之勢變西爲東，見其掩日矣。若合朔在西降之九十度，必先食而後見；限西一象限，黄道西下東高，故月之真度雖已侵及太陽之體，宜得相揜，而以視差之故變高爲下，遂順黄道之勢變東而西，但見其在太陽之西尚遠，而不能揜日矣。而東西之界，並自黄道九十度限而分，此黄平象限之實用也。問：日月以午前東升，午後西降，何不以午正爲限，而用黄平象限乎？曰：此西法之合理處也。何以言之？日月之東升西降自午正而分者，赤道之位終古常然者也。日月之視差東減西加自九十度限而分者，黄道之勢頃刻不同者也。若但從午正而分，則加減或至于相反。授時古法之交食，有時而疏，此其一端也。問：加減何以相反？曰：黄平限既與午正不同度，則在限爲西者，或反爲午正之東；在限爲東者，或反爲午正之西；日食遇之，則加減相違矣。

近時距分者，何也？即視朔時或加或減之時刻分也。所以有此加減者，時差所爲也。然何以不徑用時差？曰：時差者，度分也。以此度分求月之所行，則爲時分矣。近時何也？所推視朔時與真朔相近之時也。食在限東，此近時必在視朔時以前，故減。食在限西，近時必在視朔時以後，故加。

近總時，何也？近時之午正黃道度也。朔有進退，午正之黃道亦因之進退，故仍以近時距分加減視朔午正度爲本，求之近時午正度，既有近時，又有近時之午正度，則近時下之日距限及限距地高、日距地高以及月高下差、兩圈交角，凡在近時應有之數，一一可推，因以得近時之時差矣。既得時差，可求視行。

視行者，何也？即近時距分內，人目所見月行之度也。何以有此視行？曰：時差所爲也。蓋視朔既有時差，則此時差所到之度，即視朔時人所見月行所到差于實行之較也。視朔既改爲近時，則近時亦有時差，而又即爲人所見近時月行所到差于實行之較矣。此二者必有不同，則此不同之較，即近時距分內人所見月行差于月實行之較矣。故以此較分加減時差爲視行也。本宜用前後兩小時之時差較加減月實行爲視行，如用距分減視朔者，則取視朔前一小時之時差；若距分加視朔者，則取視朔後一小時之時差。各取視朔時差相減得較以加減月實行，即爲一小時之視行。再用三率比例，得真時距分，法爲月視行與一小時，若時差度與真時距分也。今以近時內之視行取之，其所得真時距分等。何以明其然也？曰：先得時差，即近時距分之實行也。實行之比例等，則視行之比例亦等。問：視行之較一也，而或以加，或以減，其理云何？曰：凡距分之時刻變大，則所行之度分變少，故減實行爲視行。若距分之時刻變小，則所行之度分變大，故加實行爲視行。假如視朔在黄平限之東，時差爲減差，而近時必更在其東，其時差亦爲減差，乃近時之時差所減大于視朔所減，是爲先小後大。其距分必大于近時距分，而視行小于實行，其較爲減。又如視朔在黄平限之西，時差爲加差，而近時必更在其西，時差亦爲加差，乃近時之時差所加大于視朔所加，是亦爲先小後大。其距分亦大于近時距分，而視行亦小于實行，故其較亦減。二者東西一理也。若視朔在黄平限東，其時差爲減，而近時時差之所減反小于視朔所減。又若視朔在黄平限西，其時差爲加，而近時時差之所加反小于視朔所加。此二者，並先大後小，則其距分之時刻變小矣。時刻變小，則視行大于實行，而其較應加。東西一理也。

真時距分者，何也？即視朔時或加或減之真時刻也。其數有時而大于近時距分，亦有時而小于近時距分，皆視行所生也。視行小于實行，則真時距分大于近時距分矣。視行大于實行，則真時距分小于近時距分矣。其比例爲視行度于近時距分，若時差度與真時距分也。真時何也？所推視朔之真時刻也。真時在限東，則必早于視朔之時；真時在限西，則必遲于視朔之時。此其于視朔，並以東減西加，與近時同。惟是真時之加減，有時而大于近時，有時而小于近時，則惟以真時距分爲斷，不論東西，皆一法也。若真時距分大于近時距分而在限東，則真時更先于近時，在限西，則真時更後于近時，是東減西加皆比近時爲大也。若真時距分小于近時距分而在限東，則真時後于近時，在限西，則真時先于近時，是東減西加皆比近時爲小也。

真總時何也？真時之午正黃道也，故仍以真時距分加減視朔之總時爲總時。即是改視朔午正度爲真時午正度。近時既改爲真時，即食甚時也。然容有未真，故復考之，考之則必于真時復求其時差，而所以求之之具，並無異于近時，所異者皆真時數耳。謂日距限，限距地高，日距地高，月高下差、兩圈交角等項，並從真時立算。是之謂真時差。既得真時差，乃別求真距度，以相參考，則食甚定矣。考定真時，全在此處。何以爲真距度？曰：即真時距分内應有之月實行也。蓋真時差是從真時逆推至視朔之度，真時距分内實行是從視朔順推至真時之度，此二者必相等，故以此考之。考之而等，則真時無誤，故即命爲食甚定時也。其或有不等之較分，則以法變爲時分而損益之，于是乎不等者亦歸于相等，是以有距較度分考定之法也。距較度分者，距度之較也。損益分者，距時之較也。其比例亦如先得時差度與真時距分，故可以三率求也。　真時差大者，其距時亦大，故以益真時距分，益之則減者益其減。原在限東而真時早者，今乃益早。若加者，亦益其加。原在限西而真時遲者，今則益遲矣。真時差小者，其距時亦小，故以損真時距分，損之則減者損其減。原在限東而真時早者，今改而稍遲。若加者，亦損其加。原在限西而真時遲者，今改而稍早矣。如是考定真時距分，以加減視朔爲真時，即知無誤，可謂之考定食甚時也。

氣差，古云南北差。準前論，月在日內，人在地內，得見其間空際，故月緯降高爲下。夫降高爲下，則亦降北爲南矣。此所以有南北差也。南北差生于地勢，中國所居，在赤道之北，北高南下故也。然又與高下差異者，自天頂言之曰高下，自黃道言之曰南北，惟在正午，則兩者合而爲一。高下差即爲南北差，其餘則否。氣差與時差同根，故有時差即有氣差，而前此諸求但用時差者，以食甚之時未定，重在求時也。今則既有真時矣，當求食分，故遂取氣差也。時差、氣差並至真時始確。

定交周者，何也？真時之月距交度也。食甚既定于真時，則一切視差皆以食甚起算，故必以實朔交周改爲食甚之交周，斯之謂定交周也。月實黄緯者，食甚時月行實距黄道南北之緯度也。月視黄緯者，食甚時人所見月距黄道南北緯度，則氣差之所生也。月行白道，日行黄道，惟正交中交二點，月穿黄道而過，正在黄道上，而無距緯，其距交前後並有距緯，而每度不同，然有一定之距，是爲實緯。實緯因南北差之故，變爲視緯，即無一定之距，隨地隨時而異。但其變也，皆變北爲南。假如月實緯在黄道北，則與黄道實遠者，視之若近焉，故以氣差減也。若月實緯在黄道南，則與黄道實近者，視之若遠焉，故以氣差加也。至若氣差反大于實緯，則月雖實在黄道北，而視之若在南，故其氣差内減去在北之實緯，而用其餘數，爲在南之視緯也。

并徑減距者，何也？并徑所以定食分，減距所以定不食之分也。距者何也？即視緯也。并徑則日月兩半徑之合數也。假令月行黄道北，其北緯與南北差同，則無視緯可減，而并徑全爲食分，其食必既，其餘則皆有距緯之減。而距大者，所減多，其食必淺。距小者，所減少，其食必深。是故并徑減餘之大小，即食分之所由深淺也。若距緯大于并徑，則日月不相及，或距緯等于并徑，則日月之體相摩而過，不能相掩，必無食分矣。并徑内又先減一分，何也？曰：太陽之光極大，故人所見之食分必小于真食之分，故預減一分也。然則食一分者，即不入算乎？曰：非也。并徑之分，度下分也。每六十分爲一度。食分之分，太陽全徑之分也。以太陽全徑十平分之，假令太陽全徑三十分，則以三爲一分。是故并徑所減之一分，于食分只二十餘秒。問：日月兩半徑既時時不同，則食分何以定？曰：半徑雖無定，而比例則有定，但以并徑減餘與太陽全徑相比，則分數覩矣。分太陽全徑爲十分，即用爲法，以分并徑減距之餘分，定其所食爲十分中幾分。有時太陰徑小于太陽，則雖兩心正相掩，而四面露光，曆家謂之金環。是其并徑亦小于太陽全徑，雖無距緯可減，而不得有十分之食故也。

日食月行分者，何也？乃自虧至甚之月行度分也。自甚至復同用。其法，以并徑減一分常爲弦，視緯常爲句，句弦求股，即得自食甚距虧與復之月行度分矣。

前總時，何也？即食甚前一小時之午正度也。得此午正度，即可得諸數，以求前一小時之時差，謂之前時差。前時差與真時差之差分，即視行與實行之差分，故以差分加減實行得視行也。假如日在限西，而前時差大于真時差，是初虧所加多而食甚所加反少也。以此求虧至甚之時刻，則變而小矣。時刻小則行分大，故以差分加實行爲視行。若日在限西，而前時差小于真時差，是初虧所加少而食甚所加漸多也。以此求虧至甚之時刻，則變而大矣。時刻大則行分必小，故以差分減實行爲視行。日在限東，而前時差大于真時差，是初虧所減多而食甚所減漸少也。以此求虧至甚之時刻，則變而大矣。時刻大者行分小，故以差分減實行爲視行。若日在限東，而前時差小于真時差，是初虧所減少而食甚所減反多也。以此求虧至甚之時刻，則變而小矣。時刻小者行分大，故以差分加實行爲視行。食甚定交角滿象限不用差分，何也？無差分也。何以無差分？曰：差分者，時差之較也。食甚在限度，即無食甚時差，無可相較，故初虧徑用前時差，復圓徑用後時差。又食甚在限度，則初虧距限東，而前時差恒減；復圓距限西，而後時差恒加。減時差則初虧差而早，加時差則復圓差而遲。其距食甚之時刻，並變而大也。時刻大者行分小，故皆減實行爲視行。又若初虧復圓時定交角滿象限亦無差分，而徑用食甚之時差減實行爲視行，與此同法。其初虧復圓距食甚之刻分，亦皆變大，而行分變小也。視行之理，此爲較著。

初虧距時分者，初虧距食甚之時刻也。用上法得視行爲食甚前一小時之數，而初虧原在食甚前，則其比例爲視行之于一小時，猶日食月行之于初虧距時，故可以三率取之也。既得此初虧距分，則以減食甚而得初虧時刻也。

後總時者，即食甚後一小時之午正度分也。用此午正度得諸數，以求後一小時之時差，爲後時差。又以後時差與真時差相較得差分，以加減實行爲視行，並同初虧，但加減之法並與初虧相反。假如日在限西，而後時差大于真時差，是食甚所加少而復圓所加多，則甚至復之時刻亦變而大矣。時刻大者行分小，故以差分減實行爲視行。若日在限西，而後時差小于真時差，是食甚所加多而復圓所加反少，則甚至復之時刻亦變而小矣。時刻小者行分大，故以差分加實行爲視行。假如日在限東，而後時差大于真時差，是食甚所減少而復圓所減反多，則甚至復之時刻變而小矣。時刻小者行分大，故以差分加實行爲視行。若日在限東，而後時差小于真時差，是食甚所減多而復圓所減少，則甚至復之時刻變而大矣。時刻大者行分小，故以差分減實行爲視行。復圓距時分三率之理並與初虧同。惟復圓原在食甚後，故加食甚時刻爲復圓時刻。

問：定交角滿象限以上反其加減，何也？曰：此變例也。西曆西加東減，並以黄道九十度限爲宗。今用定交角，則是以白道九十度限爲宗，而加減因之變矣。

問：白道亦有九十度限乎？曰：以大圈相交割之理徵之，則宜有之矣。何則？月行白道亦分十二宫，則亦爲大圈，其交于地平也，亦半周在地平上，則其折半之處必爲白道最高之處，而亦可名之爲九十度限矣。或可名白道度限。若從天頂作高弧，過此度以至地平，則成十字正角，而其圈必上過白道之極，成白道經圈，與黄平象限同。黄平象限上十字經圈串天頂與黄道極，故亦成黄道經圈，與此同理。月在此度，即無東西差，而南北差最大，與高下差等。前論月在黄平象限無東西差，而即以高下差爲南北差，其理正是如此。但月行白道，當以白道爲主，而論其東西南北，始爲親切。若月在此度以東，則差而早，宜有減差；在此度以西，則差而遲，宜有加差；但其加減，有時而與黄平象限同，有時而與黄平象限異，故有反其加減之用也。問：如是則白道亦有極矣，極在何所？曰：白道有經有緯，凡東西差皆白道經度，南北差皆白道緯度。則亦有南北二極，爲其經緯之所宗，但其極與黄極恒相距五度以爲定緯。雖亦有小小增減，而大致不變。其經度則歲歲遷動，至滿二百四十九交，而偏於黄道之十二宫，則又復其始。約其數，十九年有奇。法當以黄極爲心，左右各以五緯度爲半徑，作一小圓以爲載白道極之圈，再以正交中交所在宫度折半取中，即于此度作十字經圈，必串白道極與黄道極矣。則此圈之割小圓點，即白道極也。問：何以知此圈能過黃白兩極也？曰：此圈于黃道白道並作十字正角故也。凡大圈上作十字圈，必過其極。問：此圈能串兩極，則限度常在此度乎？曰：不然也。此度能串黃白兩極，而未必其串天頂，如黃道上極至交圈也。若限度，則必串天頂以過白極，而未必其過黃極，如黃道上之黃平限也。是故白道上度處處可爲限度，亦如黃道上度處處可爲黃平限。但今在地平上之白道半周，某度最高，即其兩邊距地平各一象限，從此度作十字經圈，必過天頂而串白道之兩極，何也？此圈過地平處，亦皆十字角即與地平經圈合而爲一，所謂月高下差，即在此圈之上矣。惟白道半交爲限度，能與黃平限同度，此外則否，況近交乎！故必用定交角也。

問：定交角者，所以變黃道交角爲白道交角也，然何以不先求白道限度？曰：交角者，生於限度者也。交角變則限度移矣，故先得限度，可以知交角。交角之向背以距限東西而異，交角之大小以距限遠近而殊。而既得交角，亦可以知限度，故不必復求限度也。其加減以五度，何也？曰：取整數也。古測黃、白大距爲六度，以西度通之，得五度五十四分奇。西曆所測只五度奇，而至于朔望又只四度五十八分半。今論交角，故祇用整數也。若用弧三角法求白道限度所在及其距地之高，並可得交角細數。然所差不多，蓋算交食必在朔望，又必在交前交後故也。問：五度加減後，何以有異號不異號之殊？曰：近交時白道與黄道低昂異勢者也。惟月在半交，能與黄道平行，亦如二至黄道之與赤道平行也。若交前交後，斜穿黄道而過，不能與黄道平行，亦如二分黄道之斜過赤道也，故低昂異勢。然又有順逆之分，而加減殊焉。其白道斜行之勢，與黄道相順者，則恒減。減惟一法，減者，角損而小也。雖改其度，不變其向。若白道與黄道相逆者，則恒加。加者多變，加者，角增而大也。增之極，或滿象限，或象限以上，遂至改向。遂有異號之用矣。是故限西黄道皆西下而東高，限東黄道皆西高而東下，此黄道低昂之勢，因黄平象限而異者也。而白道正交，初宫十一宫也，即古法之中交。自黄道南而出于其北，亦爲西下而東高。黄道半周在地平上者，偏于天頂之南，以南爲下，北爲上。正交白道自南而北，如先在黄道之下而出于其上，故比之黄道爲西下而東高也。白道中交，五宫六宫也，即古法之中交。自黄道北而出于其南，亦爲西高而東下。白道自北而南，如先在黄道之上而出于其下，故比之黄道爲西高而東下也。假如日食正交而在限西，日食中交而在限東，是爲相順。相順者，率于交角減五度爲定交角，是角變而小矣。角愈小者，東西差愈大，故低昂之勢增甚，而其向不易也。限西黄道本西下東高，而正交白道又比黄道爲西下東高，則向西之角度變小而差西度增大，其時刻遲者益遲矣。限東黄道本西高東下，而中交白道又比黄道爲西高東下，則向東之角度變小而差東之度增大，其時刻早者益早矣。是東西之向不易，而且增其勢也。假如日食正交而在限東，日食中交而在限西，是爲相逆。相逆者，率于交角加五度爲定交角，是角變而大矣。角愈大者，東西差愈小，故低昂之勢漸平，而甚或至于異向也。限東黄道本西高東下，而正交白道比黄道爲西下東高，則向東之角漸大，而差東度改小，時刻差早者亦漸平。若加滿象限則無時差，乃至滿象限以上，則向東者改而向西，時刻宜早者反差遲矣。限西黄道本西下東高，而中交白道爲西高東下，則向西之角漸大，而差西度改小，時刻差遲者亦漸平。若加滿象限則無時差，乃至滿象限以上，則向西者改而向東，而時刻宜遲者反差而早矣。

凡東西差爲見食甚早晚之根。如上所論，定交角所生之差與黄道交角無一同者，則欲定真時刻，非定交角不可也。若但論黄道交角時刻不真矣。凡東西差與南北差互相爲消長，而南北差即食分多少之根。如上所論，則欲定食分非定交角不能也，但論黄道交角食分亦誤矣。

右日月交食

五禮通考卷一百九十一

嘉禮六十四

觀象授時

五星

書舜典：在璿璣玉衡，以齊七政。傳：七政，日月五星各異政。疏：七政謂日月五星也。木曰歲星，火曰熒惑，土曰鎮星，金曰太白，水曰辰星。

蕙田案：史記天官書、馬融尚書注以北斗七星爲七政，尚書大傳以春秋冬夏天文地理人道爲七政，皆未甚的。今以孔、鄭之説爲正。

詩小雅大東：東有啓明，西有長庚。傳：日旦出謂明星爲啓明，日既入謂明星爲長庚。庚，續也。疏：釋天云：「明星謂之啓明。」孫炎曰：「明星，太白也。旦出東方，高三舍。今曰明星。昏出西方，高三舍，今曰太白。」然則啓明是太白矣。長庚不知是何星也。或一星出在東西而異名，或二者別星〔一〕，未能審也。

朱子集傳：啓明、長庚，皆金星也。以其先日而出，故謂之啓明。以其後日而入，故謂之長庚。蓋金、水二星常附日行，而或先或後，但金大水小，故獨以金星爲言也。

何氏楷曰：太白名號甚多，獨不見長庚之稱。其廣如一匹布著天者，亦名長庚。此妖異之星，非常見者，不應與啓明對言。鄭樵則以長庚爲水星，謂金、水二星附日而行，金在日西，故日將出則東見；水在日東，故日將没則西見。夫水星自名辰星，古來載籍未聞以長庚呼水星也。且據史記稱太白出以辰、戌，入以丑、未，辰星出入亦常以辰、戌、丑、未，安得每日東西見乎？及考張揖廣雅則云「太白謂之長庚，或謂之太囂」，始知長庚、啓明本是一星，而李白之生母夢長庚星，因以白爲名，而字太白，非無據也。特從來解説東西二字不明，似乎每日東西兩見者。然夫東西原非同時，當其晨見東方，去夕

〔一〕「星」，原作「名」，據光緒本、毛詩正義卷一三改。

見之期甚遠；及其夕見西方，去晨見之期甚遠。啓明、長庚正因東西見而異其名乎？

鄭風女曰雞鳴：子興視夜，明星有爛。傳：言小星已不見也。

爾雅釋天：明星謂之啓明。注：太白星也。晨見東方爲啓明，昏見西方爲太白星。

春秋襄公九年左氏傳：晉侯以公宴於河上，問公年。季武子對曰：「會於沙隨之歲，寡君以生。」晉侯曰：「十二年矣。是謂一終，一星終也。」注：歲星十二歲而一周天。疏：直言「一星終」知是歲星者，以古今曆書推步五星，金、水日行一度，土三百七十七日行星十二度，火七百八十日行星四百一十五度。四者皆不得十二年而一終，唯木三百九十八日行星三十三度[一]，十二年而强一周。舉其大數，十二年而一終，故知是歲星。

蕙田案：古今術家皆以歲星一年行一次有奇，云「十二年一終」者，舉其成數，非密率也。

國語周語：昔武王伐殷，歲在鶉火，注：歲，歲星也。鶉火，次名，周分野也。從柳九度至張十七度爲鶉火。星在天黿。注：星，辰星也。天黿，次名，一曰玄枵。從須女八度至危十五度爲天黿。

[一]「三十三度」，原作「三十二度」，據光緒本、春秋左傳正義卷三〇改。

謂周正月辛卯朔，二日壬辰，辰星始見。二十九日己未晦，冬至，辰星在須女伏天黿之首〔一〕。

漢書志：三統：上元至伐紂之歲，十四萬二千一百九歲，歲在鶉火張十三度。故傳曰：「歲在鶉火，則我有周之分野也。」周正月辛卯朔，明日壬辰，晨星始見。師古曰：晨，古「晨」字。癸巳，武王始發，丙午還師〔二〕，戊午渡於孟津。孟津去周九百里。明日己未冬至，晨星與婺女伏，閱建星及牽牛，至於婺女天黿之首，故傳曰：「星在天黿。」

蕙田案：三統曆推武王克商之歲，歲星及辰星所在，與國語合。五星惟歲星見於經傳獨多，蓋古人用以紀歲。然亦僅約其大率，非實測其伏見之行。此云「星在天黿」，劉子駿以五步求之，得是歲天正冬至日辰星伏于婺女，正當天黿之首。然則五緯之伏見，古人亦必有推步之術，今不可考矣。

晉語：董因曰：「君之行，歲在大火。注：謂魯僖公五年重耳出奔時歲在大火。君以辰出而以參入，必獲諸侯。」注：辰，大火也。參，伐也。參在實沈之次。

〔一〕「在」，國語周語下作「與」。
〔二〕「還」，諸本作「逮」，據漢書律曆志一改。

重耳處狄十二年而行，過衛五鹿，乞食於壄人。壄人舉土以與之。子犯曰：「天事必象，十有二年，必獲此土。二三子志之。歲在壽星及鶉尾，其有此土乎？天以命矣，復於壽星，必獲諸侯，天之道也。」注：歲在壽星，謂得塊之歲，魯僖十六年也。後十一年，歲在鶉尾，必有此五鹿地也。魯僖二十七年，歲在鶉尾。二十八年，歲復在壽星。晉文公伐衛，正月六日戊申取五鹿。周正月，夏十一月也。正天時以夏正，故歲在鶉尾。歲復在壽星，謂魯僖二十八年也。是歲，文公敗楚師于城濮，王策命之以爲侯伯，故得諸侯。

春秋襄公二十八年左氏傳：春，無冰。梓慎曰：「今茲宋、鄭其饑乎？歲在星紀，而淫於玄枵，注：歲，歲星也。星紀在丑，斗、牛之次。玄枵在子，虚、危之次。十八年，晉董叔曰：「天道多在西北。」是歲，歲星在亥。至此年十一歲，故在星紀。明年，乃當在玄枵。今已在玄枵，淫行失次。疏：天有十二次，地有十二辰。丑、子、亥，北方之辰也。次之與辰上下相值，故云「星紀在丑」，「玄枵在子」。漢書志載劉歆三統曆，以爲歲星一百四十四年行天一百四十五次，一千七百二十八年爲歲星歲數。言數滿此年剩得行天一周也。三統之曆以庚戌爲上元，此年距上元積十四萬二千六百八十六歲。置此歲數，以歲星歲數一千七百二十八除之，得積終去之，歲餘九百九十〔一〕；以百四十五乘歲餘，得

〔一〕「九百九十」，原作「九百四十」，據光緒本、春秋左傳正義卷三八改。

十四萬三千五百五十；以百四十四除之，得九百九十六爲積次，不盡一百二十六爲次餘。以十二除之，得八十三去之盡，是爲此年更發初在星紀也。欲知此入次度者，以次餘一百二十六乘一次三十度，以百四十四除之，得二十六度餘，是歲星本平行，此年之初已入星紀之次。二十六度餘當在婺女四度，於法未入於玄枵也。傳言「淫于玄枵」，未知已在玄枵幾度，此舉其大率耳。而五星之行有遲有疾，有留伏逆順，于法更自别有推步之術，此不可詳也。以有時菑，陰不堪陽。蛇乘龍。龍，宋、鄭之星也，宋、鄭必饑。玄枵，虚中也。枵，耗名也。土虚而民耗，不饑何爲？」

裨竈曰：「今茲周王及楚子皆將死。歲棄其次，而旅於明年之次，以害鳥帑。周、楚惡之。」注：旅，客處也。歲星棄星紀之次，客在玄枵。歲星所在，其國有福。失次于北，禍衝在南。南爲朱鳥，鳥尾曰帑，周、楚之分。

蕙田案：三統曆法以歲星每歲行天一次又百四十四分次之一，歲行一次既有餘分，則星行一歲之内常跨兩次，所云歲在某次者，以通率約之，非歲内常居此次也。襄公二十八年，以三統曆推之，已入星紀宫之二十七度，又星行有遲疾不同，其過次而在玄枵，理所應有，至其占驗之法，則未之詳焉。

襄公三十年左氏傳：於子蟜之卒也，注：在十九年。將葬，公孫揮與裨竈晨會事焉。

過伯有氏，其門上生莠〔一〕。子羽曰：「其莠猶在乎？」於是歲在降婁，降婁中而旦。注：降婁，奎婁也。周七月，今五月，降婁中而天明。裨竈指之，曰：「猶可以終歲，注：指降婁也。歲星十二年而一周。歲不及此次也已。及其亡也，歲在娵訾之口。注：娵訾，營室東壁也。二十八年，歲星淫在玄枵。今三十年在娵訾。是歲星停在玄枵二年。其明年乃及降婁。」

蕙田案：襄公二十八年，歲在星紀，據通率而言也。其淫于玄枵，據曆官實測見伏之行而言也。此傳所云「歲在娵訾之口」，仍舉通率言之。杜氏謂「歲星停在玄枵二年」者，非也。

昭公八年左氏傳：晉侯問於史趙曰：「陳其遂亡乎？」對曰：「未也。」公曰：「何故？」對曰：「陳，顓頊之族也。歲在鶉火，是以卒滅，陳將如之。注：顓頊氏以歲在鶉火而滅，火盛而水滅。疏：顓頊崩年，歲星在鶉火之次，于是猶有書傳言之，故史趙得而知也。歲星，天之貴神，所在必昌。鶉火得歲而火益盛，顓頊水德，故以此年終也。今在析木之津，猶將復由。」注：箕、斗之間有天漢，故謂之析木之津。由，用也。疏：襄三十年傳稱「歲星在娵訾之口，其明年乃及

〔一〕「生」，原作「有」，據光緒本、春秋左傳正義卷四〇改。

降婁」。歲星歲行一次，降婁距此九年，故此年歲在析木之津也。

九年左氏傳：夏四月，陳災。鄭裨竈曰：「五年，陳將復封。封五十二年而遂亡。」子産問其故。對曰：「陳，水屬也。火，水妃也，而楚所相也。今火出而火陳，逐楚而建陳也。妃以五成，故曰五年。歲五及鶉火，而後陳卒亡。楚克有之，天之道也，故曰五十二年。」注：是歲歲在星紀，五歲及大梁，而陳復封。自大梁四歲而及鶉火，後四周四十八歲。凡五及鶉火，五十二年。天數以五爲紀，故五及鶉火。火盛水衰。疏：如杜所注，歲星每年而行一次，至昭三十二年，則歲星在寅，未至於丑。其傳云「越得歲而吴伐之」，故服氏以爲「有事于武宫之歲，龍度天門」，謂十五年歲星從申越未而至午。曆家以周天十二次，次别爲百四十四分。歲星每年行一百四十五分，是歲星行一次外剩得一分，積一百四十四年乃剩行一次，故昭十五年得超一辰。今杜氏既無此義，而三十二年歲星得在丑者，歲星之行，天之常數，超辰之義，不言自顯，故杜不注。若然，楚卒滅陳，在哀十七年，歲星當逾鶉火至鶉尾。而云「五及鶉火」者，以顓頊歲在鶉火而滅，故裨竈舉大略而言，云五及鶉火，不復細言殘數。

十年左氏傳：春，王正月，有星出於婺女。鄭裨竈曰：「今茲歲在顓頊之虚，注：歲，歲星也。顓頊之虚謂玄枵。姜氏、任氏實守其地。注：姜，齊姓。任，薛姓。齊、薛二國守玄枵之地。居其維首，而有妖星焉。」注：客星居玄枵之維首。疏：玄枵次有三宿，女爲其初，女是次之綱維也。居其維首，謂星居之也。

十一年左氏傳：景王問於萇弘曰：「今兹諸侯，何實吉？何實凶？」對曰：「蔡凶。此蔡侯般弑其君之歲也，歲在豕韋，注：襄三十年，蔡世子般弑其君，歲在豕韋，至今十三歲，歲復在豕韋。般即靈侯也。弗過此矣。楚將有之，然壅也。歲及大梁，蔡復楚凶，天之道也。」注：楚靈王弑立之歲，歲在大梁，到昭十三年，歲復在大梁。美惡周必復，故知楚凶。

三十二年左氏傳〔一〕：吴伐越，始用師于越也。史墨曰：「不及四十年，越其有吴乎？」注：歲星三周三十六歲，故曰不及四十年。哀二十二年，越滅吴，至此三十八歲。越得歲而吴伐之，必受其凶。」注：此年歲在星紀。星紀，吴、越之分也。歲星所在，其國有福。吴先用兵，故反受其殃。疏：十一年傳萇弘對景王云：「歲在豕韋。」言十一年歲星在豕韋也。又云：「歲在大梁，蔡復楚凶。」謂十三年歲星在大梁也。十三年距此十九年耳。歲星歲行一次，十二年而行天一周，則二十五年復在大梁。從彼而數之，則此年始至析木之津，而此年歲在星紀者〔二〕，歲行一次，舉大數耳。其實一歲之行有餘一次，故劉歆三統之術以爲歲星一百四十四年行天一百四十五次，計一千七百二十八年爲歲星歲

〔一〕「三十二年」，原作「三十年」，據光緒本、春秋左傳正義卷五三改。
〔二〕「歲」，諸本作「數」，據春秋左傳正義卷四五改。

數，言數滿此年，剩得行天一周。三統曆從上元至襄二十八年，積十四萬二千六百八十六歲。以歲星歲數去之，歲餘九百九十〔一〕，以百四十五乘歲餘，以百四十四除之，得九百九十六爲積次，不盡一百二十六爲次餘。從襄二十八年至昭十五年，合有一十八年。歲星年行一次，年有一餘，以次加次，得一千一十四，以餘加餘，得一百四十四〔二〕，餘數滿法又成一次，以從積次，得一千一十五也。以十二去之，餘七，命起星紀算外，得鶉火，是昭十五年歲星在鶉火也。計十三年在大梁，十五年當在鶉首，而在鶉火者，由其餘分數滿，剩得一次，如閏餘滿而成一月也。以十五年歲在鶉火而數之，則二十七年復在鶉火，故此年在星紀也。于十二次分野，星紀是吴、越之分也。

蕙田案：以歲星十二年一終之率約之，是歲當在析木之津，未及星紀之次。而史墨已有越得歲之占，可知五緯行天，古來亦必有推步之術，而劉歆三統曆定五星一周歲數及伏見日數，要亦有所傳授，非臆造也。

又案：以上經傳紀五星之事。

星備：歲星一日行十二分度之一，十二歲而周天。熒惑日行三十三分度之一，三

〔一〕「九百九十」，原作「九百四十」，據光緒本、春秋左傳正義卷四五改。
〔二〕「一百四十四」，原作「一千四十四」，據光緒本、春秋左傳正義卷四五改。

十三歲而周天。鎮星日行二十八分度之一，二十八歲而周天。太白日行八分度之一，八歲而周天。辰星日行一度，一歲而一周天。

蕙田案：此條見周禮疏。其云熒惑三十三歲一周天，太白八歲一周，皆疏謬之甚。

史記天官書：歲星歲行三十度十六分度之七，率日行十二分度之一，十二歲而周天。填星歲行十三度百十二分度之五〔一〕，日行二十八分度之一，二十八歲周天。太白大率歲一周天。

漢書志：木，壹見，三百九十八日五百一十六萬三千一百二分，行星三十三度三百三十三萬四千七百三十七分。通其率，故曰日行千七百二十八分度之百四十五。金，壹復，五百八十四日百二十九萬五千三百五十二分，行星亦如之，故曰日行一度。土，壹見，三百七十七日千八百三萬二千六百二十五分，行星十二度千三百二十一萬五百分。通其率，故曰日行四千三百二十分度之百四十五。火，壹見，

〔一〕「十三度」，諸本作「十二度」，據史記天官書改。

七百八十日千五百六十八萬九千七百分，行星四百十五度八百二十一萬八千五分。

通其率，故曰日行萬三千八百二十四分度之七千三百五十五。水，壹復，百一十五日一億二千二百二萬九千六百五分，行星亦如之，故曰日行一度。

蕙田案：五星步術，古法已無考。三統曆始定各星見、復日數及順逆遲疾之率，後代因其成法，加以實測，更立盈縮損益之限，以求密合。然較其合見日率，相去亦不甚遠，則創始之功固未可没也。

後漢書志：月有晦朔，星有合見；月有弦望，星有留逆，其歸一也，步術生焉。金、水承陽，先後日下，速則先日，遲而後留，留而後逆，逆與日違，違而後速，速與日競，競又先日，遲速順逆，晨夕生焉。見伏有日，留行有度，而率數生焉。參差齊之，多少均之，會數生焉。

蕙田案：五星合見之行，皆由距日而生。星與日同度，謂之合。星光爲日所揜，故伏而不見，如月之合朔也。既合以後，星行遲，日行速，星在日後，故晨見東方，如月之生明東方也。始見順行最疾，已而漸遲，及距日一象限而留不行，如月之上弦也。既留之後，星始退行，由遲而疾，距日半周，謂之衝日，如月之望也。衝日以後星之退行，由疾而遲，日又漸與星近，至距日一象限而復留不行，如月之下弦也。既留之後，又復順行，由遲而疾，去日漸近，復與日同度而伏，是爲一終。合伏以後，星後于日，謂之晨見。衝日以後，星先于日，謂之夕見。此土、木、火伏見之理也。金、水之行速於日，無與日衝之時，方其與日同度，亦爲合伏。既合之後，星速日遲，星在日前，故夕見西方，始見順行，由疾而遲，距日漸遠，始留不行，自是漸退，行亦由遲而疾，復與日同度而伏，謂之退合。退合以後，星在日後，故晨見東方，退行由疾而遲，距日漸遠，復留不行，自是復順行，由遲而疾，追及於日，復與同度而伏，是爲一終。土、木、火有合有衝，金、水有晨夕兩合，此其異也。秦、漢之際，古法失傳。班固天文志以爲五星無逆行之理，乃天變使然，由未明數術故也。劉歆三統曆始有五步之術，四分曆因之，又以月之晦朔弦望與星之合見留逆爲例，其理最確。古今步法，雖疏密不同，要無有易其說者矣。

晉書志：五星者，木曰歲星，火曰熒惑，土曰填星，金曰太白，水曰辰星。凡五星之行，有遲有疾，有留有逆，遲疾留逆，互相遞及，星與日會，同宿共度，則謂之合。從合至合之日，則謂之終。

北史藝術傳：張胄玄術超古獨異者有七事：其一，古曆五星行度，皆守恒率，見伏盈縮，悉無格準；胄玄候之，各得真率。合見之數，與古不同，其差多者，至加減三十許日。即如熒惑，平見在雨水氣，即均加二十九日；見在小雪氣，則均減二十五日。加減平見，以爲定見。諸星各有盈縮之數，皆如此例，但差數不同。特其積候所知，時人不能原其旨。其二，辰星舊率，一終再見，凡諸古曆，皆以爲然。應見不見，人未能測。胄玄積候，知辰星一終之中，有時一見。及同類感召，相隨而出。即如辰星，平晨見在雨水者，應見即不見；若平晨見在啓蟄者，去日十八度外，三十六度内。晨有木、火、土、金一星者，亦相隨見。其三，古曆步術，行有定限，自見已後，依率而推，進退之期，莫知多少。胄玄積候，知五星遲速留退真數，皆與古法不同，多者差八十餘日；留回所在，亦差八十餘度。即如熒惑，前疾初見在立冬初，則二百五十日行一百七十七度；定見夏至初，則一百七十日行九十二度。追步天驗，今古皆密。

蕙田案：五緯步術以盈縮差分加減恒率，自張胄玄始發之。

宋史志：五星見伏，皆以日度爲規，日度之運，既進退不常，星行之差，亦隨而增損。是以五星見伏，先考日度之行。今則審日行盈縮，究星躔進退，五星見伏，率皆密近。舊説，水星晨應見不見在雨水後、穀雨前，夕應見不見在處暑後、霜降前。又云，五星在卯酉南則見遲、伏早，在卯酉北則見早、伏遲，蓋天勢使之然也。

鄭世子書：古法推步五緯，不知變數之加減。北齊張子信仰觀歲久，知五緯有盈縮之變，當加減以求逐日之躔。蓋五緯出入黄道内外，各自有其道，視日遠近爲遲疾，其變數之加減，如里路之徑直斜曲也。宋人有言曰：「五星行度，惟留退之際最多差，自内而進者，其退必向外；自外而進者，其退必由内。其迹如循柳葉兩末鋭于中間，往還之道相去甚遠，故星行兩末度稍遲，以其斜行故也；中行度稍速，以其徑捷故也。」前代之書，止增損舊法而已，未嘗實考天度。其法須測驗每夜昏曉夜半月及五星所在度秒，置簿録之。滿五年，其間去陰雲晝見日數外，可得三年實行，然後可以算術綴之也。

明史志：崇禎六年，李天經進五緯之議三：一曰五星應用太陽視行，不得以段目定之。蓋五星皆以太陽爲主，與太陽合則疾行，衝則退行。且太陽之行有遲疾，則五星合伏日數時寡時多，自不可以段目定其度分。二曰五星應加緯行。蓋五星出入黄道，各有定距度。又木、土、火三星衝太陽緯大，合太陽緯小。金、水二星順伏緯小，逆伏緯大。三曰測五星，當用恒星爲準則。蓋測星用黄道儀外，宜用弧矢等儀。以所測緯星視距二恒星若干度分，依法布算，方得本星真經緯度分。或繪圖亦可免算。

新法曆書：測五星經度平行。凡星之距太陽度分等，或皆在日之左，或皆在日之右。其在黄道經度亦等，則其行必滿周而復於故處。其中積之年日數必等，所以欲得距太陽等度者，星之次行以太陽爲行動之原，距有遠近，則行有遲疾高庳。若距度等者，即星之前後兩測，其遲疾等，其高庳亦等，其行必滿周也。所以求黄道經度等者，謂太陽亦在元經度，則太陽無高庳遲疾之差。又日同經度，則星在本圈之故處也。古史依上法算各星平行，土星以五十九平年又一日四分日之一弱，行次行圈五十七周，會日五十七次，對衝亦五十七次。行天周二周又一度四十三分。木星以七十一年不及四日又六十分日之五十四，行次行圈六十五周，星行本圈六周，不及四度又五十分。火星以七十九年又三日六十分日之一十六，行次行圈三十七周，經周行四十二周又三度一十分。右三星皆于中積年數減本星次行之周數，其較爲星本行周天之數。金星以八年不及二日又六十分日之一十八，行次行圈五周。水星以四十六年又一日六十分日之三，行次行圈一百四十五周。其平行皆與太陽同。

新法曆引：五緯之行，各有二種。其一爲本行，如填星約三十年行天一周，日二分。歲星約十二年一周天，日五分。熒惑將滿二年一周天，日三十五分。太白、辰星皆隨太陽每年旋天一周。各有盈縮，各有加減分，各有本天之最高與最高衝；即其最高，又各有本行。論其行界，亦分四種，非若回回曆總一最高也。其二在於本行之外，西法稱爲歲行。蓋各星會太陽一次成一周也，因此歲行之規亦名小輪。推知各星順逆留疾諸情，故依新法圖，五緯各有一不同心圈，一均圈，一小輪。凡星在小輪極遠之所，必合太陽，其行順而疾，其體見小。凡在小輪極近之所，其行逆而疾，其體見大。土、木、火行逆則衝太陽，金、水行逆夕復而合，行順晨伏而合。其各順行轉逆、逆行轉順之兩中界爲留。留非不行，乃際於極遲行之所也。留段前後，或順或逆，皆有遲行。其土、木、火行逆，即衝太陽，而金、水則否者，緣土、木、火之本天大，皆以太陽爲心而包地，得與太陽衝；而金、水之本天雖亦以太陽爲心，而不包地，不能衝太陽也。金、水不能衝太陽，而能與之離。金離太陽四十八度，水離二十四度。

梅氏文鼎曰：七政皆從天以生本輪，而月五星又從乎日以生次輪。天西行，故七政之本輪皆從天而西轉，其行皆向最高也。日月五星之在本輪，俱向本天最高，其本輪心離最高一度，本輪周亦行一度，似爲所攝。日天東移，故月五星之合望次輪，皆從日而東運，其行皆向日也。月五星離日若干，次輪度亦行若干，是爲日所攝。惟本輪從天，于是有最高卑之加減，而其行度必始于最高。本輪行始于本天最高，而均輪即始于本輪之最高卑，故本輪均輪至最高卑皆無加減，爲起算之端。惟次輪從日，于是有離日之加減，而其行度必始于會日，月次輪行始于朔望，星次輪始于合伏，故月至朔望，五星合日沖日，皆無次輪加減。是故七政皆以半周天之宿度行縮曆，半周天之宿度行盈曆，歷宿度三百六十，而本輪一周，起最高終最高也。因最高有行分，故視周天稍羸，然大致不變，月之遲疾亦然。次輪則月以歷黄道一周而又過之，凡三百八十九度奇，而行二周，起朔望終朔望也。五星歲輪，即次輪。則土以行黄道十二度奇，木以三十三度奇，火以四百〇八度奇，金以五百七十五度奇，水以一百十四度奇，而皆一周，起合伏終合伏也。治曆者，用三小輪以求七政之視行，惟此二者，故曰兩事也。金、水二星會日後，皆行黄道宿一周，又復過之，然後再與日會。

問：諸家多以五星自行度爲距日度，然乎？曰：自行度生于距日遠近，然非距日之度，何也？星在黄道，有順有逆，有疾有遲，其距太陽無一平行，而自行度終古平行，故但可謂之距合伏之行而非距日之度也。此在中土舊法則爲段目。其法合計前後兩合伏日數以爲周率，周率析之，爲疾行遲行退行及留而不行諸段之目。疾與遲，皆有順行度數，退則有逆行度數，其度皆黄道上實度也。回曆不然。其法則以前合伏至後合伏成一小輪，小輪之心行于黄道，而星體所行非黄道也，乃行于小輪周耳。近合伏前後行輪上半，順輪心東行而見其疾，衝日前後行輪下半，則逆輪心西行而見其遲留且退，其實星在輪周環轉自平行也，故以輪周匀分三百六十度爲實，前合伏至後合伏日率爲法，除之得輪周每日星行之平度，是之謂自行度也。若以距太陽言，則順輪心而見疾，距日之度必少，逆輪心而遲退，距日之度必多，安所得平行之率哉？故曰自行者，星距合伏之行，而非距日之行也。曰：自行度既非距日度，又謂其生于距日，何也？曰：星既在輪周行矣，而輪之心實行于黄道，與太陽同爲右旋而有遲速，當合伏時，星與輪心與太陽皆同一度，星在輪之頂，作直線，過輪心至太陽，直射地心，皆在黄道上同度，如月之合朔。然不過晷刻之間而已。自是以後，太陽離輪心而東，輪心亦隨太陽而東，太陽速，輪心遲，輪心所到必在太陽之後，以遲減速，而得輪心每日不及太陽之恒率，是則爲距日行也。即平行距日。然而輪心隨太陽東行，星在輪周亦向太陽而東行，太陽離輪心相距一度，黄道上度。星在輪周從合伏處，輪頂。東行亦離一度。小輪上度。太陽離輪心一象限，如月上弦。星在輪周亦離合伏一象限，乃至太陽離輪心半周，與輪心沖，星在輪周亦離合伏半周，居輪之底，復與輪心同度而衝太陽。自輪頂合伏度作線，過輪心至星之體，又過地心以至太陽，黄道上躔度皆成一直線，如月之望。再積其度，太陽離輪心之衝度而東，輪心亦自太陽之衝度而東，然過此以往，太陽反在輪心之後。假如輪心不及太陽，積至三象限，則太陽在輪心後只一象限，因其環行，故太陽之行速在前者。半周以後，太陽反在輪心之後，若追輪心不及者然，如月下弦。星在輪周亦然。自輪底行一象限，則離輪頂合伏爲三象限，而將復及合伏尚差一象限。逮太陽離輪心之度滿一全周，而輪心與太陽復爲同度，則星在輪周亦復至合伏之度而自行一周矣。星、輪心、太陽三者皆復同爲一直線，以直射地心，如月第二合朔。凡此星行輪周之度，無一不與輪心距日之度相應，主日而言，則爲太陽離輪心之度。主星而言，則爲輪心不及太陽之距度。其義一也。故曰自行之度生于距日。然是輪心距日，非星距日也。

問：輪心距日與星距日何以不同乎？曰：輪心距日平行，星距日不平行。惟其不平行，是與自行度之平行者判然爲二，故斷其非距日度也。惟其平行，是與自行度相應，故又知其生於距日也。

然則自行度不得爲星距日度，獨不得爲輪心距日度乎？曰：輪心距日，雖與自行相應，能生其度，然其度不同。輪心是隨日東行，倒算其不及于日之度。星在輪周環行，是順數其行過合伏之度。不同一也。又輪心距日是黄道度，七政所同，星離合伏自行是小輪周度，小於黄道度，又各星異率。小輪小于黄道，而小輪周亦勻分三百六十度，其度必小于黄道度，而各星之小輪周徑各異，度亦從之而異。不同二也。若但以自行之初與日同度，自行半周每與日沖，而徑以距日與自行混而爲一，豈不毫釐千里哉！

蕙田案：以上論五星平行及伏見行之理。

梅氏文鼎曰：問：五星天皆以日爲心，然乎？曰：西人舊説，以七政天各重相裹，厥後測得金星有弦望之形，故新圖皆以日爲心，但上三星輪大而能包地，金、水輪小不能包地，故有經天不經天之殊。然以實數考之，惟金、水抱日爲輪〔一〕，確然可信。若木、火、土亦以日爲心者，乃其次輪上星行距日之迹，非真形也。凡上三星，合伏後必在太陽之西而晨見，于是自歲輪最遠處東行而漸向下，及距日之西漸遠至一象限内外，星在歲輪行至下半，爲遲留之界，再下而退行衝日，則居歲輪之底，此合伏至衝日在日西半周也。衝日以後，轉在日東而夕見，又自輪底行而向上，過遲留之界，而復與日合矣。此衝日至合伏在日東半周也。故歲輪上星行高下，本是在歲輪上下，而自太陽之相距觀之，即成大圓而爲圍日之形，以日爲心矣。其理與本輪行度成不同心天者同也，但如此，則上三星之圓周左旋，與金、水異。夫七政本輪皆行天一周，而高卑之數以畢，雖有最高之行，所差無幾，故可以本輪言者，亦可以不同心天言也。若歲輪則不然。如土星歲輪一周，其輪心行天不過十二度奇，木星則三十三度奇，上下旋轉，止在此經度内，不得另有天周之行，故知爲距日之虚迹也。又如金星歲輪一周，其輪心平行五百七十餘度，則大于天

〔一〕「抱」，諸本作「包」，據曆算全書卷二七改。

周二百餘度。水星歲輪一周，輪心平行一百一十五度奇，則居天度三之一，皆不可以天周言。惟火星歲輪之周，其平行四百餘度，與天周差四十度，數略相近，故曆指竟云以太陽爲心，而要之總是借虚率以求真度，非實義也。

問：五星之法至西曆而詳明，然其舊説五星各一重天，大小相函，而皆以地爲心；其新説五星天雖亦大小相函，而以日爲心，若是其不同，何也？曰：無不同也。西人九重天之説，第一宗動天，次恒星，次土，次木，次火，次太陽，次金，次水，次太陰，是皆以其行度之遲速，而知其距地有遠近，因以知其天周有大小，理之可信者也。星之天有大小，既皆以距地之遠近而知，則皆以地心爲心矣。是故土、木、火三星距地心甚遠，故其天皆大於太陽之天而包于外；金、水二星距地心漸近，故其天皆小于太陽之天而在其内，爲太陽天所包，是其本天皆以地爲心，無可疑者。惟是五星之行各有歲輪，歲輪亦圓象，五星各以其本天載歲輪，歲輪心行于本天之周，星之體則行於歲輪之周，以成遲疾留逆。歲輪心行于本天周皆平行也，星行于歲輪之周亦平行也。人自地測之，則有合有沖，有疾有遲，有留有逆，自然之理也。若以歲輪上星行之度聯之，亦成圓象，而以太陽爲心。西洋新説謂五星皆以日爲心，蓋以此耳。然此圜日圓象，原是歲輪周行度所成，而歲輪之心又行于本天之周，本天原以地爲心，三者相待而成，原非兩法，故曰無不同也。上三星在歲輪上右旋，金、水在歲輪上左旋，皆挨度平行。　夫圍日圓象，既爲歲輪周星行之迹，則遲留逆伏之度，兩輪皆有之，故以歲輪立算，可以得其遲留逆伏之度。以圍日圓輪立算，所得不殊。立法者，溯本窮源；用法者，從簡便算。如曆書上三星用歲輪，金、水二星用伏見輪，皆可以求次均，立算雖殊，其歸一也。或者不察，遂謂五星之天真以日爲心，失其指矣。夫太陽去地亦甚遠矣，五星本天，既以地爲心，而又能以日爲心，將日與地竟合爲一乎？必不然矣。　西人又嘗言火星天獨以日爲心，不與四星同。予嘗斷其非是，作圖以推明地谷立法之根原，以地爲本天之心，其説甚明。其金、水二星，舊説多淆，亦久疑其非。今得門人劉允恭悟得金、水二星之有歲輪，其理的確而不可易，可謂發前人之未發矣。

蕙田案：以上論五星皆以地爲心。

問：金、水二星之求次均也，即遲疾留逆。用伏見輪，曆指謂其即歲輪，其説非歟？曰：非也。伏見輪之法起于回回，而歐邏因之。若果即歲輪，何爲别立此名乎？由今以觀，蓋即歲輪上星行繞日之圓象耳。王寅旭書亦云伏見輪非歲輪。然則伏見輪既爲圍日之迹，上三星宜皆有之，何以不用，而獨用之金、水？曰：以其便用也。蓋五星行于歲輪，起合伏、終合伏皆從距日而生，故五星之歲輪並與日天同大，而歲輪之心原在本天周，故其圍日象又並與本天同大。上三星之本天包太陽外，其大無倫，又其行皆左旋，所以左旋之故，詳具後論。頗費解説，故只用歲輪也。至于金、水本天在太陽天内，伏見輪既與之同大，又其度順行，故用伏見輪。亦即繞日圓象。若用歲輪，則金、水之歲輪反大于本天，以歲輪與日天同大，故皆大于本天。故不用歲輪，非無歲輪也。承用者未能深考立法之根，輒謂伏見輪即歲輪，其説似是而非，不可不知也。伏見亦起合伏、終合伏，有似歲輪。然歲輪之心行于本天之周〔一〕，而伏見輪以太陽爲心，故遂以太陽之平行爲平行，皆相因而誤者也。然則金、水既非以太陽之平行爲平行，又何以求其平行？曰：歲輪之心行于本天，是爲平行，乃實度也。實度者，周度也。以本天分三百六十度，而以各星周率平分之，則得其每日

〔一〕「然歲輪」，諸本脱，據曆算全書卷一六補。

平行。如土星二十九年奇而行本天一周，則二十九日而行一度，每日平行二十九分度之一，是爲最遲。木星十二年周天，每日平行約爲十二分度之一。火星二年周天，約爲每日平行半度。金星二百二十餘日周天，約每日平行一度半強。水星八十八日奇而周天，約每日平行四度。皆平行實度。若歲輪及伏見輪雖亦各分三百六十度，亦各有其平行，然而非實度也，既非本天上平行之度，又非從地心實測之平行度。乃各星之離度耳。因此離度用三角法，從地心測之，則得其遲留伏逆之狀，亦爲實度矣。此實度不平行，與本天之平行實度不同。本天之度，平行實度也。歲輪及伏見，乃離度也。離度爲虛數，故皆以半徑之大小爲大小。伏見輪上行度與歲輪同，所不同者，半徑也。伏見之半徑皆同本天，歲輪之半徑皆同日天。

問：何以謂之離度？曰：於星平行内減去太陽之平行，故曰離度，乃離日之行也。以太陰譬之，其每日平行十三度奇者，太陰平行實度每日十二度奇者，太陰之離度也。於太陰平行内減太陽平行。是故金星每日行大半度奇，水星每日約行三度，皆于星平行内減太陽之平行。因金、水行速，其離度在太陽之前，乃星離于日之度，故其度右旋順行，與太陰同法也。若上三星，則當于太陽平行内減去星行，是爲離度。蓋以上三星行遲，在太陽之後，乃星不及于日之度。其度左旋而成逆行，與太陰相反，然其爲離日之行度一而已矣。平行者，對實行而言也。然實行有二：一是本天最高卑之行，亦曰實行。一是黄道上遲留逆伏實測，亦曰視行。是二者，皆必以本天之平行爲宗。若金、水獨以太陽之平行爲平行〔一〕，是廢本天之平行矣，又何以求最高卑乎？圜日之輪，即伏見輪。起合伏，終合伏，是即古法之合率也。本天之行，則古法之周率也。最高卑，則古法之曆率也。又有正交中交以定緯度，即如古法之太陰交率也。此一法是西法勝中法之一大端。是數者皆必以本天取之，故不得以圜日之輪爲本天。曆指言金星正交定于最高前十六度，水星正交與最高同度，其所指皆本天之度，非伏見行之度，則伏見輪不得爲本天，明矣。今以七政曆徵之，不惟最高卑之盈縮有定度，即其交南北亦有定度，故金星恒以二百二十餘日而南北之交一終，水星則八十八日奇而交終。此皆論本天實度，原不論伏見行，是尤其較著者矣。

〔一〕「爲平行」，原脱「平」字，據光緒本、曆算全書卷一六補。

江氏永曰：七政皆有本天，本天皆有平行之實度，月與五星皆有次輪，而五星次輪亦曰歲輪，皆因離日遠近而生離度。月之離度，起合朔，終合朔。五星離度，起合伏，終合伏。土、木、火三星在日之上，其本天大，其右行之度遲，則於太陽平行度内減其心之行度，是爲歲輪上離度。合伏至衝日半輪，星西而日東；衝日至合伏半輪，星東而日西。金、水二星在日之下，其本天小，其右行之度速，則于本天平行度内減太陽平行度，爲歲輪上離度。合伏至衝日，星東而日西；衝日至合伏，星西而日東。金、水本天雖小，而歲輪亦如上三星，與日天等大。星在歲輪上半周，則歲輪負星出日上，至下半周乃在日天下。其繞日之圓象，實由歲輪上星行軌迹所成，與上三星成繞日大圓者同理，而曆家别名爲伏見輪，但於伏見輪上離度，算其距日實行，則與歲輪所得不殊，又即以太陽之平行爲二星之平行，皆徑捷之權法，而承用者遂以伏見當歲輪，以日天爲二星本天，且置本輪均輪於日天上，由是二星之本天與歲輪皆隱矣。

凡星體皆載於歲輪上，歲輪之心在均輪，均輪之心在本輪，本輪之心在本天，其大遲速在本天之行，其小盈縮在本輪之轉〔一〕。五星皆同。歲輪由星爲太陽所攝而生，歲輪隨本天旋轉，聯其行迹，自成繞日之輪，其輪各與本天等大。若主太陽言之，似星本繞日，因星在繞日輪上旋轉，而成與太陽本天等大之歲輪。西士謂五星皆以日爲心。若主本天言之，則繞日輪生于歲輪。勿菴先生始謂上三星之繞日爲虚迹，非實象，後又謂金、水伏見輪亦如圍日之圓象，實爲歲輪周行度所成。然則本天與歲輪猶表也，繞日圈伏見輪猶景也。置本輪、均輪於金、水歲輪上與伏見輪上，所算之黄道度不殊，然則上三星亦可置本輪、均輪於繞日圈上立算，此天能之巧妙。若上三星用歲輪，金、水用伏見輪，則步算之權宜也。各星本輪、均輪止一耳，何以隨人兩置之而皆可？由其本同故也。其所以然者，不出三角之理。曆家於金、水何以不用歲輪立算？伏見顯而歲輪隱也。然則曆家既便於伏見立算矣，必不用歲輪之隱而曲，勿菴先生之説，亦可置勿論乎？曰：不然。疇人之所便用者，法也。儒家之所講求者，理也。有勿菴之説，而後知二星亦有本天，有歲

〔一〕「本輪」下，數學卷六有「均輪」二字。

輪，與上三星一貫，因其本天在日天下，故其左旋者漸遲，右旋者漸速。下至太陰，上至恒星，高下遲速各以其等，而西人始言天有重數之説，得此益明，故愚以爲甚有功也。否則，但以二星之行與日等，其本天與日天混而爲一，烏覩所謂九重者乎？伏見輪雖曰以太陽爲心，其實亦非真以太陽之形體爲心也，乃是太陽本輪之心爲之心耳。故算次均角，不因太陽之盈縮高卑而改變。惟算合伏與退合兩日，以太陽實行定其實合伏實退合之時刻。以此例之，土、木二星繞日圈，其真心亦是太陽本輪心，非太陽之形體也，惟火星不然耳。

蕙田案：以上論金、水二星自有歲輪。

又案：七曜之平行，有遲速不同，由其本天自有高下。土星天最高，故右移之度最遲；木星天在土星之下，故其遲次之；火星天在木星之下，故其遲又次之；太陽天在火星之下，故其遲又次之；太陰天最卑，故右移亦最速；金、水二星天在太陽之下太陰之上，其右移之度宜遲於太陰，速於太陽。古今術家測金、水平行，皆與太陽等，此就星所當黄道之度測之，非本天之平行也。梅氏、江氏始謂二星各有歲輪，歲輪心行本天之周，金以二百二十餘日而一周，約日行一度有半。

水以八十八日奇而一周，約日行四度。是爲二星平行之度。然則五星之行可以一理通之，由高下而生遲速，亦各以其等而不紊。雖不可以自測，而可以理信，可以算得，實爲古今未發之精義。

新法曆引：五星之道，雖相距緯度各異，而其斜絡黄道則與月道同理，故皆借月道諸名名之。其兩交之所，亦謂正交、中交。其在南在北兩半周，亦謂陰陽二限。審是而五星緯行庶可詳求矣。蓋各本道外之歲行小輪，恒與黄道爲平行，而又斜交於本道，其上半恒在黄本二道中，凡星躔於此，則減本道之緯；其下半恒在本道外，星躔於此，則加其緯。然此小輪之緯向，則恒不變。如土星三十年行天一周，其在正、中二交之下必無緯度分，十五年恒北，十五年恒南耳。凡衝太陽，因在小輪下半，即加本道緯度。凡會太陽，因在小輪上半，即減緯度。他星亦猶是也。其或行近於地，小輪加緯益多。太白至夕伏合之際，因其近地，其緯幾及八度矣。中法不諳緯行之原，一見金星在緯南北七八九度，即詫謂本星失行，豈非誣乎！

新法表異：金星或合太陽而不伏，水星離太陽而不見。所以然者，金緯甚大，凡逆行緯在北七度餘，而合太陽於壽星、大火二宫，則雖與日合，其光不伏，一日晨夕兩見者，皆坐此故。水緯僅四度餘，設令緯向是南，合太陽於壽星，嗣後雖離四度，夕猶不見也；合太陽於降婁，嗣後雖離四度，晨猶不見也。此二則用渾儀一測，便見非舊法所能知也。

江氏永曰：水星與金星不同有二事：其一則均輪也。他星均輪最高時起最近點右旋而倍引數，獨水星均輪最高時起最遠點右旋三倍引數。引數一度，均輪三度。其一則交角也。金星交角三度二十九分惟一耳，水星交角則時時不同，伏見輪心在大距，與黄道交角五度四十分；伏見輪心在正交，當黄道北則減，南則加；伏見輪心在中交，當黄道北則加，南則減。其加減各有與大距交角相較之數，以距交實行逐度算其交角差，加減交角而得實交角。此二事蓋相因，其理極精微。

蕙田案：以上論五星交周及緯度。

右五星

五禮通考卷一百九十二

嘉禮六十五

觀象授時

恒星總論

春秋莊公七年：夏四月辛卯夜，恒星不見。注：恒，常也，謂常見之星。辛卯，四月五日，月光尚微，蓋時無雲，日光不以昏没。疏：夜者，自昏至旦之總名。但此經下言夜中，則此言夜者，夜未至中，謂初昏之後耳，非竟夜不見星也。穀梁「夜」作「昔」。傳曰：「日入至於星出謂之昔，不見者，可以見也。」必如彼言，星出以前名之曰昔，則名昔之時法當未有星矣。何以怪其不見而書爲異也？明經所言夜者，夜昏之後，星應見之時，而不見耳。夜中，星隕如雨。注：如，而也。夜半乃有雲，星落而且雨，其數多，皆記異也。日光不匿，恒星不見，而云夜中者，以水漏知之。

左氏傳：夏，恒星不見，夜明也。星隕如雨，與雨偕也。注：偕，俱也。

公羊傳：恒星者何？列星也。注：恒，常也。常以時列見。列星不見，何以知夜之中？星反也。注：反者，星復其位。疏：謂星反附在半夜之後，則知鄉者不見之時，是夜中矣。如雨者何？非雨也。非雨，則曷爲謂之如雨？「不脩春秋」曰「雨星不及地尺而復」，君子脩之曰「星霣如雨」。注：明其狀似雨爾。何以書？記異也。注：列星者，天之常宿，分守度，諸侯之象。周之四月，夏之二月。昏，參、伐、狼、注之宿當見，參、伐主斬艾立義，狼、注主持衡平也。皆滅者，法度廢絶，威信陵遲之象。星霣未墜而夜中星反者，房、心見其虚、危、斗。房、心，天子明堂布政之宫也。虚、危，齊分，其後齊桓行霸。

穀梁傳：恒星者，經星也。注：經，常也，謂常列宿。日入至於星出謂之昔。不見者，可以見也。夜中，星隕如雨。注：如，而也。星既隕而復雨。其隕也如雨，是夜中與？春秋著以傳著，疑以傳疑。中之幾也，而曰夜中，著焉爾。何用見其中也？失變而録其時，則夜中矣。注：失星變之始，而録其已隕之時，檢録漏刻，以知夜中。其不曰恒星之隕，何也？我知恒星之不見，而不知其隕也。我見其隕而接於地者，則是雨説也。著于上，見于下，謂之雨；著于下，不見于上，謂之隕，豈雨説哉？注：解經不得言雨星，而言隕星也。

蕙田案：恒星不見之説，當以左氏爲長。蓋列宿有名之星，無隕墜之理，隕而旋復，益復誕妄，惟夜中以前日光已没，星當見而不見，故以爲異而記之。其云夜中星隕者，自謂無名之星，或有隕墜者，不當以恒星之不見爲全隕也。

詩召南小星：嘒彼小星，三五在東。傳：嘒，微貌。小星，衆無名者。三，心。五，噣。四時更見。箋：衆無名之星，隨心、噣在天，猶衆妾隨夫人以次進御于君也。心在東方，三月時也。噣在東方，正月時也。如是終歲列宿更見。疏：列宿之大，房、心、參、伐。心三星，故知三爲心也。綢繆傳曰「三星，參也」者，以其刺昏姻不得其時，舉正時以刺之。冬日之昏，在天在户，唯參爲然，故知非心也。箋則三皆爲心，以其心實三星，而列宿之尊，故元命苞曰「心爲天王」，公羊又云「心爲大辰」，故言三星。此及綢繆、苕之華皆云心也。元命苞云「柳五星」，釋天云「咮謂之柳」，天文志云「柳謂鳥喙」，則喙者，柳星也。以其爲鳥星之口，故謂之喙。心，東方之宿；柳，南方之宿，著明者。

嘒彼小星，維參與昴。傳：參，伐也。昴，留也。箋：此言衆無名之星，亦隨伐、留在天。

疏：天文志云：「參，白虎宿。三星直。下有三星，鋭曰伐。其外四星，左右肩股也。」則參實三星，故綢繆傳曰：「三星，參也。」以伐與參連體，參爲列宿，統名之，若同一宿然。但伐亦爲大星，與參互見，皆得相統，故周禮「熊旂六斿以象伐」，明伐得統參也。是以演孔圖曰「參以斬伐」，公羊傳曰「伐爲大辰」，皆互舉相見之文，故言「參，伐也」，見同體之義。元命苞云「昴六星，昴之爲言留，言物成就繫留」，是也。

唐風綢繆：綢繆束薪，三星在天。傳：三星，參也。在天，謂始見東方也。三星在天，可以嫁娶矣。箋：三星，謂心星也。心有尊卑，夫婦父子之象，又爲二月之合宿，故嫁娶者以爲候焉。昏而火星不見，嫁娶之時也。今我束薪于野，乃見其在天，則三月之末，四月之中，見於東方矣，故云「不得其時」。疏：參有三星。漢書天文志云「參，白虎宿三星」，是也。毛以秋冬爲昏時，故云「三星在天，可以嫁娶」。王肅云：「謂十月也。」孝經援神契云：「心三星，中獨明。」是心亦三星也。天文志云：「心爲明堂，大星天王，前後星子屬。」然則心之三星大者尊，小者卑，大者象夫父，小者象子婦也。二月日體在戌，而斗柄建卯，初昏之時，心星在於卯上。二月之昏，合於本位，故稱「合宿」。「昏而火星不見」，謂仲春之月，嫁娶之正時也。

綢繆束芻，三星在隅。傳：隅，東南隅也。箋：心星在隅，謂四月之末，五月之中。

綢繆束楚，三星在户。傳：參星正月中直户也。箋：心星在户，謂五月之末，六月之中也。

小雅巷伯：哆兮侈兮，成是南箕。傳：哆，大貌。南箕，箕星也。箋：箕星哆然，踵狹而舌廣。疏：箕四星，二爲踵，二爲舌。若使踵本太狹，舌雖小寬，不足以爲箕。由踵之二星已哆然而大，舌又益大，所以成爲箕也。

大東：維天有漢，監亦有光。傳：漢，天河也。有光而無所明。跂彼織女，終日七襄。注：跂，隅貌。襄，反也。箋：襄，駕也。駕謂更其肆也。從旦至莫七辰，一移，因謂之七襄。疏：河圖括地象云：「河精上爲天漢。」楊泉物理論云：「星者，元氣之英也。漢，水之精也。」氣發而著，精華浮上，宛轉隨流，名曰天河，一曰雲漢。大雅「倬彼雲漢」是也。孫毓云：「織女三星，跂然如隅。」然則三星鼎足而成三角，望之跂然，故云「隅貌」。「襄，反」者，謂從旦至暮，七辰而復反于夜也。天有十二次，日月所止舍也。在天爲次，在地爲辰，每辰爲肆。晝夜雖各六辰，數者舉其終始，故七即自卯至酉也。言終日，是晝也。晝不見而言七移者，據其理當然矣。

雖則七襄，不成報章。傳：不能反報成章也。箋：織女有織名爾，駕則有西無東，不如人織相報反成文章也。**睆彼牽牛，不以服箱。**傳：睆，明星貌。河鼓謂之牽牛。服，牝服也。箱，大車之箱也。箋：以，用也。牽牛不可用于牝服之箱。疏：「河鼓謂之牽牛」，釋天文也。李巡曰：「河鼓、牽牛，皆二十八宿名也。」孫炎曰：「河鼓之旗十二星，在牽牛之北也。或名爲河鼓，亦名爲牽牛。」如爾雅之文，則牽牛、河鼓一星也。如李巡、孫炎之意，則二星。今不知其同異也。

有捄天畢，載施之行。傳：捄，畢貌。畢所以掩兔也，何嘗見其可用乎？箋：祭器有畢者，所以助載鼎實。今天畢則施于行列而已。疏：「捄，長貌」，此亦言畢之長也。鴛鴦曰「畢之羅之」，月令「禁羅網畢翳，毋出九門」，是田器有畢也。特牲饋食禮曰「宗人執畢」，是祭器有畢也。彼注云「畢狀如叉」，蓋爲其似畢星取名焉。掩兔、祭器之畢，俱象畢星爲之。孫毓云：「祭器之畢，狀如畢星，名象所出也。畢弋之畢，又取象焉，而因施網于其上。」雖可兩通，箋義爲長。

維南有箕，不可以簸揚。維北有斗，不可以挹酒漿。傳：挹，𣂏也。維南有箕，載翕其舌。維北有斗，西柄之揭。傳：翕，合也。箋：翕，猶引也。引舌者，謂上星相近。疏：二十八宿連四方爲名者，唯箕、斗、井、壁四星而已。壁者，室之外院；箕在南則壁在室東，故稱東壁。鄭稱參傍有玉井，則井星在參東，故稱東井。推此則箕、斗並在南方之時，箕在南而斗在北，故言南箕、北斗也。以箕、斗是人之用器，故令相對爲名。

漸漸之石：月離于畢，俾滂沱矣。傳：畢，濁也。月離陰星則雨。疏：以畢爲月所離而雨，是陰雨之星，故謂之陰星。洪範曰「星有好風，星有好雨」者，即此畢是也。春秋緯云：「月離于箕，風揚沙。」則好風者箕也。

苕之華：三星在罶。傳：三星在罶，言不可久也。箋：喻周將亡，如心星之光耀，見于魚笱之中，其去須臾也。

大雅棫樸：倬彼雲漢，爲章于天。傳：倬，大也。雲漢，天河也。

雲漢：倬彼雲漢，昭回于天。傳：回，轉也。箋：雲漢，謂天河也。倬然天河水氣也，精光轉運于天。

春秋襄公九年左氏傳：古之火正，或食于心，或食于咮，以出内火。是故咮爲鶉火，心爲大火。疏：南方七星，有井、鬼、柳、星、張、翼、軫，七者共爲朱鳥之宿。星，即七星也。咮謂柳也。春秋緯文耀鉤云：「咮謂鳥陽，七星爲頸。」宋均注云：「陽猶首也。柳謂之咮，咮，鳥首也。七星爲朱鳥頸也。咮與頸共在于午者，鳥之止宿，口屈在頸，七星與咮，體相接連故也。」東方七宿，角、亢、氐、房、心、尾、箕，七者共爲蒼龍之宿。釋天云：「大辰，房、心、尾也。大火謂之大辰。」孫炎曰：「龍星明者，以爲時候。大火，心也，在中最明，故時候主焉。」

昭公元年左氏傳：昔高辛氏有二子，伯曰閼伯，季曰實沈，居于曠林，不相能也。日尋干戈，以相征討。后帝不臧，遷閼伯于商丘，主辰。注：主祀辰星。辰，大火也。商人是因，故辰爲商星。遷實沈于大夏，主參。唐人是因，以服事夏、商。及成王滅唐而封太叔焉，故參爲晉星。

昭公十七年左氏傳：衛，顓頊之虚也，故爲帝丘。其星爲大水。注：衛星，營室。營室，水也。

蕙田案：列宿之名見于書者，曰鳥，曰火，曰虚，曰昴；見于詩者，曰參，曰昴，曰定，曰火，曰南箕，曰織女，曰牽牛，曰天畢，曰北斗；見于月令者，曰營室，曰東壁，曰奎，曰婁，曰胃，曰畢，曰觜觿，曰參，曰東井，曰弧，曰柳，曰七星，曰翼，曰軫，曰角，曰亢，曰氐，曰房，曰火，曰尾，曰斗，曰建星，曰牽牛，曰婺女，曰虚，曰危；見于夏小正者，曰參，曰斗，曰昴，曰南門，曰大火，曰織女；見于春秋內外傳者，曰龍，曰火，曰大水，曰龍尾，曰味，曰辰，曰參，曰農祥，曰天廟，曰辰角，曰天根，曰本，曰駟。其有關於中星及日躔者，別見前卷，不重載。

爾雅釋天：星名：壽星，角、亢也。注：數起角、亢，列宿之長，故曰壽。天根，氐也。注：角、亢下繫于氐，若木之有根。天駟，房也。注：龍爲天馬，故房四星謂之天駟。大辰，房、心、尾也。注：龍星明者，以爲時候，故曰大辰。大火謂之大辰。注：大火，心也，在中最明，故時候主焉。析木謂之津，箕、斗之間，漢津也。注：箕，龍尾。斗，南斗。天漢之津梁。星紀，斗、牽牛也。注：牽牛、斗者，日月五星之所終始，故謂之星紀。玄枵，虚也。注：虚在正北，北方黑色。枵之言耗，耗亦虚意。顓頊之虚，虚也。注：顓頊，水德，位在北方。北陸，虚也。注：虚星之名凡四。營室謂之定。注：定，正也，作宫室皆以營室之中爲正。娵觜之口，營室、東壁也。注：營室、東壁，星四方似口，因名云。降婁，奎婁也。注：奎爲溝瀆，故名降。大梁，昴也。西陸，昴也。注：昴，西方之宿，別名旄頭。濁謂之畢。注：掩兔之畢，或呼爲濁，因星形以名。味謂之柳。注：味，朱鳥之口〔一〕。

〔一〕「口」，諸本作「名」，據爾雅注疏卷六改。

柳，鶉火也。注：鶉，鳥名。火屬南方。何鼓謂之牽牛。注：今荆楚人呼牽牛星爲檐鼓。檐者，荷也。

蕙田案：爾雅十二次，闕實沈、鶉首、鶉尾。實沈，參也。牧星，參也。鶉首，東井、輿鬼也。鶉尾，軫也。龍角謂之靈星。婺女謂之嬃女。尾謂之依。昴謂之留。軫謂之帑。營室謂之大水。娵訾之口謂之豕韋。玄枵謂之天黿。壽星、大火、析木之津，東陸也。星紀、玄枵、娵訾之口，北陸也。降婁、大梁、實沈，西陸也。鶉首、鶉火、鶉尾，南陸也。軫至氐曰壽星。氐至尾曰大火。尾至南斗曰析木之津。南斗至婺女曰星紀。婺女至危曰玄枵。危至東壁曰娵訾之口。東壁至婁曰降婁。婁至畢曰大梁。畢至東井曰實沈。東井至柳曰鶉首。柳至張曰鶉火。張至軫曰鶉尾。建星，星紀之維首也。婺女，玄枵之維首也。虛，北陸之中也。爾雅所略，用是補之。

又案：史記律書二十八舍有建星無南斗，有罰無觜觿，有狼、弧無東井、輿鬼。月令所紀諸星，有弧、建星無箕、昴、輿鬼、張。

漢書天文志：凡天文在圖籍昭昭可知者，經星常宿中外官凡百一十八名，積數七百八十三。

晉書天文志：馬續云：「天文在圖籍昭昭可知者，經星常宿中外官凡一百一十八名，積數七百八十三，皆有州國官宮物類之象。」張衡云：「文曜麗乎天，其動者有七，日月五星是也。日者，陽精之宗；月者，陰精之宗；五星，五行之精。衆星列布，體生於地，精成於天，列居錯峙，各有攸屬。在野象物，在朝象官，在人象事。其以神著，有五列焉，是爲三十五名。一居中央，謂之北斗。四布於方各七，爲二十八舍。中外之官，常明者百有二十四，可名者三百二十，爲星二千五百，微星之數蓋萬有一千五百二十。」後武帝時，太史令陳卓揔甘、石、巫咸三家所著星圖，大凡二百八十三官，一千四百六十四星，以爲定紀。

隋書天文志：後漢張衡爲太史令，鑄渾天儀，總序經星，謂之靈憲。其大略曰：「中外之官，常明者百有二十，可名者三百二十，爲星二千五百，微星之數萬有一千五百二十。」衡所鑄之圖，遭亂堙滅，星官名數，今亦不存。三國時，吴太史令陳卓始列甘氏、石氏、巫咸三家星官，著於圖録。并注占贊，總有二百五十四官，一千二百八十三星，并二十八宿及輔官附坐一百八十二星，總二百八十三官，一千四百六十五星。

宋元嘉中，太史令錢樂之所鑄渾天銅儀，以朱墨白三色，用殊三家，而合陳卓之數。高祖平陳，得善天官者周墳，并宋氏渾儀之器。乃令庾季才等參校周、齊、梁、陳及祖暅、孫僧化官私舊圖，刊其大小，正彼疏密，依準三家星位，以爲蓋圖。以墳爲太史令。自此太史觀生，始能識天官。

蕙田案：晉、隋二志述陳卓星圖，總數只差一星，未知孰是。

明史天文志：崇禎初，禮部尚書徐光啓督修曆法，上見界總星圖。以爲回回立成所載，有黄道經緯度者止二百七十八星，其繪圖者止十七座九十四星，並無赤道經緯。今皆崇禎元年所測，黄、赤二道經緯度畢具。後又上赤道兩總星圖。其説謂常現常隱之界，隨北極高下而殊，圖不能限。且天度近極則漸狹，而見界圖從赤道以南，其度反寬，所繪星座不合仰觀。因從赤道中剖渾天爲二，一以北極爲心，一以南極爲心。從心至周，皆九十度，合之得一百八十度者，赤道緯度也。周分三百六十度者，赤道經度也。乃依各星之經緯點之，遠近位置形勢皆合天象。至於恒星循黄道右旋，惟黄道緯度無古今之異，而赤道經緯則歲歲不同。然亦有黄、赤俱差，甚至前後易次者。如觜宿距星，唐測在參前三度，元測在參前五分，今測已侵入參宿，故舊法先觜後參，今不得不先參後觜，不可强也。又有古多今少、古有今無者。如紫微垣中六甲六星今只有一，華蓋十六星今止有四，傳舍九星今五，天厨六星今五，天牢六星今二。又如天理、四勢、五帝内座、天柱、天牀、大贊府、大理、女御、内厨，皆全無也。天市垣之市樓六星今二。太微垣之常陳七星今三，郎位十五星今十。長垣四星今二。五諸侯五星全無也。角宿中之庫樓十星今八。亢宿中之折威七星今無。氐宿中之亢池六星今四，帝席三星今無。尾宿中天龜五星今四。斗宿中之鼈十四星今十三，天籥、農丈人俱無。牛宿中之羅堰三星今二，天田九星俱無。女宿中之趙、周、秦、代各二星今各一，扶匡七星今四，離珠五星今無。虚宿中之司危、司禄各二星今各一，敗臼四星今二，離瑜三星今二，天壘城十三星今五。危宿中之人五星今三，杵三星今一，臼四星今三，車府七星今五，天鉤九星今六，天錢十星今四，蓋屋二星今一。室宿中之羽林軍四十五星今二十六，螣蛇二十二星今十五，八魁九星今無。壁宿中之天厩十星今三。奎宿中之天溷七星今四。畢宿中之天節八星今七，咸池三星今無。觜宿中之座旗九星今五。井宿中之軍井十三星今五。鬼宿中之外厨六星今五。張宿中之天廟十四星今無。翼宿中之東甌五星今無。軫宿中之青丘七星今三，其軍門、土司空、器府俱無也。又有古無今有者。策星旁有客星，神宗元年新出，先大今小。南極諸星，古所未有，近年浮海之人至赤道以南，往往見之，因測其經緯度。其餘增入之星甚多，並詳恒星表。其論雲漢，起尾宿，分兩派。一經天江、南海、市樓，過宗人、宗星，涉天津至螣蛇。一由箕、斗、天弁、河鼓、左右旗，涉天津至車府而會於螣蛇，過造父，直趨附路、閣道、大陵、天船，漸下而南行，歷五車、天關、司怪、水府，傍東井，入四瀆，過闕丘、弧矢、天狗之墟，抵天社、海石之南，踰南舡，帶海山，貫十字架、蜜蜂，傍馬腹，經南門，絡三角、龜、杵，而屬於尾宿，是爲帶天一周。以理推之，隱界自應有雲漢，其所見當不誣。又謂雲漢爲無數小星，大陵、鬼宿中積尸亦然。考天官書言星漢皆金之散氣，則星漢本同類，得此可以相證。又言昴宿有三十六星，皆得之於窺遠鏡者。凡測而入表之星共一千三百四十七，微細無名者不與。其大小分爲六等：內一等十六星，二等六十七星，三等二百零七星，四等五百零三星，五等三百三十八星，六等二百一十六星。悉具黄、赤二道經緯度。列表二卷。

續文獻通考：明季，西洋法入中國。崇禎元年所測諸星，悉具黄、赤經緯度，載於崇禎新書。明史撮其大要，入於天文志。今案：馬端臨象緯考云：「古今志天文者，述天官星之名義，大略皆同。兩朝志亦出入晉、隋二史，但能言其去極若干度某宿若干度爲異。」然亦惟赤道經緯度耳。西法所測，悉具黄、赤經緯度。至所上星圖，其見界總星圖，即一行蓋天圖也。然赤道以外，衆星疏密之狀，唐書已云與仰觀小殊，則從赤道分爲南北二圖，豈非著圖之良法歟？明史云恒星「有古多今少、古有今無者」，後漢書注引張衡靈憲云「三光有似珠玉，神守精存，麗其職而宣其明，及其衰，神歇精斁，於是乎有隕星」，恒星之隱顯有無，豈亦猶其説歟？梅文鼎文集云：「西曆黄道十二象與中土異，而回回與歐邏巴復自不同，至黄道内外之星，或以爲六十象，或以爲六十二象；而貫索一星，回回以爲缺椀，歐邏巴以爲冕旒，其餘星名，亦多互異。今所傳之圖，皆因西法所列，而變從中法之星座星名。或以西星合古圖而有疑似，不敢輒定，遂並收之，而有增附之星。或以古星求西圖而弗得其處，不能强合，遂芟去之而成古有今亡之星。要之，皆徐、李諸公譯西星而酌爲之，非西傳之舊。」此論最爲明確。今又有即其增附之星，收入本座而與古合者矣。惟大贊府古無是星。步天歌云：「上衛、少衛次上丞，後門東邊大贊府。」蓋或以垣墻丞、衛諸星爲贊襄之府，或訛「輔」爲「府」，今不可考。至近南極諸星與隱界雲漢，理宜有之，廣東諸省已有見者。

觀承案：紫宫垣十五星，東八而西七，若以大贊府爲星名，則多一星而成十六星矣。宋志載石氏説，則東西兩蕃總十六星，蓋於西蕃七星内添一太尉星，亦非所謂大贊府也。可知大贊府只是虛句，而非星名也。

梅氏文鼎撰日候星紀要：大西儒測算凡可見可狀之星一千二十二，若微小者，或不常見者，或朦黑者，不與焉。其大小分爲六等，又因其難以識認，盡假取人物之像以别其名，星非真有象也，但人借名之耳。每合數星以成一像，凡四十八像，其多寡大小不等。在黄道北者二十一像：第一曰小熊，内有七星，外有一星。二曰大熊，内二十七，外八。三曰龍，凡三十一星。四曰黄帝，内十一，外二。五曰守熊人，内二十二，外一。六曰北冕旒，凡八星。七曰熊人，内二十九，外一。八曰琵琶，凡十星。九曰雁鵝，内二十二，外一。其十曰岳母，凡十三星。十一曰大將，内二十六，外三。十二曰御車，凡十四星。十三曰醫生，又曰逐蛇，一醫常取蛇合藥以救世，其星如人逐蛇狀。内二十四，外五。十四曰毒蛇，凡十八星。十五曰箭，凡五星。十六曰日鳥，性喜視日。内九，外六。十七曰魚將軍，性好人，聞人歌樂即來聽。呼其名漸來就，人溺水則載之岸邊。人取魚，彼即領衆魚至，呼之，彼先躍過網，衆魚則罹網矣。凡十星。十八曰駒，凡四星。十九曰飛馬，凡二十星。二十曰公主，凡二十四星。二十一曰三角形，凡四星。共在北者，三百六十星。一等三，二等十八，三等八十四，四等一百七十四，五等五十八，六等十三，昏者十。在黄道中者十二像：即十二宫。一曰白羊，即春分、清明，内十三，外五。二曰金牛，即穀雨、立夏，内三十三，外十一。三曰雙兄，即小滿、芒種，内十八，外七。四曰巨蟹，即夏至、小暑，内九，外四。五曰獅子，即大暑、立秋，内二十七，外八。六曰列女，即處暑、白露，内二十六，外六。七曰天秤，即秋分、寒露，内八，外九。八曰天蝎，即霜降、立冬，内十一，外三。九曰人馬，即小雪、大雪，凡三十一星。十曰磨羯，羊頭魚尾。即冬至、小寒，凡二十八星。十一曰寶瓶，即大寒、立春，内四十二，外三。十二曰雙魚，即雨水、驚蟄，内三十四，外四。共在中者，三百四十六星，一等五，二等九，三等六十四，四等一百三十四，五等一百缺六，六等二十九，昏者三。在黄道南者十五像：一曰海獸，凡二十二星。二曰獵戶，凡三十八星。三曰天河，凡三十四星。四曰天兔，凡十二星。五曰大犬，内十八，外十一。六曰小犬，凡二星。七曰船，凡四十五星。八曰水蛇，内二十五，外二。九曰酒缾，凡七星。十曰烏雅，凡七星。十一曰半人牛，凡三十七星。十二曰豺狼，凡十九星。十三曰大臺，凡七星。十四曰南冕，凡十三星。十五曰南魚，内十二，外六。共在南者，三百十六星，一等七，二等十八，三等六十，四等一百六十八，五等五十三，六等九，昏者一。三方共一千二十二星，分其大小，一等共十五，二等共四十五，三等共二百缺八，四等共四百七十四，五等共一百十七，六等共四十九，昏者共十四。

新增十二像：係近南極之星，火鳥十，水委三，蛇首、蛇腹、蛇尾十五，小斗七，飛魚七，南船五，海山六，十字架四，馬尾四，馬腹三，蜜蜂四，三角形三，海石五，金魚四，夾臼二，附臼一，異雀十，孔雀十，波斯十一，鳥喙六，鶴十二，共一百三十四星。據西書言，彼地天文家原載可見之星，分爲四十八象，後自弘治十年丁巳，有精於天文吴默哥者，行至極南，見有無名多星，復有西士安德肋者，亦見諸星之旁，尚有白氣二塊，如天漢者。嗣于明神宗十八年庚寅，有西士胡本篤始測定南極各星經緯度數，新增一十二像，至四十八年庚申，湯、羅兩公航海，過赤道南，三月有奇，見南極已高三十餘度，將前星一一對測，經緯皆符，但據云一十二像，今又有二十一名，何耶？

蕙田案：南極旁諸星，自古未有，西人以目驗得之。

右恒星總論

紫微垣〔一〕

北極五星

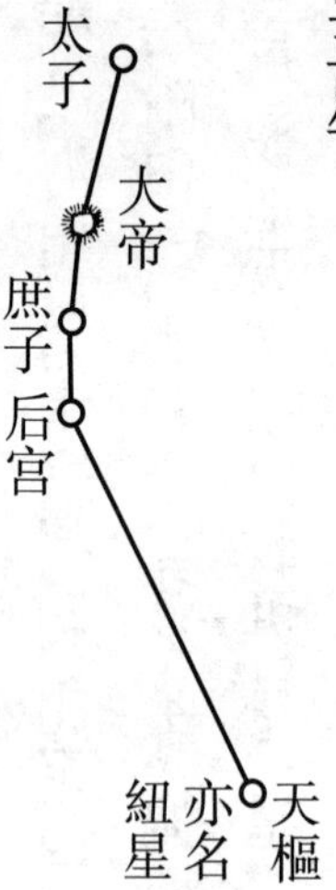

太子
大帝
庶子
后宮
天樞 亦名 紐星

中元北極紫微宮，北極五星在其中。大帝之坐第二珠，第三之星庶子居。第一號曰爲太子，四爲后宮五天樞。

史記天官書：中宮天極星，其一明者，大乙常居也；旁三星三公，或曰子屬。晉書天文志：北極五星，鈎陳六星，皆在紫宮中。北極，北辰最尊者也。其紐星，天之樞也。第一星主月，太子也。第

〔一〕「紫微垣」，原脱，據味經窩本、乾隆本、光緒本補。

二星主日，帝王也；亦太乙之坐，謂最赤明者也。第三星主五星，庶子也。隋書天文志：賈逵、張衡、蔡邕、王蕃、陸績皆以北極紐星爲樞，是不動處也。祖暅以儀準候不動處，在紐星之末，猶一度有餘。宋史天文志：今清臺測去極四度半。宋兩朝天文志：太子星去北極十五度，入心宿三度。

通志：其第四星爲后宮，第五星爲天樞。張衡云：「二星並爲后宮。」

蕙田案：史記所云「其一明者」，謂第二星也。云「旁三星」，即第一第三第四附近大星者也。紐星最小，第五，史記未言，諸志以紐星當北辰，祖暅已覺其誤。宋中興天文志欲從紐星爲第一數之，初一曰帝，次二曰后，次三曰妃，次四曰太子，乃其赤明者也，次五曰庶子，徒附會北辰之説，更改前人。夫紐星既非北辰，則帝星自取明大者，前人立義，似不可破。

四輔四星

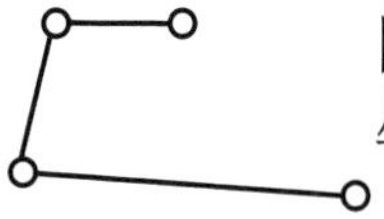

左右四星是四輔，

星經：四輔，四星，抱北極樞星。宋史天文志：四輔，四星，在極星側，去極各四度。通志：張衡云：「抱極之細星也。」

天一、太一各一星

星經：天一星在紫微宮門外右星南，爲天帝之神，主戰鬬，知吉凶。宋兩朝天文志：天一去極二十度半，入亢宿二度半。

星經：太一星在天一南半度。宋兩朝天文志：太一去極二十一度，入亢宿一度。

天一、太一當門路。

東藩八星　西藩七星

左樞、東一。右樞西一。夾南門，兩面營衛一十五。上宰、東二。少尉西二。兩相對，少宰、東三。上輔東四。宋志作「上弼」。西三。次少輔。東五。宋志作「少弼」。西四。上衛、東六西五。少衛東七西六。次上丞，西七。後門西邊大贊府。門東喚作一少丞，東八。以次却向門前數。

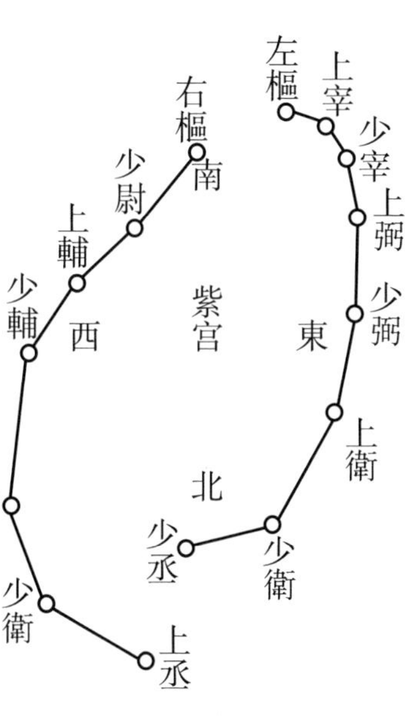

史記天官書：環之匡衛十二星，藩臣。皆曰紫宮。晉書天文志：紫宮垣十五星，其西藩七，東藩八，在北斗北，一曰紫微，大帝之坐也，天子之常居也，主命、主度也。一曰長垣，一曰天營，一曰旗星，爲藩衛，備蕃臣也。通志：張衡云：「紫微垣十五星，東藩八，西藩七。其東藩近閶闔門第一星爲左樞，第二星爲上宰，第三星爲少宰，第四星爲上輔，第五星爲少輔，第六星爲上衛，第七星爲少衛，第八星爲少丞。其西藩近閶闔門第一星爲右樞，第二星爲少尉，第三星爲上輔，第四星爲少輔，第五星爲上衛，第六星爲少衛，第七星爲上丞。兩藩正南，開如門象，名閶闔門。」宋兩朝天文志：左驂樞，去極二十七度半，入房宿一度。右驂樞，去極二十一度，入亢宿八度。

陰德二星

陰德門裏兩黄聚，

星經：陰德二星在尚書西。史記天官書：前列直斗口三星，隨北端兑，若見若不，曰陰德，或曰天一。晉書天文志：尚書西二星曰陰德、陽德，主周急振撫。宋史天文志：甘氏云：「陰德外坐在尚書右，陽德外坐在陰德右，太陰太陽入垣翊衛也。」宋兩朝天文志：陰德二星距東星去極十九度，入房宿二度。

尚書五星

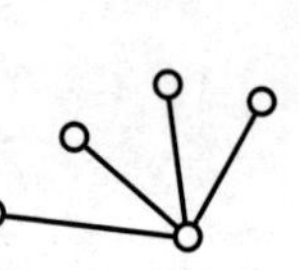

尚書以次其位五。

星經：五尚書在東南維，主納言，夙夜諮謀事也。晉書天文志：門内東南維五星曰尚書。宋史天文志：在紫微東藩内，大理東北，一云在天柱右稍前。宋兩朝天文志：距西南星去極一十九度，入尾宿十四度。

柱史、女史各一星

○柱史在東藩垣外

○女史在垣内

女史、柱史各一户。

星經：女史一星在天柱下，柱史北，掌記禁中傳漏動靜，主時要事也。晉書天文志：柱史北一星曰女史，婦人之微者，主傳漏，故漢有侍史。宋兩朝天文志：女史去極十七度半，入斗宿二度。

星經：柱下史在北辰東，主左右史，記過事也。晉書天文志：極東一星曰柱下史。宋史天文志：一云在天柱前，司上帝之言動。宋兩朝天文志：去極十八度，入斗宿十三度。

御女四星今無。

天柱五星今無。

御女四星五天柱。

星經：御女四星在鉤陳北，主天子八十一御妻也，妃后之官。晉書天文志：鉤陳北四星曰女御宫，八十一御妻之象也。宋史天文志：女御四星在大帝北，一云在鉤陳腹，一云在帝坐東北，御妻之象也。宋兩朝天文志：距西南星去極一十三度半，入奎一度。

星經：天柱五星在紫微宫内，近東垣，主建教。晉書天文志：東垣下五星曰天柱。宋史天文志：一曰在五帝左稍前。宋兩朝天文志：距東南星去極十三度半，入危宿初度。

大理二星今無。

大理兩星陰德邊。

星經：大理二星在宫門内，主刑獄事也。晉書天文志：宫門左星内二星曰大理。宋史天文志：一云在尚書前。宋兩朝天文志：距東星去極二十三度半，入心宿五度。

句陳六星　天皇一星　六甲六星今一星。

句陳尾指北極顛，句陳六星六甲前。天皇獨在句陳裏，

星經：句陳六星在五帝下，爲後宫大帝正妃，又主天子六軍將軍，又主三公。史記天官書：天極星後句四星，末大星正妃，餘三星後宫之屬也。宋史天文志：六星比陳，象六宫之化，其端大星曰元始，餘星乘之曰庶妾。宋兩朝天文志：去極六度半，入壁宿五度。

星經：六甲六星在華蓋之下，杠星之旁。晉書天文志：華蓋杠旁六星曰六甲。宋兩朝天文志：距南星去極一十五度，入奎宿四度。

星經：天皇大帝一星在句陳中央也，不記數，皆是一星，在五帝前坐，其神曰耀魄寶。晉書天文志：鉤陳口中一星曰天皇大帝。宋兩朝天文志：去極八度半，入室宿十一度。

五帝内座五星今無。

五帝内座後門是。

星經：五帝内座在華蓋下，覆帝座也。五帝同座也。晉書天文志：華蓋下五星曰五帝内座，設叙順帝所居也。宋兩朝天文志：距中大星去極十二度半，入室宿六度。

華蓋十六星今四星。

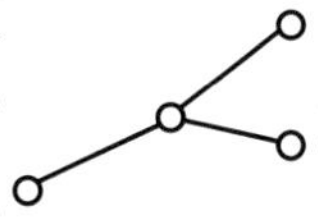

華蓋並杠十六星，杠作柄象華蓋形。

星經：華蓋十六星在五帝座上，杠九星爲華蓋之柄也，上七星爲庶子之官。晉書天文志：大帝上九星曰華蓋，所以覆蔽大帝之坐也。蓋下九星曰杠，蓋之柄也。宋史天文志：華蓋七星，杠九星，如蓋有柄下垂，以覆大帝之坐也。在紫微宫臨句陳之上。宋兩朝天文志：距中大星去極二十六度，入婁宿四度。

傳舍九星今八星。

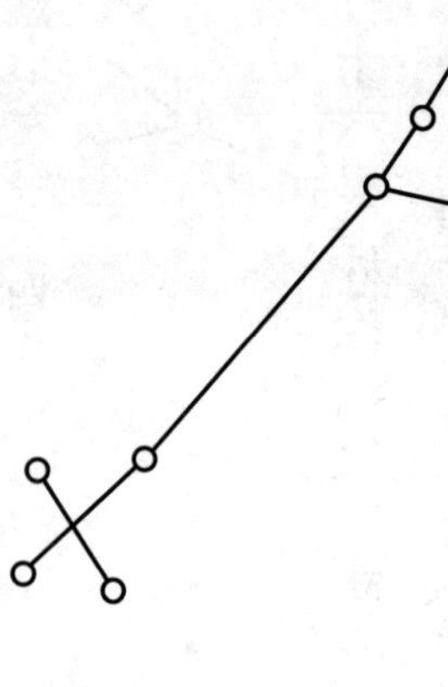

蓋上連連九箇星，名曰傳舍如連丁。

星經：傳舍九星在華蓋上，奚仲北，近天河，主賓客之館。宋兩朝天文志：距西第四星去極二十八度半，入胃宿五度。

内階六星

天厨六星

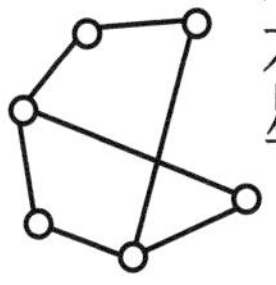

垣外左右各六珠，右是内階左天厨。

星經：内階六星在文昌北。晉書天文志：文昌北六星曰内階，天皇之陛也。宋史天文志：在文昌東北。宋兩朝天文志：距西南星去極二十三度，入井宿二十六度。

星經：天厨六星在紫微宫東北維，近傳舍北百官厨，今光禄厨像之。晉書天文志：東北維外六星曰天厨。宋史天文志：在扶筐北。宋兩朝天文志：距大星去極二十四度，入斗宿二十二度。

八穀八星

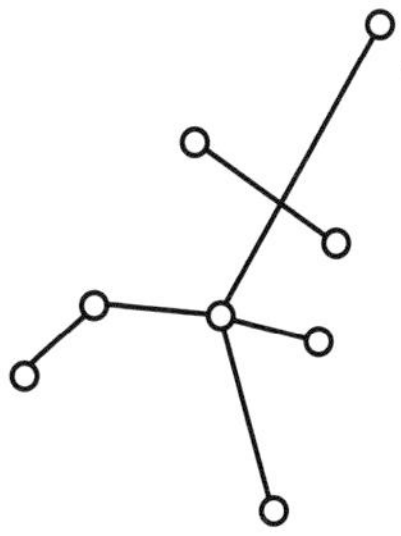

階前八星名八穀，

晉書天文志：諸王西八星曰八穀，主候歲八穀。隋書天文志：厲石北八星曰八穀。宋史天文志：八穀八星，在華蓋西，五車北，一曰在諸王西。武密曰：「主候歲豐儉，一稻、二黍、三大麥、四小麥、五大豆、六小豆、七粟、八麻。」甘氏曰：「八穀在宮北門之右，司親耕，司候歲，司尚食。」宋兩朝天文志：距西南星去極三十一度半，入畢宿三度。

天棓五星

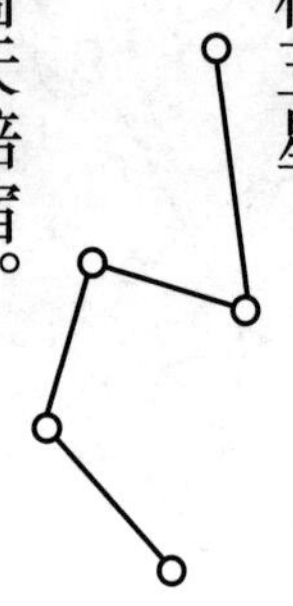

厨下五箇天棓宿。

星經：天棓五星入氐一度，去北辰二十八度。史記天官書：紫宮右五星曰天棓。晉書天文志：天棓五星在女牀北，天子先驅也，槍、棓，皆所以備非常也。宋兩朝天文志：距南星去極四十四度，入箕宿三度。

天牀六星今無。

天牀六星左樞在，

星經：天牀六星在宮門外。宋史天文志：一曰在二樞之間。宋兩朝天文志：距西南星去樞二十二度，入氐宿二度半。

内厨二星今無。

内厨兩星右樞對。

星經：内厨二星在西北角。　晉書天文志：西南角外二星曰内厨。　宋兩朝天文志：距西南星去極十九度半，入軫宿十一度。

文昌六星

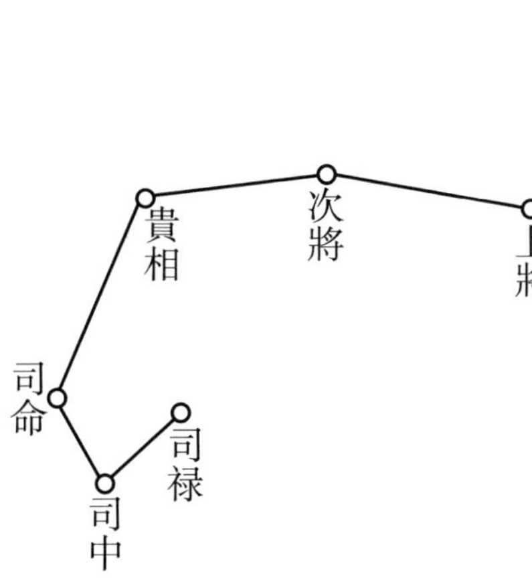

文昌斗上半月形，稀疏分明六箇星。

星經：文昌六星如半月形，在北斗魁前，天府，主營計天下事。其六星各有名，六司法大理。

史記天官書：斗魁戴匡六星曰文昌宫：一曰上將，二曰次將，三曰貴相，四曰司命，五曰司中，六曰司祿。晉書天文志：文昌六星，天之六府也，主集計天道。一曰上將，大將軍建威武。二曰次將，尚書正左右。三曰貴相，太常理文緒。四曰司祿、司中，司隸賞功進。五曰司命、司怪，太史主滅咎。六曰司寇，大理佐理寶。所謂一者，起北斗魁前近內階者也。宋兩朝天文志：距西南星去極三十四度半，入柳宿二度半。

三師三星

文昌之下曰三師，

晉書天文志：魁第一星西三星曰三公。宋兩朝天文志：距西星去極二十一度，入張宿初度半。

太尊一星

太尊只嚮三公明。

晉書天文志：中台之北一星曰太尊，貴戚也。

天牢六星今一星。

○天牢六星太尊邊，

星經：天牢六星在北斗魁下，貴人牢。宋史天文志：甘氏云：「賤人之牢也。」宋兩朝天文志：距西北星去極二十八度半，入張宿六度。

○太陽守一星

勢四星今無。

太陽之守四勢前。

星經：太陽守在西北，主大臣大將，備天下不虞，入張十三度，去北極四十五度。宋史天文志：太陽守一星在相星西北，斗第三星西南，大將大臣之象。一曰在下台北，太尉官也，在朝少傅行大司馬者。

晉書天文志：太陽守西北四星曰勢。勢，腐刑人也。宋史天文志：一曰在璣星北，主助宣王命，內常侍官也。宋兩朝天文志：去極三十一度，入翼宿二度。

蕙田案：勢四星，宋兩朝志不載距星。

辛相一星

一箇宰相太陽側，○星經：相星在北斗南，入翼一度，去北辰三十一度。宋史天文志：相一星，在北斗第四星南。一曰在中斗文昌之南，在朝少師行太宰者。宋兩朝天文志：去極三十三度，入軫宿四度。

三公三星

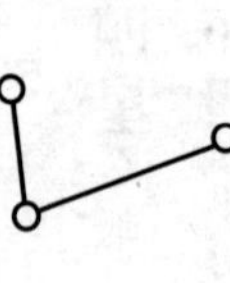

更有三公相西偏，星經：三公三星在斗柄東。晉書天文志：杓南三星及魁第一星西三星皆曰三公。宋史天文志：三公三星在北斗杓南及魁第一星西，一云在斗柄東，爲太尉、司徒、司空之象。在魁西者名三師。宋兩朝天文志：距東星去極三十五度少，入角宿六度。

玄戈一星

○

即是玄戈一星圜。

星經：玄戈一星在招摇北，一名巨戈，入氐一度，去北辰四十二度。　隋書天文志：玄戈二星在招摇北。　宋史天文志：天戈一星，又名玄戈。

天理四星

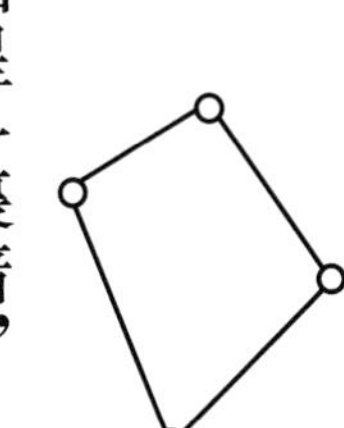

天理四星斗裏暗，

星經：天理四星在北斗魁中，主貴人牢，爲執法官。　晉書天文志：魁中四星爲貴人之牢，曰天理也。　宋兩朝天文志：距東南星去極二十八度，入翼宿九度。

輔一星

輔星近著開陽淡。

星經：輔星象親近大臣。　晉書天文志：輔星傅乎開陽，所以佐斗成功，丞相之象也。　隋書天文志：輔一星在太微北。又曰：「主危正，矯不平。」　宋史天文志：北斗第八星曰弼星，在第七星右，不見，漢志主幽州。第九星曰輔星，在第六星左，常見，漢志主并州。案北斗與輔星爲八，而漢志云九星，武密及楊維德皆采用之。史記索隱云：「北斗星間相去各九千里。其二陰星不見者，相去八千里。」而丹元子步天歌亦云九星，漢書必有所本矣。宋兩朝天文志：去極三十度，入角宿三度。

北斗七宿

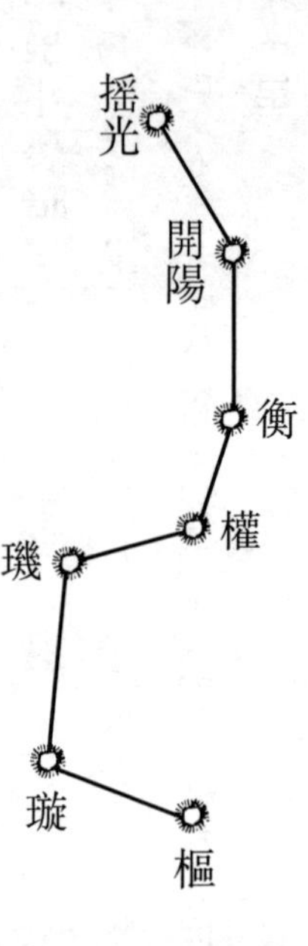

北斗之宿七星明，第一主帝名樞精。第二第三璇璣星，第四名權第五衡。開陽、搖光六七名，

星經：北斗星謂之七政，天之諸侯，亦爲帝車。魁四星爲璇璣，杓三星爲玉衡，齊七政。斗爲人君號令之主，出號施令，布政天中，臨制四方。第一名天樞，亦曰政星也，是天子象。第二名璇，女主之位。第三名璣，亦名令星。第四名權，爲伐。第五名衡，爲殺。第六名開陽。第七名搖光，亦爲應星。樞入張二度，去北辰十八度也。衡去極十五度，去辰十一度。斗第六七指角，第四五六指南斗，第一二指觜。史記天官書：北斗七星，所謂「璇、璣、玉衡以齊七政」。杓攜龍角，衡殷南斗，魁枕參首。用

昏建者杓；杓，自華以西南。夜半建者衡；衡，殷中州河、濟之間。平旦建者魁；魁，海岱以東北也。斗爲帝車，運于中央，臨制四方。分陰陽，建四時，均五行，移節度，定諸紀，皆繫于斗。晉書天文志：北斗七星在太微北。魁第一星曰天樞，二曰璇，三曰璣，四曰權，五曰玉衡，六曰開陽，七曰摇光。一至四爲魁，五至七爲杓，樞爲天，璇爲地，璣爲人，權爲時，玉衡爲音，開陽爲律，摇光爲星。石氏曰：「第一曰正星，主陽德，天子之象也。二曰法星，主陰形，女主之位也。三曰令星。四曰伐星。五曰殺星。六曰危星。七曰部星，亦曰應星。」又：「一主天，二主地，三主火，四主水，五主土，六主木，七主金。」又曰：「一主秦，二主楚，三主梁，四主吴，五主燕，六主趙，七主齊。」宋史天文志：一漢志主徐州，二主益州，三主冀州，四主荆州，五主兖州，六主揚州，七主豫州。宋兩朝天文志：天樞去極二十三度半，入張宿十度。摇光去極三十五度，入角宿九度。

天槍三星

摇光左三天槍紅。

星經：天槍三星在北斗柄東，主天鋒武備，在紫微宫右以御也。史記天官書：紫宫左三星曰天槍。晉書天文志：天槍一曰天鉞。宋兩朝天文志：距大星去極三十二度半，入氐宿初度。

蕙田案：通志、文獻通考俱無此一句，今協紀辨方書有之。

觀承案：末句有天槍星自宜補入，但「紅」字非韻，應是「横」字，以北地聲相近而致訛耳。若古韻則「紅」亦可讀「横」，然此歌本不用古韻，不宜獨叶此字，似當正作「横」字爲允。

紫微垣合象中央黑點近天樞星爲赤極。

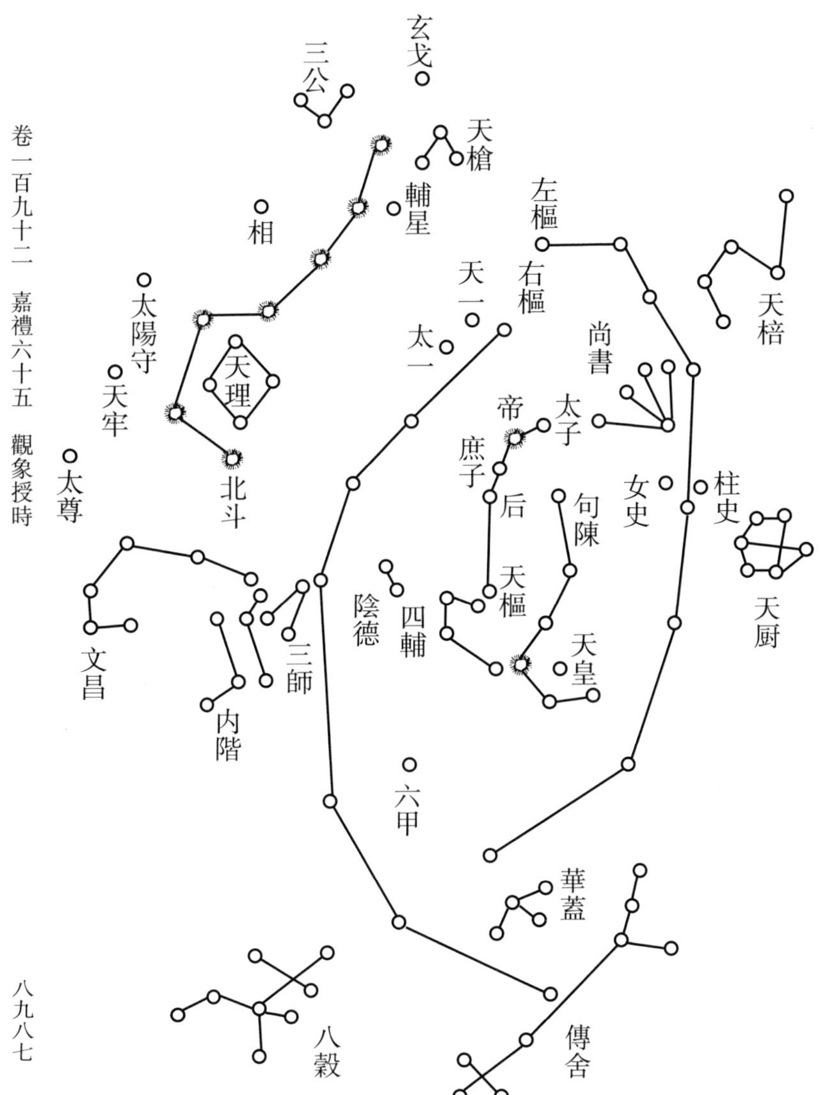
玄戈
三公
天槍
輔星
相
左樞
天棓
太陽守
天一
右樞
太一
尚書
天牢
天理
帝
太子
庶子
北斗
太尊
后
女史
柱史
句陳
天廚
陰德
四輔
天樞
三師
文昌
天皇
内階
六甲
華蓋
八穀
傳舍

宋史天文志：案步天歌載，中宫紫微垣經星常宿可名者三十五坐，積數一百六十有四。而晉志所載太尊、天戈、天槍、天棓皆屬太微垣，八穀八星在天市垣，與步天歌不同。

蕙田案：晉志無以中官諸星分屬三垣之説，以八穀屬天市，尤於方位不合，説見下。

右紫微垣

太微垣

左右執法各一星

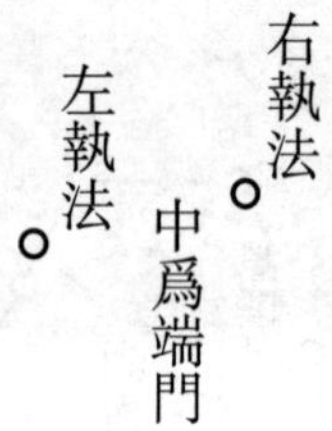

右執法 ○

中爲端門

左執法 ○

上元天庭太微宫〔一〕，昭昭列象在蒼穹。端門只是門之中，左右執法門西東。

〔一〕「天庭」，原脱，據光緒本補。

今測左執法，黃經九宮初度二十六分，緯北一度二十五分。

右執法，黃經八宮二十二度四十二分，緯北初度四十三分；赤經八宮二十三度三十五分，緯北三度三十四分。

史記天官書：衡，太微，三光之廷。匡衛十二星，藩臣：西，將；東，相；南四星，執法；中，端門；門左右，掖門。晉書天文志：太微，天子庭也，五帝之座也。一曰太微爲衡。衡，主平也，又爲天庭，理法平辭，監升授德，列宿受符，諸神考節，舒情稽疑也。南蕃中二星間曰端門。東曰左執法，廷尉之象也。西曰右執法，御史大夫之象也。執法，所以舉刺凶姦者也。宋兩朝天文志：右執法去極八十四度，入翼宿十二度半。左執法去極八十六度，入軫宿初度半。通志：太微垣在翼、軫北。

謁者一星

謁者

○

門左皂衣一謁者，

晉書天文志：左執法東北一星曰謁者，主贊賓客也。宋史天文志：乾象新書在太微垣門内左執法北。宋兩朝天文志：去極八十三度，入軫宿一度。

三公三星

以次即是爲三公。

晉書天文志：謁者東北三星曰三公內坐，朝會之所居也。宋兩朝天文志：距東星去極八十四度半，入軫六度。

九卿三星

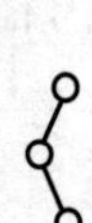

三黑九卿公背旁，

晉書天文志：三公北三星曰九卿內坐，治萬事。宋史天文志：乾象新書在內五諸侯南。宋兩朝天文志：距西北星去極七十五度，入軫七度。

五諸侯五星今無。

五黑諸侯卿後行。

晉書天文志：九卿西五星曰內五諸侯，內侍天子，不之國也。宋史天文志：乾象新書在郎位南。宋兩朝天文志：距西星去極七十度，入軫一度。

内屏四星

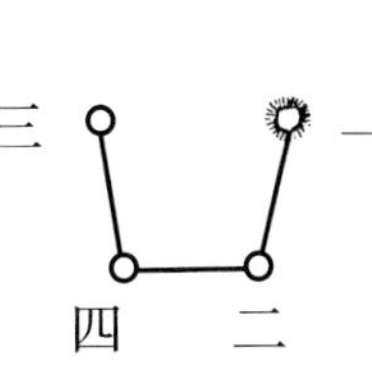

四箇門西主軒屏，

今測内屏一星，黄經八宫一十八度五十四分，緯北六度零七分；赤經八宫二十二度一十四分，緯北一十度零一分。　二星黄經八宫一十九度四十三分，緯北四度三十七分。　三星黄經八宫二十三度一十七分，緯北八度三十四分。　四星黄經八宫二十三度一十七分，緯北六度一十分。

晉書天文志：屏四星在端門之内，近右執法。屏，所以壅蔽帝庭也。　宋兩朝天文志：距西南星去極八十度，入翼十度。

五帝座五星

五帝内坐於中正。

今測五帝座大星，黄經八宫一十七度一十三分，緯北一十二度一十八分；赤經八宫二十三度一十三分，緯北一十六度二十一分。

晉書天文志：黄帝坐在太微中，含樞紐之神也。四帝星俠黄帝坐。東方蒼帝，靈威仰之神也。南方赤帝，赤熛怒之神也。西方白帝，白招拒之神也。北方黑帝，叶光紀之神也。宋兩朝天文志：距中大星去極七十一度半，入翼十一度。

太子、從官、幸臣各一星

從官○

太子○

幸臣○

幸臣太子并從官，烏列帝後從東定。

晉書天文志：五帝坐北一星曰太子，帝儲也。太子北一星曰從官，侍臣也。帝坐東北一星曰幸臣。宋兩朝天文志：太子一星去極六十六度半，入翼十一度半。從官一星去極六十四度，入翼八度半。幸臣一星去極六十六度半，入翼十五度。

郎將、虎賁各一星

虎賁

郎將

郎將、虎賁居左右，

晉書天文志：郎將在郎位北，主閱具，所以爲武備也。武賁一星在太微西蕃北，下台南，靜室旄頭之騎官也。宋兩朝天文志：郎將一星去極四十七度半，入軫十一度。虎賁一星去極六十二度少，入翼二度。

常陳

郎位

常陳七星今三星。郎位十五星今十星。

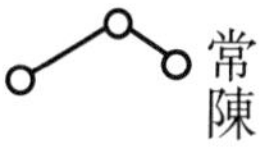

常陳郎位居其後。常陳七星不相誤，郎位陳東一十五。

史記天官書：帝坐後聚一十五星，蔚然，曰郎位。　晉書天文志：郎位十五星在帝坐東北，一曰依烏郎府也。周官之元士，漢官之光禄、中散、諫議、議郎、三署郎中，是其職也。郎，主守衛也。常陳七星，如畢狀，在帝坐北，天子宿衛武賁之士，以設彊禦也。　宋兩朝天文志：郎位十五星距西南星去極六十度，入翼十八度。常陳七星距東星去極五十一度半，入軫初度。

西藩五星　東藩五星

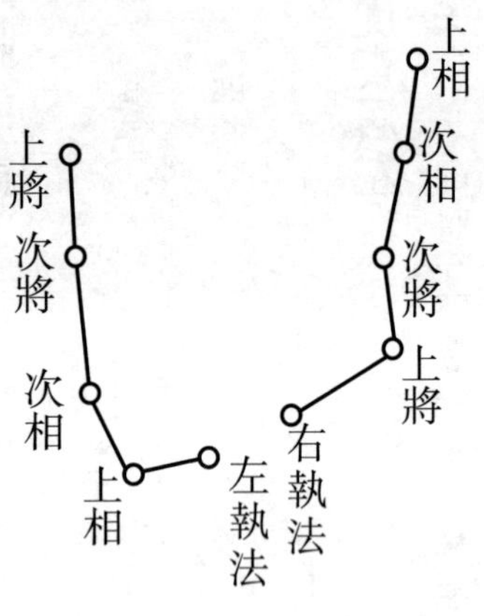

兩面宫垣十星布，左右執法是其數。

今測東上相黃經九宮五度四十六分，緯北二度五十分；赤經九宮六度二十五分，緯北初度一十八分。　東次相黃經九宮七度零五分，緯北八度四十分；赤經九宮九度五十七分，緯北五度零九分。　西上將黃經八宮一十四度一十八分，緯北一度四十二分。　西次將黃經八宮一十三度零八分，緯北六度零七分。　西次相黃經八宮九度，緯北九度四十二分。

晉書天文志：左執法之東，左掖門也。右執法之西，右掖門也。東藩四星，南第一曰上相，其北，東太陽門也。第二星曰次相，其北，中華東門也。第三星曰次將，其北，東太陰門也。第四星曰上將，所謂四輔也。西蕃四星，南第一星曰上將，其北，西太陽門也。第二星曰次將，其北，中華西門也。第三星曰次相，其北，西太陰門也。第四星曰上相，亦曰四輔也。

蕙田案：天官書及漢志俱稱匡衛十二星，與晉、隋以下諸志不合。

明堂三星

宮外明堂布政宮，

今測明堂一星黃經八宮一十七度零七分，緯南初度三十三分。　二星黃經八宮二十度三十七分，緯南三度零三分。　三星黃經八宮一十九度五十八分，緯南五度四十一分。

晉書天文志：太微西南角外三星曰明堂，天子布政之宮。

靈臺三星

三箇靈臺候雲雨。

今測靈臺一星黄經八宫一十度零五分，緯北一度二十分。二星黄經八宫九度三十三分，緯南初度一十三分。三星黄經八宫一十度三十分，緯南二度二十九分。

晉書天文志：明堂西三星曰靈臺，觀臺也，主觀雲物，察符瑞，候災變也。

少微四星

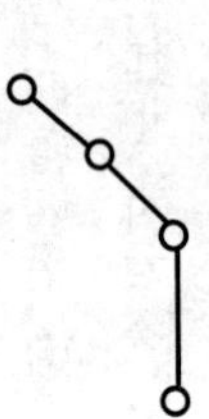

少微四星西南隅，

史記天官書：廷藩西有隋星，五曰少微，士大夫。漢書天文志：廷藩西有隋星四，名曰少微。晉書天文志：少微四星在太微西，一名處士，或曰博士官，一曰主衛掖門。南第一星處士，第二星議士，第三星博士，第四星大夫。宋兩朝天文志：距東南大星去極六十五度半，入張宿十五度半。

長垣四星

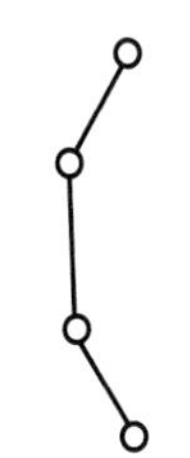

長垣雙雙微西居。

晉書天文志：少微南四星曰長垣，主界域。宋兩朝天文志：距南星去極七十六度，入張宿十四度。

三台六星

北門西外接三台，與垣相對無兵災。

史記天官書：斗魁下六星兩兩相比者，名曰三能。蘇林曰：「能音台。」晉書天文志：三台六星，兩兩而居，起文昌，列抵太微。一曰天柱，三公之位也。在人曰三公，在天曰三台，主開德宣符也。西近文昌二星曰上台，爲司命，主壽。次二星曰中台，爲司中，主宗室。東二星曰下台，爲司禄，主兵。又曰三台爲天階，太一躡以上下。一曰泰階。上階，上星爲天子，下星爲女主；中階，上星爲諸侯三公，下星爲卿大夫；下階，上星爲士，下星爲庶人。宋史天文志：案上台二星在柳北，其北星入柳六度。中台二星，其北入張二度。下台二星在太微垣西蕃北，其北星入翼二度。武密書：三台屬鬼，又屬柳、屬張。乾象新書：上台屬柳，中台屬張，下台屬翼。

太微垣合象

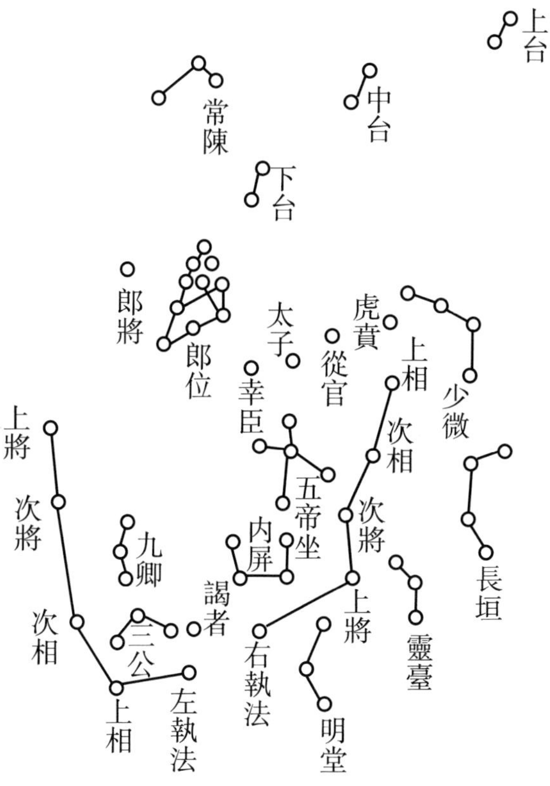

宋史天文志：右上元太微宮常星一十九座，積數七十有八，而晉志所載，少微、長垣各四星，屬天市垣，與步天歌不同。

蕙田案：晉志天文經星分爲三段：一爲中官，一爲二十八舍，一爲星官。在二十八舍之外者，古謂之外官。其中官之星，以北極紫宫爲首，而北斗次之。文昌諸星，在斗魁前者也。太微諸星，與斗衡相直者也。自攝提、大角以至貫索、天紀、織女、漸臺、輦道，皆在斗杓下者也，故次于北斗之後。自平道以下至少微、長垣，俱在二十八宿之上，故亦屬之中官；其序則自東而北而西而南焉。隋志星名較多於晉史，至其分目次第，一與晉志同。蓋古無以太微、天市配紫宫爲三垣者。史記天官書祇有中宫，而天市屬東宫，太微屬南宫。晉、隋二志則分中、外官，與二十八舍爲三條，而太微、天市亦雜叙於中官之内。晉、隋志俱出李淳風之手，别無云三垣者，則三垣之名在淳風以後矣。上元太微、下元天市，始見於步天歌。歌不著撰人名氏，相傳以爲唐王希明自號丹元子者所撰。鄭夾漈獨非之，以爲丹元子，隋之隱者。然唐初尚無三垣之説，則非隋人所撰，審矣。後世以中官之星分屬三垣，又以二十八宿内外諸星案其經度分屬諸宿，俱始於步天歌，晉、隋以前所未有也。修宋史者不加詳考，乃云晉志某星屬太微垣，某星屬天市垣，誣甚矣。即如扶筐、織女、漸臺、輦道，北方之星也，豈得越紫宫而南屬於太微乎？大陵、積尸、天船、積水、天大將軍、軒轅、酒旗諸星，西方、南方之星也，豈得越紫宮而東屬於天市乎？略舉一二，其謬顯然，後皆放此。

觀承案：天官星象，史、漢、晉、隋諸志或但分爲五宮，或又區爲三列，從無以太微、天市配紫宮爲三垣者。然天本無度，自人測之而立度；地本無州，自人畫之而分州。其或增或減，或合或分，亦各隨其時，以便於觀察綜理而已。自丹元子分出三垣，以統乎中宮，分隸二十八宿，以環于四野，尤爲綱舉目張而易于尋省，斯亦以簡馭繁之捷徑也。第宋志反據此以例晉、隋諸志，不免以漢官之號而上議周官之名，則是偶不經思，而倒其前後之序耳。後人分別觀之，可也。

右太微垣

天市垣

西蕃十一星　東蕃十一星

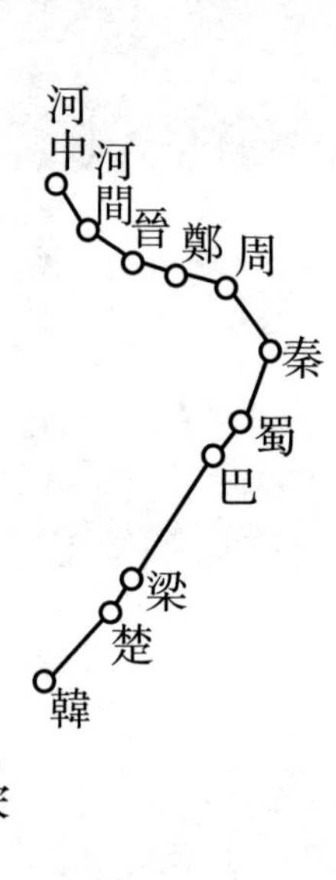

下元一宫名天市，兩扇垣墻二十二。

今測韓黄經十一宫四度四十九分，緯北一十一度三十分；赤經十一宫四度五十八分，緯南九度五十分。楚黄經十宫二十九度零七分，緯北一十六度三十一分；赤經十一宫初度二十七分，緯南三度五十一分。梁黄經十宫二十七度五十五分，緯北一十七度一十九分；赤經十宫二十九度三十分，緯南二度五十分。巴黄經十宫一十九度五十七分，緯北二十四度零六分；赤經十宫二十三度五十分，緯北五度三十分。　蜀黃經十宮一十七度四十分，緯北二十五度三十六分；赤經十宮二十二度一十四分，緯北七度三十分。　宋黃經十一宮一十三度三十二分，緯北七度一十八分。　南海黃經十一宮二十度零七分，緯北八度零四分。　東海黃經初宮一度二十三分，緯北二十度三十八分；赤經初宮一度一十八分，緯南二度五十一分。　徐黃經初宮一十一度二十分，緯北二十六度五十九分；赤經初宮一十度零七分，緯北三度五十三分。

星經：天市垣五十六星，在房、心北，主權衡，一名天旗。門左星入尾一度，去北辰九十四度。

宋兩朝天文志：天市垣二十二星，東西列各一十一星。其東垣南第一星曰宋，第二星曰南海，第三星曰燕，第四星曰東海，第五星曰徐，第六星曰吳越，第七星曰齊，第八星曰中山，第九星曰九河，第十星曰趙，第十一星曰魏。其西垣第一星曰韓，第二星曰楚，第三星曰梁，第四星曰巴，第五星曰蜀，第六星曰秦，第七星曰周，第八星曰鄭，第九星曰晉，第十星曰河間，第十一星曰河中。東垣南第一星宋，去極一百五度半，入尾宿七度。西垣第一星韓，去極九十八度半，入心宿五度。

市樓六星今二星。

當門六箇黑市樓，

史記天官書：天市中六星曰市樓。　星經：市樓六星在市門中，主闤闠之司，今市曹官之職。

宋兩朝天文志：距東南星去極九十八度，入尾宿十二度。

車肆二星

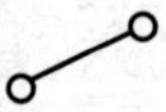

門左兩星是車肆。

星經：車肆二星在宫門門垣左星之西，主市易價直之官。　隋書天文志：車肆主衆賈之區。

宋兩朝天文志：距西大星去極一百度，入尾宿三度。

宗正二星　宗人四星

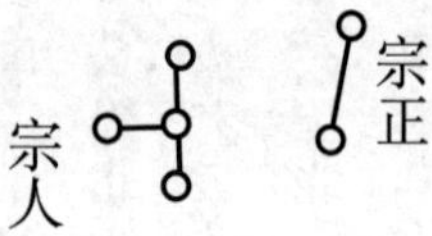

宗正

宗人

兩箇宗正四宗人，

今測宗正一星黄經十一宫二十度五十五分，緯北二十八度零一分；赤經十一宫二十一度五十八分，緯北四度四十七分。二星黄經十一宫二十二度一十五分，緯北二十六度一十一分；赤經十一宫二十三度零三分，緯北二度五十三分。

宗二星

星經：宗正二星在帝座東南，主宗正、卿、大夫。宗人四星在宗正東，主祠享先人。宋兩朝天文志：宗正二星距北星去極八十五度半，入尾十六度。宗人四星距大星去極八十六度，入箕一度。

宗星一雙亦依次。

星經：宗二星在候東，主宗室，爲帝血脉之臣。宋兩朝天文志：宗室二星距北大星去極八十度半，入箕五度。

帛度二星　屠肆二星

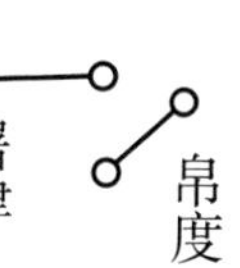

帛度兩星屠肆前，

星經：帛度二星在宗星東北，主平量也。宋史天文志：乾象新書在屠肆南。宋兩朝天文志：距西星去極六十九度少，入箕三度。

星經：屠肆二星在帛度北，主屠殺之位也。宋史天文志：乾象新書在天市垣内十五度。宋兩朝天文志：距西星去極六十八度半，入箕三度。

候一星

候星還在帝座邊。

星經：候星在市東，主輔臣陰陽法官，入箕三度，去北辰七十二度。晉書天文志：候一星，在帝坐東北，主伺陰陽。宋史天文志：「候」一作「后」。宋兩朝天文志：去極七十八度半，入尾十六度。

帝座一星

帝座一星常光明，

今測帝座星黄經十一宫一十二度四十分，緯北三十七度二十三分；赤經十一宫一十五度五十分，緯北一十四度四十五分。

星經：帝座一星在市中，入尾十五度，去北辰七十一度。　隋書天文志：帝座在天市中，候星西，天庭也。　宋兩朝天文志：去極七十五度，入尾十度。

宦者四星

四箇微芒宦者星。

星經：宦官四星在帝座西南，侍帝之傍，入尾十二度。　宋兩朝天文志：宦者四星距南星去極七十六度半，入尾九度半。

列肆二星

以次兩星名列肆，

星經：列肆二星在斛西北，主貨珍寶金玉等也。　隋書天文志：斛西北二星曰列肆，主寶玉之貨。　宋兩朝天文志：距東星去極八十六度，入心宿三度半。

蕙田案：諸書皆云列肆在斛西北，今圖乃在斛西南，與古異。

斗五星　斛四星

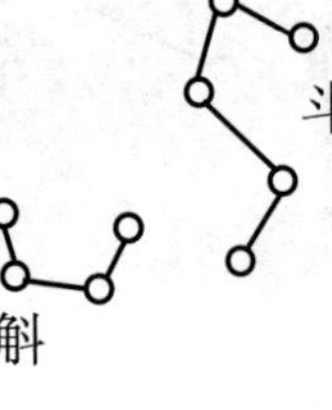

斗斛帝前依其次，斗是五星斛是四。

星經：斗五星在宦星西南，主稱量。宋史天文志：乾象新書在帝座西。宋兩朝天文志：距東大星去極七十九度，入尾六度半。

星經：斛四星在斗南，主斛食之事。隋書天文志：市樓北四星曰天斛，主量者也。宋兩朝天文志：距西南星去極八十七度半，入尾宿三度。

宋中興天文志：天市垣中一星明大者，謂之帝座。帝座東北一星爲后，舊誤作「候」。西南三星爲妃，舊失其位。妃北一星在帝右，后北一星在帝左，是爲左右常侍。妃南四星爲宦寺，宦寺南一星爲閹人，閹人南四星爲内屏，此其別也。而舊乃以右常侍一星及妃三星爲宦者，又以宦寺、閹人合五星爲斗，又以内屏四星爲斛，皆誤也。

蕙田案：此宮名天市，故有列肆、斗斛之名。星經、步天歌、隋志並同。宋中興志獨爲異説，於古無據，今不取。

貫索九星

垣北九箇貫索星，

今測貫索一星黄經十宫七度四十九分，緯北四十四度二十三分；赤經十宫二十度二十分，緯北二十七度五十分。

星經：貫索九星在七公前，爲賤人牢。右星入尾一度，去北辰五十五度。史記天官書：有句圜十五星，屬杓，曰賤人之牢。索隱曰：其形如連環，即貫索星也。晉書天文志：貫索一曰連索，一曰連營，一曰天牢，主法律，禁暴彊也。牢口一星爲門，欲其開也。

七公七星

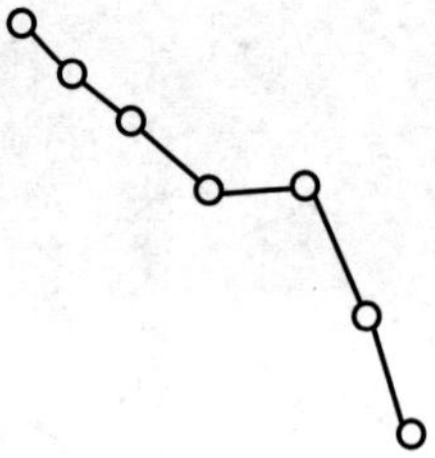

索口横著七公成。

星經：七公七星在招摇東，氐北，爲天相，主三公七政善惡。西星入氐四度，去北辰四十九度。

通志：張衡曰：「七公横列貫索之口，主執法，列善惡之官也。」

天紀九星

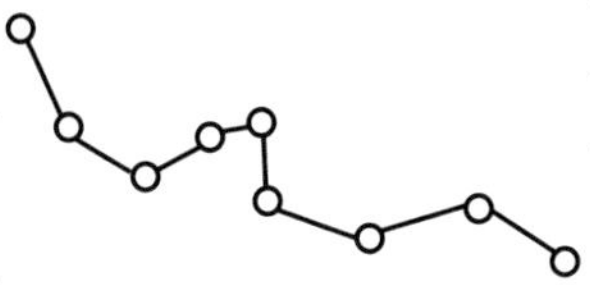

天紀恰似七公形，數著分明多兩星。

星經：天紀九星在貫索東，主九卿萬事綱紀，掌理怨訟。西入尾五度，去北辰五十一度。

女牀三星

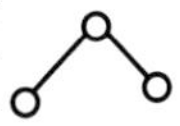

紀北三星名女牀，此座還依織女旁。

星經：女牀三星在天紀北，主後宫生女事，侍帝及皇后。入箕一度，去北辰五十三度。

天市垣合象

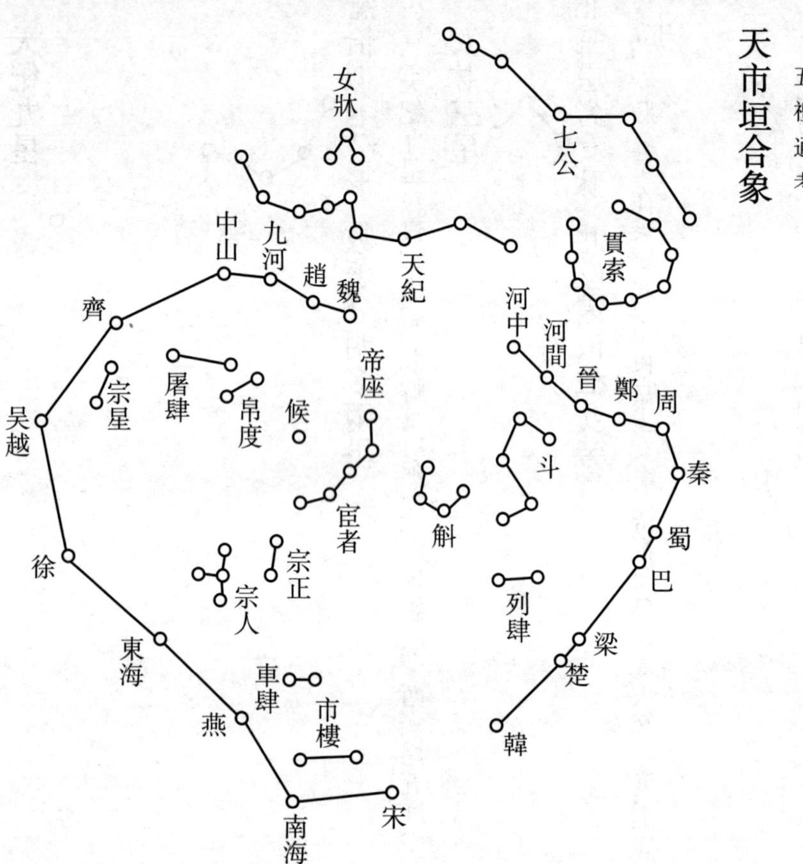
女牀
七公
貫索
天紀
中山
九河
趙
魏
齊
河中
河間
晉
鄭
周
秦
帝座
屠肆
帛度
宗星
吴越
候
斗
宦者
斛
蜀
巴
宗正
宗人
徐
列肆
梁
楚
東海
車肆
市樓
燕
韓
南海
宋

宋史天文志：右天市垣常星可名者一十七坐，積數八十有八。而市樓、天斛、列肆、車肆、斗、帛度、屠肆等星，晉志皆不載，隋志有之，屬天市垣，與步天歌合。又貫索、七公、女牀、天紀，晉志屬太微垣。案乾象新書：天紀在天市垣北，女牀屬箕宿，貫索屬房宿，七公屬氐宿。武密以七公屬房，又屬尾；貫索屬房，又屬氐、屬心；女牀屬于尾、箕。說皆不同。

蕙田案：天官書以天市諸星屬東宮，而貫索屬中宮。晉志貫索、七公、女牀、天紀次於招摇、梗河之後，以其近北斗也。天市垣諸星次於平道、進賢、東西咸、鍵閉、鉤鈐之後，以其近東方房、心之宿也。與天官書略同。宋史乃謂貫索諸星，晉志以屬太微，失之甚矣。

右天市垣

五禮通考卷一百九十三

嘉禮六十六

觀象授時

東方蒼龍七宿

角宿二星

角，兩星南北正直著。

今測角一星黄經九宫一十九度二十六分，緯南一度五十九分；赤經九宫一十七度一十分，緯南九度二十七分。　二星黄經九宫一十七度四十三分，緯北八度四十二分；赤經九宫一十八度二十三分，緯北一度零一分。

星經：角二星爲天門。壽星，蒼龍角也。南左角名天津，北右角爲天門，中間名天關。左主天田，右主天祇。史記天官書：左角，李；右角，將。宋史天文志：漢永元銅儀，以角爲十三度；而唐開元游儀，角二星十二度。舊經去極九十一度，今測九十三度半。距星正當赤道，其黄道在赤道南，不經角中；今測角在赤道南二度半，黄道復經角中，即與天象合。景祐測驗，角二星十二度，距南星去極九十七度，在赤道外六度。

平道二星

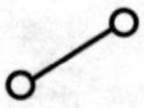

天田二星

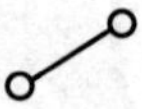

中有平道上天田，總是黑星兩相連。

今測平道一星黄經九宫一十三度四十七分，緯北一度四十五分。

星經：平道二星在角間，主路道之官。宋兩朝天文志：距東星去極九十一度，入角二度。

星經：天田二星在角北，主天子畿内地。宋史天文志：武密曰：「天子籍田也。」宋兩朝天文志：距西星去極八十二度半，入角二度半。

進賢一星

別有一烏名進賢，平道右畔獨淵然。

星經：進賢一星在平道西，主卿相，薦舉逸士。通志：平道西一星曰進賢，在太微宮東。

周鼎三星

最上三星周鼎形，

星經：周鼎三星在攝提、大角西，主神鼎。宋兩朝天文志：距東北星去極六十四度半，入角宿七度半。

天門二星

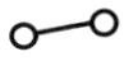

平星二星

角下天門左平星，雙雙橫於庫樓上，

今測天門二星黃經九宮一十八度二十三分，緯南七度五十一分。二星黃經九宮二十一度四十八分，緯南六度一十六分。

星經：天門二星在左角南，主天門侍晏應對之所。宋兩朝天文志：距西星去極一百四度半，入軫十六度。

晉書天文志：平星二星在庫樓北，平天下之法獄事，廷尉之象。宋兩朝天文志：距西星去極一百九度半，入軫十六度。

庫樓十星今九星。　柱十五星今十四星。　衡四星

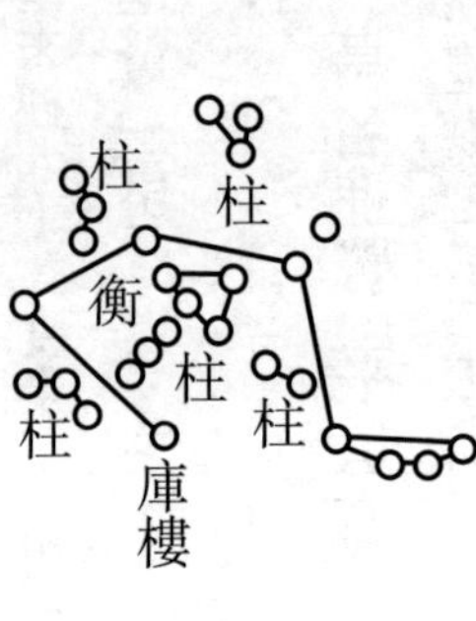

庫樓十星屈曲明。樓中五柱十五星，三三相似如鼎形。其中四星别名衡，

星經：庫樓星二十九星，庫樓十星，柱十五星，衡四星，在角南軫東南。晉書天文志：庫樓十星，其六大星爲庫，南四星爲樓，在角南，一曰天庫，兵甲之府也。旁十五星三三而聚者，柱也。中央四小星，衡也。宋兩朝天文志：庫樓二星距西北星去極一百二十三度，入軫十五度半。

蕙田案：協紀辨方書云庫樓今九星，以圖校之，止八星。

南門二星

南門樓外兩星横。

晉書天文志：南門二星在庫樓南，天之外門也。宋兩朝天文志：距西星去極一百三十七度，入軫十一度。

蕙田案：天官書「亢爲疏廟，其南北兩大星曰南門」，自指亢宿上下兩星而言，正義以庫樓南之南門釋之，疑非是。

角宿之屬合象

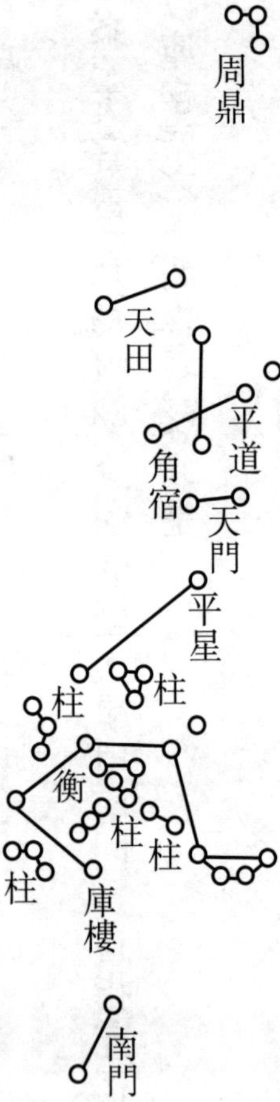

宋史天文志：案晉志以左角爲天田，别不載天田二星，隋志有之。平道、進賢、周鼎，晉志皆屬太微垣，庫樓并衡星、柱星、南門、天門、平星皆在二十八宿之外。唐武密及景祐書乃與步天歌合。

亢宿四星

亢，四星恰似彎弓狀。

今測亢一星黄經十宫初度零三分，緯北二度五十八分；赤經九宫二十八度五十九分，緯南八度四十四分。三星黄經九宫二十九度一十九分，緯北七度一十九分。四星黄經十宫三度三十二分，緯北初度三十二分。

星經：亢四星名天府，一名天庭。史記天官書：亢爲疏廟，主疾。索隱曰：元命包云「亢四星爲廟廷」，文耀鈎「爲疏廟」，宋均以爲疏，外也。「廟」或爲「朝」。晉書天文志：亢，天子之内朝也，總攝天下奏事，聽訟理獄録功者也。一曰疏廟，主疾疫。宋兩朝天文志：距南第二星去極九十六度。宋史天文志：亢宿四星，漢永元銅儀十度，唐開元游儀九度。舊去極八十九度，今九十一度半。景祐測驗，亢九度，距南第二星去極九十五度。

大角一星

大角一星直上明，

今測黄經九宫一十九度五十分，緯北三十一度零三分；赤經十宫初度二十二分，緯北二十度五十六分。

星經：大角一星，天棟，在攝提中，主帝座。入亢三度半，去北辰五十九度也。史記天官書：大角者，天王帝廷。宋兩朝天文志：去極六十六度，入亢二度半。

折威七星今無。

折威七子亢下横。

星經：折威七星在亢南，主詔獄斬殺邊將死事。宋兩朝天文志：距西第三大星去極一百三度，入亢三度。

左右攝提各三星

右攝提

左攝提

大角左右攝提星，三三相似如鼎形。

星經：攝提六星在角、亢東北。　史記天官書：大角兩旁各有三星，鼎足句之，曰攝提。攝提者，直斗杓所指，以建時節，故曰「攝提格」。　隋書天文志：攝提直斗杓之南，主建時節，伺機祥。攝提爲楯，以夾擁帝席也，主公卿。　宋兩朝天文志：攝提六星，其右距北大星去極六十七度，入亢七度；其左距南星去極七十二度半，入亢七度。

頓頑二星

折威下左頓頑星，兩箇斜安黄色精。

晉書天文志：頓頑二星在折威東南，主考囚情狀，察詐僞也。　宋兩朝天文志：距東南星去極一百一十二度半，入亢四度。

陽門二星

頑下二星號陽門，色若頓頑直下存。

星經：陽門二星在庫樓東北，隘塞外寇盜之事。晉書天文志：庫樓東北二星曰陽門，主守隘塞也。宋兩朝天文志：太陽門二星距西星去極一百一十三度，入角十度。

亢宿之屬合象

右攝提

大角

左攝提

亢宿

陽門

頓頑

宋史天文志：案晉志以大角、攝提屬太微垣，折威、頓頑在二十八宿之外。陽門則見於隋志，而晉史不載。武密書以攝提、折威、陽門皆屬角、亢。乾象新書以右攝提屬角，左攝提屬亢，餘與武密書同。景祐測驗，乃以大角、攝提、頓頑、陽門皆屬于亢。其說不同。

蕙田案：晉志載陽門二星在二十八宿之外，與隋志同，此志疑誤。

氐宿四星

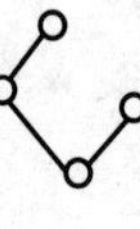

氐，四星似斗側量米。

今測氐一星黄經十宫一十度四十一分，緯北初度二十六分；赤經十宫八度二十四分，緯南十四度三十九分。二星黄經十宫一十六度三十四分，緯南一度一十八分。三星黄經十宫二十度四十分，緯北四度二十八分。四星黄經十宫十四度五十八分，緯北八度三十五分；赤經十宫十五度零二分，緯南八度零九分。

星經：氐四星爲天宿宫，一名天根，二名天符，主皇后妃嬪。前二大星正妃，後二左右。史記天官書：氐爲天根，主疫。正義曰：星經云：「氐四星爲路寢，聽朝所居。其占：明大，則臣下奉度。」合誠圖云：「氐爲宿宫也。」晉書天文志：氐四星，王者之宿宫，后妃之府，休解之房。前二星，適也；後二星，妾也。宋兩朝天文志：距西南星去極一百四度半。宋史天文志：漢永元銅儀，唐開元游儀，氐宿十六度，去極九十四度。景祐測驗與乾象新書皆九十八度。

天乳一星

天乳氐上黑一星，世人不識稱無名。

星經：天乳在氐北，主甘露。去北辰九十六度。　宋兩朝天文志：天乳一星去極九十二度，入氐十四度。

招搖一星

一箇招搖梗河上，

星經：招搖星在梗河北，入氐二度，去北辰四十一度。　隋書天文志：招搖一星一曰矛楯。宋兩朝天文志：去極五十一度，入亢四度半。

梗河三星

梗河橫列三星狀。

星經：梗河三星在大角帝座北。　隋書天文志：梗河者，天矛也，一曰天鋒。　宋兩朝天文志：距大星去極五十九度，入氐二度。

帝席三星今無。

帝席三黑河之西，

星經：帝席三星在大角北。晉書天文志：大角北三星曰帝席，主宴獻酬酢。宋兩朝天文志：距東星去極六十七度半，入氐宿一度半。

亢池六星今四星。

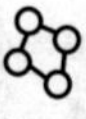

亢池六星近攝提。

星經：亢池六星在亢北，主度送迎之事。隋書天文志：亢北六星曰亢池。亢，舟航也；池，水也。主送往迎來。宋史天文志：武密云：「主斷軍獄，掌棄市殺戮。」與舊史異說。宋兩朝天文志：距北大星去極七十度半，入亢三度。

騎官二十七星今七星。

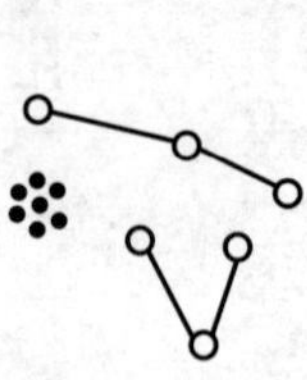

氐下衆星騎官出，騎官之衆二十七，三三相連十欠一。

星經：騎官二十七星，在氐南，主天子騎虎賁。入北辰一百十五度。史記天官書：房南衆星曰騎官。宋兩朝天文志：距西北星去極一百二十度，入氐宿初度。

陣車三星

陣車氐下騎官次，

今測陣車一星黃經十宮一十六度一十五分，緯南七度三十七分。二星黃經十宮一十八度三十七分，緯南一十度。

星經：陣車三星在氐南，主革車兵車。晉書天文志：陣車三星在騎官東北。

車騎三星

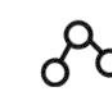

騎官下三車騎位。

星經：車騎三星在騎官南，總領車騎行軍之事。宋兩朝天文志：距東南星去極一百四十度，入氐二度。

天輻二星

天輻兩星在陣傍，

今測天輻一星黄經十宫二十四度一十分，緯南八度二十七分。二星黄經十宫二十四度五十三分，緯南九度五十四分。

星經：天輻二星在房西，主鑾駕乘輿之官。宋史天文志：天輻在房西斜列，主乘輿，若周官巾車官也。一作天福。

騎陣將軍一星

將軍陣裏振威霜。

星經：車騎將軍星在騎官東南，主車騎將軍之官。晉書天文志：騎官東端一星騎陣將軍，騎將也。宋史天文志：將軍一星，騎將也。在騎官東南，總領車騎軍將、部陣行列。

蕙田案：星經作「車騎將軍」，晉、隋二志俱作「騎陣將軍」，惟宋志止稱「將軍」，與步天歌合。

氐宿之屬合象

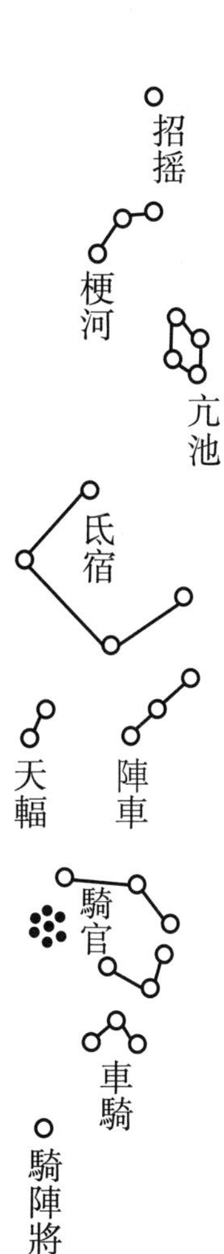

宋史天文志：步天歌已上諸星俱屬氐宿。乾象新書以帝席屬角，亢池屬亢；武密與步天歌合，皆屬氐，而以梗河屬亢。占天録又以陣車屬於亢，乾象新書屬氐，餘皆與步天歌合。

房宿四星

房，四星直下主明堂。

今測房一星黄經十宮二十八度三十一分，緯南五度二十三分；赤經十宮二十五度零二分，緯南二十五度零八分。　二星黄經十宮二十八度四十三分，緯南五度二十三分。　三星黄經十宮二十八度四十六分，緯北一度零五分。　四星黄經十宮二十八度零八分，緯南一度五十五分。

星經：房四星名天府，管四方，一名天旗，二名天駟，三名天龍，四名天馬，五名天衡，六爲明堂。

房爲四表，表三道，日月五星常道也。上第一星名爲右服次將，其名陽環。上道二星名右驂，上相，其名中道。三名左服次將，其名下道。四名左驂，上相。總四輔。

史記天官書：房爲府，曰天駟。其陰，右驂。晉書天文志：房四星爲明堂，天子布政之宫，亦四輔也。下第一星，上將也；次，次將也；次，次相也；上星，上相也。南二星君位，北二星夫人位。又爲四表，中間爲天衢，爲天關，黄道之所經也。南間曰陽環，其南曰太陽，北間曰陰間，其北曰太陰。七曜由于天衢，則天下平和；亦曰天駟，爲天馬，主車駕。南星曰左驂，次左服，次右服，次右驂。宋兩朝天文志：距南第二星去極一百一十四度半。宋史天文志：漢永元銅儀，唐開元游儀，房宿五度。舊去極百八度，今百十度半。景祐測驗，房距南第二星去極百十五度，在赤道外二十三度。乾象新書在赤道外二十四度。

鍵閉一星

鍵閉一黄斜向上，

今測黄經十一宫初度零八分，緯北一度四十二分。

星經：鍵閉星在房東北，主管籥。宋兩朝天文志：去極一百八度，入房四度。

鈎鈐二星

鈎鈐兩箇近其旁。

今測黄經十宫二十九度一十七分，緯北初度二十四分。

星經：鈎鈐二星，主法。第一名天健，二名天宫，去北辰一百四度半。

史記天官書：房旁有兩星曰衿。讀爲鈐。宋兩朝天文志：鈎鈐二小星去極一百九度半，入房二度半。

蕙田案：鈎鈐二星，今圖止一星。

罰三星

罰有三星直鍵上，

星經：罰三星在東咸西下西北而列，主受金罰贖市布租也。宋史天文志：罰三星在東、西咸正南。宋兩朝天文志：距南星去極一百八度，入心一度半。

西咸四星

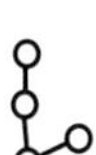

東咸四星

兩咸夾罰似房狀。

今測西咸一星黄經十宫二十二度五十五分，緯北四度零四分。二星黄經十宫二十五度二十六分，緯北三度三十三分。三星黄經十宫二十五度五十八分，緯北六度一十一分。四星黄經十宫二十六度五十一分，緯北九度一十九分。東咸一星黄經十一宫四度，緯北五度二十分。二星黄經十一宫三度三十二分，緯北三度二十分。三星黄經十一宫一度五十七分，緯北一度四十分。四星黄經十一宫三度零五分，緯北一度四十分。

星經：西咸四星在氐東，主治淫泆。南星入氐五度，去北辰九十三度。東咸四星在房東北，主防淫泆。星南入心二度，去北辰一百三度。宋史天文志：東咸在心北，西咸在房西北。宋兩朝天文志：東咸距西南星去極一百一十一度，入心一度。西咸距西南星去極一百四度半，入氐十五度。

日一星

房下一星號爲日，

今測黄經十宫二十二度三十八分，緯北初度零一分。宋史天文志：日一星在房宿南，太陽之精，主昭明令德〔二〕。宋兩朝天文志：去極一百一十三度，入氐十四度半。

從官二星

從官兩箇日下出。

隋書天文志：從官二星在積卒西北。宋兩朝天文志：距西星去極一百二十二度，入氐十四度。

房宿之屬合象

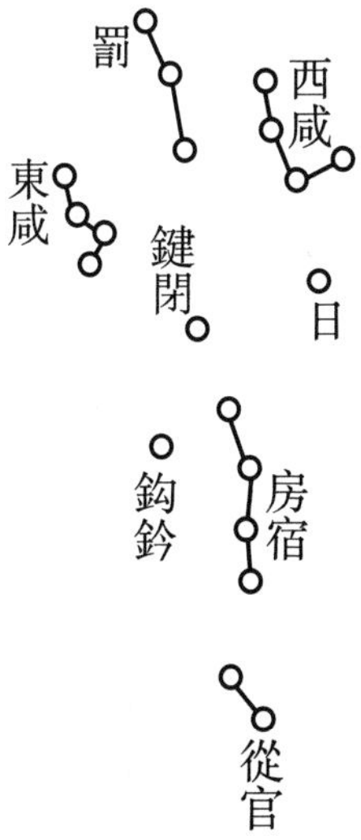

宋史天文志：案步天歌，以上諸星俱屬在房。日一星，晉、隋志皆不載，以他書考之，雖在房宿

〔二〕「明」，原脱，據光緒本、宋史天文志三補。

南，實入氐十二度半。武密書及乾象新書惟以東咸屬心，西咸屬房，與步天歌不同，餘皆脗合。

心宿三星

心，三星中央色最深。

今測心一星黄經十一宫三度二十一分，緯南三度五十五分；赤經十一宫初度二十九分，緯南二十四度四十三分。二星黄經十一宫五度一十九分，緯南四度二十七分。三星黄經十一宫六度五十九分，緯南五度五十九分。

星經：心三星，中天王，前爲太子，後爲庶子。一名大火，二名大辰，三名鶉火。史記天官書：心爲明堂，大星天王，前後星子屬。宋史天文志：漢永元銅儀、唐開元游儀，心三星皆五度，去極一百八度。景祐測驗，心三星五度，距西第一星去極百十四度。

積卒十二星今二星。

下有積卒共十二，三三相聚心下是。

星經：積卒星十二在氐東南星西。入氐十三度，去北辰一百二十四度。晉書天文志：積卒十二星，在房、心南，主爲衛也。宋兩朝天文志：距大星去極一百二十六度半，入氐宿十五度。

心宿之屬合象

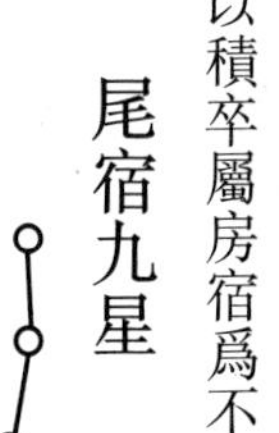

宋史天文志：案步天歌，積卒十二星屬心，晉志在二十八宿之外，唐武密書與步天歌合。乾象新書乃以積卒屬房宿爲不同。

尾宿九星

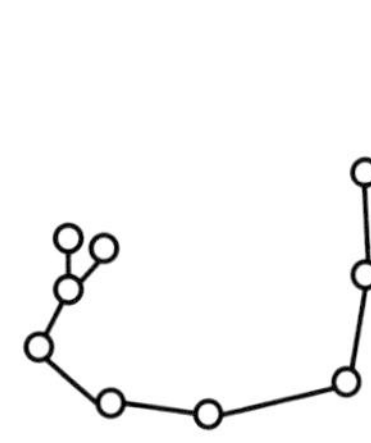

尾，九星如鈎蒼龍尾。

今測尾一星黃經十一宮一十度五十四分，緯南一十五度；赤經十一宮六度四十二分，緯南三十六度五十七分。

星經：龍尾九星爲後宮，第一星后，次三夫人，次九嬪，次嬪妾。史記天官書：尾爲九子。晉書天文志：尾九星，後宮之場，妃后之府。宋兩朝天文志：去極一百二十七度半。宋史天文志：漢永元銅儀尾宿十八度，唐開元游儀同。舊去極百二十度，一云百四十度；今百二十四度。景祐測驗，亦十八度，距西行從西第二星去極百二十八度，在赤道外二十二度。乾象新書二十七度。

蕙田案：宋兩朝志無距星，蓋傳寫失之。

龜五星

下頭五點號龜星，

星經：天龜六星在尾南漢中，主卜吉凶，明君臣。入尾十二度，去北辰一百四十一度。晉書天文志：龜五星在尾南，主占吉凶。宋兩朝天文志：龜五星距南第二星去極一百一十四度半，入尾宿十度。

蕙田案：龜五星，惟星經作「六星」，疑誤。

天江四星

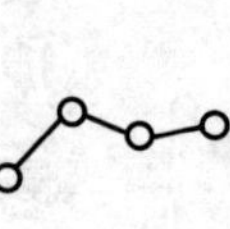

尾上天江四横是。

今測天江一星黄經十一宫一十五度一十一分，緯南二度一十二分。二星黄經十一宫一十六度五十七分，緯南一度四十四分。三星黄經十一宫一十八度二十二分，緯南初度二十九分。四星黄經十一宫一十八度四十六分，緯南初度五十八分。

傅説一星

星經：天江四星在尾北，主太陰。入尾六度，去北辰一百十一度。

尾東一箇名傅説，

晉書天文志：傅説一星，在尾後。傅説主章祝，巫官也。宋兩朝天文志：去極一百八度半，入尾宿十四度。宋中興天文志：石氏云：「傅説者，章祝，女巫官。一名太祝，司天王之内祭祀，以祈子孫，故有太祝以傅説于神宫。或讀『傅』爲『傅』，遂謂之殷相。説自莊周妄言。」通志：傅説一星，惟主後宫女巫禱祠求子之事。謂之傅説者，古有傅母有保母，傅説者，謂傅母喜之也。今婦人求子，皆祀婆神，此傅説之義也。偶商之傅説與此同音，諸家不詳審其義，則曰傅説騎箕尾而去。

魚一星

○

傅説東畔一魚子。

今測黄經十一宮一十七度三十七分，緯南六度一十分。

星經：天魚一星在尾河中，主雲雨，理陰陽。宋兩朝天文志：去極一百二十六度，入尾宿十五度半。

神宫一星

尾西一室是神宫，所以列在后妃中。

晉書天文志：尾第三星傍一星名曰神宫，解衣之内室。

尾宿之屬合象

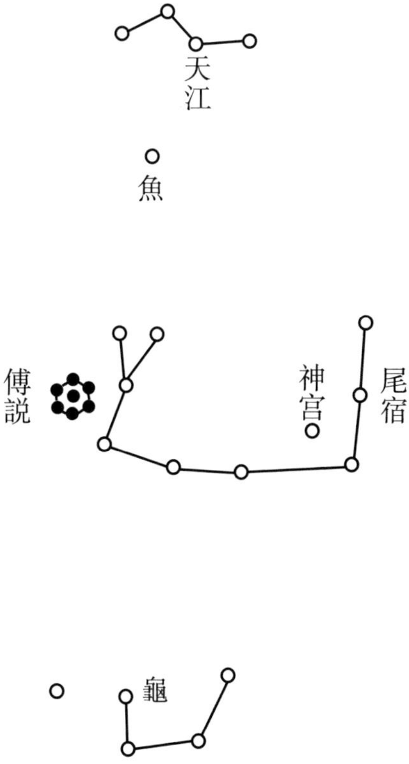

天江
魚
尾宿
神宮
傅説
龜

宋史天文志：案神宮、傅説、魚各一星〔一〕，天江四星，龜五星，步天歌與他書皆屬尾。而晉志列天江于天市垣，以傅説、魚、龜在二十八宿之外，其説不同。

〔一〕「各」，原脱，據光緒本、宋史天文志三補。

箕宿四星

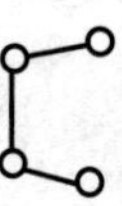

箕，四星形狀似簸箕。

今測箕一星黃經十一宮二十六度五十分，緯南六度五十六分；赤經十一宮二十五度五十九分，緯南二十九度五十七分。

星經：箕四星，主後別府二十七世婦、八十一御女，爲相天子后也。亦爲天漢九江口。史記天官書：箕爲敖客，曰口舌。晉書天文志：箕四星，亦後宮妃后之府。亦曰天津，一曰天雞，主八風。宋兩朝天文志：距西北星去極一百二十一度半。宋史天文志：漢永元銅儀，箕宿十度。唐開元游儀，十一度。舊去極百十八度，今百二十度。景祐測驗，箕四星十度，距西北第一星去極百二十三度。

杵三星

箕下三星名木杵，

星經：杵三星在箕南，主杵臼舂米事。入箕一度，去北辰一百四十三度。宋兩朝天文志：距中心大星去極一百三十八度，入箕宿三度。

糠一星

箕前一黑是糠皮。

今測黃經十一宮二十一度三十七分，緯南四度一十分。晉書天文志：糠星在箕舌前，杵西北。

宋兩朝天文志：糠一星去極一百一十七度半，入尾宿十七度半。

箕宿之屬合象

宋史天文志：案晉志，糠一星、杵三星在二十八宿之外。乾象新書與步天歌皆屬箕宿。

右東方蒼龍七宿

北方玄武七宿

斗宿六星

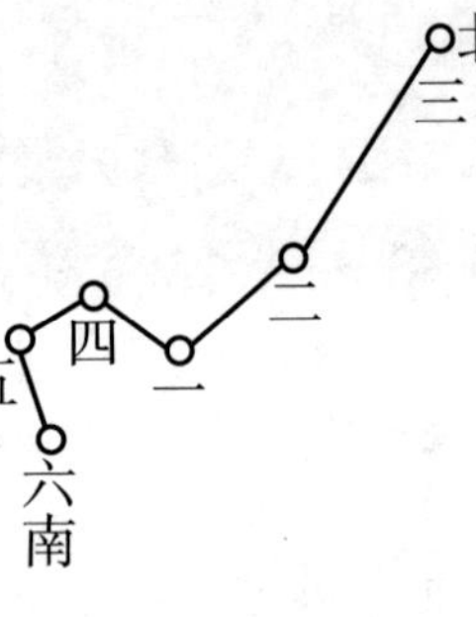

斗，六星其狀似北斗。

今測斗一星黄經初宫五度五十分，緯南三度五十分；赤經初宫六度三十三分，緯南二十七度一十二分。　二星黄經初宫一度五十八分，緯南二度。　四星黄經初宫七度五十八分，緯南三度二十四分。　五星黄經初宫一十度二十五分，緯南五度零二分。　六星黄經初宫九度一十分，緯南六度五十二分。

星經：南斗六星，主天子壽命，亦曰宰相爵禄之位。一名天府，二名天關，三名天機。　史記天官書：南斗爲廟。晉書天文志：北方南斗六星，天廟也。丞相太宰之位。一曰天機。南二星魁，天梁也。中央二星，天相也。北二星杓，天府庭也，亦爲壽命之期也。宋史天文志：南斗第一星曰北亭，一曰天關，一曰鈇鑕。石申曰：「魁第一主吴，二會稽，三丹陽，四豫章，五廬江，六九江。漢永元銅儀，斗二十四度四分度之一；唐開元游儀，二十六度。去極百一十六度，今百十九度。景祐測驗，亦二十六度，距魁第四星去極百二十二度。宋兩朝天文志：距西第三星去極一百一十九度。

建六星

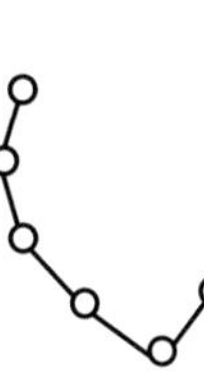

魁上建星三相對，

今測建一星黄經初宫九度零二分，緯北一度四十五分。二星黄經初宫一十度三十六分，緯北初度五十九分。三星黄經初宫一十一度五十一分，緯北一度三十一分。五星黄經初宫一十五度零二分，緯北四度一十七分。六星黄經初宫一十五度二十一分，緯北六度一十分。

星經：建六星在南斗北，天之都關，三光道也。星入斗七度，去北辰一百十三度。史記天官書：南斗其北建星。建星者，旗也。正義曰：「臨黄道。」晉書天文志：建星六星在南斗北，亦曰天旗，天之都關也，爲謀事，爲天鼓，爲天馬。南二星，天庫也。中央二星，市也，鈇鑕也。上二星，旗跗也。斗、建之間，三光道也。宋兩朝天文志：距西星去極一百一十三度，入斗宿四度。

天弁九星

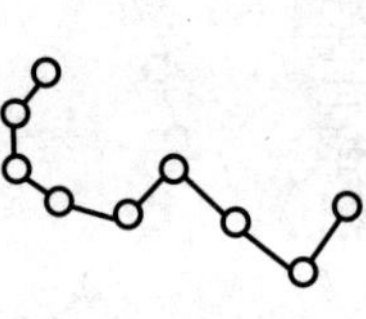

天弁建上三三九。

今測天弁一星黄經初宫一十二度五十六分，緯北一十七度四十一分；赤經初宫一十二度二十二分，緯南五度一十五分。

星經：天弁九星在建北，近河，爲市官之長，主市易也。晉書天文志：天弁九星在建星北〔一〕，市官之長也，以知市珍也。隋書天文志：主列肆闤闠，若市籍之事。宋兩朝天文志：距西大星去

〔一〕「天弁」，原作「天辯」，據光緒本、晉書天文志上改。

極九十九度半，入斗宿初度。

鼈十四星今十三星。

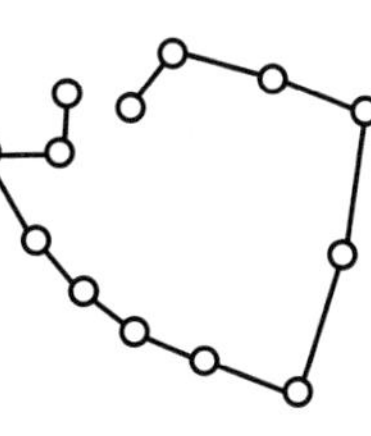

斗下圜安十四星，雖然名鼈貫索形。

星經：鼈十五星在斗南，主太陰水蟲。右入斗一度，去北辰一百二十七度。晉書天文志：鼈十四星在南斗南，鼈爲水蟲，歸太陰，主有水令。宋兩朝天文志：距東大星去極一百三十度，入斗五度。

天雞二星

天雞建背雙黑星，

星經：天雞二星在狗國北，主異鳥。晉書天文志：狗國北二星曰天雞，主候時。宋史天文志：在牛西。宋兩朝天文志：距西星去極一百一十度，入斗宿十六度半。

天籥八星今無。

天籥柄前八黄精，

星經：天籥七星在斗杓第二星西，主關籥開閉。晉書天文志：天籥八星在斗柄西。宋兩朝天文志：距西大星去極一百一十四度半，入尾宿十九度。

狗國四星

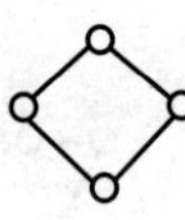

狗國四方雞下生。

今測狗國一星黄經初宫二十一度一十六分，緯南五度二十二分。二星黄經初宫二十二度零八分，緯南五度二十六分。三星黄經初宫二十一度三十一分，緯南六度零八分。四星黄經初宫二十二度三十九分，緯南七度一十分。

星經：狗國四星在建東南，主鮮卑、烏丸。宋兩朝天文志：距西北星去極一百二十度，入斗宿十八度。

天淵十星

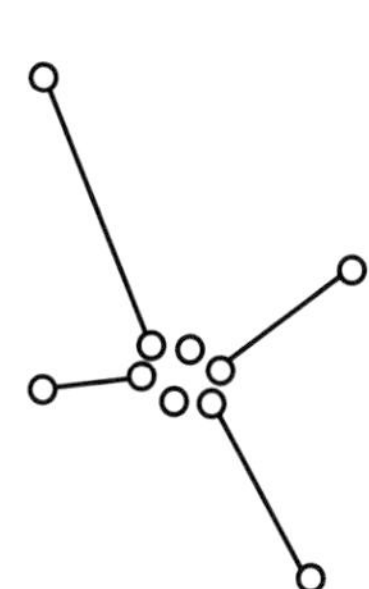

天淵十星鼈東邊，

星經：天泉十星在鼈東〔一〕，一曰大海，主灌溉溝渠之事也。晉書天文志：九坎間十星曰天池，一曰三池，一曰天海，主灌溉田疇事。宋史天文志：天淵十星一曰天池，一曰天泉，一曰天海，在鼈星東南九坎間，又名太陰。宋兩朝天文志：距中北星去極一百二十九度，入斗宿十七度。

狗二星

〔一〕「星」，原作「五」，據光緒本改。

更有兩狗斗魁前。

今測狗二星黄經初宫一十四度五十五分，緯南二度二十七分。

星經：狗二星在斗魁前。　宋兩朝天文志：距東大星去極一百一十八度半，入斗宿十二度。

農丈人一星今無。

農家丈人狗下眠，天淵十黄狗色玄。

星經：農丈人一星在斗南，主農官正政、司農卿等之職。　晉書天文志：在南斗西南，老農主稼穡也。

宋兩朝天文志：去極一百二十四度半，入箕宿六度半。

斗宿之屬合象

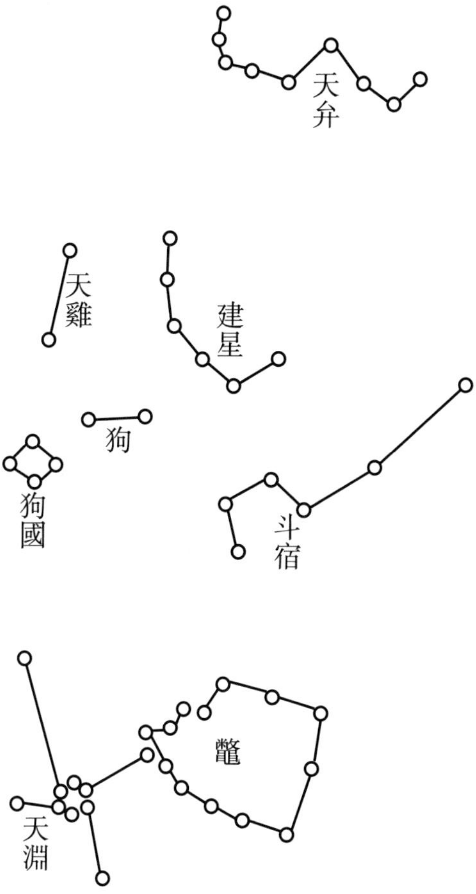

天弁
建星
天雞
狗
狗國
斗宿
天淵
鼈

宋史天文志：步天歌已上諸星皆屬南斗，晉志以狗國、天雞、天弁、天籥、建星皆屬天市垣，餘在二十八宿之外。乾象新書以天籥、農丈人屬箕，武密又以天籥屬尾，互有不同。

牛宿六星

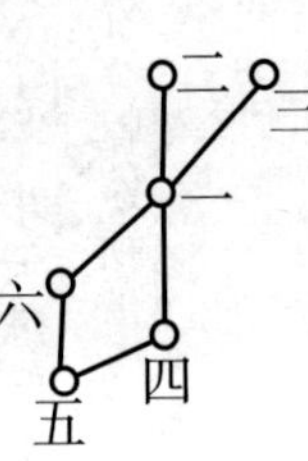

牛，六星近在河岸頭。頭上雖然有兩角，腹下從來欠一脚。

今測牛一星黃經初宫二十九度三十七分，緯北四度四十一分；赤經一宫初度五十一分，緯南一十五度四十一分。二星黃經初宫二十九度二十八分，緯北七度零三分。四星黃經一宫初度一十八分，緯北初度五十九分。五星黃經一宫初度四十八分，緯北初度三十一分。

星經：牽牛六星，主關梁。八度，去北辰一百十度。史記天官書：牽牛爲犧牲。晉書天文志：牽牛六星，其北二星，一曰即路，一曰聚火。又曰上一星主道路，次二星主關梁，次三星主南越。宋史天文志：漢永元銅儀，以牽牛爲七度；唐開元游儀，八度。舊去極百六度，今百四度。景祐測驗，牛六星八度，距中央大星去極百十度半。

天田九星今無。

牛下九黑是天田，

星經：天田九星在牛東南，主畿内田苗之職。通志：在牽牛南、太微東。宋史天文志：在斗内，一曰在牛東南，天子畿内之田。宋兩朝天文志：距西北星去極一百一十六度半，入斗宿二十二度。

九坎九星今四星。

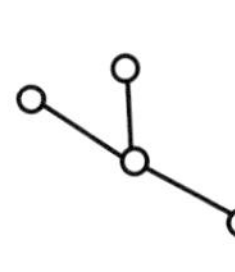

田下三三九坎連。

星經：九坎九星在牛南，主溝渠水泉流通。西入斗四度，去北辰一百二十六度。宋兩朝天文志：距大星去極一百四十一度半，入斗宿二十五度。

河鼓三星

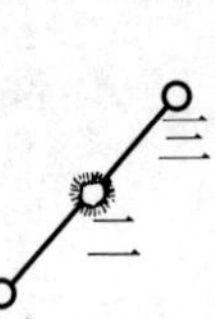

牛上直建三河鼓，

今測河鼓一星黄經初宮二十八度零三分，緯北二十六度五十分；赤經初宮二十四度五十七分，緯北五度四十五分。　二星黄經初宮二十七度一十九分，緯北二十九度二十二分；赤經初宮二十三度五十分，緯北八度零七分。　三星黄經初宮二十六度三十六分，緯北三十一度一十八分；赤經初宮二十二度五十一分，緯北九度五十四分。

星經：河鼓三星，中大星爲將軍，左星爲左將軍，右爲右將軍。　史記天官書：牽牛，其北河鼓。河鼓大星，上將；左右，左右將。　晉書天文志：河鼓在牽牛北，天鼓也。主軍鼓，主鈇鉞。　宋史天文志：在牽牛西北。

織女三星

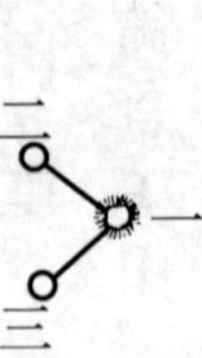

鼓上三星號織女。

今測織女一星黃經初宮一十度二十七分，緯北六十一度四十八分；赤經初宮六度一十八分，緯北三十八度三十二分。

星經：織女三星在天市東端，天女，主瓜果絲帛，故藏珍寶及女變。去北辰五十二度也。史記天官書：婺女，其北織女，天女孫也。正義曰：在河北，天紀東。宋兩朝天文志：距大星去極五十二度半，入斗宿五度。

右旗九星今八星。

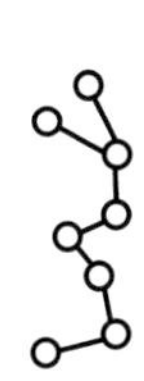

左旗九星

左旗、右旗各九星，河鼓兩畔右邊明。

今測右旗三星黃經初宮一十九度一十一分，緯北二十四度五十六分；赤經初宮一十七度二十一分，緯北二度三十六分。五星黃經初宫二十一度二十八分，緯北二十度一十五分；赤經初宫二十度零六分，緯南一度四十五分。六星黃經初宫二十度二十七分，緯北一十四度二十八分；赤經初宫一十九度五十八分，緯南七度三十七分。

星經：左、右旗各九星，並在牛北，枕河，主軍鼓。左旗黑色，主陰幽之處，備警急之事。史記天官書：房東北曲十二星曰旗。正義曰：兩旗者，左旗九星，在河鼓左也；右旗九星，在河鼓右也。宋史天文志：左旗九星，在河鼓左旁。右旗九星，在牽牛北。河鼓西南，天之鼓旗旌表也，主聲音、設險、知敵謀。

天桴四星今二星。宋兩朝天文志：左旗距西第四大星去極七十三度半，入斗宿二十四度。

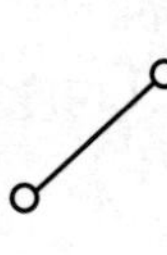

更有四黃名天桴，河鼓直下如連珠。

星經：天桴四星在左旗南，南北列，主漏刻。晉書天文志：旗端四星南北列，曰天桴，鼓桴也。宋史天文志：天桴四星在牽牛東北，橫列。武密曰：「主桴鼓之用。」宋兩朝天文志：距大星去極九十四度，入斗宿二十四度半。

羅堰二星

羅堰三烏牛東居。

今測羅堰二星黃經一宮三度二十四分，緯北初度二十分。

星經：羅堰二星在牛東。　晉書天文志：羅堰九星在牽牛東，岠馬也，以壅蓄水潦溉渠也。宋兩朝天文志：羅堰三星距北星去極一百九度，入牛宿四度。

蕙田案：羅堰，星經云二星，晉志九星，宋志及步天歌俱三星，互有不同。

漸臺四星

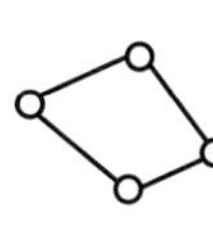

漸臺四星似口形，

星經：漸臺四星屬織女東足，主晷、律呂、陰陽事。　晉書天文志：織女東足四星曰漸臺，臨水之臺也。　宋兩朝天文志：距東南星去極五十八度，入斗宿十度。

輦道五星

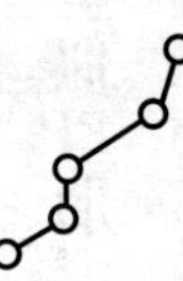

輦道東足連五丁。輦道、漸臺在何許？欲得見時近織女。

星經：輦道五星屬織女西足，主天子遊宮嬉樂之道也。宋兩朝天文志：距西北星去極四十七度半，入斗宿十一度半。

牛宿之屬合象

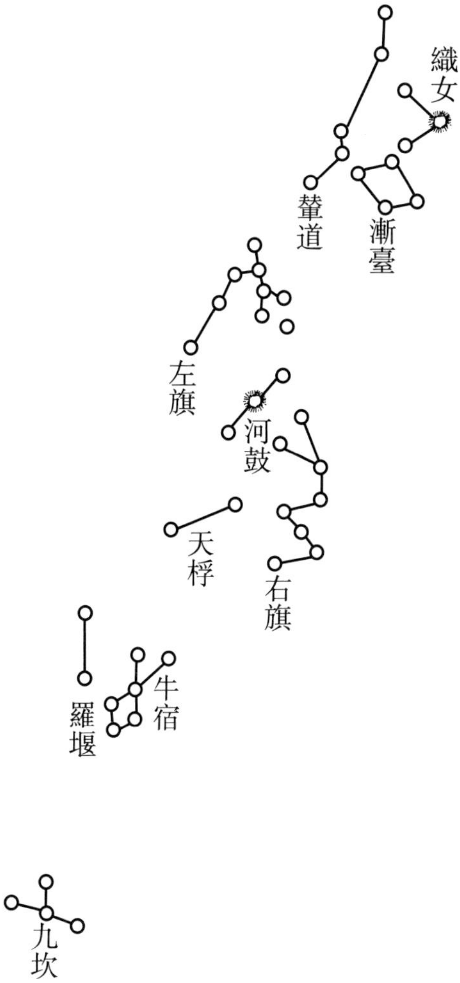

織女
輦道
漸臺
左旗
河鼓
天桴
右旗
羅堰
牛宿
九坎

宋史天文志：案步天歌，已上諸星俱屬牛宿。晉志以織女、漸臺、輦道皆屬太微垣，以河鼓、左旗、右旗、天桴屬天市垣，餘在二十八宿之外。武密以左旗屬箕屬斗，右旗亦屬斗，漸臺屬斗，又屬牛，餘與步天歌同。乾象新書則又以左旗、織女、漸臺、輦道、九坎皆屬于斗。

女宿四星

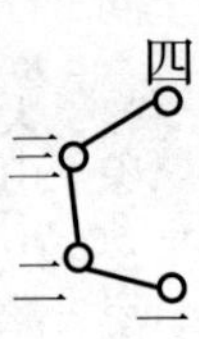

女，四星如箕主嫁娶。

今測女一星黄經一宫七度二十三分，緯北八度一十分；赤經一宫七度四十一分，緯南一十度三十三分。二星黄經一宫八度三十九分，緯北八度一十九分。

星經：須女四星，主布帛，爲珍寶，一名婺女、天女。西星去北辰一百六度〔一〕。晉書天文志：須女四星，天少府也。須，賤妾之稱，婦職之卑者也，主布帛裁製、嫁娶。宋史天文志：漢永元銅儀，以須女爲十一度。景祐測驗，十二度。距西南星去極百五度，在赤道外十四度。宋兩朝天文志：去極一百四度半。

〔一〕「西」，原作「四」，據味經窩本、乾隆本、光緒本改。

十二國十六星今十二星。

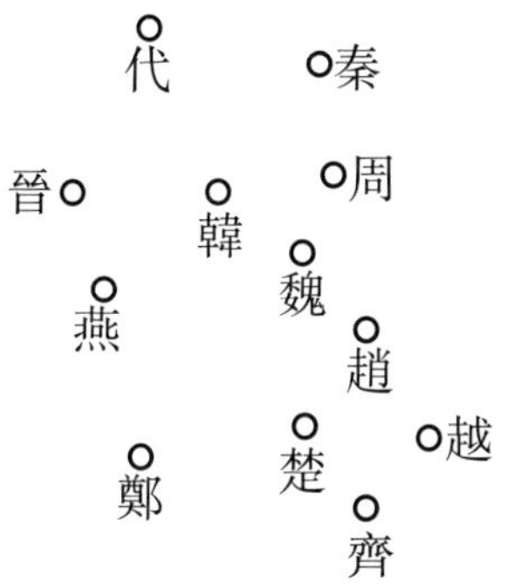

越　齊　秦　周　趙　楚　魏　韓　代　燕　鄭　晉

十二諸國在下陳，先從越國向東論。東西兩周次二秦，今並一星。**雍州南下雙雁門。**即代也，今一星。**代國向西一晉伸，韓、魏各一皆北輪。楚之一國魏西屯，楚城南畔獨燕軍。燕西一郡是齊鄰，齊北兩邑平原君。**即趙也，今一星。**欲知鄭在越下存，十六黃精細區分。**

星經：越一星在婺女之南，鄭一星在越星南，趙二星在鄭之南，齊一星在越星南，周二星在越星東，楚二星在魏星南，燕一星在楚星南，秦二星在周星東南，魏一星在韓星北，韓一星在晉星北，晉一星在代星北，代二星在秦星南。隋書天文志：九坎東列星：北一星曰齊，齊北二星曰趙，趙北一星曰鄭，鄭北一星曰越，越東二星曰周，周東南北列二星曰秦，秦南二星曰代，代西一星曰晉，晉北一星曰韓，韓北一星曰魏，魏西一星曰楚，楚南一星曰燕。宋史天文志：十二國十六星在牛、女南，近九坎，各分土居列國之象。宋兩朝天文志：十二諸侯十六星，其趙距西星去極一百二十三度，入牛宿四度。

蕙田案：十二國方位，今圖與古所傳不盡合，俟考。

離珠五星今無。

五箇離珠女上星。

星經：離珠五星在女北，主藏府，以御後宮。西入女一度，去北辰九十四度也。宋兩朝天文志：距東北大星去極九十五度，入牛宿六度半。

瓠瓜五星　敗瓜五星

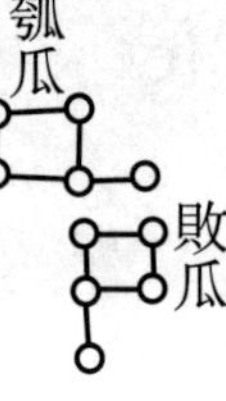

敗瓜珠上瓠瓜生，兩箇各五瓠瓜明。

星經：瓜瓠五星在離珠北，敗瓜五星在瓜瓠南，入女一度，去北辰七十一度。史記索隱：荆州占云：「瓠瓜，一名天雞，在河鼓東。」宋兩朝天文志：敗瓜距南星去極八十二度半，入牛宿六度。瓠瓜距西星去極七十九度，入牛宿七度。

天津九星

天津九箇彈弓形，兩星入牛河中橫。

今測黃經一宮二十度三十五分，緯北五十七度一十分；赤經一宮二度四十六分，緯北三十九度一十分。

星經：天津九星在虛北河中，主津瀆津梁，知窮危通濟度之官。西入牛二度，去北辰四十九度也。　史記天官書：營室旁有八星，絶漢，曰天潢。　索隱〔一〕：宋均云：「天潢，天津也。」　晉書天文志：天津九星橫河中，一曰天漢，一曰天江。　宋兩朝天文志：距西⿰肖月星去極四十七度半，入斗宿二十三度。

〔一〕「索隱」，諸本脱，據史記天官書補。

奚仲四星

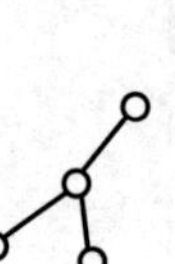

四箇奚仲天津上，

星經：奚仲四星在天津北。　隋書天文志：天津北四星如衡狀，曰奚仲，古車正也。　宋兩朝天文志：距西北星去極三十八度，入斗宿十八度。

扶筐七星今四星。

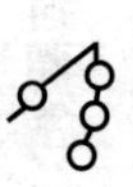

七箇仲側扶筐星。

星經：扶筐七星在天柱東，主桑蠶之事。　晉書天文志：天棓東七星曰扶筐，盛桑之器，主勸蠶也。　宋兩朝天文志：距南第一星去極三十二度半，入斗宿六度。

女宿之屬合象

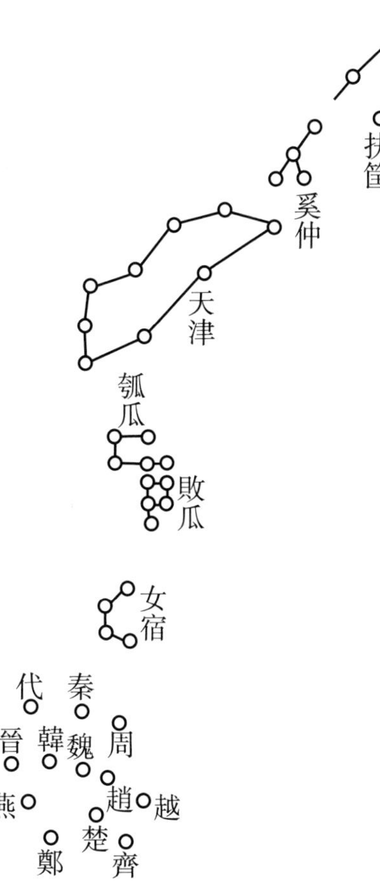

宋史天文志：案步天歌，已上諸星俱屬須女，而十二國及奚仲、匏瓜、敗瓜等星，晉志不載，隋志有之。晉志又以離珠、天津屬天市垣，扶筐屬太微垣。乾象新書以周、越、齊、趙屬牛，秦、代、韓、魏、燕、晉、楚、鄭屬女。武密以離珠、匏瓜屬牛又屬女，以奚仲屬危。乾象新書以離珠、匏瓜屬牛，敗瓜屬斗又屬牛，以天津西一星屬斗〔一〕，中屬牛，東五星屬女。

虚宿二星

虚，上下各一如連珠。

今測虚一星黄經一宫一十九度零一分，緯北八度四十二分；赤經一宫一十八度四十四分，緯南六度五十二分。

星經：虚二星主廟堂哭泣，一名玄枵，二名顓頊，三名大卿〔二〕。史記天官書：虚爲哭泣之事。晉書天文志：虚二星，冢宰之官也，主北方邑居廟堂祭祀祝禱事〔三〕。宋史天文志：漢永元銅儀以虚爲十度，唐開元游儀同。舊去極百四度，今百一度。景祐測驗，距南星去極百三十度，在赤道外十二度。宋兩朝天文志：距南星去極一百度半。

〔一〕「西」，原脱，據光緒本、宋史天文志三補。
〔二〕「名」，原脱，據光緒本補。
〔三〕「邑居」上，諸本衍「主」字，據晉書天文志上删。

司命、司禄、司危、司非各二星今司危一星。

司非
司危
司禄
司命

命、禄、危、非虚上陳。

星經：司命、司禄、司危、司非各二星，已上在虚北。　隋書天文志：虚北二星曰司命，北二星曰司禄，又北二星曰司危，又北二星曰司非。司命主舉過行罰滅不祥。　宋兩朝天文志：司命距西星去極九十二度，入虚宿三度。

星經：司禄次司命北。　隋書天文志：司禄主增年延德。　宋兩朝天文志：司禄距西星去極九十度，入虚宿四度。

星經：司危次司禄北。　宋史天文志：司危主矯失正下，又主樓閣臺榭、死喪、流亡。　宋兩朝天文志：司危距西星去極八十五度半，入女宿八度。

星經：司非次司危北。　宋史天文志：司非主司候内外，察愆尤，主過失〔一〕。　乾象新書：命、

〔一〕「主」，諸本脱，據宋史天文志三補。

禄、危、非八星主天子已下壽命、爵禄、安危、是非之事。宋兩朝天文志：司非距西星去極七十九度半，入女宿九度半。

哭二星　泣二星

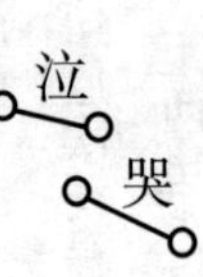

虚、危之下哭泣星，哭泣雙雙下壘城。

星經：哭二星在虚南，主死哭之事。宋兩朝天文志：距西星去極一百一十七度半，入女宿九度。

今測泣二星黄經一宫二十八度五十分，緯北二度四十六分。

星經：泣二星在哭東。晉書天文志：泣、哭皆近墳墓。宋兩朝天文志：距南星去極一百四度半，入危宿三度。

天壘城十三星今五星。

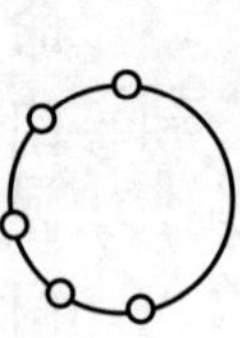

天壘團圜十三星。

今測天壘城一星黄經一宫一十九度四十二分，緯北六度零二分。　三星黄經一宫二十度三十九分，緯北二度零三分。

星經：天壘十三星如貫索狀，在哭、泣之南，主北夷、丁零、匈奴之事也。　宋史天文志：圜如大錢，形若貫索。　宋兩朝天文志：距西星去極一百二十六度，入女宿十一度。

敗臼四星今二星。

敗臼四星城下横，

星經：敗臼四星在虚、危南，西南入女十三度，去北辰一百三十一度。　宋史天文志：敗臼四星，兩兩相對。　宋兩朝天文志：距北星去極一百三十九度半，入虚宿八度。

離瑜三星今二星。

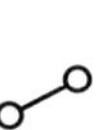

臼西三箇離瑜明。

星經：璃瑜三星在秦、代東，南北列，主王后衣服。　隋書天文志：秦、代東三星南北列，曰離瑜。離，圭衣也；瑜，玉飾，皆婦人之服星也〔一〕。　宋史天文志：離瑜三星在十二國東，乾象新書在天壘城南。　宋兩朝天文志：距西星去極一百二十八度，入女宿九度。

虚宿之屬合象

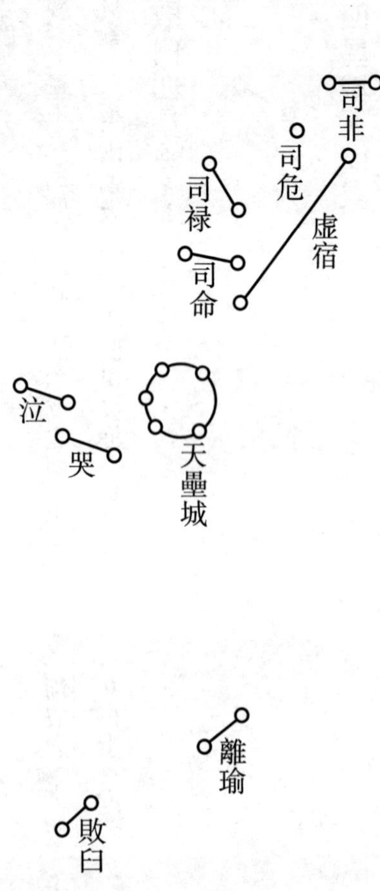

〔一〕「人」，原脱，據光緒本、隋書天文志中補。

有之。宋史天文志：案步天歌已上諸星俱屬虚宿。司命、司禄、司危、司非、離瑜、敗臼，晉志不載，隋志有之。乾象新書以司命、司禄、司危、司非屬須女，泣星、敗臼屬危。武密書與步天合。

危宿三星

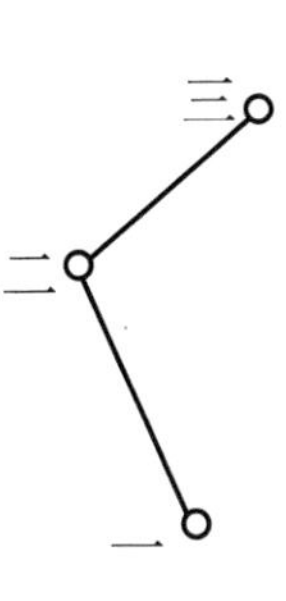

危，三星不直舊先知。

今測危一星黄經一宫二十九度，緯北一十度四十二分；赤經一宫二十七度二十六分，緯南一度四十八分。三星黄經一宫二十七度三十二分，緯北二十二度零八分；赤經一宫二十二度一十二分，緯北八度二十八分。

星經：危三星，主宫室祭祀。史記天官書：危爲蓋屋。索隱曰：宋均云：「危上一星高，旁兩星墮下，似乎蓋屋也。」晉書天文志：危三星，主天府、天市、架屋。宋史天文志：危宿三星，在天津東南，爲天子宗廟祭祀，又爲天子土功，又主天府、天市、架屋、受藏之事。漢永元銅儀，以危爲十六度。唐開元游儀，十七度。舊去極九十七度，距南星去極九十八度，在赤道外七度。

人星五星今四星。

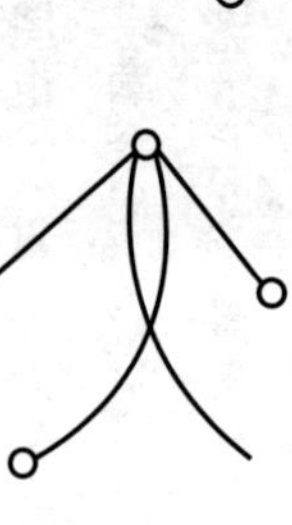

危上五黑號人星，

星經：人五星在危北，主天下百姓。　隋書天文志：車府東南五星曰人星，主靜衆庶，柔遠能邇。一曰卧星，主防淫。　宋史天文志：人五星在虚北，車府東，如人形。　宋兩朝天文志：距西南星去極七十度，入虚宿六度半。

臼四星今三星。　杵三星今一星。

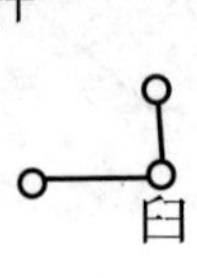

人畔三四杵臼形。

星經：杵臼星在人旁，主舂軍糧。臼四星在杵下。　隋書天文志：人星南三星曰杵，東南四星曰杵臼。　宋史天文志：杵三星在人星東，一在臼星北，主舂軍糧。臼四星在杵星下，一在危東。

宋兩朝天文志：杵距南星去極六十一度半，入危宿三度。臼距西南星去極六十九度半，入危宿三度半。

車府七星今五星。

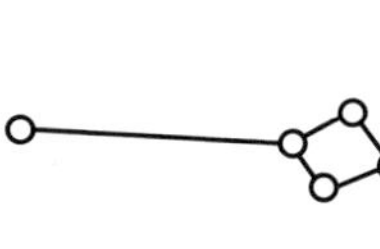

人上七烏號車府，

星經：車府七星在天津東，近河，主官車之府也。宋史天文志：車府七星，東西列，主車府之官，又主賓客之館。宋兩朝天文志：距西第一星去極五十六度半，入虚宿四度半。

天鉤九星今六星。

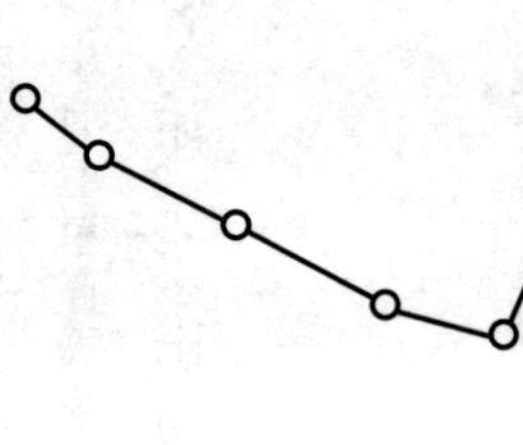

府上天鉤九黃晶。

星經：鉤九星在造父西河中。　晉書天文志：造父西河中九星如鉤狀，曰鉤星。　宋史天文志：一曰主輦輿、服飾。　宋兩朝天文志：距大星去極二十四度，入危宿初度。

造父五星

鉤下五鵶字造父，

星經：造父五星在傳舍南，主御之官。晉書天文志：傳舍南河中五星曰造父，御官也，一曰司馬，或曰伯樂。宋史天文志：一曰在騰蛇北。宋兩朝天文志：距北星去極三十八度，入危宿十一度。

墳墓四星

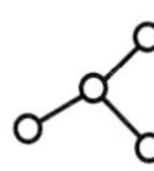

危下四星號墳墓。

今測墳墓四星黄經二宫二度二十分，緯北八度一十八分；赤經二宫一度二十一分，緯南二度五十五分。

星經：墳墓四星在危下，主山陵悲慘事。晉書天文志：墳墓四星，屬危之下，主死喪哭泣，爲墳墓也。宋史天文志：大曰墳，小曰墓。宋兩朝天文志：距中星去極九十六度，入危宿五度半。

虚梁四星

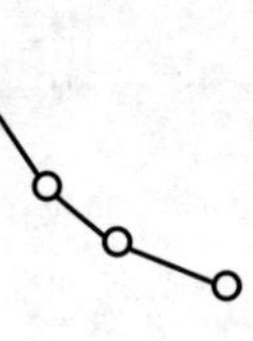

墓下四星斜虚梁，

今測虚梁一星黄經二宫五度零二分，緯北四度零九分。

星經：虚梁四星在危南，主園陵寢廟，非人所居。　晉書天文志：蓋屋南四星曰虚梁，園陵寢廟之所也。　宋兩朝天文志：距東西星去極一百度半，入危宿八度。

天錢十星今四星。

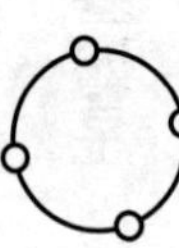

十箇天錢梁下黄。

星經：天錢十星在虚梁南。　晉書天文志：北落西北有十星，曰天錢。　宋史天文志：主錢帛所聚，爲軍府藏。　宋兩朝天文志：距東北星去極一百一十八度，入危宿三度。

蓋屋二星今一星。

墓旁兩星能蓋屋，身著黑衣危下宿。

今測黃經一宮二十七度四十二分，緯北九度一十三分。

星經：蓋屋二星在危宿之南，主宮室之事也。晉書天文志：天壘城南二星，曰蓋屋。宋史天文志：在危宿南九度。宋兩朝天文志：距西星去極九十七度，入虛宿九度。

危宿之屬合象

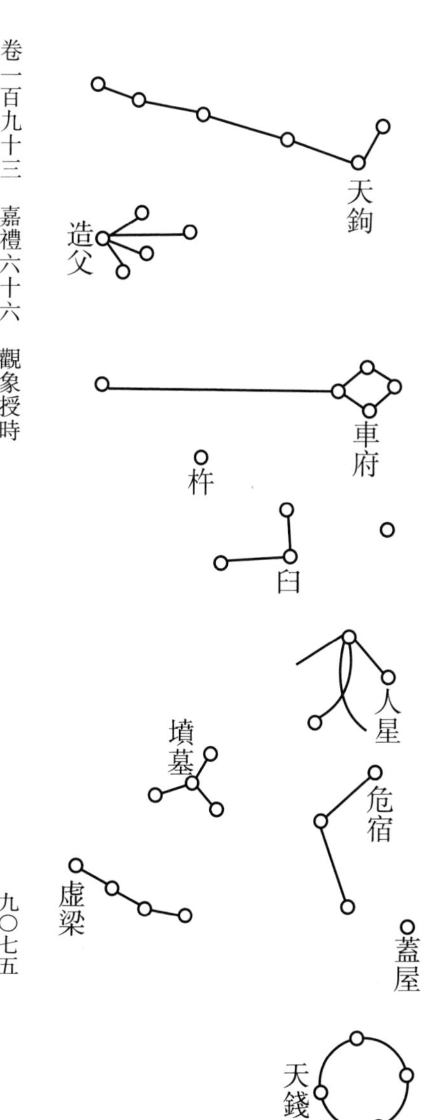

宋史天文志：案步天歌，已上諸星俱屬危宿。晉志不載人星、車府，隋志有之。杵、臼星，晉、隋志皆無。造父、鉤星，晉志屬紫微垣，蓋屋、虚梁、天錢在二十八宿外。乾象新書以車府西四星屬虚，東三星屬危。武密書以造父屬危又屬室，餘皆與步天歌合。案乾象新書又有天綱一星在危宿南，入危八度，去極百三十二度，在赤道外四十一度。晉、隋志及諸家星書皆不載，止載危、室二宿間，與北落師門相近者。近世天文乃載此一星，在鬼、柳間，與外厨、天紀相近。然新書兩天綱雖同在危度，其説不同，今姑附于此。

蕙田案：杵、臼星，隋志有之，宋志誤。

室宿二星　離宮六星

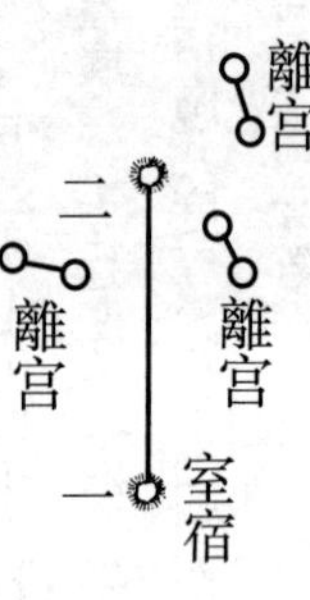

室，兩星上有離宮出，遶室三雙有六星。

今測室一星黄經二宫一十九度零七分，緯北一十九度二十六分；赤經二宫一十二度一十七分，緯北一十三度三十三分。

星經：營室二星，主軍糧。離宮上六星，主隱藏。一名宫，二名室。上六星名離宫，上六宫，妃后位。史記天官書：營室爲清廟，曰離宫、閣道。晉書天文志：營室二星，天子之宫也。一曰玄宫，一曰清廟，又爲軍糧之府及土功事。離宫六星，天子之別宫，主隱藏休息之所。宋史天文志：一曰室一星爲天子宫，一星爲太廟，爲王者三軍之廩，故爲羽林以衛；又爲離宫、閣道，故有離宫六星在其側。漢永元銅儀，營室十八度。唐開元游儀，十六度。舊去極八十五度。景祐測驗，室十六度，距南星去極八十五度，在赤道外六度。離宫六星，兩兩相對爲一坐，夾附室宿上。宋兩朝天文志：距南星去極八十度半。

雷電六星

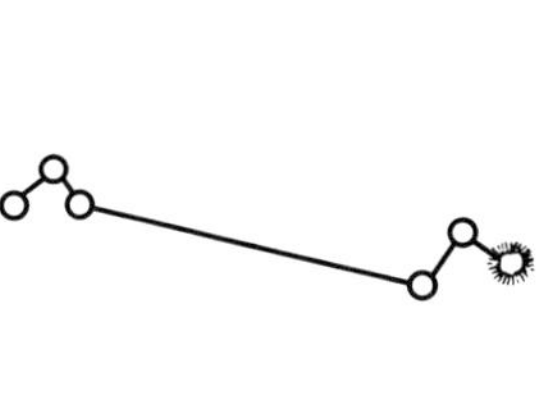

下頭六箇雷電形。

今測雷電六星黄經二宫一十三度五十四分，緯北一十五度四十四分；赤經二宫九度零七分，緯北八度一十一分。

星經：雷電六星在室西南，主興雷電也。隋書天文志：室南六星曰雷電。宋兩朝天文志：距西南星去極八十七度，入危宿十二度。

壘壁陣十二星

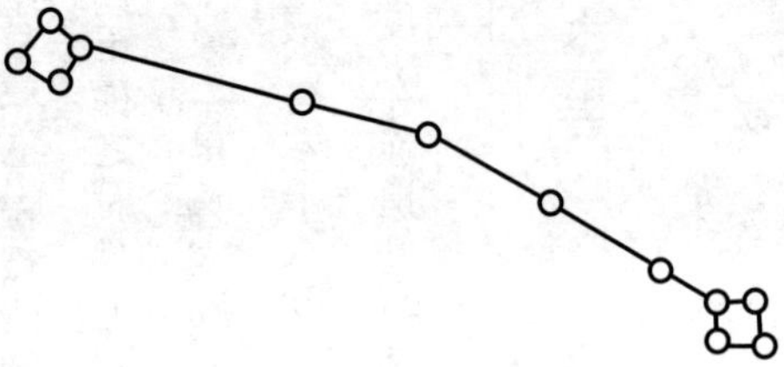

壘壁陣次十二星，十二兩頭大似井。

今測壘壁陣一星黃經一宮一十五度四十六分，緯南四度五十三分。　二星黃經一宮一十七度一十二分，緯南四度四十九分。　三星黃經一宮一十七度二十二分，緯南二度二十六分。　四星黃經一宮一十九度零七分，緯南二度二十九分。　五星黃經一宮二十四度二十三分，緯南二度。　六星黃經二宮初度五十八分，緯南一度一十分。　七星黃經二宮七度一十分，緯南初度二十分。　八星黃經二宮一十二度四十五分，緯南一度。　九星黃經二宮二十三度五十六分，緯南三度零七分。　十星黃經二宮二十四度四十七分，緯南二度五十四分。　十一星黃經二宮二十四度三十二分，緯南五度四十二分。　十二星黃經二宮二十三度三十八分，緯南五度四十分。

星經：壘壁十二星〔一〕，在室南，主翊衛天子之軍。西入室五度，去北辰一百二十三度也。　晉書天文志：壘壁陣十二星在羽林北，羽林之垣壘也，主軍衛，爲營壅也。　宋史天文志：一作壁壘。　宋兩朝天文志：距西第一星去極一百十五度，入女宿十一度。

〔一〕「壁」，原作「辟」，據光緒本改。下同。

羽林軍四十五星今二十六星。

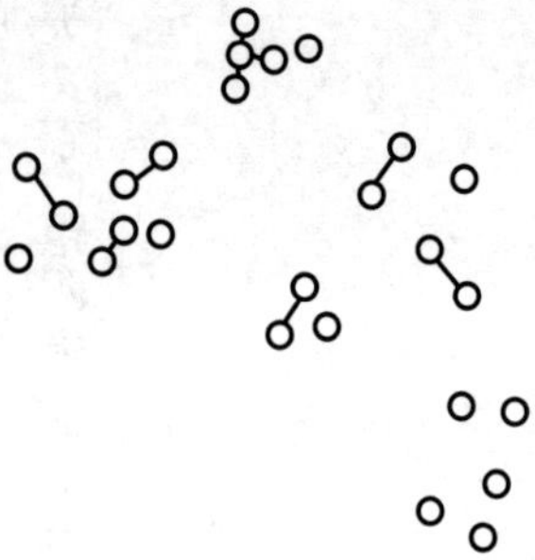

陣下分布羽林軍，四十五卒三三爲群。

今測羽林軍三星黄經二宫四度二十七分，緯南八度一十分。四星黄經二宫四度一十一分，緯南五度三十七分。六星黄經二宫一十二度四十分，緯南二度四十九分。七星黄經二宫一十一度五十三分，緯南三度五十九分。八星黄經二宫一十二度二十一分，緯南四度一十三分。九星黄經二宫一十二度二十五分，緯南四度四十四分。

星經：羽林軍星四十五星在室南。史記天官書：虚、危其南有衆星，曰羽林天軍。晉書天文志：一曰天軍，主軍騎，又主翼王也。宋史天文志：三三而聚，散出壘壁之南，一曰在營室之南，東西布列，北第一行主天軍，軍騎翼衛之象。宋兩朝天文志：距大星去極一百一十七度，入危宿十五度半。

北落一星　鈇鉞三星

北落師門

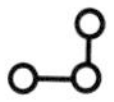

鈇鉞

軍西四星多難論，子細歷歷看區分。三粒黃金名鈇鉞，一顆真珠北落門。

星經：鈇鑕三星在八魁西北，一名斧鉞，主斬刈亂行，誅誑詐僞人。史記天官書：軍西爲壘，或曰鉞。宋史天文志：斧鉞三星在北落師門東，芟刈之具也，主斬芻牧以飼牛馬。隋志、通志皆在八魁西北，主行誅、拒難、斬伐姦謀。宋兩朝天文志：距北星去極一百三十度，入室宿一度。

今測北落師門黃經一宮二十九度二十二分，緯南二十一度；赤經二宮九度五十六分，緯南三十一度一十三分。

星經：北落師門一星在羽林軍西，主候兵。入危九度，去北辰一百二十度。史記天官書：鉞旁有一大星爲北落。晉書天文志：北落師門一星，在羽林西南。北者，宿在北方也；落，天之藩落也；師，衆也。師門，猶軍門也。長安城北門曰北落門，以象此也。主非常以候兵。宋兩朝天文志：去極一百二十六度，入危宿十一度半。

八魁九星今無。

門東八魁九箇子，

星經：八魁九星在北落東南，主獸之官。宋兩朝天文志：距南星去極一百三十九度，入壁宿四度半。

天綱一星

門西一宿天綱是。

星經：天綱一星在北落西南，主天繩張幔，野宿所用也。晉書天文志：北落西南一星曰天綱，主武帳。宋史天文志：一曰在危南，主武帳宫舍，天子游獵所會。宋兩朝天文志：去極一百二十九度，入危宿五度。

土功吏二星今一星。

電旁兩箇土功吏，

星經：土吏三星在室西南，主備設司過農事。隋書天文志：室西南二星曰土功吏，主司過度。

宋史天文志：土功吏一曰在危東北。

蕙田案：步天歌室宿之屬有土功吏，壁宿之屬有土公，宋志溷合爲一。

騰蛇二十二星

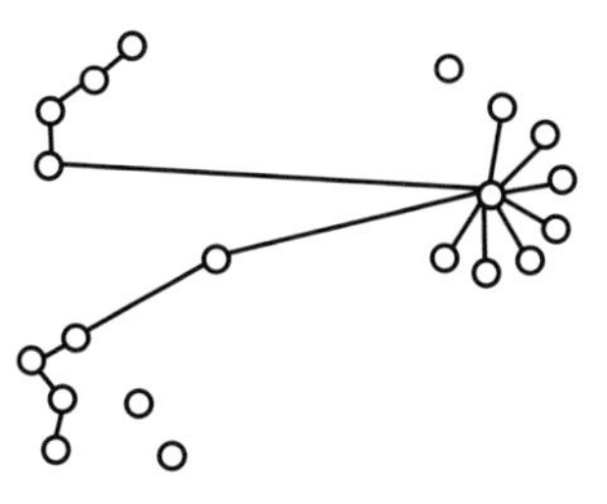

騰蛇室上二十二。

星經：騰蛇二十二星在室北，枕河，主水蟲。頭入室一度，去北辰五十度也。晉書天文志：騰蛇二十二星在營室北，天蛇也。宋兩朝天文志：距中大星去極四十四度少，入危宿九度半。

室宿之屬合象

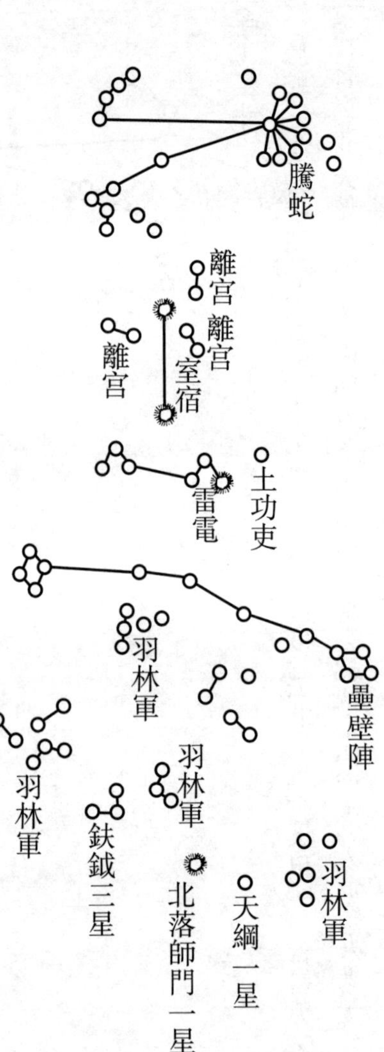

宋史天文志：案步天歌，已上諸星皆屬營室。雷電、土功吏、鈇鉞，晉志皆不載，隋志有之。壘壁陣、北落師門、天綱、羽林軍，晉志在二十八宿外，螣蛇屬天市垣。武密書以螣蛇屬營室，又屬壁宿。乾象新書以西十六星屬尾屬危，東六星屬室；羽林軍西六星屬危，東三十九星屬室，以天綱屬危，斧鉞屬奎。通占録又以斧鉞屬壁屬奎。説皆不同。

蕙田案：螣蛇，北方之星，無屬尾宿之理。宋志云乾象新書以西十六星屬尾屬危者，蓋衍「屬尾」二字，當删。

壁宿二星

壁，兩星下頭是霹靂，

今測壁一星黄經三宫四度四十八分，緯北一十二度三十五分；赤經二宫二十九度一十八分，緯北一十三度二十六分。

星經：東壁二星，主文章圖書。 宋史天文志：漢永元銅儀，東壁二星九度。舊去極八十六度。景祐測驗，壁二星九度，距南星去極八十五度。 宋兩朝天文志：距南星去極八十度半。

霹靂五星

霹靂五星横著行。

今測霹靂一星黄經二宫一十四度一十二分，緯北九度零四分。二星黄經二宫一十七度零一分，緯北七度一十八分。三星黄經二宫二十度四十八分，緯北九度零三分。四星黄經二宫二十三度一十三分，緯北七度一十四分。

星經：霹靂五星在雲雨北，天威擊擘萬物。隋書天文志：土公西南五星曰霹靂。宋史天文志：霹靂五星在雲雨北，一曰在雷電南，一曰在土功西。主陽氣大盛，擊碎萬物。宋兩朝天文志：距西星去極九十三度，入危十五度。

雲雨四星

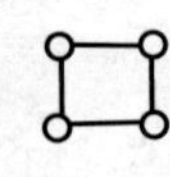

雲雨次之口四方，

今測雲雨一星黄經二宫一十八度三十一分，緯北四度二十七分。二星黄經二宫二十二度一十五分，緯北三度二十五分。

星經：雲雨四星在雷電東，主雨澤，萬物成之。隋書天文志：礔礰南四星曰雲雨，在壘壁北。宋兩朝天文志：距西北星去極九十五度，入室宿五度。

天厩十星今三星。

壁上天厩十圜黄。

星經：天厩十星在壁北，主天子馬坊厩苑之官也。晋書天文志：東壁北十星曰天厩，主馬之官，若今驛亭也，主傳令置驛，逐漏馳騖，謂其行急疾與晷漏競馳也。宋兩朝天文志：距西星去極四十九度半，入壁宿初度。

鈇鑕五星

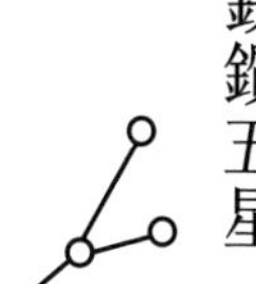

鈇鑕五星羽林旁，

通志：鈇鑕五星在天倉西南，刈具也，主斬芻飼牛馬。

土功二星

土功兩黑壁下藏。

星經：土公二星在壁南，主營造宮室，起土之官。

蕙田案：通志、文獻通考俱無此一句，今協紀辨方書有之。

壁宿之屬合象

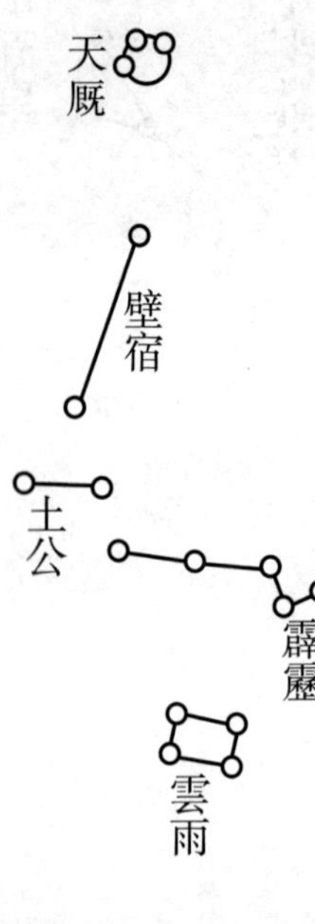

宋史天文志：案步天歌，壁宿下有鈇鑕五星，晉、隋志皆不載，隋志八魁西北三星曰鈇鑕，又曰鈇鉞，其占與步天歌室宿内斧鉞略同，恐即是，此誤重出之。霹靂五星、雲雨四星，晉志無之，隋志有之。武密書以雲雨屬室宿。天廄十星，晉志屬天市垣。其説皆不同。

右北方玄武七宿

五禮通考卷一百九十四

嘉禮六十七

觀象授時

西方白虎七宿

奎宿十六星

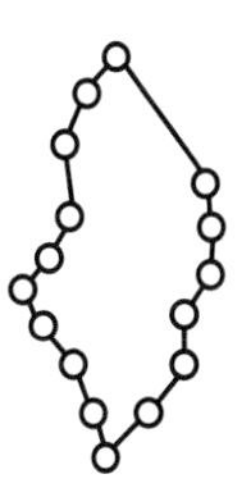

奎，腰細頭尖似破鞋，一十六星繞鞋生。

今測奎一星黄經三宫一十七度五十四分，緯北一十五度五十八分；赤經三宫一十分，緯北二十一度四十七分。

史記天官書：奎曰封豕〔一〕，爲溝瀆。晉書天文志：奎十六星，天之武庫。一曰天豕，亦曰封豕。主以兵禁暴，又主溝瀆。西南大星，所謂天豕目，亦曰大將，欲其明。宋兩朝天文志：距西南大星去極七十二度。宋史天文志：漢永元銅儀，以奎爲十七度。唐開元游儀，十六度。舊去極七十六度，景祐測驗同。

外屏七星

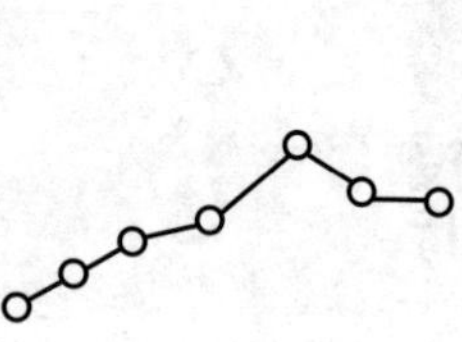

外屏七烏奎下横，

〔一〕「曰」，諸本作「爲」，據史記天官書改。

今測外屏一星黄經三宫九度四十六分，緯北二度一十一分。　二星黄經三宫一十三度零八分，緯北一度零六分。　三星黄經三宫一十五度二十九分，緯南初度一十二分。　四星黄經三宫一十八度四十三分，緯南三度零三分。　五星黄經三宫二十一度零六分，緯南四度四十一分。　六星黄經三宫二十三度零八分，緯南七度五十六分。　七星黄經三宫二十四度五十八分，緯南九度零五分；赤經三宫二十六度二十七分，緯北一度一十四分。

隋書天文志：奎南七星曰外屏。　宋史天文志：外屏在奎南，主障蔽臭穢。　宋兩朝天文志：距西星去極八十九度，入壁宿八度半。

天溷七星今四星。

屏下七星天溷明。

隋書天文志：外屏南七星曰天溷，厠也。　宋兩朝天文志：距西南星去極九十七度，入奎宿三度。

土司空一星

○

司空左畔土之精。

今測黄經二宫二十八度零六分，緯南二十度四十七分；赤經三宫六度五十四分，緯南一十九度四十四分。

隋書天文志：天溷南一星曰土司空，主水土之事。　宋史天文志：土司空一星在奎南，一曰天倉，主土事。　宋兩朝天文志：去極一百一十五度少，入壁宿九度。

軍南門一星〔一〕

○

奎上一宿軍南門，

晉書天文志：天將軍南一星曰軍南門，主誰何出入。　宋兩朝天文志：去極六十六度，入奎宿十五度。

閣道六星

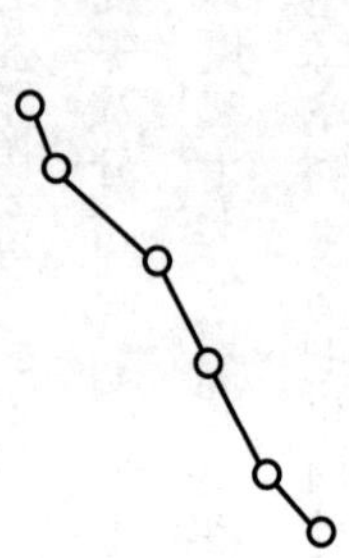

〔一〕「軍南門一星」，此圖原脱，據味經窩本、乾隆本、光緒本補。

河中六箇閣道形。

史記天官書：紫宮後六星絶漢抵營室，曰閣道。晉書天文志：閣道六星在王良前，飛道也。從紫宮至河，神所乘也。一曰閣道星，天子游別宮之道也。宋兩朝天文志：距南星去極四十八度，入奎宿四度半。

附路一星〔一〕

附路一星道旁明。

晉書天文志：傅路一星在閣道南，旁別道也。宋史天文志：附路一星在閣道南，一曰在王良東。宋兩朝天文志：去極三十五度半，入奎宿五度。

王良五星

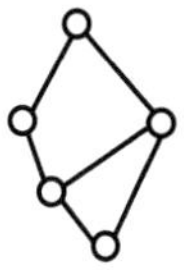

〔一〕「附路一星」，此圖原脱，據味經窩本、乾隆本、光緒本補。

五箇吐花王良星，

史記天官書：漢中四星曰天駟，旁一星曰王良。晉書天文志：王良五星在奎北，居河中，天子奉車御官也。其四星爲天駟，旁一星曰王良，亦曰天馬，亦曰梁，爲天橋，主禦風雨水道。宋兩朝天文志：距西星去極三十七度，入壁宿初度。

策一星

○

良星近上一策明。

晉書天文志：王良前一星曰策星，王良之御策也。主天子之僕。宋兩朝天文志：去極三十三度半，入壁宿五度。

奎宿之屬合象

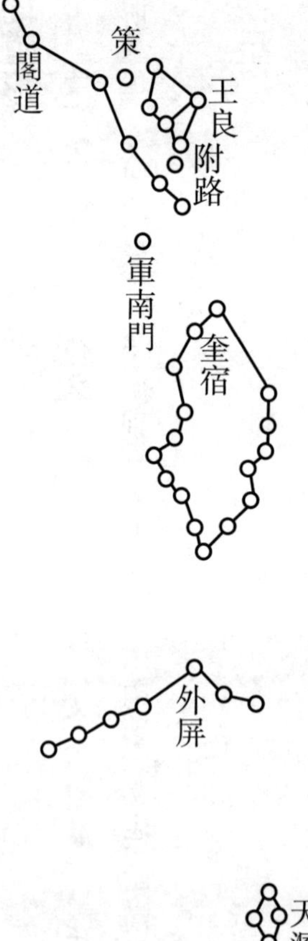

宋史天文志：案步天歌，以上諸星俱屬奎宿。以晉志考之，王良、附路、閣道、軍南門、策星俱在天市垣，别無外屏、天溷、土司空諸星，隋志有之。而武密以王良、外屏、天溷皆屬于壁，或以外屏又屬奎。乾象新書以王良西一星屬壁，東四星屬奎，外屏西一星屬壁，東六星屬奎，與步天歌各有不合。

婁宿三星

婁，三星不匀近一頭。

今測婁一星黄經三宫二十九度三十三分，緯北八度二十九分；赤經三宫二十四度一十八分，緯北一十九度一十五分。二星黄經三宫二十八度四十七分，緯北七度零九分。三星黄經四宫三度一十六分，緯北九度五十七分。

史記天官書：婁爲聚衆。晉書天文志：婁三星，爲天獄，主苑牧犧牲，供給郊祀。宋兩朝天文志：婁三星距中星去極七十五度半。宋史天文志：漢永元銅儀，以婁爲十二度。唐開元游儀，十二度。舊去極八十度。景祐測驗，婁宿十二度，距中央大星去極八十度，在赤道内十一度。

左更、右更各五星

今測右更一星黄經三宫二十二度四十四分，緯北九度二十四分。　二星黄經三宫二十二度二十四分，緯北五度二十一分。　三星黄經三宫二十二度三十一分，緯北一度五十二分。　四星黄經三宫二十三度二十二分，緯北一度三十九分。　五星黄經三宫二十三度一十八分，緯南一度三十九分。

左更、右更爲夾婁，

隋書天文志：婁東五星曰左更，山虞也，主澤藪竹木之屬，亦主仁智。婁西五星曰右更，牧師也，主養牛馬之屬，亦主禮義。二更，秦爵名也。　宋兩朝天文志：左更距西南星去極七十六度半，入婁宿四度半。右更距東北星去極七十五度，入奎宿十四度。

天倉六星

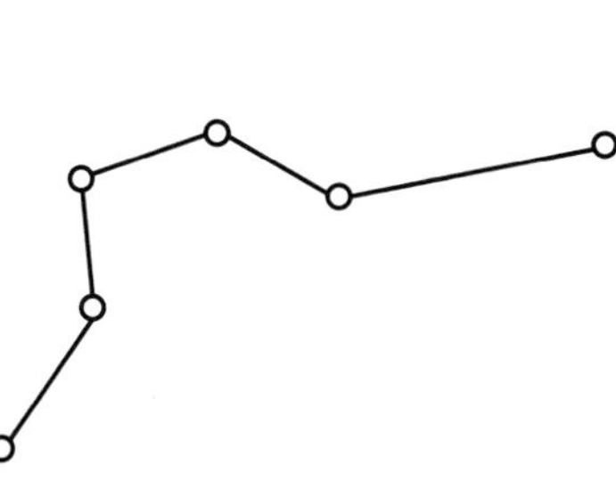

天倉六箇婁下頭。

今測天倉一星黄經二宫二十六度三十三分，緯南一十度零一分；赤經三宫初度五十三分，緯南一十度三十三分。　三星黄經三宫一十一度五十三分，緯南一十五度四十七分；赤經三宫一十七度零八分，緯南九度四十九分。

晉書天文志：天倉六星在婁南，倉穀所藏也。　宋兩朝天文志：距西北星去極一百四度半，入奎宿十一度。

天庾三星

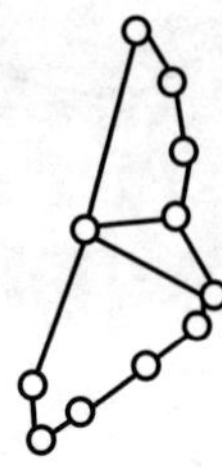

天庾三星倉東脚，晉書天文志：天倉南四星曰天庾，積厨粟之所也。宋兩朝天文志：天庾三星距中大星去極一百二十五度半，入婁宿五度。

蕙田案：晉、隋、宋諸史志俱云天庾四星，惟宋兩朝志與步天歌合，今靈臺測驗同。

天大將軍十一星

婁上十一將軍侯。或作「十二」。晉書天文志：天將軍十二星在婁北，主武兵。中央大星，天之大將也。宋史天文志：天大將軍十一星。宋兩朝天文志：天大將軍十二星距大星去極六十度半，入婁宿四度。

婁宿之屬合象

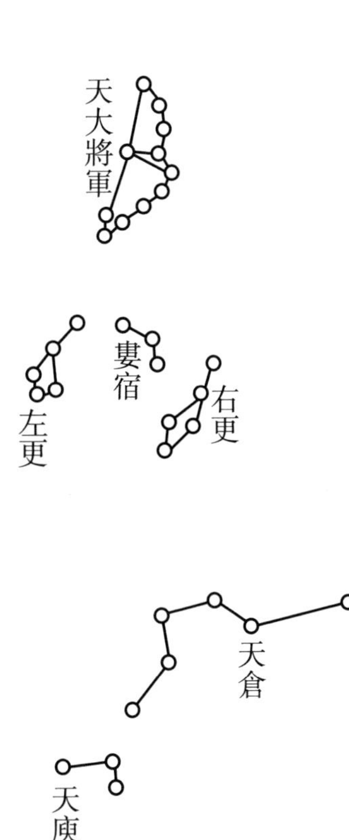

宋史天文志：案晉志，天倉、天庾在二十八宿之外，天大將軍屬天市垣，左更、右更惟隋志有之。乾象新書以天倉屬奎。武密亦以屬奎，又屬婁。步天歌皆屬婁宿。

胃宿三星

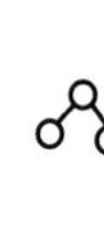

胃，三星鼎足河之次。

今測胃一星黄經四宫一十二度三十三分，緯北一十一度一十六分；赤經四宫六度一十七分，緯北二十六度二十分。史記天官書：胃爲天倉。晉書天文志：胃三星，天之厨藏，主倉廩，五穀府也。宋史天文志：漢永元銅儀，胃宿十五度。景祐測驗，十四度。宋兩朝天文志：距西南星去極六十七度半。

天廩四星

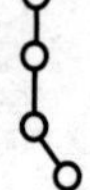

天廩胃下斜四星，

今測天廩一星黄經四宫一十九度一十分，緯南五度五十七分。三星黄經四宫一十七度二十八分，緯南八度五十分。四星黄經四宫一十六度四十六分，緯南九度二十三分。

晉書天文志：天廩四星在昴南，一曰天廥〔一〕，主蓄黍稷以供饗祀，春秋所謂御廩也。宋兩朝天文志：距南星去極八十五度半，入胃宿十二度。

〔一〕「天廥」，諸本作「天倉」，據晉書天文志上改。

天囷十三星

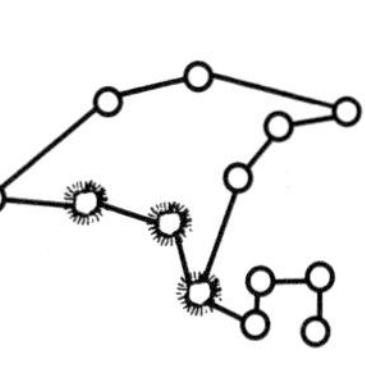

天囷十三如乙形。

今測天囷一星黄經四宫九度五十七分，緯南一十二度三十七分；赤經四宫一十一度三十分，緯北二度五十分。　三星黄經四宫一十度四十一分，緯南七度五十分。　四星黄經四宫七度一十七分，緯南五度三十六分。　五星黄經三宫二十九度三十七分，緯南四度一十九分。　六星黄經四宫三度零四分，緯南五度五十二分。　七星黄經四宫三度五十八分，緯南九度一十三分。　八星黄經四宫五度零四分，緯南一十二度零三分；赤經四宫六度四十七分，緯北一度五十二分。　九星黄經四宫三度一十二分，緯南一十四度三十二分；赤經四宫五度五十四分，緯南一度零五分。

晉書天文志：天囷十三星在胃南，囷，倉廩之屬也，主給御糧也。　宋兩朝天文志：距大星去極九十一度半，入胃宿六度半。

大陵八星

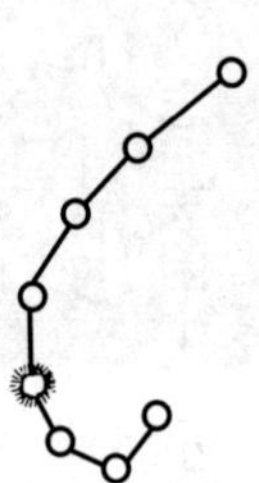

河中八星名大陵，

晉書天文志：大陵八星在胃北，亦曰積京，主大喪也。宋兩朝天文志：距大星去極五十四度，入胃宿七度。

天船九星

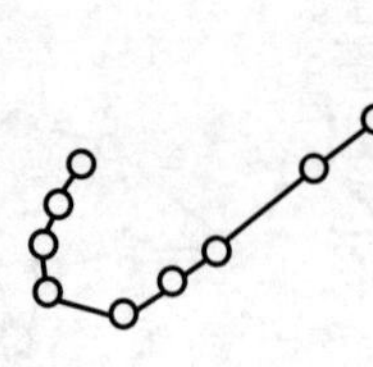

陵北九箇天船名。

晉書天文志：大陵北九星曰天船，一曰舟星，所以濟不通也。通志：天船九星居河中。宋兩朝天文志：距大星去極五十四度半，入胃宿十度。

積尸一星

○

陵中積尸一箇星，

晉書天文志：大陵中一星曰積尸。通志：張衡云：「一名積廩。」宋兩朝天文志：去極五十五度，入胃宿四度。

積水一星

○

積水船中一黑精。

晉書天文志：天船中一星曰積水，主候水災。宋兩朝天文志：去極五十三度，入昴宿初度。

胃宿之屬合象

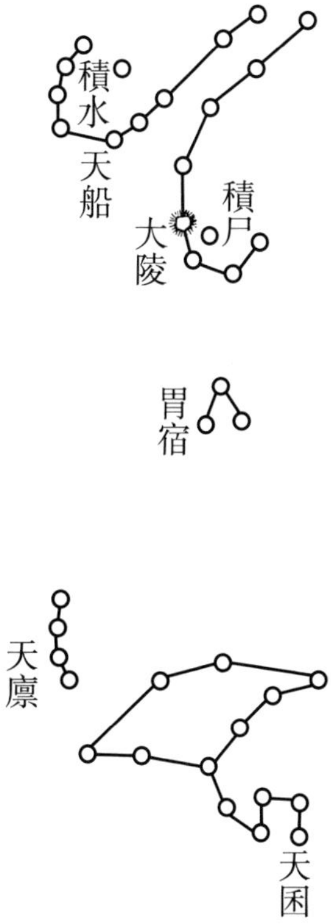

宋史天文志：案晉志，大陵、積尸、天船、積水俱屬天市垣，天囷、天廩在二十八宿之外。武密以天囷、大陵屬婁又屬胃，天船屬胃又屬昴。乾象新書，天囷五星屬婁，餘星屬胃，大陵西三星屬婁，東五星屬胃，與步天歌互有不同〔一〕。

昴宿七星

昴，七星一聚實不少。

今測昴一星黄經四宫二十四度四十八分，緯北四度一十分；赤經四宫二十一度二十分，緯北二十三度零三分。五星黄經四宫二十五度二十五分，緯北四度。

史記天官書：昴曰髦頭，胡星也，爲白衣會。晉書天文志：昴七星，天之耳也〔二〕，主西方，主獄事。又爲旄頭。昴、畢間爲天街，天子出，旄頭罕畢以前驅，此其義也。通志：甘氏云：「主口舌奏對。」宋史天文志：漢永元銅儀，昴宿十二度。唐開元游儀，十一度。舊去極七十四度。景祐測驗，昴宿十一度，距西南星去極七十一度。宋兩朝天文志：去極七十度。

〔一〕「互」，原脱，據味經窩本、乾隆本、光緒本、宋史天文志四補。

〔二〕「耳」下，晉書天文志上有「目」字。

天阿一星　月一星

天阿
月

阿西月東各一星，

晉書天文志：天高西一星曰天河，主察山林妖變。宋史天文志：天阿一星，一作天河，在天廪星北。宋兩朝天文志：天河一星去極六十六度，入胃宿十度。

今測月一星黃經四宮二十九度零三分，緯北一度一十二分。

隋書天文志：天街西一星曰月。通志：月一星在昴東。宋史天文志：在昴宿東南，蟾蜍也，主日月之應，女主臣下之象，又主死喪之事。宋兩朝天文志：月一星去極七十一度半，入昴宿五度。

天陰五星

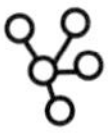

月下五黃天陰名。

今測天陰一星黃經四宮一十六度二十五分，緯北一度四十七分。二星黃經四宮一十七度三十一分，緯北二度五十分。

隋書天文志：畢柄西五星曰天陰。宋史天文志：天陰五星，主從天子弋獵之臣。宋兩朝天文志：距西星去極七十五度半，入胃宿七度。

芻藁六星

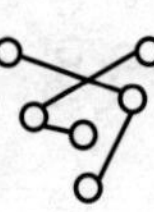

陰下六烏芻藁營，

隋書天文志：天苑西六星曰芻藁，以供牛羊之食也。通志：一曰天積，天子之藏府也。宋兩朝天文志：距西行中星去極一百八度，入婁宿十一度。

天苑十六星

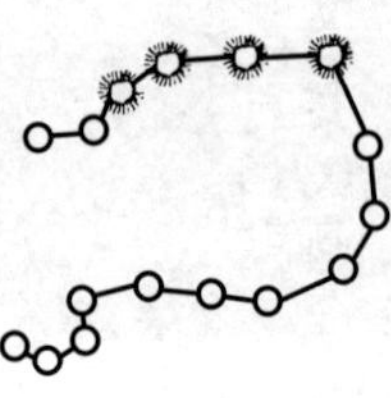

營南十六天苑形。

今測天苑三星黃經四宮一十六度一十七分，緯南二十八度四十七分；赤經四宮二十一度五十五分，緯南一十度五十四分。　四星黃經四宮一十三度五十五分，緯南二十七度四十七分；赤經四宮一十九度三十六分，緯南一十度三十二分。　五星黃經四宮九度二十六分，緯南二十五度五十九分；赤經四宮一十五度一十分，緯南一十度零二分。　六星黃經四宮四度二十分，緯南二十四度三十四分；赤經四宮一十度一十六分，緯南一十度一十一分。

晉書天文志：天苑十六星，昴、畢南，天子之苑囿，養獸之所也。　通志：天苑十六星如環狀。

宋兩朝天文志：距東北星去極一百七度半，入昴宿七度。

卷舌六星

河裏六星名卷舌，

晉書天文志：卷舌六星在昴北，主口語，以知佞讒也。　通志：張衡云：「主樞機。」　宋兩朝天文志：去極五十三度，入昴宿初度。

蕙田案：宋兩朝志不載距星。

天讒一星

舌中黑點天讒星，

隋書天文志：卷舌中一星曰天讒，主巫醫。宋兩朝天文志：天讒一星去極六十一度半，入昴宿半度。

礪石四星

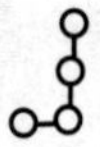

礪石舌傍斜四丁。

今測礪石一星黄經五宫初度五十四分，緯北七度五十五分。三星黄經五宫三度四十二分，緯北三度五十七分。

隋書天文志：五車西五星曰厲石。宋史天文志：礪石四星在五車星西，主百工磨礪鋒刃，亦主候伺。宋兩朝天文志：距南第二星去極六十五度，入昴宿六度。

蕙田案：隋志「礪」作「厲」。諸家皆云四星，惟隋志五星，亦不同。

昴宿之屬合象

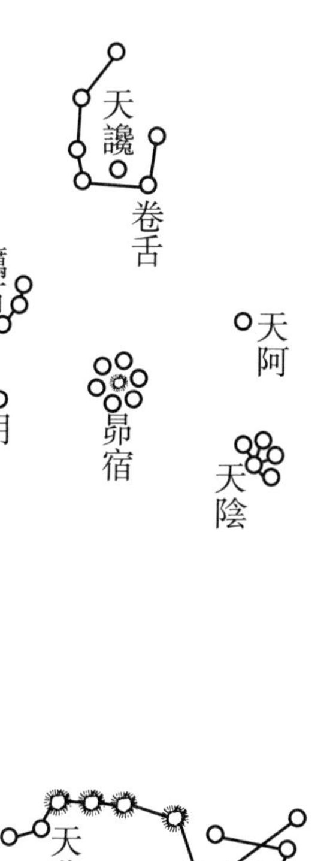

宋史天文志：案晉志，天河、卷舌、天讒俱屬天市垣，天苑在二十八宿之外。芻藁、天陰、月、礪石，晉志不載，隋史有之。武密又以芻藁屬胃，卷舌屬胃，又屬昴。乾象新書以芻藁屬婁，卷舌西三星屬胃，東三星屬昴，天苑西八星屬胃，南八星屬昴。步天歌以上諸星皆屬昴宿。互有不合。

畢宿八星

畢，恰似爪叉八星出。

今測畢一星黄經五宫四度零三分,緯南二度三十七分;赤經五宫二度三十四分,緯北一十八度二十六分。二星黄經五宫一度二十三分,緯南五度四十七分。三星黄經五宫二度二十七分,緯南四度零二分。四星黄經五宫三度三十二分,緯南五度五十三分。五星黄經五宫五度二十三分,緯南五度三十分。六星黄經四宫二十六度一十三分,緯南八度零三分。

史記天官書:畢曰罕車,爲邊兵,主弋獵。晉書天文志:畢八星,其大星曰天高,一曰邊將,主四夷之尉也。通志:甘氏云:「畢主街巷陰雨,天之雨師也。」張衡云:「畢爲天馬。」宋史天文志:漢永元銅儀,畢十六度。舊去極七十八度。景祐測驗,畢宿十七度,距畢口北星去極七十七度。宋兩朝天文志:距右股第一星去極七十五度。

附耳一星

○

附耳畢股一星光,

今測黄經五宫六度零五分,緯南六度一十四分。

史記天官書:畢大星旁小星爲附耳。晉書天文志:附耳一星在畢下,主聽得失,伺僭邪,察不祥。宋兩朝天文志:去極七十七度,入畢宿三度。

天街二星

天街兩星畢背傍。

今測天街一星黃經五宮三度四十八分，緯北初度三十五分。

史記天官書：昴、畢間爲天街，其陰，陰國；陽，陽國。 晉書天文志：昴西二星曰天街，三光之道，主伺候關梁中外之境。 宋史天文志：天街二星在昴、畢間，一曰在畢宿北，街南爲華夏，街北爲外邦。 宋兩朝天文志：距南星去極七十一度，入昴宿十度。

天節八星

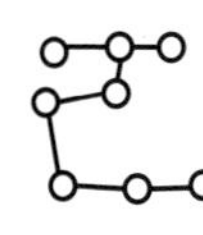

天節耳下八烏幢，

今測天節一星黃經五宮二度五十二分，緯南六度五十七分。 二星黃經五宮四度三十八分，緯南七度零五分。 三星黃經五宮初度三十三分，緯南六度三十三分。 四星黃經五宮三度零八分，緯南八度四十一分。　五星黄經五宫五度二十三分，緯南五度三十分。

晉書天文志：畢、附耳南八星曰天節，主使臣之所持者也。　宋兩朝天文志：距北星去極七十度，入畢宿三度。

諸王六星

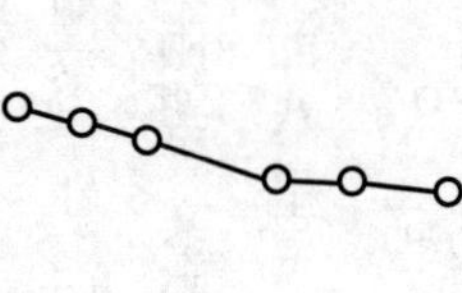

畢上横列六諸王。

今測諸王一星黄經五宫二十四度零八分，緯北四度零六分。　二星黄經五宫二十一度零二分，緯北二度二十八分。　三星黄經五宫一十八度二十三分，緯北二度四十分。　四星黄經五宫七度四十五分，緯北初度四十分。　六星黄經五宫二十一度零七分，緯北一度。

晉書天文志：五車南六星曰諸王，察諸侯存亡。　宋兩朝天文志：距西星去極七十度，入畢宿三度。

天高四星

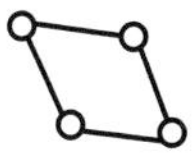

王下四皂天高星，

今測天高一星黃經五宮一十二度二十一分，緯南一度一十五分。

晉書天文志：坐旗西四星曰天高，臺榭之高，主遠望氣象。　通志：天高四星在參旗西北，近畢。　宋史天文志：乾象新書在畢口東北。　宋兩朝天文志：距東星去極七十四度半，入畢宿六度。

九州殊域

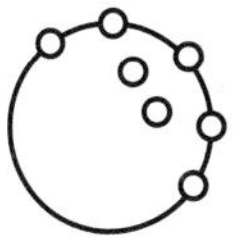

節下團圓九州城。

晉書天文志：天節下九星曰九州殊口，曉方俗之官，通重譯者。

蕙田案：晉、隋、宋諸志俱作「九州殊口」，今星圖作「九州殊域」，又諸志皆云「九星」，以今星圖考之，亦不足數。

五車五星　三柱九星

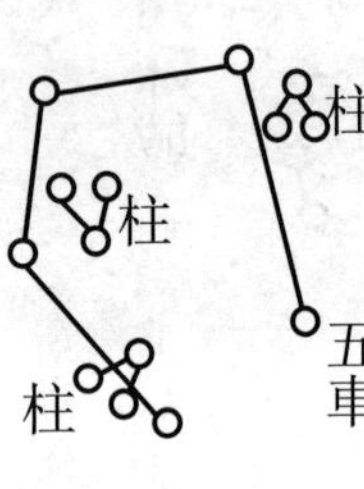

畢口斜對五車口，車有三柱任縱橫。

今測五車二星黄經五宫一十七度二十六分，緯北二十二度五十二分；赤經五宫一十三度二十一分，緯北四十五度三十八分。　五星黄經五宫一十八度一十分，緯北五度二十分。

晉書天文志：五車五星、三柱九星在畢北，五帝車舍也，五帝座也，主天子五兵，一曰主五穀豐耗。西北大星曰天庫，主太白，主秦。次東北曰獄，主辰星，主燕、趙。次東星曰天倉，主歲星，主魯、衛。次東南星曰司空，主填星，主楚。次西南星曰卿星，主熒惑，主魏。　三柱一曰三泉。　宋史天文志：三柱一曰天淵，一曰天休，一曰天旗。　宋兩朝天文志：五車五星、三柱九星距大星去極四十七度半，入畢宿八度半。

天潢五星

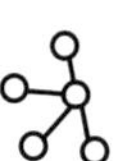

車中五箇天潢精，

晉書天文志：五車中五星曰天潢。宋史天文志：天潢在五車中，主河梁津渡。宋兩朝天文志：距西北星去極五十八度，入畢宿十一度。

咸池三星今無。

潢畔咸池三黑星。

晉書天文志：天潢南三星曰咸池，魚囿也。宋兩朝天文志：距南星去極五十一度，入畢宿十一度半。

天關一星

天關一星車脚邊，

今測黃經五宫二十度二十二分，緯南二度一十四分。

晉書天文志：天關一星在五車南，亦曰天門，日月之所行也，主邊事，主關閉。宋兩朝天文志：去極七十一度半，入觜宿初度。

參旗九星

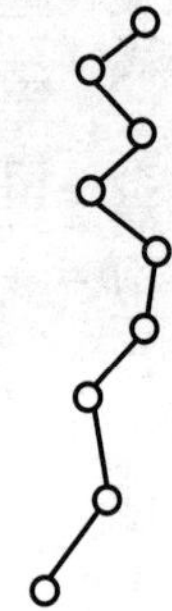

參旗九箇參車間。

今測參旗一星黃經五宫九度零七分，緯南八度一十七分。二星黃經五宫九度五十八分，緯南九度零七分。

晉書天文志：參旗九星在參西，一曰天旗，一曰天弓，主司弓弩之張，候變禦難。宋兩朝天文志：距南第一星大星去極八十七度，入畢宿六度。

九斿九星今八星。

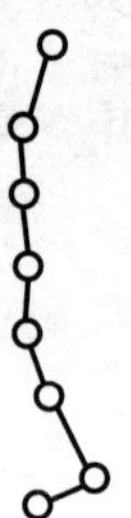

旗下直建九斿連，

晉書天文志：玉井西南九星曰九斿，天子之旗也。宋史天文志：一曰在九州殊口東，南北列。宋兩朝天文志：距南星去極一百一十三度，入畢宿十二度。

天園十三星

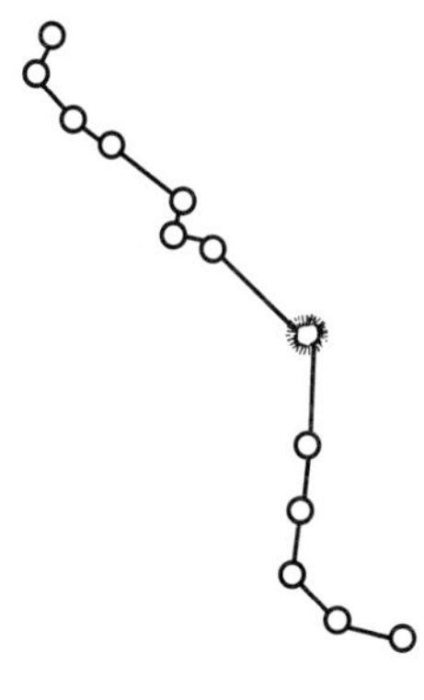

斿下十三烏天園，九斿天園參脚邊。

晉書天文志：天苑南十三星曰天園，植果菜之所也。宋兩朝天文志：距東北星去極一百二十四度，入畢宿五度。

畢宿之屬合象

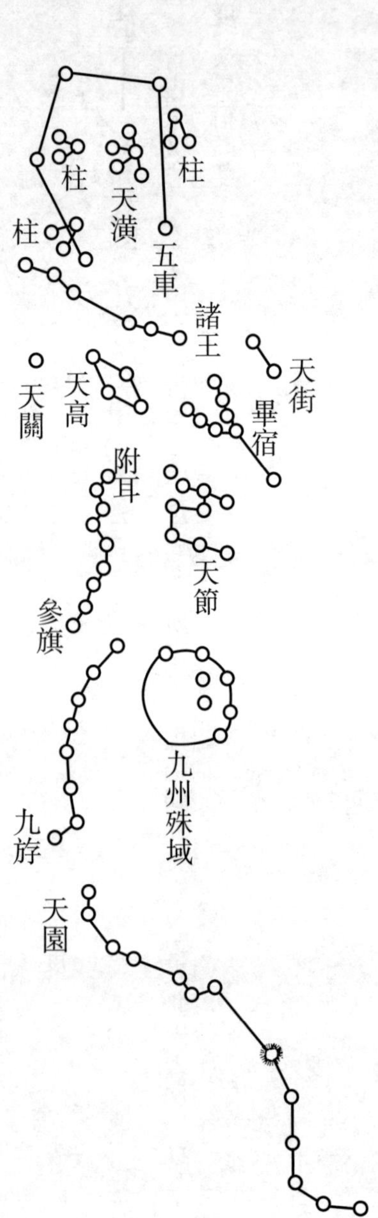

宋史天文志：案步天歌，以上諸星皆屬畢宿。武密書以天節屬昴，參旗、天關、五車、三柱皆屬觜，與步天歌不同。乾象新書以天節、參旗皆屬畢，天園西八星屬昴，東五星屬畢，五車北西南三大星屬畢，東二星及三柱屬參，説皆不同。

蕙田案：晉志五車、三柱、天潢、咸池、諸王、天高、天關、天街俱屬中官，天節、參旗、九斿、天園、九州殊口在二十八宿之外。

觜宿三星

觜，三星相近作參蘂。

今測觜一星黃經五宮一十九度二十二分，緯南一十三度二十六分；赤經五宮一十九度三十一分，緯北九度四十分。

史記天官書：小三星隅置曰觜觿，爲虎首，主葆旅事。晉書天文志：觜觿三星爲三軍之候，行軍之藏府，主葆旅〔一〕，收斂萬物。宋史天文志：漢永元銅儀，唐開元游儀，皆以觜觿爲三度。舊去極八十四度。景祐測驗，觜宿三星一度，距西南星去極八十四度，在赤道內七度。宋兩朝天文志：去極八十二度半。

座旗九星

觜上座旗直指天，尊卑之位九相連。

〔一〕「主」，原脱，據光緒本、晉書天文志上補。

晉書天文志：司怪西北九星曰坐旗，君臣設位之表也。宋兩朝天文志：距南星去極六十一度半，入參宿八度。

司怪四星

司怪曲立坐旗邊，四鴉大近井鉞前。

今測司怪一星黃經五宮二十五度零八分，緯北二度二十六分。二星黃經五宮二十六度三十二分，緯南初度一十三分。三星黃經五宮二十六度三十二分，緯南三度二十一分。四星黃經五宮二十四度二十九分，緯南三度一十三分。

晉書天文志：東井鉞前四星曰司怪，主候天地日月星辰變異及鳥獸草木之妖。宋兩朝天文志：距西星去極七十一度，入參宿六度半。

觜宿之屬合象

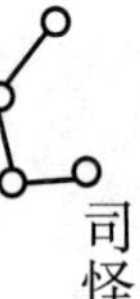

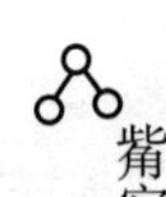

宋史天文志：案步天歌，坐旗、司怪俱屬觜宿，武密書及乾象新書皆屬于參。

蕙田案：晉志坐旗、司怪俱屬中官。

參宿七星　伐三星

參，總是七星觜相侵，兩肩雙足三爲心，伐有三星足裏深。

今測參一星黃經五宮一十八度零一分，緯南二十三度三十八分；赤經五宮一十九度零二分，緯南初度三十六分。　二星黃經五宮一十九度零四分，緯南二十四度三十四分；赤經五宮二十度零四分，緯南一度二十七分。　三星黃經五宮二十度一十七分，緯南二十五度二十二分；赤經五宮二十一度一十三分，緯南二度一十分。　四星黃經五宮二十四度二十二分，緯南一十六度零六分；赤經五宮二十四度三十三分，緯北七度一十七分。　五星黃經五宮一十六度三十三分，緯南一十六度五十三分；赤經五宮一十七度零四分，緯北六度。　六星黃經五宮二十二度，緯南三十三度零八分；赤經五宮二十三度一十三分，緯南九度五十分。　七星黃經五宮一十二度二十七分，緯南三十一度一十二分；赤經五宮一十四度五十三分，緯南八度三十八分。　伐一星黃經五宮一十八度三十五分，緯南二十八度四十五分，赤經五宮一十九度五十八分，緯南五度三十九分。三星黄經五宮一十八度三十八分，緯南二十九度一十七分，赤經五宮二十度零四分，緯南六度一十一分。

蕙田案：考成以參宿中西一星爲距星，故參先於觜，而參宿度少，觜宿度多。今改用中東一星作距星，與古法先觜後參之序合，則以第三星爲第一，而第一星爲第三矣。

史記天官書：參爲白虎。三星直者，是爲衡石。下有三星，兑，曰罰，爲斬艾事。其外四星，左右肩股也。

晉書天文志：參十星，曰參伐，一曰大辰，一曰天市，一曰鈇鉞，主斬刈。又爲天獄，主殺伐。又主權衡，所以平理也。又主邊城，爲九譯。參，白獸之體。其中三星横列，三將也。東北曰左肩，主左將；西北曰右肩，主右將；東南曰左足，主後將軍；西南曰右足，主偏將軍。中央三小星曰伐，天之都尉也，主戎狄之國。

宋史天文志：漢永元銅儀，參八度。舊去極九十四度。景祐測驗，參宿十星十度，右足入畢十三度。

宋兩朝天文志：參十星距中星西第一星去極九十二度半。

玉井四星

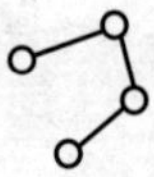

玉井四星右足陰。

晉書天文志：玉井四星在參左足下，主水漿以給厨。宋兩朝天文志：距西北星去極九十八度少，入畢宿十一度半。

屏二星

屏星兩扇井南襟，

隋書天文志：屏二星在玉井南。宋史天文志：一作天屏，一云在參右足。宋兩朝天文志：距南星去極一百一十五度，入畢宿十三度半。

軍井四星

軍井四星屏上吟。

晉書天文志：玉井東南四星曰軍井，行軍之井也。宋兩朝天文志：距西南星去極一百五度半，入畢宿十四度。

天厠四星

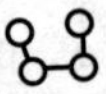

左足下四天厠臨，

史記天官書：參南有四星，曰天厠。隋書天文志：天厠四星在屏東，溷也，主觀天下疾病。宋兩朝天文志：距西北星去極一百一十度半，入參宿二度。

屎一星

厠下一物天屎沈。

史記天官書：厠下一星曰天矢。隋書天文志：天矢一星在厠南。宋兩朝天文志：去極一百一十五度，入參宿三度半。

參宿之屬合象

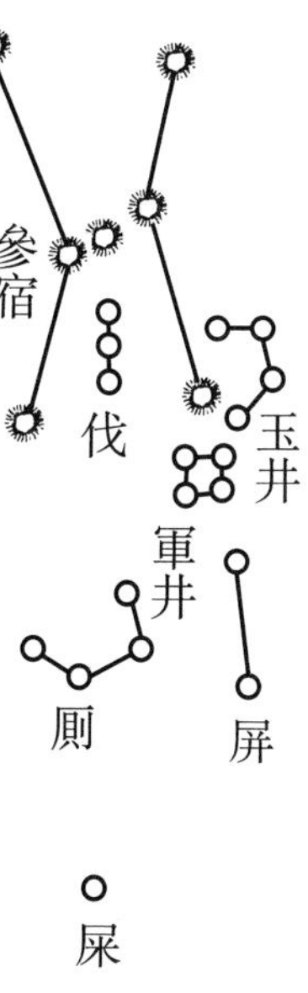

宋史天文志：案晉志，玉井在參左足，武密書屬觜，乾象新書屬畢。軍井，晉志在玉井南，武密亦屬觜，乾象新書亦屬畢，唐開元游儀在玉井東南。屏、廁、天矢，晉志皆不載，隋志屏在玉井南，開元游儀在觜，隋志廁在屏東，屎在廁南，乾象新書皆屬參，與步天歌互有不合。

右西方白虎七宿

南方朱鳥七宿

井宿八星

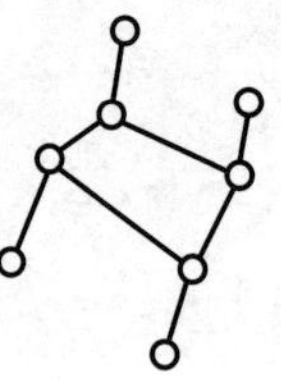

井，八星横列河中静。

今測井一星黄經六宫初度五十五分，緯南初度五十三分；赤經六宫一度，緯北二十二度三十六分。二星黄經六宫二度二十四分，緯南三度零八分。三星黄經六宫四度四十一分，緯南六度四十九分。五星黄經六宫五度二十九分，緯北二度零一分。七星黄經六宫一十度三十六分，緯南二度零七分。八星黄經六宫一十四度二十三分，緯南五度四十一分。

史記天官書：東井爲水事。索隱曰：元命包云：「東井八星，主水衡也。」晉書天文志：東井八星，天之南門，黄道所經，天之亭堠，主水衡事，法令所取平也。通志：井三十四度。甘氏云：「井八星在河中，主泉水，日月五星貫之爲中道。」石氏謂之東井，亦曰天井，主諸侯帝戚三公之位。宋史天文志：漢永元銅儀，井宿三十度。唐開元游儀，三十三度，去極七十度。景祐測驗，亦三十三度。距西北星去極六十九度。

鉞一星

一星名鉞井邊安，

今測黃經五宮二十九度零三分，緯南初度五十八分。

史記天官書：井西曲星曰鉞。晉書天文志：鉞一星，附井之前，主伺淫奢而斬之。宋兩朝天文志：去極六十九度少，入參宿八度半。

南河三星　北河三星

兩河各三南北正。

今測北河一星黃經六宮一十四度三十九分，緯北九度四十五分。二星黃經六宮一十五度五十一分，緯北一十度零二分。三星黃經六宮一十八度五十一分，緯北六度四十分；赤經六宮二十一度三十一分，緯北二十八度四十三分。南河二星黃經六宮一十七度五十分，緯南一十三度三十四分；

赤經六宫一十七度三十二分，緯北八度五十一分。三星黄經六宫二十一度二十九分，緯南一十五度五十七分；赤經六宫二十度四十四分，緯北六度。

史記天官書：鉞北，北河；南，南河。晉書天文志：南河、北河各三星，夾東井，一曰天高，天之闕門也[一]，主關梁。南河曰南戍，一曰南宫，一曰陽門，一曰權星，主火。北河曰北戍，一曰北宫，一曰陰門，一曰衡星，主水。兩河戍間，日月五星之常道也。宋兩朝天文志：北河距東大星去極六十一度半，入井宿二十度。南河距東大星去極八十三度半，入井宿二十一度。

天罇三星

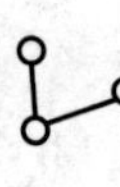

天罇三星井上頭，

今測天罇二星黄經六宫一十四度零六分，緯南初度一十四分。

晉書天文志：五諸侯南三星曰天樽，主盛饘粥以給貧餒。宋兩朝天文志：距西星去極六十八度，入井宿十六度。

〔一〕「天」，諸本脱，據晉書天文志上校勘記補。

五諸侯五星

鐏上横列五諸侯。

今測五諸侯二星黄經六宫一十一度零二分，緯北七度四十三分。　三星黄經六宫一十四度三十四分，緯北五度四十三分。　四星黄經六宫一十六度五十七分，緯北五度一十分。　五星黄經六宫二十度五十二分，緯北五度四十四分。

晉書天文志：五諸侯五星在東井北，主刺舉，戒不虞。又曰理陰陽，察得失。亦曰主帝心。一曰帝師，二曰帝友，三曰三公，四曰博士，五曰太史，此五者常爲帝定疑議。　宋兩朝天文志：距西星去極五十六度半，入井宿六度半。

積水一星今無。

侯上北河西積水，

晉書天文志：積水一星在北河西北，水河也，所以供酒食之正也。　宋兩朝天文志：去極五十四度半，入井宿十八度。

積薪一星

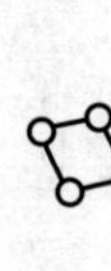

欲覓積薪東畔是。

今測黄經六宫一十九度一十六分，緯北三度零三分。

晉書天文志：積薪一星在積水東北，供庖厨之正也。　宋兩朝天文志：去極六十五度半，入井宿二十七度。

水府四星

鉞下四星名水府，

今測水府一星黄經五宫二十八度三十四分，緯南九度一十五分。　二星黄經五宫二十七度二十八分，緯南八度四十四分。

晉書天文志：東井西南四星曰水府，主水之官也。　宋史天文志：主隄塘、道路、梁溝，以設隄防之備。　宋兩朝天文志：距西星去極七十六度半，入參宿七度半。

水位四星

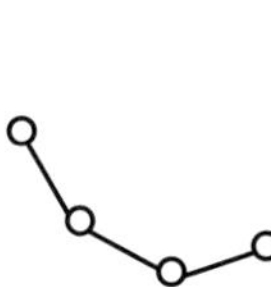

水位東邊四星序。

今測水位三星黄經六宫二十六度一十分，緯南七度零五分。　四星黄經六宫二十六度五十三分，緯南二度一十八分。

晉書天文志：水位四星在積薪東，主水衡。　宋史天文志：一曰在東井東北。　宋兩朝天文志：距西星去極七十三度半，入井宿十八度。

四瀆四星

四瀆横列南河裏，

晉書天文志：東井南垣之東四星四瀆，江、淮、河、濟之精也。　宋兩朝天文志：距西南星去極八十六度，入井宿二度。

軍市十三星　野雞一星

南河下頭是軍市。軍市團圓十三星，中有一箇野雞精。

晉書天文志：軍市十三星在參東南，天軍貿易之市，使有無通也。宋史天文志：軍市十三星，狀如天錢。宋兩朝天文志：距西北星去極一百七度半，入井宿初度。

晉書天文志：野雞一星，主變怪，在軍市中。宋兩朝天文志：去極一百九度半，入井宿四度半。

蕙田案：軍市十三星，今圖止七星。

丈人二星

子二星

孫二星

孫子丈人市下列，各立兩星從東説。

晉書天文志：軍市西南二星曰丈人，丈人東二星曰子，子東二星曰孫。通志：丈人，主壽考之臣。子與孫皆侍丈人之側，相扶而居。宋兩朝天文志：丈人距西星去極一百二十八度，入參宿四度。子距西星去極一百二十八度，入參宿九度。孫距西星去極一百二十五度，入井宿六度。

闕丘二星

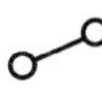

闕丘兩星南河東，

晉書天文志：南河南二星曰闕丘，主宮門外象魏也。宋史天文志：闕丘在南河南，天子雙闕，諸侯兩觀也。宋兩朝天文志：距大星去極九十一度少，入井宿十五度。

天狼一星

丘下一狼光蒙茸。

今測黄經六宫九度四十六分，緯南三十九度三十分；赤經六宫七度五十分，緯南一十六度一十六分。

史記天官書：天旗東有大星曰狼。晉書天文志：狼一星在東井東南。狼爲野將，主侵掠。宋兩朝天文志：去極一百七度半，入井宿十度。

弧矢九星

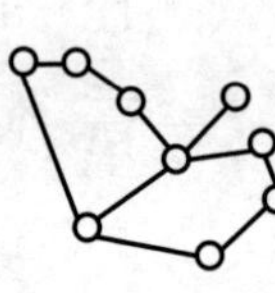

左畔九箇彎弧弓，一矢擬射頑狼胸。

史記天官書：狼下有四星曰弧，直狼。晉書天文志：弧九星在狼東南，天弓也，主備盜賊，常向于狼。宋兩朝天文志：去極一百一十四度，入井宿十五度。

蕙田案：天官書弧四星，與諸家不同。宋兩朝志不載距星，蓋傳寫失之。

老人一星

有箇老人南極中，春秋出入壽無窮。

史記天官書：狼比地有大星，曰南極老人。晉書天文志：老人一星在弧南，一曰南極，常以秋分之旦見于丙，春分之夕没于丁。宋兩朝天文志：去極一百四十三度，入井宿三度。

井宿之屬合象

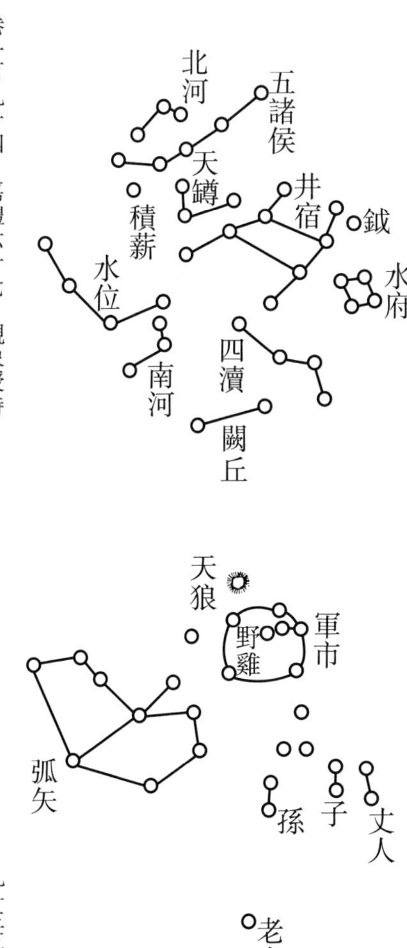

宋史天文志：案武密書以丈人二星，子、孫各一星屬牛宿。乾象新書以丈人與子屬參，孫屬井；又以水府四星亦屬參〔一〕。武密以水府屬井，餘皆與步天歌合。

蕙田案：天官書以狼、弧、老人屬西宫，晉志以南北河、闕丘、五諸侯、天樽、積水、積薪、水位屬中宫，其軍市、野雞、丈人、子、孫、水府、四瀆、狼、弧、老人在二十八舍之外。

鬼宿四星

鬼宿
積尸氣

鬼，四星冊方似木櫃。中央白者積尸氣，

今測鬼一星黄經七宫一度二十分，緯南初度四十八分；赤經七宫三度二十四分，緯北一十九度零八分。二星黄經七宫初度五十九分，緯北一度三十二分。三星黄經七宫三度零七分，緯北三度零八分。四星黄經七宫四度一十八分，緯南初度零四分。積尸氣黄經七宫二度五十七分，緯北一度一十四分。

〔一〕「四」，原作「西」，據光緒本、宋史天文志四改。

史記天官書：輿鬼，鬼祠事，中白者爲質。　晉書天文志：輿鬼五星，天目也，主視明，察姦謀。東北星主積馬，東南星主積兵，西南星主積布帛，西北星主積金玉，中央星爲積尸，主死喪祠祀。一曰鈇鑕，主誅斬。　宋兩朝天文志：鬼四星距西南星去極六十九度半。　宋史天文志：漢永元銅儀，輿鬼四度。舊去極六十八度。景祐測驗，輿鬼三度，距西南星去極六十八度。積尸氣一星在鬼宿中，孛孛然，入鬼一度半，去極六十九度，在赤道内二十二度。

爟四星

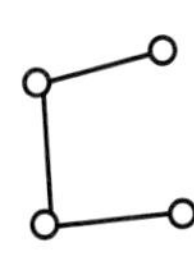

今測爟一星黄經六宫二十七度零九分，緯北四度一十六分。

鬼上四星是爟位。

晉書天文志：軒轅西四星曰爟，爟者，烽火之爟也，邊亭之警候。　宋史天文志：爟四星在鬼宿西北。　宋兩朝天文志：距西北星去極六十度半，入井宿二十九度。

天狗七星

天狗七星鬼下是，

晉書天文志：狼北七星曰天狗，主守財。通志：天狗七星在鬼西南，狼之北，横河中，以守賊也。

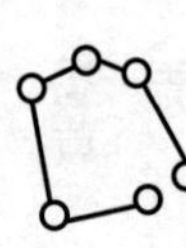

外厨六星

宋兩朝天文志：距西星去極一百二度，入井宿二十二度。

外厨六間柳星次。

今測外厨一星黄經七宫四度二十分，緯南二十三度；赤經七宫一度二十分，緯南三度一十分。

晉書天文志：柳南六星曰外厨。宋史天文志：外厨六星爲天子之外厨，主烹宰，以供宗廟。

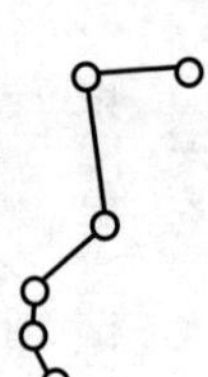

天社六星

宋兩朝天文志：距大星去極九十二度半，入鬼宿二度。

天社六星弧東倚，

晉書天文志：弧南六星爲天社。昔共工氏之子句龍，能平水土，故祀以配社，其精爲星。宋兩朝天文志：距西南星去極一百三十四度，入井宿十二度。

天紀一星

社東一星名天紀。

晉書天文志：外厨南一星曰天紀，主禽獸之齒。宋兩朝天文志：去極一百一度半，入柳宿五度。

鬼宿之屬合象

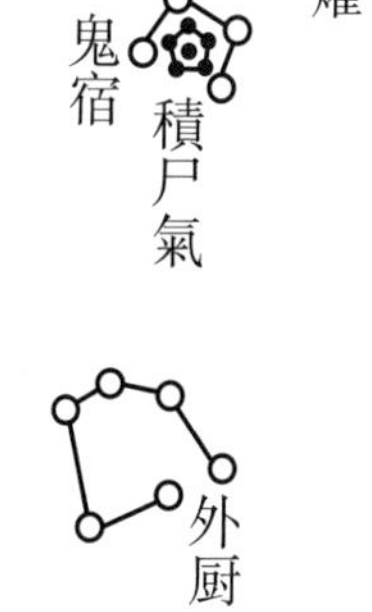

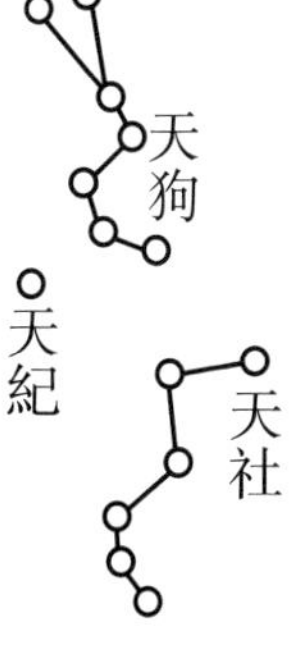

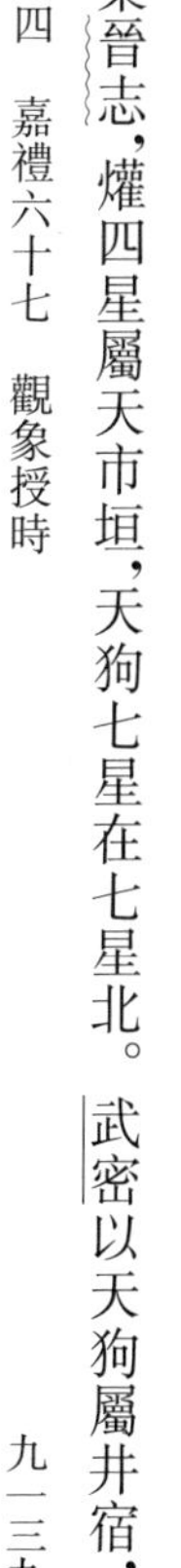

宋史天文志：案晉志，爟四星屬天市垣，天狗七星在七星北。武密以天狗屬井宿，又屬輿鬼。乾

象新書屬井。外厨六星，晉志在柳宿南，武密書亦屬柳，乾象新書與步天歌皆屬輿鬼。天紀一星，武密書及乾象書皆屬柳，惟步天歌屬鬼宿。天社六星，武密書屬井，又屬鬼。乾象新書以西一星屬井，中一星屬鬼，末一星屬柳。今從步天歌以諸星俱屬輿鬼，而備存衆説。

蕙田案：晉志以天狗在狼北，宋史引作「七星北」，誤也。又天狗、外厨、天社、天紀，晉志在二十八舍之外。

柳宿八星

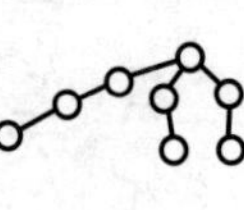

柳，八星曲頭垂似柳。

今測柳一星黄經七宫五度五十六分，緯南一十二度一十七分；赤經七宫五度一十五分，緯北六度四十五分。

史記天官書：柳爲鳥注，主木草。索隱曰：漢書天文志「注」作「喙」。晉書天文志：柳八星，天之厨宰也，主尚食，和滋味，又主雷雨。通志：甘氏云：「主飲食、倉庫、酒醋之位。」宋兩朝天文志：距西第三星去極八十二度半。　宋史天文志：漢永元銅儀，以柳爲十四度。唐開元游儀，十五度。舊去極七十七度。景祐測驗，柳八星一十三度，距西頭第三星去極八十三度。

酒旗三星

近上三星號爲酒，享宴大酺五星守。

今測酒旗一星黄經七宮一十九度零五分，緯北初度二十分。　二星黄經七宮一十七度一十四分，緯南三度一十分。　三星黄經七宮一十七度零八分，緯南五度四十分。

晉書天文志：軒轅右角南三星曰酒旗，酒官之旗也，主享宴飲食。五星守酒旗，天下大酺。　宋兩朝天文志：距西北星去極七十七度，入柳宿十四度。

柳宿之屬合象

宋史天文志：案晉志，酒旗在天市垣。步天歌以酒旗屬柳宿，以通占鏡考之，亦屬柳，又屬七星。乾象新書亦屬七星，與步天歌不同。

星宿七星

星，七星如鈎柳下生。

今測星一星黄經七宫二十二度五十六分，緯南二十二度二十四分；赤經七宫一十八度零三分，緯南七度一十九分。

史記天官書：七星，頸爲員官，主急事。索隱曰：案宋均云：「頸，朱鳥頸也。員官，嚨喉也。物在嚨喉，終不久留，故爲急事。」晉書天文志：七星七星，一名天都，主衣裳文繡，又主急兵盜賊。通志：甘氏云：「主后妃御女之位，亦爲賢士。」宋史天文志：景祐測驗，七星七度，距大星去極九十七度。宋兩朝天文志：去極九十六度。

軒轅十七星〔一〕

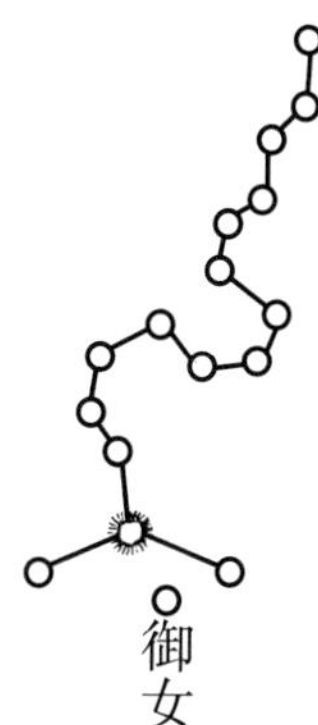

星上十七軒轅形，

今測軒轅八星黄經七宫一十三度二十七分，緯北七度五十二分。九星黄經七宫一十六度一十五分，緯北九度四十分。十二星黄經七宫二十五度零九分，緯北八度四十七分。十三星黄經七宫二十三度三十分，緯北四度五十分。十四星黄經七宫二十五度二十五分，緯北初度二十七分；赤經七宫二十七度五十三分，緯北一十三度二十九分。十五星黄經七宫一十九度五十分，緯南三度四十七分。十六星黄經八宫一度五十八分，緯北初度零八分。

史記天官書：權，軒轅，黄龍體。前大星，女主象；旁小星，御者後宫屬。晉書天文志：軒轅十七星在七星北。軒轅，黄帝之神，黄龍之體也；后妃之主，士職也。一曰東陵，一曰權星，主雷雨之神。南大星，女主也。次北一星，夫人也，屏也，上將也。次北一星，妃也。其餘諸星，皆次妃之屬也。女主

〔一〕「軒轅十七星」，此圖原殘，據味經窩本、乾隆本、光緒本補。

南一星，女御也。左一星少民，后宗也。右一星大民，太后宗也。宋兩朝天文志：軒轅十七星距大星去極七十五度，入張宿二度。

內平四星

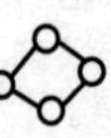

軒轅東頭四內平。

晉書天文志：爟北四星曰內平，平罪之官。宋史天文志：在三台南，一曰在中台南。宋兩朝天文志：距西星去極五十二度，入張宿六度。

天相三星

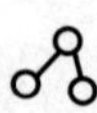

平下三箇名天相，

晉書天文志：酒旗南三星曰天相，丞相之象也。宋史天文志：在七星北。宋兩朝天文志：距北星去極九十五度，入星六度。

天稷五星今無。

相下稷星横五靈。

晉書天文志：稷五星在七星南。稷，農正也，取乎百穀之長以爲號也。宋兩朝天文志：距大星去極一百三十七度，入柳宿十三度。

星宿之屬合象

宋史天文志：案軒轅十七星，晉志在七星北，而列于天市垣。武密以軒轅屬七星，又屬柳；乾象新書以西八星屬柳，中屬七星，末屬張。天稷五星，晉志在七星南；武密亦以天稷屬七星，又屬柳；乾象新書以西二星屬柳，餘屬七星。天相三星，晉志在天市垣，武密書屬七星，乾象新書屬軫宿。內平四星，晉志在天市垣，武密書屬柳，乾象新書屬張，步天歌屬七星〔一〕。諸說皆不同。

蕙田案：宋中興志據石氏星書以軒轅爲中宮黃帝之精，又據張衡靈憲云：「蒼龍連蜷于左，白虎猛據于右，朱雀奮翼于前，靈龜圈脊于後，黃龍軒轅于中。」

〔一〕「張步天歌屬」五字，諸本脱，據宋史天文志四補。

因謂黄龍軒轅配蒼龍、朱鳥、白虎、玄武而五，以爟、積水、積薪、五諸侯、天樽、闕丘、北河、南河、四瀆、水位諸星屬焉，説與諸家不同。

張宿六星

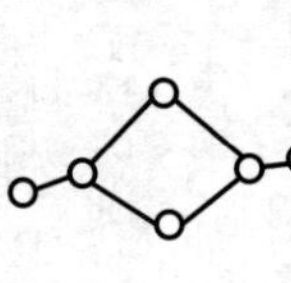

張，六星似軫在星旁。

今測張一星黄經八宫一度一十九分，緯南二十六度一十二分；赤經七宫二十四度零三分，緯南一十三度二十九分。

史記天官書：張，素爲厨，主觴客。索隱曰：素，嗉也。晉書天文志：張六星，主珍寶、宗廟所用及衣服，又主天厨飲食、賞賚之事。通志：甘氏云：「主天廟、明堂、御史之位，上爲天之中道。」宋史天文志：漢永元銅儀，張宿十七度。唐開元游儀，十八度。舊去極九十七度。景祐測驗，張十八度，距西第二星去極一百三度。宋兩朝天文志：去極一百二度半。

天廟十四星今無。

張下只是有天廟，十四之星册四方。

晉書天文志：張南十四星曰天廟，天子之祖廟也。　宋兩朝天文志：天廟十四星距西北星去極一百十三度半，入柳宿十三度。

長垣、少微雖向上，星數欹在太微旁，太尊一星直上黄。

蕙田案：長垣、少微各四星，已見太微垣，太尊一星已見紫微垣，不重載。

翼宿二十二星

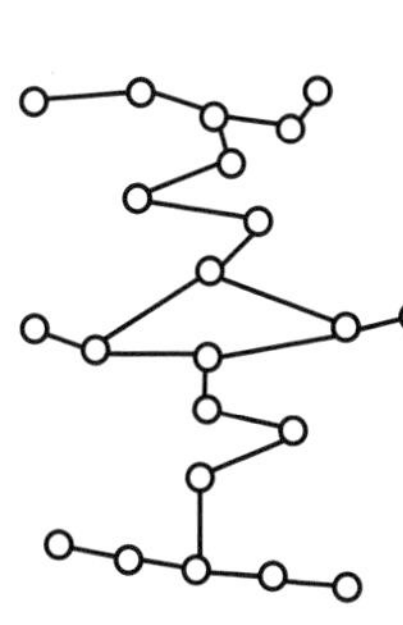

翼，二十二星大難識。上五下五横著行，中心六箇恰似張。更有六星在何許？三三相連張畔附。必若不能分處所，更請向前看野取。

今測翼一星黄經八宫一十九度二十三分，緯南二十二度四十一分；赤經八宫一十一度零九分，緯南一十六度三十七分。

史記天官書：翼爲羽翮，主遠客。　晉書天文志：翼二十二星，天之樂府，主俳倡戲樂〔一〕，又主夷狄遠客、負海之賓。　通志：甘氏云：「主太微三公，化道文籍。」　宋史天文志：漢永元銅儀，翼宿十九度。唐開元游儀，十八度。舊去極九十七度。景祐測驗，翼宿十八度，距中央西第二星去極百四度。

東甌五星今無。

五箇黑星翼下頭，欲知名字是東甌。

晉書天文志：翼南五星曰東區，蠻夷星也。　宋兩朝天文志：東甌五星距西南星去極一百二十九度，入張宿七度。　宋史天文志：東甌五星，晉志在二十八宿之外，乾象新書屬張宿，武密書屬翼宿，與步天歌合。

軫四星

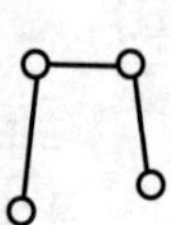

軫，四星似張翼相近。

〔一〕「主俳倡戲樂」，諸本脱「主」、「戲樂」三字，據晉書天文志上校勘記補。

今測軫一星黄經九宫六度二十三分，緯南一十四度二十五分；赤經八宫二十九度五十八分，緯南一十五度四十四分。

史記天官書：軫爲車，主風。晉書天文志：軫四星，主冢宰，輔臣也；主車騎，主載任，又主風，主死喪。通志：甘氏云：「軫七星，主將軍樂府歌謳之事。」宋史天文志：漢永元銅儀，以軫宿爲十八度。舊去極九十八度。景祐測驗，亦十八度，去極一百度。宋兩朝天文志：軫四星距西北星去極一百三度半。

蕙田案：甘氏云軫七星，蓋兼左右轄及長沙言之。

長沙一星

中央一箇長沙子。

史記天官書：軫旁有一小星，曰長沙。晉書天文志：長沙一星在軫之中，主壽命。

右轄一星　左轄一星〔一〕

○右轄

○左轄

左轄、右轄附兩星，

晉書天文志：轄星傅軫兩傍，主王侯。左轄爲王者同姓，右轄爲異姓。宋兩朝天文志：右轄星去極一百一十度半，入翼宿十六度半。左轄星去極一百一度半，入軫宿五度。

軍門二星今無。

軍門兩黄近翼是。

晉書天文志：土司空北二星曰軍門，主營候彪尾威旗。宋史天文志：軍門二星在青丘西，天子六軍之門。宋兩朝天文志：距西南星去極一百一十二度半，入翼宿十三度。

土司空四星今無。

門下四箇土司空，

晉書天文志：青丘西四星曰土司空，主界域，亦曰司徒。宋兩朝天文志：距南星去極一百二

〔一〕「右轄一星左轄一星」，此圖原脱，據味經窩本、乾隆本、光緒本補。

十度，入翼宿十四度。

青丘七星今三星。

門東七烏青丘子。

晉書天文志：青丘七星在軫東南，蠻夷之國號也。宋兩朝天文志：距西北星去極一百二十四度半，入軫宿五度。

器府三十二星今無。

青丘之下名器府，器府之星三十二。已上便是太微宮，黃道向上看取是。

晉書天文志：軫南三十二星曰器府，樂器之府也。宋兩朝天文志：距西北星去極一百三十七度半，入翼宿八度半。

軫宿之屬合象

宋史天文志：案晉志，惟轄星、長沙附于軫，餘在二十八宿之外。乾象新書以軍門、器府、土司空屬翼，青丘屬軫；武密書以軍門屬翼，餘皆屬軫。

蕙田案：鄭夾漈稱丹元子步天歌，以爲「句中有圖，言下成象」，後代言天文者咸宗之。今依通志、文獻通考之例，以步天歌爲綱，而以康熙甲子測定黄、赤經緯度附于下，次以歷代史志之文，擇其簡要者録之。甘氏、石氏星經今所傳者，出於後人僞托，又非完本，然相承已久，故亦取之。恒星經緯，惟黄道緯度終古不變，其經度每年東移五十一秒，即歲差之根也。黄經既移，則赤道經緯，歲歲不同，法當以積年乘歲差，得數遞加於黄道經度，得逐年之黄道經度，次用弧三角法，有黄、赤距緯，有黄緯爲兩邊，有黄經爲所夾之角，可求逐年之赤道經緯矣。

觀承案：自史記述天官書後，列代史家各有天文一志，然多雜以吉凶害福之説，反有支離附會之病。惟丹元子步天歌以三垣列宿分部，既如綱之在綱，又但標星象名數，而不混以占驗之文，尤爲潔淨可喜。鄭氏謂「句中有圖，言下成象」，其言可覈也。然通志、通考中又復加以占驗，不免淩雜米鹽，失其作歌之本意矣。是編悉刊去之，而但附以星圖，首以今測，可以一目了然，洵爲博而有要、約而不遺者矣。欲識天官者，先奉此爲指南可也。

右南方朱鳥七宿

五禮通考卷一百九十五

嘉禮六十八

觀象授時

推步法上

大清會典：推步法。

推日躔法

用數

康熙二十三年甲子天正冬至爲曆元。

江氏永曰：曆必有元，所以爲步算之端。古術先爲日法，以今日月五星之行推而上之，必得甲子歲前十一月甲子朔夜半冬至七曜齊動之年以爲元，荒遠無徵。自漢太初、三統而後，一術輒更一元。元授時曆始革其失，測定氣應、閏應、轉應、交應、五星合應、曆應，即以至元辛巳爲元，不用積年日法。明大統曆因之，季年用西法，擬改憲以崇禎戊辰爲元。我朝因其新法，諸平行歲歲有根數，隨年皆可爲元。此定康熙甲子紀首之年爲元，用授時立應之法，上考下求，皆以是年諸應爲根。天正冬至者，甲子年前之平冬至，實癸亥年十一月。推步必以年前冬至爲首，履端於始之義也。

周天度三百六十。入算化作一百二十九萬六千秒，平分之爲半周，四分之爲象限，十二分之爲宫。

江氏永曰：此周天整度也。古法用日度三百六十五度有奇，奇零之數不便分析，故以三百六十整齊之。或曰：天本無度，因日之行而生度，可以贏縮之乎？曰：天道恒以整齊者爲體，以奇零不齊者爲用。如十干十二支相配而爲六十，此整齊者也。六其六十，則爲三百六十矣。一歲必多五日有奇，天之用數也。要其體數，則恒爲三百六十，故易曰「乾之策二百一十有六，坤之策百四十有四，凡三百有六十，當期之日」，亦以其體數言之，實則當期之度也。自太陽一日右旋之軌迹而觀之，似一日平行一度而無餘，自體數三百六十度而觀，乃是一日平行一度而不足，即謂周天實止三百六十度，因日行有不足之數而生五日有奇之贏數，亦無不可也。天者，統而言之，七政恒星各居一重天，皆以三百六十度爲周天，經度如斯，緯度亦然，即地之經緯度亦然。凡諸天之小輪，皆可析爲十二宮，剖爲三百六十度；又若三角八線，萬有不齊之數，皆可以整齊者御之。

度法，六十。分、秒、微以下皆以六十迭析。

江氏永曰：三百六十度者，六其六十，度分以下，亦皆以六十爲法。其不用百分，何也？八線表及渾儀以六十析度，爲得疏密之中，又一小時六十分，與度法相當，亦取便於變時也。

歲周，三百六十五日二四二一八七五。歲周小餘係五時三刻三分四十五秒，將時刻分化秒，用萬分通之，得二千四百二十一分，小餘八七五。凡此者，所以便布算也。後平行諸應通法皆倣此。

江氏永曰：歲周即歲實，此太陽平行之平歲實也。今時太陽最卑近冬至，平行處近春分，測累年春分前後相距，則得平歲實。如是，若以定冬至相距，其小餘必稍贏，猶之月朔當轉終，則時刻必多於朔策。且太陽小輪，古更大於今，其贏數愈多。回回之法三百六十五日爲平年，多一日爲閏年，一百二十八年閏三十一日，此小餘萬分日之二四二一八七五，正合一百二十八分之三十一。又考崇禎新書日躔表説云：「新法依百分算定，用平行歲實爲三百六十五日二十四刻二十一分八十八秒六十四微，尾數多一秒一十四微，截去不用。」豈欲取五時三刻三分四十五秒之整數，秒下之微，其數可省與？一秒一十四微，僅當六微弱耳。雖積之久，其數不多也。通分之法，以五時三刻三分四十五秒，化作二萬零九百二十五秒，與萬相乘爲實，以一日八萬六千四百秒爲法除之，得二四二一八七五。

歲差，五十一秒。

江氏永曰：太陽行黄道已周，尚有不及列宿天之數，謂之歲差。實由恒星天日日有東行之細數，積之一歲，行五十一秒也，七十年行五十九分三十秒，幾及一度。

日法，一千四百四十。

江氏永曰：古法一日百刻，不便於均派十二時。今法定爲九十六刻，刻十五分，合之一千四百四十分。一刻用十五分者，合四刻爲一小時六十分，與度法相當也。分下秒微，亦以六十迭析。一日化秒八萬六千四百秒。

日周通法，一萬。

江氏永曰：萬分者，授時之法。今仍用爲通法。

紀法，六十。

江氏永曰：甲子六十日也。

宿法，二十八。

江氏永曰：日有值日之宿，猶之六甲值日。古法無之。

大陽每日平行，三千五百四十八秒三三〇五一六九。

江氏永曰：以周天一百二十九萬六千秒乘日周通法，以歲周除之，得每日平行秒數及小餘；以六十分法約之，五十九分八秒一十九微奇也。

最卑歲行，六十一秒一六六六六。

江氏永曰：最卑者，太陽本輪底之一點。舊曰最高衝，或曰高衝，今定名最卑。此點亦有行度，與月孛五星最高同理。不用最高而用最卑者，近冬至故也。歲行一分一秒一十微，五十九年弱行一度。

最卑日行，十分秒之一又六七四六九。

江氏永曰：太陽距最卑爲自行引數，每日之行雖甚微，亦當加之。

本天半徑，一千萬。

江氏永曰：日月五星各麗一重天，則各有其本天，自下而上，一太陰，二水星，三金星，四太陽，五火星，六木星，七土星，本天皆以地心爲心，其半徑大小甚相懸，常設一千萬者，整數便於算也。太陽本天距地比例數，見推月食法。

本輪半徑，二十六萬八千八百一十二。

均輪半徑，八萬九千六百〇四。

江氏永曰：本輪、均輪，太陽盈縮之所由生也。本輪之心在本天，均輪之心在本輪。太陽實體在均輪，遇最卑在均輪之頂，遇最高在均輪之底。其行也，本天隨動天左旋，不及動天之速，因有右旋之度。本天右旋，則本輪之心亦隨之右旋。太陽每日平行之數，即本輪心行於本天之數，其歲周即本輪心隨本天一周之數也。然本輪心又有逐日離最卑之度，則本輪又自左旋，本輪左旋而均輪心亦隨之左旋，歲周之外有餘分，逐及最卑，則本輪帶均輪一周矣。然均輪心雖隨本輪左旋，而均輪又自右旋，太陽在均輪上亦隨之右旋，其度恒以倍，本輪左旋一度，均輪右旋兩度，本輪一周，均輪則兩周也。太陽隨均輪在本輪心之左，則加於平行；在本輪心之右，則減於平行；其加減之度分秒必均，故謂之均輪。月五星之本輪、均輪半徑有定。太陽則不然，古大而今漸小。此本輪、均輪半徑之數，蓋崇禎戊辰所測，其加減最大之均數二度三分有奇。今時似不及此數，本輪半徑約二十五萬一千五百九十六，均輪半徑約八萬三千八百六十五，最大之均一度五十五分而已。顧其大，不知何時始；其小，不知何時復。此則非今日所能知，惟隨時測驗修改耳。均輪常居本輪三之一。

氣應，七日六五六三七四九二六。

江氏永曰：曆元天正冬至，辛未日也。初日起甲子，七日爲辛未。其小餘乘八萬六千四百秒〔一〕，以萬分法除之，五萬六千七百一十秒七九三六零六四；以時分秒收之，十五小時四十五分一十秒四十七微三十六纖奇。平冬至，辛未日申初三刻零一十一秒。

〔一〕「乘」、「四百」，原作「剩」、「六百」，據光緒本改。

宿應，五日六五六三七四九二六。江氏永曰：辛未日尾值宿也。初日起角宿，五日爲尾。

最卑應，七度一十分一十一秒一十微。江氏永曰：辛未次日子正時，最卑行也。以減太陽平行，爲太陽自行。自元至元以前，最卑在冬至前。至元以後，最卑在冬至後。惟至元間與冬至同度。至是年行七度有奇，冬至後八日乃當最卑，夏至後亦八日當最高，是爲盈縮之初。恒以冬至爲盈初，夏至爲縮初者〔一〕，非也。

求天正冬至。江氏永曰：求平冬至也。若求定冬至，須實算日躔初宮初度。見後求節氣時刻條。

置歲周，以距曆元之積年，下求將來，則從曆元順推；上考往古，則從曆元逆溯。減一乘之，江氏永曰：距年恒數算外須減一，乃是實距。如甲戌距甲子十一年，實距十年。得中積分，江氏永曰：積日併小餘。加氣應，上考往古減氣應。江氏永曰：加減七日有奇之氣應，乃得甲子後幾日。滿紀法去之，江氏永曰：六旬周故也。餘爲天正冬至日分，上考往古，則以所餘轉與紀法相減，餘爲天正冬至日分。自初日起甲子，其小餘以日法通之，如法收爲時刻。日周通法爲一率，小

〔一〕「縮」，諸本作「盈」，據推步法解卷一改。

餘爲二率，日法爲三率，求得四率，爲時分。滿六十分，收爲一小時；十五分，收爲一刻。江氏永曰：三率法見後條注。分下有秒，其數小可略。小數過半收爲分，未過半棄之。後凡求時刻相同。初時起子正，一時爲丑初，以至二十三時爲夜子初。江氏永曰：求天正冬至小餘，爲後條求年根秒數張本。若小餘當某時某刻某分，此爲平冬至，不以注書亦求之者，重歲始，且與定冬至時刻相較先後也。小寒後二十三平氣則可略之矣。凡最卑在冬至前者，平冬至在定冬至後。最卑在冬至後者反之。

求平行　以日周通法爲一率，太陽每日平行爲二率，天正冬至小餘與日周通法相減餘爲三率，江氏永曰：如氣應小餘六五六三七四九二六，與日周通法相減，餘爲三四三六二五零七四。求得四率，二率與三率相乘，一率除之即得四率，後倣此。江氏永曰：此三率法，即異乘同除之法。相乘者實數，除之者法數也。二率三率可互易。凡三率中，有百千萬之整數，爲二三率者進位，即可省乘；爲一率者退位，即可省除。爲年根秒數。江氏永曰：平冬至次日子正時，太陽平行若干秒也。以平冬至小餘與日周通法相減之餘爲三率，其餘數之時刻，太陽平行得若干秒，是爲次日子正時之秒，亦即爲一年之根。年根必次日子正時者，便於相加得整日，所求皆得子正時之度秒也。又置太陽每日平行，以本日距天正冬至之日數乘之，得數爲秒，與年根相併，以宮度分收之爲平行。江氏永曰：一十萬八千秒爲宮，三千六百秒爲度，六千秒爲分。

求實行　置最卑歲行，以積年乘之，又置最卑日行，以距天正冬至之日數乘之，兩數相併，內加最卑應上考則減最卑應。以減平行，得引數。江氏永曰：太陽平行距最卑之數，亦即均輪心行本輪周之數。用直角三角形，江氏永曰：小句股形也。以本輪半徑三分之二爲對直角之邊，江氏永曰：本輪半徑減去均輪半徑，其餘三分之二。如以八九六零四減二六八八一二，其餘一七九二零八也，此邊爲小弦。從本輪心抵均輪底，與正方角相對。以引數爲一角，江氏永曰：此角輳本輪心，引數度在本輪周，即其角之度。求得對角之邊。江氏永曰：此邊爲小句，用正弦比例，檢八線表，半徑千萬爲一率，引數度正弦爲二率，對直角之邊爲三率，求得四率，爲對角之邊。從直角抵均輪底，與小弦相交。引數過一象限者與半周相減，過二象限者減去半周，過三象限者與全周相減，皆用其餘爲二率。倍之。江氏永曰：凡引數左旋一度，則均輪右旋兩度。太陽實體在其上，前求對角之邊雖抵均輪之底，尚未抵太陽，故更引長而倍之。所以用倍數，何也？合本輪均輪半徑三五八四一六，與本輪半徑三分之二加一倍，故此邊恒用倍。其所加之一倍，即均輪上倍引數度之通弦，爲太陽實體所在。又求得對餘角之邊，江氏永曰：此邊爲小股，用餘弦比例，半徑千萬爲一率，引數度餘弦爲二率，對直角之邊爲三率，求得四率，爲對餘角之邊。從直角抵本輪心。用第二率之法同上。與半徑相加減，引數三宮至八宮則相加，九宮至二宮則相減。江氏永曰：本天之半徑也。本輪上六宮相加，下六宮相減。復用直角三角形，江氏永曰：大句股形也。以加倍之數爲小邊，加減半徑之數爲大邊，直角在兩邊之中。江氏永曰：小邊爲大句，大邊爲大股。求得對小邊之角爲均數。江氏永曰：用切線比例，大邊爲一率，小邊爲二率，半徑千萬爲三率，求得四率爲正切。以正切檢表得角度，此角輳地心。置平行以均數加減之，引數初宮至五宮爲加，六宮至十一宮爲減。江氏永曰：初宮起最卑，故與月五星之加減相反。得實行。江氏永曰：平行者，本輪心當黃道之度。實行者，太陽實體當黃道之度。

求宿度　以積年乘歲差得數，加黃道宿鈐，鈐見卷後。以減實行，餘爲日躔宿度。若實行不及減宿鈐，退一宿減之。江氏永曰：積年乘歲差加黃道宿鈐者，加入相近之經度宿也。以減太陽實行，則得日躔宿度矣。然所得皆本日子正時宿度。若當兩宿交界之際，欲求易宿時刻，當倣後求節氣時刻之法。於易宿之日，以本日太陽實行與次日實行相減，餘爲一率，日法爲二率。本日子正實行與本宿相減，餘爲三率，求得四率，爲距子正後分數。乃以時刻收之，即得次宿時刻。

求值宿　置中積分加宿應，滿宿法去之，餘數加一日爲值宿，初日起角宿。江氏永曰：如三百六十有奇，滿宿法去三百六十四日，餘一日有奇，加一日是亢宿。

求節氣時刻　日躔初宮丑初度爲冬至，十五度爲小寒。一宮子初度爲大寒，十五度爲立春。二宮亥初度爲雨水，十五度爲驚蟄。三宮戌初度爲春分，十五度爲清明。

四宮酉初度爲穀雨，十五度爲立夏。五宮申初度爲小滿，十五度爲芒種。六宮未初度爲夏至，十五度爲小暑。七宮午初度爲大暑，十五度爲立秋。八宮巳初度爲處暑，十五度爲白露。九宮辰初度爲秋分，十五度爲寒露。十宮卯初度爲霜降，十五度爲立冬。十一宮寅初度爲小雪，十五度爲大雪。江氏永曰：此黄道上分界定度，太陽實行到此，爲真節氣。因太陽有加減之度，故黄道上度均，而時日不均。古法不知太陽盈縮者，固非。知盈縮有定氣，而仍以恒氣注曆者，亦非。況其所爲恒氣者，又不以平冬至爲根，而以定冬至起算；其所爲盈縮者，又不知有推移，而常定於二至，則恒氣固謬，而定氣亦非真。皆以子正日躔未交節氣宮度爲本日，已過節氣宮度爲次日。推時刻之法，以本日實行與次日實行相減爲一率，日法爲二率，本日子正實行與節氣相減爲三率，如推立春，則以本日實行與一宮十五度相減。餘倣此。求得四率，爲距子正後之分數，乃以時刻收之，即得節氣初正時刻。如實行適與節氣宮度相符而無餘分，即爲子正初刻。江氏永曰：後推月離交食，皆有求用時之法，此求節氣，即以平時爲真時矣。若密測太陽時刻方位，仍當用求時差之法。至於各省節氣時刻，皆以京師爲主，視偏度加減之。偏東一度，加時之四分。偏西一度，減時之四分。江氏永曰：地是圓形，人所居東西不同經，則時刻異。如此方視太陽正中爲午正，東方視之已過中，西方視之未至中，故節氣時刻西早而東晚。地經差十五度者，時差四刻，故一度加減四分。

求日出晝夜時刻　以本天半徑爲一率，北極高度之正切以高度查八線表得之。表詳後。做此。爲二率，本日距緯度以實行查黄、赤距緯表得之。表詳後。之正切爲三率，求得四率，爲赤道之正弦。江氏永曰：從圓心出線，至北極爲半徑，則極高切線與赤道平行，而距緯切線與半徑線平行，其勢同，故能爲句股比例。距緯切線最大者，四三四六四也。必求赤道者，時以赤道爲宗也。檢八線表，得日出入在卯酉前後赤道度，變爲時分，一度變時之四分，十五分變時之一分。凡言變時者，倣此。江氏永曰：太陽與赤道平行左旋，繞地一周三百六十度，分十二時，故一宫當一大時，十五度當一小時，一度當時四分。此赤道度變時之理也。以加減卯酉時，即得日出入時刻。春分前秋分後以加卯正爲日出時刻，以減酉正爲日入時刻。春分後秋分前以減卯正爲日出時刻，以加酉正爲日入時刻。自日出至日入爲晝刻，與九十六刻相減，餘爲夜刻。江氏永曰：南方極出地度少，晝夜之差漸平；北方極出地度多，晝夜之差漸增，地圓之故也。如求出入地平方位，則以本天半徑爲一率，北極高度之正割爲二率，本日距緯度之正弦爲三率，求得四率，爲正弦。檢八線表，得出入卯酉地平經度，春分後在卯酉北，秋分後在南。

二十八宿黄道經緯度鈐

黄道經度　黄道緯度

斗初宮五度五十分　南三度五十分

牛初宮二十九度二十七分〔一〕　北四度四十一分

女一宮七度二十三分　北八度一十分

虛一宮十九度〇一分　北八度四十二分

危一宮二十九度　北十度四十二分

室二宮十九度〇七分　北十九度二十六分

壁三宮四度四十八分　北十二度三十五分

奎三宮十七度五十四分　北十五度五十八分

婁三宮二十九度三十三分　北八度二十九分

胃四宮十二度三十三分　北十一度十六分

昴四宮二十四度四十八分　北四度一十分

畢五宮四度〇三分　南二度三十七分

〔一〕「二十七分」，推步法解卷一作「三十七分」。

參五宮十八度〇一分　南二十三度三十八分

觜五宮十九度二十二分　南十三度二十六分

井六宮初度五十五分　南初度五十三分

鬼七宮一度二十分　南初度四十八分

柳七宮五度五十二分〔一〕　南十二度二十七分

星七宮二十二度五十六分　南二十二度二十四分

張八宮一度十九分　南二十六度十二分

翼八宮十九度二十三分　南二十二度四十一分

軫九宮六度二十三分　南十四度二十五分

角九宮十九度二十六分　南一度五十九分

亢十宮初度〇三分　北二度五十八分

氐十宮十度四十一分　北初度二十六分

〔一〕「五十二分」，推步法解卷一作「五十六分」。

房十宮二十八度三十一分　　南五度二十三分

心十一宮三度二十一分　　南三度五十五分

尾十一宮十度五十四分　　南十五度

箕十一宮二十六度五十分　　南六度五十六分

右二十八宿鈐，乃曆元甲子年之黄道經緯度分。其緯度，距黄道之南北千古不移；而經度則每歲東行五十一秒，所謂歲差也。故求宿度，必須以距曆元積年與歲差五十一秒相乘得數，加入宿鈐，方得所求年各宿實在之度分。江氏永曰：赤道宗北極，黄道宗黄極，而恒星天亦以黄極爲宗，星距黄極有定度，其經度之東移者，恒與黄道平行，故距黄道之南北千古不移。而距赤道時時不同，古在赤道南者，今或在北，古在北者，今或在南。術家但知天樞一星去極遠近不同，不知普天星宿皆有移動也。每歲東行五十一秒，由積候而得，雖或稍有贏朒，亦必遲之，又久而後可見。此二十八宿度數，與崇禎戊辰所測者間有損益。

黃赤距度表

黃道度	三九秒	宮宮分	北南度	四十秒	宮宮分	北南度	五十一秒
○一二三四五六七八九○一二三四五六七八九○一二三四五六七八九○	○五九三六七七四九○九四四○二八九四二四九六六七○四九四九四七	三七一五九三七○四八一五八二五八一四七○二五七九一三五七八九	一一一二二三三三四四五五五六六七七七八八八九九○○○一	七○一○七一一九二二六六○九一七六八三九七六六七八九○九八五一	九○一二三三三二二一○九八六四二九六三○六二八三八三七一五八一	一一二二二三三三四四四五五五六六六六七七七八八八九九九九○	一四五四九一○五五一三○二八○五四八五六○八八二九九二七五六○
一一一一一一一一一一二二二二二二二二二二三	○五四四三二一○四三○四一四○一二三三二○四一三五五四三○三四	二四一三五二四一五五二四○三五一四○二五一三五一四○二四○二	一一一一	四五四二四○○四二四四三一二三一四五五二四四二四四二五四二四四	二五一三五一三五一三五○二四○二三五一三四○一三四五	一一一一一一一一一一一一一一一一一一一一一一一一一一一一二	四一二一二四二三二五五三四二五四一一五○五○五二一四五二三二三
右順	二八	宮宮	南北	一七	宮宮	南北	初六

宮宮分	北南度	黃道度
一一	二〇	三〇
二四	二〇	二九
三六	二〇	二八
四八	二〇	二七
五九	二〇	二六
一〇	二一	二五
二一	二〇	二四
三一	二一	二三
四一	二一	二二
五〇	二一	二一
五九	二一	二〇
〇八	二二	一九
一六	二二	一八
二四	二二	一七
三一	二二	一六
三八	二二	一五
四五	二二	一四
五一	二二	一三
五六	二二	一二
〇二	二三	一一
〇六	二三	一〇
一一	二三	九
一四	二三	八
一八	二三	七
二一	二三	六
二三	二三	五
二五	二三	四
二七	二三	三
二八	二三	二
二九	二三	一
二九	二三	〇
宮宮	南北	左逆

距度表按二分二至分順逆列之。二分後各宮列於上。三宮至五宮爲春分後，係北緯。九宮至十一宮爲秋分後，係南緯。二至後各宮列於下。六宮至八宮爲夏至後，係北緯。初宮至二宮爲冬至後，係南緯。太陽實行在上六宮，則用右行順度；在下六宮，則用左行逆度。用表之法，以實行之宮對實行之度，其縱横相遇之數即爲所求之距度也。江氏永曰：假如太陽實行七宮一十一度，于下列七宮對左行一十一度，横查之，一十七度三十分二十九秒，係北緯。又如實行十一宮八度，於上列十一宮對右行八度，横查之，二十一度四十一分二十五秒，係南緯。表只列整度，其分數用中比例法求之。江氏永曰：六十分化三千六百秒爲一率，實行零分化秒爲二率，本度距緯與次度距緯相減，餘分化秒爲三率，求得四率，爲秒，以分收之，視次度多于本度者加之，少於本度者減之。算表之法，以本天半徑爲一率，黄、赤大距之正弦三九八六

二爲二率，距春秋分黄道度之正弦爲三率，求得四率，爲正弦，以正弦檢八線表〔一〕，得黄、赤距度分，分下之秒，視表内次一分之數，用中比例法求之。　黄、赤大距，古多今少。古測日度二十四度，當今整度二十三度三十九分。元至元時日度二十三度九十分，當今整度二十三度三十三分。明季測整度二十三度三十一分半，此表大距二十三度二十九分半，今時所測向後，又當漸減。此一事亦不知何時而起、何時而止者也。

蕙田案：以上推日躔法。

推月離法

用數

太陰每日平行，四萬七千四百三十五秒〇二一一七七。

江氏永曰：用前後兩月食諸行相近者計其積日，得日平行十三度一十分三十五秒奇。

太陰小時四刻平行，一千九百七十六秒四五九二一五七。

江氏永曰：日平行二十四分之三十二分五十六秒二十七微奇。

月孛每日平行，四百〇一秒〇七七四七七。

〔一〕「檢」，諸本作「減」，據推步法解卷一改。

江氏永曰：月本輪最高點也。其對衝，即古法入轉。日平行六分四十一秒五微奇，以減太陰日平行，爲月自行。

正交每日平行，一百九十〇秒六四。

江氏永曰：月道交黄道自南而交入於北之一點也。其對衝爲中交，日平行三分一十秒三十六微奇，其行左旋。正交謂之羅睺，中交謂之計都。古法以正交爲中，中交爲正。

本天半徑，一千萬。

江氏永曰：本天距地比例數，見推月食法。

本輪半徑，五十八萬。

均輪半徑，二十九萬。

江氏永曰：本輪之心在本天，均輪之心在本輪，均輪半徑得本輪半徑之半。本輪左旋，均輪右旋。

負圈半徑，七十九萬七千。

江氏永曰：負圈者，所以負均輪而轉次輪者也。其半徑合均輪全徑及次輪半徑，其心在均輪上，當次輪最近點對衝之處，負圈隨均輪右旋，則次輪亦隨之後。雖不用負圈，而負圈在其中。無負圈，則次輪無爲帶動者矣。

次輪半徑，二十一萬七千。

江氏永曰：次輪者，月離日之輪也。五星次輪心在均輪上，獨月次輪心在負圈上，其周恒與均輪相切，負圈帶之右旋，而次輪之度自左旋。月離日一度，次輪上兩度，謂之倍離。朔至望、望至朔而兩周。

次均輪半徑，一十一萬七千五百。

江氏永曰：次均輪者，月實體所在也。五星實體在次輪上，月獨有次均輪，其心在次輪上，一月兩周，朔望時最近於均輪心，兩弦時最遠于均輪心，月在次均輪上左旋，從輪心出線，距地心作十字線於輪面，朔望時恒當直線之下，兩弦時恒當直線之上。朔弦與望弦間恒在横線之左。弦望與弦朔間恒在横線之右。亦一月而兩周。

黄、赤大距，二十三度二十九分三十秒。

江氏永曰：康熙甲午年所測也。

朔望黄白大距，四度五十八分三十秒。

兩弦黄白大距，五度一十七分三十秒。

江氏永曰：白道者，月道也。朔望月在次均輪之底，故兩道稍斂而狹；兩弦月在次均輪之頂，故兩道稍張而闊，其中數五度八分。

太陰平行應，一宫〇八度四十分五十七秒一十六微。授時曆諸應皆起冬至日時刻，此諸應起冬至次日子正，便于積算整日也。後月孛、正交及五星諸應倣此。江氏永曰：曆元天正冬至，次日壬申子正時，太陰平行宫度也。

月孛應，三宫〇四度四十九分五十四秒〇九微。

正交應，六宫二十七度一十三分三十七秒四十八微。

求天正冬至。詳日躔。

求太陰平行　置中積分，詳日躔。加氣應小餘，江氏永曰：六五六三七四九二六也。減天正冬至小餘，江氏永曰：所求天正冬至日之餘數也。得積日，上考往古則減氣應小餘，加天正冬至小餘。與太陰每日平行相乘，滿周天秒數去之，餘數收爲宫度分，以加太陰平行應，得太陰年根。上考往古則減。江氏永曰：加氣應小餘者，從曆元辛未日子正時起也。減天正冬至小餘者，欲得整日也。曆元冬至日子正，至今年冬至日子正，得積日若干；猶之曆元冬至次日子正，至今年冬至次日子正也。太陰平行應實曆元冬至次日子正之宫度分，以加積日之平行，即是今年冬至次日之平行矣，故爲太陰年根。又置太陰每日平行，以距天正冬至之日數乘之，得數爲秒，以宫度分收之，與年根相併，滿十二宫去之。爲太陰平行。

求月孛平行　以積日與月孛每日平行相乘，滿周天秒數除之，餘數收爲宫度分，以加月孛應，得月孛年根。上考往古則減。　又置月孛每日平行，以距天正冬至之日數乘之，得數爲秒，以宫度分收之，與年根相併，滿十二宫收之。　爲月孛平行。

求正交平行　以積日與正交每日平行相乘，滿周天秒數去之，餘數收爲宫度分，以減正交應，正交應不足減者，加十二宫減之。　得正交年根。上考往古則加。江氏永曰：交行左旋，故順減逆加。　又置正交每日平行，以距天正冬至之日數乘之，得數爲秒，以宫度分收之，以減年根，年根不足減者，加十二宫減之。　爲正交平行。

求用時太陰平行　以本日太陽均數變時，得均數時差。　均數爲加者，時差爲減。　均數減者，時差爲加。　江氏永曰：假如均數一度四十五分三十秒，一度變四分，四十五分變三分，三十秒變二秒，併之得七分零二秒。　又以本日太陽黄、赤經度黄經即實行，詳日躔。　求赤經法，見後「求月出入時刻」條。　相減，餘數變時，得升度時差，二分後爲加，二至後爲減。　乃以兩時差相加減爲時差總，兩時差同爲加者，則相併爲總，其號仍爲加；同爲減者，亦相併爲總，其號爲減。　兩時差一加一減者，則相減爲總，加數大爲加號，減數大爲減號。　化秒，與一小時太陰平行相乘爲實，以一度化秒爲法除之，江氏永曰：一度當作一小時，一小時平行若干秒，則今有之時差，當得若干秒也。　得

數爲秒，以分收之，得時差行，以加減太陰平行。時差總爲加者則減，爲減者則加。江氏永曰：時分與度分，加減每相反。**爲用時太陰平行。**江氏永曰：用時何也？凡時刻有二，一爲時刻之數，一爲時刻之位。太陽左旋，依赤道平轉，閱太虚天三百六十度，其數有常，因其一周之運，而截之爲時刻，此時刻之數也。隨人所居之地，必有正子午圈。太陽一日之軌迹，必過此圈，加臨於正子正午，乃爲子午，則亦依赤道均分之爲時刻，此時刻之位也。二者同宗赤道而常有差，其差之根有二：一由太陽有平行、實行。平行者輪心，實行者日體，其與時刻之數相符者，乃本輪心所到，而日體或在其左右，均數減，則方位已過，而時有加分，均數加，則方位未及，而時有減分矣。一由黄、赤道有升度差。二分後，黄道斜而赤道直，赤道之升度少，則太陽所到之位已過，而時有加分。二至後，黄道度大，赤道度狹，赤道之升度多，則太陽所到之位未及，而時有減分矣。前所算每日子正時者，乃時刻之數，而日體未必正加於子之位，故合兩種時差，定其加減之分，乃爲用時。從用時至平時，其間太陰必有行分，故以加減子正之平行爲用時太陰平行。太陽實行惟最卑最高無時差，而時差最大者，今時在二分後八日；黄、赤升度惟二至二分無時差，而時差最大者恒在四立節，故二差參差不齊，必合而求其總，乃爲真時差。崇禎新書日差表既舛誤，月離交食皆有加減時表，又止算升度之時差，不以均數時差相較，皆未爲精密也。

求初實行　**置用時太陰平行，減月孛平行，**江氏永曰：太陰平行不及減者，加十二宫減之。後倣此。**得引數。**江氏永曰：太陰距月孛度。**用直角三角形，以本輪半徑之半，爲對直**

角之邊，江氏永曰：均輪半徑二十九萬，居本輪半徑之半，故本輪内減去均輪半徑，其餘爲本輪半徑之半。以引數爲一角，求得對角之邊，江氏永曰：半徑千萬爲一率，引數正弦爲二率，對直角之邊爲三率，求得四率，爲對角之邊。引數過象限以後，用二率之法，詳「日躔求實行」條。三因之。江氏永曰：本輪半徑之半二十九萬，合本輪均輪半徑八十七萬，是三其二十九萬也，故小邊無論大小，皆三因之。三之一爲對角之邊，三之二即均輪上倍引數度之通弦，均輪右旋必倍引數，其理與太陽同。此邊所抵，即次輪最近點所在。又求得對餘角之邊，江氏永曰：半徑千萬爲一率，引數餘弦爲二率，對直角之邊爲三率，求得四率，爲對餘角之邊。用二率之法同上。與半徑相加減，引數九宫至二宫相加，三宫至八宫相減。江氏永曰：初宫起最高，故與太陽加減異。復用直角三角形，以三因數爲小邊，加減半徑數爲大邊，直角在兩邊之中。求得對小邊之角爲初均數，江氏永曰：大邊爲一率，小邊爲二率，本天半徑爲三率，求得四率，爲正切。以正切線檢表得均角度。言初均者，對後二三均也。并求得對直角之邊，爲次輪最近點距地心線。爲求次均數之用。江氏永曰：本天半徑爲一率，初均數度之正割線爲二率，大邊爲三率，求得四率，爲次輪最近點距地心線，次輪與均輪相切最近點，謂最近於均輪心。置用時太陰平行，以初均數加減之，引數初宫至五宫爲減，六宫後爲加。爲初實行。江氏永曰：初實行者，次輪最近點所到之度。惟定朔定望，此點即爲次均輪之心，月在次均輪之底，與距地心線正相值，即以初實行爲月實行；非定朔定望，更有二三均加減。

求白道實行　**置初實行，減本日太陽實行，得次引。**即月距日度。江氏永曰：太陽實行求日躔時所得，必用實行乃得實距。後五星同。**用三角形，**江氏永曰：斜三角也。**以次輪最近點距地心線爲一邊，**江氏永曰：此線爲初實行之界線。**倍次引之通弦**千萬爲一率，次引之正弦爲二率，次輪半徑爲三率，求得四率，倍之即通弦。江氏永曰：月距日一度，次輪上左旋二度，故用倍次引之通弦。通弦者，正弦之倍也。**爲一邊，**江氏永曰：此邊所指，即次均輪心所到。**以初均數與引數減半周之度**引數不及半周，則與半周相減；如過半周，則減去半周。江氏永曰：引數減半周之度，即均輪心距最卑之度。**相加，**江氏永曰：初均數有加有減，此與引數減半周之度恒相加，何也？凡次輪最近點距地心線，惟初宮六宮之初度。無初均數者，其線正；有初均數，則線必斜。其斜線之數，即初均之數。試置最近點于次均輪心，借次均輪上作度。初均爲加者，度在輪之左半，斜線穿心至近頂，分輪爲兩，其左半必一百八十度也，而計度必從輪之正頂始，正頂在斜線之右，則當加此數矣。初均爲減者，度在輪之右半，斜線穿心至近頂，亦分輪之右半爲一百八十度，而正頂在斜線之左，則亦當加此數矣。故無論初均爲加爲減，恒用加。**又以次引距象限度**次引不及象限，則與象限相減。如過象限及過三象限，則減去象限及三象限，用其餘。如過二象限，則減去二象限，餘數仍與象限相減。江氏永曰：次輪上爲倍離度，次引一象限，倍之則半周。次引距象限度，猶之倍次引距半周度也。次引二象限，則次輪一周矣。故過二象限與不過象限同，過三象限與過一象限同。**加減之，**初均數減者，次引過象限，或過三象限，則相加；不過象限，或過二象限，則相減。初均加者反是。江氏永曰：初均數與引數減半周之度相加，即次引倍度之角，故次引適足一象限者，無加減。其有距象限度如初均減者，次引未及象限則相減，已過象限則相加。初均加者，次引未及象限則相加，已過象限則相減，所作角左右低昂之勢異也。假如初均數與引數減半周之度相加爲一百五十度，是初均數減，則與象限相減爲六十度，自六十度順數至一百五十度，皆相減，過此則相加。又如初均數加引數減半周之度爲三十度，亦是初均數減，則與象限相減爲六十度，次引六十度距象限三十度相減無餘，過此仍與三十度相減，滿象限而後相加。又如初均數加引數減半周之度爲二百一十度，減去半周，餘三十度，是初均數加，則與象限相加爲一百二十度，自一百二十度逆數至三十度皆相加，過此則相減。又如初均數加引數減半周之度爲三百三十度，減去半周，餘一百五十度，亦是初均數加，加一象限爲二百四十度，自二百四十度逆數至一百五十度皆相加，其間次引六十度距象限三十度相加，適足半周，過此仍相加，加一象限而後相減。**爲所夾之角，**若相加過半周，則與全周相減，其餘則爲所夾之角。若相加適足半周，或相減無餘，則無二均數。若次引爲初度，或一百八十度，亦無二均數。江氏永曰：所夾之角，外角也。相加過半周，與全周相減，減其餘爲所夾之角，亦外角也。以外角減半周，即本角。將用半外角切線求二均，故即以外角爲所夾之角。次輪之角在輪周，借次均輪可顯角度。相加適足半周，或相減無餘者，與次輪最近點距地心線正相值，故無二均。次引爲初度與一百八十度者，定朔定望也。與距線合爲一，故亦無二均。朔望距線穿月體，無二均則無三均。非朔望而線相值者，不穿月體，雖無二均，仍有三均。**求得對通弦之角，爲二均數。**如無初均數者，以次輪心距地心線爲一邊，次輪半徑爲一邊，次引倍度爲所夾之角〔一〕。江氏永曰：二均數者，次均輪心所到也，當用切線分外角法求之。距地心線與倍次引之通弦相併爲一率，相減之餘爲二率，半外角切線爲三率，求得四率，爲半較角切線。以半較角減半外角，其餘爲對通弦之角。無初均者，初宫與六宫之初度也。次輪心距地心線以相減得之，本輪半徑内減去均輪次輪兩半徑五十萬七千，餘七萬三千。初宫初度與半徑相減，爲九百九十二萬七千。次引倍度爲所夾之角，亦外角也。求二均亦倣前法，邊總與邊較，若半外角切線與半較角切線，以半較角減半外角，得對次輪半徑之角。**隨定其加減號，**以初均數與均輪心距最卑之度相加，爲加減泛限，適足九十度，則二均加減與初均同。如泛限不及九十度，則與九十度相減，餘數倍之爲加減限。初均減者，以次引倍度減全周之餘數，皆與限相較。並以大於限度，則二均之加減與初均同。小於限度者反是。江氏永曰：泛限適足九十度者，本輪三宫九宫之初也。此際次輪皆出距地心線之外。三宫初均減，而次輪又在其右，則同爲減。九宫初均加，而次輪又在其左，則同爲加。其他上下諸宫距地心線，皆有割入次輪之

〔一〕「引」，諸本作「行」，據推步法解卷二改。

度。至初宫六宫之初度，割次輪各半而止，皆以此線所割之度爲限。其度皆與九十度減餘之倍數也。二均與限相較而大者，在距線之外，故與初均之加減同。相較而小者，入距線之内，故減變爲加，加變爲減。并求得對角之邊，爲次均輪心距地心線。江氏永曰：二均角之正弦爲一率，次引倍度之通弦爲二率，夾角之正弦爲三率，求得四率，爲次均輪心距地心線。又以此線及次引用三角法，求得三均數。次均輪心距地心線爲一邊，次均輪半徑爲一邊，次引倍度倍爲所夾之角，求得對次均輪半徑之角，爲三均數。江氏永曰：三均數，月體所值也。次均輪度亦左旋，與次引倍度相應，其度從輪下起所夾之角爲本角，過半周者與全周相減，用其餘爲所夾之角，亦本角也。本角減半周爲外角，亦用切線分外角法求之，邊總與邊較，若半外角切線與半較角切線，以半較角減半外角，其餘爲所求之三均角。隨定其加減號，次引倍度不及半周爲加，過半周爲減。江氏永曰：不及半周者，月在輪左，故加。過半周者，月在輪右，故減。乃以二均數與三均數相加減，爲二三均數。兩均數同號則相加，異號則相減。江氏永曰：月離二三均加減表即此數。以加減初實行，二均三均同爲加號者仍爲加，同爲減號者仍爲減，如一爲加號，一爲減號者，加數大則加，減數大則減。爲白道實行。

求黄道實行　用弧三角法，江氏永曰：斜弧三角也。求得黄白大距及交均。以黄白大距中數爲一邊，黄白大距半較爲一邊，次引倍度爲所夾之角，求得對邊爲黄白大距，並求得對半較之角爲交均。江氏永曰：朔望黄白大距小，兩弦黄白大距大，其較一十九分，折其中數五度八分，半較則九分半也。欲求每度之黄白大距，有兩邊夾一角，求對角之邊，正法須用兩次乘除，捷法以加減代一次乘除。其法兩邊相加爲總弧，相減爲較弧。以兩弧餘弦相減折半爲初數，視所夾角不過象限者用正矢，過一象限者用大矢，過二象限與過一象限同，過三象限與不過象限同。以其矢與初數相乘，半徑爲法除之，得對弧較弧兩矢之較，以矢較加入較弧矢，得對弧矢。以矢減半徑爲餘弦，以餘弦檢八線表〔一〕，得所求黄白大距。前有兩邊，又求得一邊，因以求對半較之角。是三邊求角也，亦倣前法，而倒用四率，以黄白大距中數爲一邊，求得黄白大距爲一邊，兩邊相較爲總弧〔二〕，相減爲較弧，各以餘弦相減折半爲初數，以半較對弧與較弧兩矢之較與半徑相乘，初數爲法除之，得所求角之矢。得矢即得餘弦，因以得對半較之角。其謂之交均，何也？兩交亦有加減均度也。黄白大距中數一邊爲緯，半交一邊爲經，兩交點皆在經圈，惟朔望兩弦二邊相合無交均角，則兩交點如其平行之度，過此即有次引倍度角，亦必有交均角，而交點漸離其平行之處矣。次引倍度滿象限即半較，亦成正線，與白道經圈平行，而均度最大得一度四十六分。此一度四十六分，即半較九分半所成，蓋半較在五度有奇之處則小，在九十度處則大故也。**以交均加減正交平行，**次引倍度不及半周爲減，過半周爲加。江氏永曰：交行左旋，減者更進而前，加者則却而

〔一〕「檢」，諸本作「減」，據推步法解卷二改。

〔二〕「較」，推步法解卷二作「加」，恐爲「加」形誤，應以作「加」爲是。

後也。得正交實行。江氏永曰：交行常爲前却之行，惟朔望兩弦平行即實行。又加減六宮爲中交實行。江氏永曰：正交移則對宮者亦移。置白道實行，減正交實行，得距交實行。江氏永曰：白道實行不及減者，加十一宮減之。距交只論正交，後以距交查切線，或距正交，或距中交。以本天半徑爲一率，黄白大距之餘弦爲二率，距交實行之正切爲三率，求得四率，爲黄道之正切。江氏永曰：此正弧三角兩角與一邊，求對餘角之邊也。黄白大距爲黄白交角，距交實行爲白道一邊，又黄白距緯從黄極出線，截白道交黄道，其交必成正角，又爲一角。今求對餘角之黄道同升度法，以兩角之正弦餘弦比兩邊之正切，亦即句股形大弦與大句，若小弦與小句也。後凡求黄、赤五星本道求黄，皆倣此。本天半徑爲一率，即正角之正弦也。後凡正弧三角用半徑者，倣此。檢八線表，得度分。與距交實行相減，餘爲升度差，以加減白道實行，距交實行不過象限或過二象限爲減，過象限或過三象限爲加。江氏永曰：此與前求用時條黄、赤升度時差二分後加、二至後減同理。距交不過象限或過二象限，猶之二分後也。過象限或過三象限，猶之二至後也。時與度相反，故彼爲加者此爲減，彼爲減者此爲加。爲黄道實行。江氏永曰：月不行黄道，然求宿度、求合朔弦望、求交宮皆論黄道度，故必先求黄道實行。

求黄道緯度　以本天半徑爲一率，黄白大距之正弦爲二率，距交實行之正弦爲三率，求得四率，爲距緯之正弦。檢八線表，得黄道緯度。距交實行初宫至五宫爲黄道北，六宫至十一宫爲黄道南。江氏永曰：距交實行之正弦謂黄道距交度。凡正弧三角四率俱用正弦者，正角有所對之角，而所求之邊又有所對之角也。

求宿度　依日躔求宿度法。江氏永曰：各宿每年加五十一秒。求得本年黄道宿鈐，以黄道實行、月孛正行及正交中交實行各度分，視其足減宿鈐内某宿，則減之，餘爲各種宿度。

求合朔弦望　太陰實行，江氏永曰：謂黄道實行。與太陽實行同宫同度爲合朔限，距三宫爲上弦限，距六宫爲望限，距九宫爲下弦限，皆以太陰未及限度爲本日，已過限度爲次日。求時之法，以太陽本日實行與次日實行相減，又以太陰本日實行與次日實行相減，兩減餘數相較爲一率，江氏永曰：兩減餘數相較，是交限日，太陰距太陽之實行也。以一日實行爲法，比出距限餘分，應得若干時刻。日法爲二率，本日太陽實行加限度，上弦加三宫，望加六宫，下弦加九宫。減本日太陰實行，餘爲三率，江氏永曰：求合朔即于本日太陽實行内，減太陰實行，餘爲三率。一率、三率皆以度化分，分下有秒，約三爲五，六爲十。後求交宫時刻倣此。求得四率，爲距子正之分數，如法收之，得合朔弦望時刻。

求交宫時刻　以太陰本日實行與次日實行相減，未過宫爲本日，已過宫爲次日。餘爲一率，日法爲二率，太陰本日實行不用宫。與三十度相減，餘爲三率，求得四率，爲距子正之分數，如法收之，得交宫時刻。

求正升斜升横升　合朔日太陰實行自子宫十五度至酉宫十五度爲正升，江氏永曰：春分前後一宫半也。自酉宫十五度至未宫初度爲斜升，江氏永曰：夏至前一宫半也。自未宫初度至寅宫十五度爲横升，江氏永曰：夏至後五宫半也。自寅宫十五度至子宫十五度爲斜升。江氏永曰：冬至前半宫、後一宫半也。

求太陰出入時刻　以本日太陽黄道經度求其赤道度，以本天半徑爲一率，黄、赤大距之餘弦爲二率，本日太陽距春秋分黄道經度之正切爲三率，求得四率，爲赤道經度之正切。江氏永曰：時刻宗赤道，故必先求太陽赤道度，其求法與白道求黄道同理。又用弧三角法，江氏永曰：斜弧三角也。以太陰距黄道爲一邊，江氏永曰：前既求得黄道距緯度分矣，距緯在北減九十度，距緯在南加九十度，爲太陰距黄極度。黄、赤大距爲一邊，江氏永曰：黄、赤大距與黄極距北極等。北極爲心，黄極爲界，規一小輪，大距正弦恒爲半徑，此一邊即小輪半徑度。太陰距冬至黄道經度，爲所夾之外角，過半周者與全周相減，用其餘。江氏永曰：外角減半周，即本角。求對邊，用本角取矢，鋭角用正矢，鈍角用大矢。**求得對邊，**江氏永曰：對所夾本角之邊。**爲太陰距北極度，**江氏永曰：求法，兩邊相併爲總弧，相減爲較弧。兩弦各取餘弦相加，折半爲初數，與角之矢相乘，半徑千萬除之，得對弧較弧兩矢之較，以矢較加較弧矢，得對弧矢。以矢減半徑爲餘弦，以餘弦檢表得對邊。**加減九十度，得赤道緯度。**不及九十度者與九十度相減，餘爲北緯。過九十度者減去九十度，餘爲南緯。**又求得近北極之角，爲太陰距冬至赤道經度。**江氏永曰：前有兩邊，又求得距北極一邊，用三邊以求又一角，爲近北極之角，其度即太陰距冬至赤道經度。求法，以黄、赤大距爲一邊，太陰距北極爲一邊，兩邊相併爲總弧，相減爲較弧，各取餘弦，視總弧過象限，兩餘弦相加，不過象限相減，折半爲初數。又以較弧矢與對邊之矢相減，半徑乘之，初數爲法除之，得所求角之矢。矢減半徑爲餘弦，檢表，得太陰距冬至赤道經度。**乃以本天半徑爲一率，北極高度之正切爲二率，太陰赤道緯度之正切爲三率，求得四率，爲赤道正弦。**江氏永曰：赤道緯度正切與半徑平行，赤道正弦與極高正切平行，故能爲句股比例，與求日出入卯酉前後赤道度同理。**檢八線表，得太陰出入在卯酉前後赤道度。**太陰在赤道北，出在卯正前，入在酉正後。太陰在赤道南，出在卯正後，入在酉正前。江氏永曰：與春秋分前後太陽出入同理。**以加減**前減後加。**太陰距太陽赤道度，**太陰赤道經度内減去太陽赤道經度即得，不足減者加十二宫減之。**得數變時。**江氏永曰：假令距太陽九十度，則變爲六小時。**自卯**

正西正後計之，出地自卯正後，入地自西正後。再加本時太陰行度之時刻，約一小時行三十分，變爲時之二分。江氏永曰：月離不平行所差者微，可用約數，如六小時約行三度，爲時十二分。即得太陰出入時刻。

江氏永曰：日躔月離兩篇不言求閏月者，既求得定氣定朔，視無中氣之月置閏，不必求也。古法置閏常在歲終，至漢太初曆始改用無中氣之月，然猶未知定朔也。自唐以來，始用定朔，然不用定氣，則無中氣之月未必果無中氣也。至我朝始兼定朔定氣以置閏，而閏始真。百餘年來，正月與十月、十一月、十二月未置閏者，太陽最卑近冬至，此數月日行速，節氣縮，與閏不相值故也。

蕙田案：以上推月離法。

右推步法上

五禮通考卷一百九十六

嘉禮六十九

觀象授時

推步法中

會典：推月食法。江氏永曰：月食無視差，較易於日食，故先之。

用數

朔策，二十九日五三〇五九三。江氏永曰：日月平行相會之日數也。小餘與授時、大統同，十二小時四十四分三秒十四微有奇。

望策，一十四日七六五二九六五。江氏永曰：小餘十八小時二十二分一秒三十七微有奇。

太陽平行朔策，一十〇萬四千七百八十四秒三〇四三二四。半之爲望策。下三條同。

江氏永曰：二十九度六分二十四秒十八微奇。　平行望策，五萬二千三百九十二秒一五二一六二。

太陽引數朔策，一十〇萬四千七百七十九秒三五八八六五。

江氏永曰：二十九度六分十九秒奇。　引數望策，五萬二千三百八十九秒六七九四三二五。

太陰引數朔策，九萬二千九百四十〇秒二四八五九。

江氏永曰：滿周天去之，得二十五度四十九分奇。　引數望策當加半周，六十四萬八千秒；再折半，凡六十九萬四千四百七十秒一二四二九五。

太陰交周朔策，一十一萬〇四百一十四秒〇一六五七四。

江氏永曰：滿周天去之，得一宫零四十分十四秒奇。　交周望策當加半周，六十四萬八千秒；再折半，凡七十萬三千二百零七秒〇〇八二八七。

太陽小時平行，一百四十七秒八四七一〇四九。

江氏永曰：二分二十七秒奇也。

太陽小時引數，一百四十七秒八四〇一二七。

太陰小時引數，一千九百五十九秒七四七六五四二。

江氏永曰：三十二分三十九秒奇也。

太陰小時交周，一千九百八十四秒四〇二五四九。

江氏永曰：三十三分四秒奇也。

月距日小時平行，一千八百二十八秒六一二一一〇八。

江氏永曰：三十分二十八秒奇也。

太陽光分半徑，六百三十七。

江氏永曰：地半徑設一百，太陽實半徑五百零七，而光體四溢，更有餘分一百三十，以此照地體，能侵入下半，而地景亦因之瘦小也。

地半徑，一百。

江氏永曰：設整數便於算也。地圓周九萬里，半徑二萬四千一百三十餘里。

太陰實半徑，二十七。

江氏永曰：比太陽半徑少一十九倍有奇也。日月實體甚相懸，而視徑略相等，全徑約半度有奇，月稍大於日焉。最高最卑，則各有加減。

太陽最高距地一千〇一十七萬九千二百〇八，與地半徑之比例爲一十一萬六千

二百。

江氏永曰：太陽本天半徑，加本輪半徑，減去均輪半徑，爲太陽最高距地數，其比例爲一千一百六十二地半徑。高卑之中，一十一萬四千一百五十四奇。本輪均輪漸小，則此數亦微差。

太陰最高距地一千〇一十七萬二千五百，與地半徑之比例爲五千八百一十六。

江氏永曰：太陰本天半徑，加本輪半徑，減去均輪次均輪兩半徑，爲太陰最高距地數，其比例爲五十八地半徑奇也。高卑之中，五千七百一十七四奇。

朔應，二十六日三八五二六六六。

江氏永曰：曆元天正冬至辛未，是十一月初四日，此從初五日壬申子正算起，距十一月戊戌平朔，二十六日有奇也。其小餘九小時十四分四十六秒有奇。

首朔太陽平行應，初宫二十六度二十分四十二秒五十七微。太陰同。

江氏永曰：首朔者，曆元甲子年前十一月朔也。

首朔太陽引數應，初宫一十九度一十〇分二十七秒二十一微。

江氏永曰：太陽距最卑度也。以減太陽平行應，爲首朔最卑所在。

首朔太陰引數應，九宫一十八度三十四分二十六秒一十六微。

江氏永曰：太陰距月孛度也。太陰平行應加十二宫，以引數應減之，爲首朔月孛所在。

首朔太陰交周應，六宫初度三十〇分五十五秒一十四微。江氏永曰：太陰距正交度也。太陰平行應加十二宫，以交周應減之，爲首朔正交所在。

求天正冬至。詳日躔。

求首朔　置積日詳月離。江氏永曰：曆元冬至次日子正至所求年冬至次日子正也。減朔應，得通朔，上考往古加朔應。江氏永曰：積日内減二十六日有奇，是從曆元十二月首朔起也。通朔者，未計積朔之名。以朔策除之，得數加一爲積朔，餘數轉減朔策爲首朔。上考往古，則除得之數即爲積朔，不用加一。餘數即爲首朔，不用轉減朔策。江氏永曰：得數者，除得若干朔也。加一者，得數之外加一朔，乃爲十二月朔也。前所除仍有不盡之日分，於所加一朔内減之，即得所求之首朔距天正冬至次日後若干日及分。通計積朔日分，從曆元十二月戊戌平朔起算，上考往古，亦以此朔爲根也。

求太陰入食限　以積朔與太陰交周朔策相乘，滿周天秒數去之，餘爲積朔太陰交周應，上考往古，則置首朔太陰交周應，減積朔太陰交周。江氏永曰：首朔太陰交周應不足減者，加十二宫減之。後倣此。又加太陰交周望策，再以太陰交周朔策迭加十三次，得逐月望太陰平交周。江氏永曰：加十三次者，十二月望至十二月望也。視某月交周入可食之限，即爲有食之月。交周自五宫十五度〇六分至六宫十四度五十四分，自十一宫十五度〇六分至初宫十四度五十四分，皆爲可食之限。江氏永曰：初宫五宫，陰曆也。六宫十一宫，陽曆也。皆以距交十四度五十四分爲虚寬之限，較授時十三度五分者加大。再於實交周詳之。江氏永曰：一年入食限者，有二次或三次，而不皆食者，有定望加減也。定望在晝不算也，或已入食限，而日月地景半徑有減差，亦不食也。

求平望　以太陰入食限之月數與朔策相乘，加入望策，再加首朔日分及紀日，天正冬至加一日即紀日。江氏永曰：天正冬至從甲子日起，又加一日爲紀日，何也？前算積日，從曆元辛未日子正起，而朔應從次日壬申子正起，中間差一日，故於天正冬至日加一日爲紀日。滿紀法去之，餘爲平望日分，自初日起甲子，得平望干支。以日法通其小餘，如法收之，得時刻分秒。

求太陽平行　置積朔加太陰入食限之月數，與太陽平行朔策相乘，滿周天秒數去之，爲積朔太陽平行，加首朔太陽平行應，上考往古，則以積朔平行減平行應。又加太陽平行望策即得。

求太陽平引　置積朔加太陰入食限之月數，與太陽引數朔策相乘，滿周天秒數去之，爲積朔太陽平引，加首朔太陽引數應，上考往古，則以積朔平引減引數應。又加太陽引數望策即得。

求太陰平引　置積朔加太陰入食限之月數，與太陰引數朔策相乘，滿周天秒數去之，爲積朔太陰平引，加首朔太陰引數應，上考往古，則以積朔平引減引數應。又加太陰引數望策即得。

求太陽實引　以太陽平引依日躔法求得太陽均數，以太陰平引依月離法求得太陰初均數，兩均數相加減爲距弧，兩均同號相減，異號相加。江氏永曰：平望時，或未及望、或已過望之弧。以小時月距日平行爲一率，一小時化秒爲二率，江氏永曰：一小時三千六百秒。距弧化秒爲三率，江氏永曰：一分化六十秒，一度化三千六百秒。求得四率，爲距時秒。江氏永曰：此以度秒求時秒也。隨定其加減號。兩均同加，日大則加，日小則減。兩均同減，日大則減，日小則加。兩均一加一減，其加減從日。江氏永曰：日月本輪以最高最卑爲界，左六宮爲加，右六宮爲減。兩均同加者皆在左，兩減者皆在右。一加一減者，或日左月右，或月左日右也。此欲加減太陽之平引數，進退皆從日。又以一小時化秒爲一率，太陽小時引數爲二率，距時化秒爲三率，求得四率爲秒。江氏永曰：此以時秒求度秒也。以度分收之，爲太陽引弧，依距時加減號。

以加減太陽平引，得實引。江氏永曰：爲求日實均之用。求太陰實引　以一小時化秒爲一率，太陰小時引數爲二率，距時化秒爲三率，江氏永曰：即上條距時也。求得四率爲秒。以度分收之，爲太陰引弧，依距時加減號。以加減太陰平引，得實引。江氏永曰：爲求月實均之用。

求實望　以太陽實引，復求太陽均數，爲日實均，江氏永曰：如日躔求實行之法，用直角三角形，兩次求之，其小直角用實引爲一角。并求得太陽距地心線。直角三角形對直角之邊，詳日躔。江氏永曰：此大直角三角形也。既求得直角之句與股，其斜弦爲太陽距地心線。法用本天半徑爲一率，實均數度之正割線爲二率，大邊爲三率，求得四率，爲太陽距地心線。此線爲後求地影半徑之用。以太陰實引，復求太陰初均數，爲月實均，江氏永曰：如月離求初實行之法，用直角三角形，兩次求之，其小直角用實引爲一角，朔望求得初均，即得太陰實行，故不復求二三均。并求得太陰距地心線。詳月離。江氏永曰：此謂次均輪心距地心，非謂月之實體也。求法已解于「月離求初實行」條。朔望時月與次均輪心同一直線上，故亦可謂之太陰距地，此線爲後求太陰半徑之用。兩均相加減，爲實距弧，與距弧同。江氏永曰：亦兩均同號相減，異號相加。依前求距時法，求得四率爲秒，以時分收之，爲實距時。置平望以實距時加減之，加減法與距時同。得實望。加滿二十四時，則實望進一日。不足減者借一日，作二十四時減之，則實望退一日。江氏永曰：進一日爲次日。退一日者，子正前爲昨日。

求實交周 以一小時化秒爲一率，太陰小時交周爲二率，實距時化秒爲三率〔二〕，求得四率爲秒。以度分收之，爲交周距弧，以加減平交周。依實距時加減號。又以月實均加減之，爲實交周。江氏永曰：以交周距弧加減平交周者，從平望至實望月距交進退之度也。而月實均爲月之實行，故又以實均依其加減號加減之，爲實望時月距正交或中交之度。視實交周入必食限，爲有食。實交周自五宮十七度四十三分〇五秒至六宮十二度十六分五十五秒，自十一宮十七度四十三分〇五秒至初宮十二度十六分五十五秒，爲必食之限。不入此限者，不必算。江氏永曰：中交正交陰曆陽曆皆以距交十二度十六分五十五秒爲必食之限，此以地影及月兩半徑之最大者算其所當之度如是也。地影必在日之衝，隨人所居，影即因之高下，無地面地心之視差，故月食不論陰陽食分，九服皆同。

求太陽黄、赤實經度 以一小時化秒爲一率，太陽小時平行爲二率，實距時化秒爲三率，求得四率爲秒。以度分收之，爲太陽距弧，依實距時加減號。以加減太陽平行。

〔二〕「實」，諸本作「日」，據推步法解卷三改。

又以日實均加減之，爲黄道經度。江氏永曰：以太陽距弧加減太陽平行者，從平望至實望日進退之平度也。而日實均爲實行，故又以實均加減之，爲實望時日距冬至之經度。即求得赤道經度。法詳「月離求太陰出入時刻」條。江氏永曰：以本天半徑比黄、赤大距之餘弦，若太陽距春秋分黄道經度之正切與赤道經度之正切也。春分後黄道經度内減三宫，爲距春分黄道經度。秋分後減九宫，春分前加三宫，爲距秋分黄道經度。

求實望用時　以日實均變時爲均數時差，以升度差黄、赤經度相減。變時爲升度時差，兩時差相加減，爲時差總。加減之法詳「月離求太陰用時」條。以加減實望爲實望用時。江氏永曰：可見食者，帶距日出後日入前九刻以内者，可以見食。九刻以外者，全在晝，即不必算。食也。

求食甚時刻　以本天半徑爲一率，黄、白大距之餘弦爲二率，江氏永曰：黄、白大距之餘弦九九六二二一。實交周之正切爲三率，求得四率，爲正切。江氏永曰：與「月離求黄道實行」條同，亦猶日躔黄求赤也。查八線表，得食甚交周，與實交周相減爲交周升度差。江氏永曰：實交周者，白道上月距交之度。食甚交周者，黄道上距交之度也。黄與白有升度差，猶赤與黄有升度差也。又以太陰小時引數與太陰實引相加，依月離求初均法算之，爲後均，以後均與月實均相加減兩均同號相減，異號相加。得數，又與小時月平行相加減，兩均同加，後均大則加，小則減；兩均同減，後均大則減，小則加；兩均一加一減，其加減從後均。爲月距日實行。江氏永曰：此於食甚之後設一小時，算其月距日行分若干，以爲升度差，當得若干時分之比例也。此一小時月距日實行，又爲後初虧復圓時刻之用。乃以月距日實行化秒爲一率，江氏永曰：度分之秒。一小時化秒爲二率，江氏永曰：時分之秒。升度差化秒爲三率，江氏永曰：度分之秒。求得四率爲秒。江氏永曰：時分之秒。以分收之，得食甚距時，以加減實望用時，實交周初宮六宮爲減，五宮十一宮爲加。江氏永曰：實交周初宮六宮月已過交，宜減時分差早；五宮十一宮月未至交，宜加時分差晚。爲食甚時刻。江氏永曰：既得實望用時，復求食甚時刻者，白道黃道有升度差，則時刻亦小異也。

求食甚距緯　以本天半徑爲一率，黃、白大距之正弦爲二率，江氏永曰：黃白大距四度五十八分三十秒，正弦八六七三。實交周之正弦爲三率，求得四率，爲正弦。江氏永曰：此以大股大句比小股小句也。查八線表，得食甚距緯。實交周初宮五宮爲北，六宮十一宮爲南。江氏永曰：距交十二度十六分五十五秒以内，所當二道之闊也。遠交緯大，近交緯小，如正當其交，則無距緯，月心與地影心合爲一。

求太陰半徑　以太陰最高距地爲一率，地半徑比例數爲二率，太陰距地心線求月實均時所得。內減去次均輪半徑爲三率，求得四率，爲太陰距地。江氏永曰：此以最高時月距地半徑有奇，求其漸卑之距地也。前所求太陰距地心線者，次均輪心距地心線也。定朔望時月體在次均輪之底，故須減去次均輪半徑一十一萬七千五百，乃爲月實體所在。又以太陰距地爲一率，太陰實半徑爲二率，本天半徑爲三率，求得四率，爲正切。查八線表，得太陰半徑。江氏永曰：太陰視半徑舊表最小者一十五分一十五秒，最大者一十七分二十秒。

求地影半徑　以太陽最高距地爲一率，地半徑比例數爲二率，太陽距地心線求日實均時所得。爲三率，求得四率，爲太陽距地。江氏永曰：此以最高時日距地一千一百六十二地半徑，求其漸卑之距地也。又以太陽光分半徑減地半徑所餘爲一率，太陽距地爲二率，地半徑爲三率，求得四率，爲地影之長。江氏永曰：太陽光分半徑大於地半徑五倍有奇，地影漸遠漸小，成角形，自日心至地影之盡處爲大股，光分半徑爲大句，又於大句股中分爲兩句股。光分半徑減地半徑，所餘次大句也。太陽距地，次大股也。地半徑，小句也。地影長，小股也。又以地影長爲一率，地半徑爲二率，本天半徑爲三率，求得四率，爲正切。檢八線表，得地影角。江氏永曰：地影之角度，引影線至本天滿半徑，其度在本天之弧。又以本天半徑爲一率，地影角之正切爲二率，地影長減太陰距地之餘爲三率，求得四率，爲太陰所當地影之闊。江氏永曰：

大股比大句，若小股與小句也。乃以太陰距地爲一率，地影之闊爲二率，本天半徑爲三率，求得四率，爲正切。檢八線表，得地影半徑。江氏永曰：舊表地影半徑最小者四十三分，最大者四十七分。

求食分　太陰全徑爲一率，十分爲二率，太陰半徑與地影半徑相併，爲併徑，江氏永曰：舊表併徑最小者五十八分一十五秒，最大者一度四分二十秒。內減食甚距緯，併徑不足減距緯，即不食。江氏永曰：距緯大於併徑，不食；與併徑等，亦不食。餘爲三率，求得四率，即食分。江氏永曰：地影半徑內減太陰半徑，其餘距緯與之等，自此以上皆能食既。

求初虧復圓時刻　以食甚距緯之餘弦爲一率，併徑之餘弦爲二率，半徑千萬爲三率，求得四率，爲餘弦。檢八線表，得初虧復圓距弧。江氏永曰：初虧至食甚，食甚至復圓，其距弧等。正弦縱，餘弦橫。月食至地影中橫過，故以餘弦半徑爲比例。八線之理，正弦餘弦相爲消長。正弦大者餘弦小，正弦小者餘弦大，極而至於無正弦，則餘弦與半徑等。假令食甚正當交點，無距緯，則一率與三率皆半徑，而二率四率之餘弦必等，餘弦等，正弦亦等，以併徑之正弦爲半徑，規一小圓於本天大圓之中，地影包其內，是距弧正弦與半徑等。月食必從影之正右橫過，且穿其心。又設距緯與併徑等，則一率與二率之餘弦等，三率與四率皆半徑，則小圓之半徑盡無距弧。月從影之上下相切而過不食矣。其他有距緯未至等於併徑者，三率半徑必稍大於一率，則四率之餘弦亦必稍大於二率。餘弦大者正弦小，距弧月從影之偏右橫過不穿心矣。又以月距日實行化秒爲一率，江氏永曰：前求食甚時刻所得。小時化秒爲二率，初虧復圓距弧化秒爲三率，求得四率，爲秒。以時分收之，爲初虧復圓距時，以加減食甚時刻，得初虧復圓時刻。減得初虧，加得復圓。

求食既生光時刻　食甚距緯之餘弦爲一率，地影太陰兩半徑較江氏永曰：相減之餘也。之餘弦爲二率，半徑千萬爲三率，求得四率，爲餘弦。檢八線表，得食既生光距弧。又以月距日實行化秒爲一率，小時化秒爲二率，食既生光距弧化秒爲三率，求得四率，爲秒。以時分收之，爲食既生光距時，以加減食甚時刻，得食既生光時刻。減得食既，加得生光。

求食限總時　以初虧復圓距時倍之，即食總時。

求太陰黃道經緯度　置太陽黃道經度加減六宮，過六宮則減去六宮，不及六宮則加六宮。江氏永曰：月在日之對衝，故加減六宮。再加減食甚距弧，江氏永曰：食甚距時之弧也。以一小時化秒爲一率，月距日實行化秒爲二率，食甚距時化秒爲三率，求得四率，爲秒。以度分收之，爲食甚距弧。其加減，依食甚距時。又加減黃、白升度差，求升度差法，詳「月離求黃道實行」條。得太陰黃道經度，即求緯度。詳月離。江氏永曰：前已求食甚距緯矣。

求太陰赤道經緯度。詳月離「求太陰出入時刻」條。江氏永曰：本天半徑爲一率，黃、赤大距之餘弦爲二率，太陰距春秋分黃道經度之正切爲三率，求得四率，爲赤道經度之正切。赤緯後無所用，如欲求之，依弧三角兩邊夾一角求對邊之法。

求宿度　**求得本年黃、赤道宿鈐，**求黃道宿鈐法，詳日躔。有黃道經緯度，即可求赤道經緯度，與太陰求赤道法同。江氏永曰：求宿赤道經度用弧三角法，以本宿黃道緯度南則加九十度，北則減九十度爲距黃極之一邊，黃、赤大距爲一邊，本宿距冬至黃道經度爲所夾之外角，過半周者與全周相減，用其餘，依太陰求赤道緯度法，求得對角之邊，爲宿距北極度。不及九十度者減去九十度，餘爲南緯。宿有數星，所求者，距星也。**以太陰黃、赤道經度，各如法減之，**詳日躔。**即得太陰黃、赤道宿度**〔一〕**。**

求黃道地平交角江氏永曰：此下二條，皆爲求定交角以辨初虧復圓方向也。**以食甚時刻**江氏永曰：從子正起。**變赤道度，**每時之四分變作一度，每時之一分變度之十五分。**又於太陽赤道經度內減三宮，**不及減者加十二宮減之。江氏永曰：經度起冬至，故減三宮爲春分。不及減者，在春分前也。**餘爲太陽距春分赤道度，兩數相加，**滿全周去之。**爲春分距子正赤道度；加**

〔一〕「宿」，諸本作「經」，據推步法解卷三改。

減半周，得春分距午正東西赤道度。過半周者減半周，爲午正西；不及半周者與半周相減，爲午正東。春分距午正東西度過象限者與半周相減，餘爲秋分距午正東西度，秋分距午東西與春分相反。以春秋分距午正東西度與九十度相減，江氏永曰：午正赤道距地平九十度故也。餘爲春秋分距地平赤道度，乃用爲弧三角形之一邊，江氏永曰：斜弧三角也。地平截赤道、黄道不能成直角，故爲斜弧三角。以黄、赤大距度，江氏永曰：即春秋分之角度。及赤道地平交角，以極高減象限得之。春分午西、秋分午東者，用此。若春分午東、秋分午西者，則以此度與半周相減，用其餘。江氏永曰：赤道去天頂與極高同，故以極高減象限，即得赤道地平交角。如京師極高四十度，則交角五十度。凡角度，必兩邊皆滿九十度，乃見對角之弧度。午正赤道距地平，地平正東正西距午正，皆九十度，故赤道地平交角，其度在子午圈，黄道地平交角亦同理。赤道交角必向黄道。春分午西、秋分午東者，赤道包黄道，得用其本角，以向黄道。春分午東、秋分午西者，黄道包赤道，故赤道用其外角，以向黄道也。本角鋭，外角鈍，鈍角之正弦餘弦，即鋭角之正弦餘弦，但鋭角之矢爲正矢，鈍角之矢爲大矢，大矢者，半徑加餘弦也。爲邊傍之兩角，江氏永曰：兩角夾一邊也。求得對邊之角，爲黄道地平交角。春分午東、秋分午西者，得數即爲黄道地平交角。如春分午西、秋分午東者，則以得數與半周相減，餘爲黄道地平交角。江氏永曰：即黄道九十度限距地高也。皆用形外垂弧法求之。形外垂弧者，從天頂出線，過春秋分角，至地平成直角，以爲用半徑比例也。春分午東、秋分午西者，赤角鈍而黄角鋭，作垂弧於近赤道邊，以本天半徑爲一率，赤道地平交角之正弦爲二率，春秋分距地平赤道度之正弦爲三率，求得四率，爲正弦。檢表，得度爲垂弧。又以春秋分距地平赤道度之餘弦爲一率，本天半徑爲二率，赤道地平交角之餘切爲三率，求得四率，爲正切。檢表，得虚角。以春秋分角併虚角爲總角。又以本天半徑爲一率，總角之正弦爲二率，垂弧之餘弦爲三率，求得四率。檢表，得度爲黄道地平交角。春分午西、秋分午東者，赤角鋭而黄角鈍，作垂弧於近黄道邊，亦以本天半徑爲一率，赤道地平交角之正弦爲二率，春秋分距地平赤道度之正弦爲三率，求得四率，爲正弦。檢表，得垂弧。又以春秋分距地平赤道度之餘弦爲一率，本天半徑爲二率，赤道地平交角之餘切爲三率，求得四率，爲正切。檢表，得總角。於總角内減春秋分角，餘爲虚角。又以本天半徑爲一率，虚角之正弦爲二率，垂弧之餘弦爲三率，求得四率，爲餘弦。檢表，得黄道地平交角之外角。以外角與半周相減，餘爲黄道地平交角。右法皆三求而後得角。若用次形法，則易邊爲角，易角爲邊，可用加減捷法求之。春秋分角度爲一邊，春秋分距地平赤道度爲所夾之角，兩邊相併爲總弧，相減爲存弧，各取餘弦。視總弧過象限兩餘弦相加，不過象限相減，折半爲初數，以半徑爲一率，角之矢爲二率，初數爲三率，求得四率，爲對弧存弧兩矢較。以矢較加入存弧矢，爲對弧矢，得正矢，與半徑相減得大矢，於矢内減半徑爲餘弦，以餘弦檢表得對弧。易弧爲角，視得正矢爲鋭角，得大矢爲鈍角，此法較捷。

求黄道高弧交角　以黄道地平交角之正弦爲一率，赤道地平交角之正弦爲二率，春秋分距地平赤道度之正弦爲三率，求得四率，爲正弦。檢表，得春秋分距地平黄道度。江氏永曰：黄道地平交角對春秋分距地平赤道一邊，赤道地平交角對春秋分距地平黄道一邊，此亦斜弧三角。角有所對之邊，又一角對所求之邊，則皆用正弦比例。又以太陰黄道經度視春秋分在地平上者，與三九宮相減，餘爲太陰距春秋分黄道度。春秋分宫度大於太陰宫度爲距春秋分前，反此則在後。又以太陰距春秋分黄道度，與春秋分距地平黄道度相加減，爲太陰距地平黄道度。春秋分在午正西者，太陰在分後則加，在分前則減。春秋分在午正東反是。江氏永曰：食甚時，太陰所當黄道度即地影之心，太陰距地平黄道度即影心距地平黄道度也。隨視其距限之東西，春秋分在午西者，太陰距地平黄道度不及九十度爲限西，過九十度爲限東。春秋分在午東者反是。乃以太陰距地平黄道度之餘弦爲一率，本天半徑爲二率，黄道地平交角之餘切爲三率，求得四率，爲正切。檢表，得黄道高弧交角。江氏永曰：從天頂出線過影心至地平與黄道成交角〔一〕，此角對下兩角間之地平弧，弧度未得，不能用正弦法，當如此求之，猶前求虚角總角之法也。此交角於地影上作之，大圓之角度即影邊之角度。食在限東者角在左偏下，限西者角在右

〔一〕「成交」，諸本誤倒，據推步法解卷三乙正。

偏下。

求初虧復圓定交角　置食甚交周，以初虧復圓距弧加減之，得初虧復圓交周，減得初虧，加得復圓。乃以本天半徑爲一率，黄、白大距之正弦爲二率，初虧復圓交周之正弦各爲三率，各求得四率，爲正弦。江氏永曰：亦如求食甚距緯之法。交周初宫五宫爲緯北，六宫十一宫爲緯南。又以併徑之正弦爲一率，初虧復圓距緯正弦各爲二率，半徑千萬爲三率，求得四率，爲正弦。江氏永曰：併徑對直角，距緯對緯差角，故皆以正弦比例。檢表，得初虧復圓距緯差角。各與黄道高弧交角相加減，爲初虧復圓定交角。太陰在限東初虧，緯南則加，緯北則減。太陰在限西初虧，緯南則減，緯北則加。復圓加減反是。江氏永曰：影上所作之交角，限東在左下，限西在右下，而月入影皆從右，出影皆從左。其以緯差角加減交角也，限東視其右上之對角初虧，緯南白道在下，則對角加大〔一〕；緯北白道在上，則對角減小矣。限西視其右下之本角初虧，緯南白道在下，本角減小；緯北白道在上，本角加大。復圓相反，倣此可知。若初虧復圓無緯差角，江氏永曰：正當交點也。即以黄道高弧交角爲定交角。

〔一〕「對」，諸本作「兩」，據推步法解卷三改。

求初虧復圓方向　食在限東者，初虧復圓定交角在四十五度以内，初虧下偏左，復圓上偏右。四十五度以外，初虧左偏下，復圓右偏上。適足九十度，初虧正左，復圓正右。過九十度，初虧左偏上，復圓右偏下。食在限西者，初虧復圓定交角在四十五度以内，初虧上偏左，復圓下偏右。四十五度以外，初虧左偏上，復圓右偏下。適足九十度，初虧正左，復圓正右。過九十度，初虧左偏下，復圓右偏上〔一〕。江氏永曰：近地平則交角小，近限則交角大，正當限適足九十度。有過之者，因緯南緯北有加也。月體不可分東西，而可分左右，其偏正上下，分爲八向，皆視定交角度也。

求帶食　以本日日出或日入時分，初虧或食甚在日出前者爲帶食出地，食甚或復圓在日入後者爲帶食入地。帶食出地者用日出分，帶食入地者用日入分。與食甚時分相減，餘爲帶食距時。以小時化秒爲一率，小時月距日實行化秒爲二率，帶食距時化秒爲三率，求得四率，爲秒。以度分收之，爲帶食距弧。江氏永曰：地平距食甚之弧也。日出帶食在西者，初虧未食甚，食甚點在地平上；食甚未復圓，食甚點在地平下。日入帶食在東者，初虧未食甚，食甚點在地平

〔一〕「上」，諸本作「下」，據推步法解卷三改。

下；食甚未復圓，食甚點在地平上。又以半徑千萬爲一率，帶食距弧之餘弦爲二率，食甚距緯之餘弦爲三率，求得四率，爲餘弦。檢表，得對食兩心相距之弧。江氏永曰：月心與影心相距也。正當食甚時，距緯即兩心相距，因帶食有距弧，或初虧未至食甚，或食甚未至復圓，則兩心相距必大於食甚距緯，别成斜弧。帶食距弧與距緯相交成直角，直角與兩心相距弧對，求法當以一半徑三餘弦爲比例。乃以太陰全徑爲一率，十分爲二率，併徑内減帶食兩心相距餘爲三率，求得四率，爲帶食分秒。

求各省月食時刻　以京師月食時刻，按各省東西偏度加減之。與推各省節氣時刻法同。江氏永曰：月食分秒無異，惟時刻西早而東晚。

求各省月食方向　以各省赤道高度及各省時刻，如法推之。江氏永曰：先以各省偏度加減食甚時，乃依求黄道地平交角以下四條推之。

蕙田案：以上推月食法。

推日食法：

用數

太陽實半徑，五百〇七。餘詳月食。

江氏永曰：地半徑設一百，太陽半徑大於地半徑五倍零七，故爲五百零七。

求天正冬至。詳日躔。

求首朔。詳月食。

求太陽入食限　與月食求逐月望平交周之法同，惟不用望策，即爲逐月朔平交周。視某月交周入可食之限，即爲有食之月。交周自五宫九度〇八分至六宫八度五十一分，又自十一宫二十一度〇九分至初宫二十度五十二分，皆爲可食之限。江氏永曰：陰曆二十度五十二分，陽曆八度五十一分，此虛寬可食之限。日食限陰曆度多，陽曆度少，由人在地面視月有視差，月不當天頂，則視之恒降而下。初宫五宫月在黄道北，去交尚遠，實度本不食，視度減之，則見食。六宫十一宫月在黄道南，去交近，實度本當食，視度加之，反不見食矣。後推三差詳之。

求平朔　與月食求平望之法同，惟不加望策。後三條同。

求太陽平行。

求太陽平引。

求太陰平引。

求太陽實引。

求太陰實引。

求實朔。

求實交周　以上四條，皆與月食法同，惟食限不同。實交周自五宫十一度四十五分至六宫六度十四分，又自十一宫二十三度四十六分至初宫十八度十五分，爲的食限。實交周入此限者，爲有食。不入限者，不必布算。然亦有入限而不食者，因三差故也。後詳之。江氏永曰：陰曆十八度十五分，陽曆六度十四分，爲的食限。

求太陽黄、赤實經度。與月食法同。下二條倣此。

求實朔用時　實朔用時，在日出前或日入後五刻以内，可以見食。五刻以外，全在夜，不必布算。江氏永曰：五刻以内可見帶食。

求食甚用時與月食求食甚時刻法同。按月食無視差，故以食甚距時加減實望用時，即得食甚時刻。若日食則視差多端，其時刻因之進退，故復有近時定時之求。此則只名用時也，此後則因用時求視差以推定時。

求用時春秋分距午赤道度　以太陽赤道經度減三宫，不足減者，加十二宫減之。爲太陽距春分後赤道度。又以食甚用時變爲赤道度，加減半周，過半周者，減去半周。不及半周者，加半周。江氏永曰：過半周者，午正後。不及半周者，午正前。爲太陽距午正赤道度，兩數相加，滿全周去之。其數不過象限者，爲春分距午西赤道度；過一象限者，與半周相減，餘爲秋分距午東赤道度；過二象限者，則減去二象限，餘爲秋分距午西赤道度；過三象限者，與全周相減，餘爲春分距午東赤道度。江氏永曰：如用時爲巳正，赤道度一百五十度，加半周一百八十度爲三百三十度。假令太陽距春分二十度，相加三百五十度，是過三象限，與全周相減，餘十度，爲春分距午東赤道度。如太陽距春分四十度，相加三百七十度，滿全周去之，餘十度，是不過象限，爲春分距午西赤道度。過一象限、過二象限倣此。

求用時春秋分距午黄道度　以黄、赤大距之餘弦爲一率，江氏永曰：黄、赤大距之餘弦九一七一二。本天半徑爲二率，用時春秋分距午赤道度之正切爲三率，求得四率，爲正切。檢表，得用時春秋分距午黄道度。江氏永曰：此即「月離太陰出入時刻」條黄求赤之法反用之也。八線之理，餘弦與半徑，若半徑與正割，如欲用半徑爲法以省除，則以本天半徑爲一率，黄、赤大距之正割一〇九〇三七爲二率。

求用時午位黄、赤距緯　以本天半徑爲一率，黄、赤大距之正弦爲二率，江氏永曰：黄、赤大距之正弦三九八六二。用時春秋分距午黄道度之正弦爲三率，求得四率，爲正弦。

檢表，得用時午位黃、赤距緯。江氏永曰：此以大股大句比小股小句也。

求用時黃道與子午圈交角　以用時春秋分距午黃道度之正弦爲一率，本天半徑爲二率，用時春秋分距午赤道度之正弦爲三率，求得四率，爲正弦。檢表，得用時黃道與子午圈交角。江氏永曰：午圈交赤道成直角，則有半徑正弦與黃道弧對，而赤道弧則對黃道午圈交角者也，故皆以正弦比例。如欲易半徑爲一率以省除，則以春秋分距午黃道度之餘割爲二率。

求用時午位黃道宮度　置用時春秋分距午黃道度，視春分在午西者加三宮，秋分在午西者加九宮，春分在午東者與三宮相減，秋分在午東者與九宮相減，得用時午位黃道宮度。江氏永曰：午位黃道宮度從冬至初宮起，故如此加減。

求用時午位黃道高弧　以用時午位黃、赤距緯與赤道高弧北極高度減象限之餘。相加減，得用時午位黃道高弧。黃道三宮至八宮則相加，九宮至二宮則相減。江氏永曰：如極高四十度與九十度相減，餘五十度。江氏永曰：春分後北緯故加，秋分後南緯故減。

求用時黃平象限距午度分　以用時黃道與子午圈交角之餘弦爲一率，本天半徑爲二率，用時午位黃道高弧之正切爲三率，求得四率，爲正切。檢表，得度。與九十度相減，餘爲用時黃平象限距午度分。江氏永曰：黃道在地平上恒半周，其九十度限爲最高之處，謂之黄平象限。一日惟春秋分二點，正當地平時九十度，限在正午。若春秋分在地平上，此限或在午東，或在午西。日食推食分食時之差，先求此限所在爲要。既求得黄道與子午圈交角爲一角，午位黄道高弧爲一邊，又有子午圈交地平之直角，是爲兩角夾一邊。求對直角之黄弧，亦如前春秋分距午黄道度之法求之。如欲用半徑爲一率以省除，則以黄道與子午交角之正割爲二率也。求得四率，爲午位黄道距地平之度，與九十度相減，則得限距午度分。春分在地平上，限在午東；秋分在地平上，限在午西。

求用時黄平象限宫度　以用時黄平象限距午度分與用時午位黄道宫度相加減，得黄平象限宫度。午位黄道宫度，初宫至午宫爲加，六宫至十一宫爲減。若午位黄道高弧過九十度，則反其加減。江氏永曰：初宫至五宫春分在地平上，六宫至十一宫秋分在地平上，午位黄道高弧過九十度者，極高二十三度半以下之方也。北向視日，故反其加減。

求用時月距限　以太陽黄道經度，與用時黄平象限宫度相減，餘爲月距限度。隨視其距限之東西。太陽黄道經度大於黄平象限宫度者爲限東，小者爲限西。江氏永曰：此時未求東西差，太陽黄道經度即太陰黄道經度。

求用時限距地高　以本天半徑爲一率，用時黄道與子午圈交角之正弦爲二率，用時午位黄道高弧之餘弦爲三率，求得四率，爲餘弦。檢表，得用時限距地高。江氏永曰：限距地高即黄道地平交角，此以兩角夾一邊求對邊之角也。午位黄道高弧即午位黄道距天頂之餘度，限距地高即限距天頂之餘度。如從天頂算之，則爲半徑與黄道子午圈交角之正弦。若午位黄道距天頂之正弦與限距天頂之正弦，以減象限，而得限距地高。此用高弧算之，故用餘弦。此兩餘弦，即彼兩正弦也。從天頂算，亦有半徑正弦者。黄極出線過天頂至黄平象限成直角，黄極出線至黄道無非直角，他處不過天頂，惟交黄平象限乃過天頂。月食求黄道地平交角，既得春秋分距地平赤道度後，三求可得。此須委曲求之者，必求黄平象限故也。

求用時太陰高弧　以本天半徑爲一率，用時限距地高之正弦爲二率，用時月距限之餘弦爲三率，求得四率，爲正弦。檢表，得用時太陰高弧。江氏永曰：高弧交地平爲直角，與月距地平黄道度之弧對，而限距地高即黄道地平交角，與所求高弧對，皆以正弦比例。此用月距限之餘弦，即月距地平黄道度之正弦也。

求用時黄道與高弧交角　以用時月距限之正弦爲一率，用時限距地高之餘切爲二率，本天半徑爲三率，求得四率，爲正切。檢表，得用時黄道與高弧交角。江氏永曰：從天頂出線交黄道經度至地平之角也。有月距地平黄道度爲一邊，有限距地高即黄道地平交角，又有太陰高弧交地平爲直角，是以兩角與對直角之邊而求又一角，法當以月距地平黄道度之餘弦爲一率，此用月距限之正弦，即月距地平黄道度之餘弦也。此角作之於日體上，角當日心角度在邊。食在限東，角在日之左下；在限西，角在日之右下。

求用時白道與高弧交角　置用時黃道與高弧〔一〕，以黃白交角即朔望黃白大距度。江氏永曰：朔望黃、白大距四度五十八分三十秒，近五度。加減之，交周初宮十一宮月距限東則加，限西則減。交周五宮六宮反是。江氏永曰：初宮十一宮爲正交，白道自南而交入於北。五宮六宮爲中交，白道自北而交出於南。月體偏南，以南爲下，北爲上。月距限東者，交角向東南，黃道西高而東下。遇正交逆其勢，白道昂而出於上，則黃道高弧交角本小者，增大約五度矣。遇中交順其勢，白道愈低而下，則交角愈變小，減約五度矣。月距限西者，交角向西南，黃道東高而西下，遇正交，順其勢，交角愈小；遇中交，逆其勢，交角變大。此東西加減之理也。得用時白道與高弧交角。加過九十度者〔二〕，限東變爲限西，限西變爲限東；不足減者，反減之。限距地高在天頂北者，白平象限變爲天頂南；限距地高在天頂南者，白平象限變爲天頂北。江氏永曰：白道高弧交角適足九十度者，正當白道限處，即白平象限也。如黃道交角已有八十五度一分半，加入四度五十八分半，滿九十度，則無東西差。若過九十度，則交角改向，本在東南者，變爲西南，而月在限西；本在西南者，變爲東南，而月在限東；本用加者，變而減矣；不足減者，反減之。此謂月距限甚近地平黃道交角，不及四度五十八分半，則置黃白距度，而以

〔一〕「弧」下，推步法解卷四有「交角」二字。
〔二〕「加」，諸本作「如」，據推步法解卷四改。

黄道交角反減之。黄平象限近天頂，有白道之加減，能變北爲南、南爲北也。交角與距限相因，限近者交角大，限遠者交角小。後求東西差，其關鍵在交角之餘弦，既得白道高弧交角，則可不必求白平象限矣。

日食加時，古法以正午爲限，午後先會後食時用加，午前先食後會時用減，正午則無加減。此未明九十度限之理也。九十度限，黄道在地平上最高之處，日月距限有遠近，黄道高弧交角由此變，時差多少由此生，非以正午爲限也。一日之間，惟春秋分二點正當地平限，與午圈合爲一，其餘皆在午東午西，距午度分多少，又視極之高下，極高四十度之地，限距午最多者二十四度有奇。如用古法，則食時近午前，或在限西，當加者誤減之。食時近午後，或在限東，當用減者誤加之矣。西法始以黄道九十度爲限，然猶未密也。日食由月掩，月之視差又大，當論白道之九十度限，乃爲親切。白平象限在黄平象限之左右，朔望時黄白交角四度五十八分半，即是二限相距之度分。既以黄平象限求得黄道高弧交角，乃以黄白交角加減之，而得白道高弧交角，以爲後求東西差之用。於理爲盡，於法爲最密。

求太陽距地。 詳「月食求地影半徑」條。

求太陰距地。 詳「月食求太陰半徑」條。

求用時高下差　以地半徑爲一邊， 江氏永曰：地半徑一百。 **太陽太陰距地爲一邊，用時太陰高弧與九十度相減，爲所夾之角，** 江氏永曰：太陰距天頂之度也。太陽之地半徑差小食時，日月相去甚近，故求太陽地半徑差亦同用太陰之高弧，雖微有高下，不論也。 **求得對地半徑之**

角，爲太陽太陰地半徑差。用太陽距地爲邊求得者，爲太陽地半徑差。用太陰距地爲邊求得者，爲太陰地半徑差。江氏永曰：日食有東西南北差，皆生於高下差，高下差由於地半徑。曆所算食甚時當食幾分者，地心視日月也。人從地面視日月，非正當天頂則有差。從地心出線指日月，又從地面出線指日月，并地半徑線直上至人所立處爲三邊，自地平以上皆爲斜平三角形。求對地半徑之角，有本法，有捷法。本法，作垂線分爲兩句股形，先求垂線爲小股，本天半徑爲一率，夾角之正弦爲二率，地半徑爲三率，求得四率，爲垂線。次及小句，以本天半徑爲一率，夾角之餘弦爲二率，地半徑爲三率，求得四率，爲小句。以小句減日月距地線，餘爲大句。乃以大句爲一率，垂線爲二率，本天半徑爲三率，求得四率，爲正切。檢表，得對地半徑之角。捷法，用切線分外角法求之。以夾角減半周，餘爲外角，折半，檢表，取正切線，以地半徑與日月距線相加爲一率，相減爲二率，半外角正切爲三率，求得四率，爲正切。檢表，得半較角。以半較減半外角，其餘即對地半徑之角。本欲求視日月之差角，今反求對地半徑之角，何也？此倒算法也。凡角相對者必等，地面地心視日月之差，猶從日月視地面地心之差也。兩地半徑差相減，餘爲用時高下差。江氏永曰：日遠月近，日差小，近地平三分有奇；月差大，近地平一度有奇；兩差相減，乃爲高下差。

求用時東西差　以本天半徑爲一率，用時白道高弧交角之餘弦爲二率，用時高下差之正切爲三率，求得四率，爲正切。檢表，得用時東西差。江氏永曰：日月正當白平象限，則高下差即爲南北差，而無東西差。有距限則有東西差，有南北差。三差似句股形，高下差爲弦，南北差爲股，東西差爲句。直角對高下差，交角對南北差，餘角對東西差。直角者，從白極出線過原月心，至視白道成直角也。交角者，從天頂出線過原月心，至視白道與白道交，即白道高弧交角之對角也。餘角者，原月心距極、距頂二線相交之角也。高下差在距頂線上，南北差在距白極線上，東西差在視白道線上。如白道遇天頂北者，距極線先過降下之視白道，而後至原白道，東西差在原白道上也。餘角對東西差，故以交角餘弦爲比例。交角小者餘弦大，東西差多。交角大者餘弦小，東西差少。至滿九十度，則餘弦與半徑等，兩正切亦等，而無東西差矣。

求食甚近時　以月距日實行化秒爲一率，江氏永曰：前求食甚用時所得，見「月食求食甚時刻」條。小時化秒爲二率，用時東西差化秒爲三率，求得四率，爲秒。以時分收之，爲近時距分，江氏永曰：近地平距分，大者過六十分。以加減食甚用時，用時月距，限西則加，限東則減，仍視白道高弧交角變限不變限爲定。江氏永曰：變限雖西亦減，東亦加。舊法未用白道高弧交角，則有加誤爲減、減誤爲加者矣。得食甚近時。按近時已較用時爲親切矣。然視差頃刻變幻，其時刻猶未可定，故復因近時求視差，以推定時。

求近時春秋分距午赤道度　以食甚近時變赤道度求之。餘與前用時之法同。後諸條倣此，但皆用近時所當度數立算。

求近時春秋分距午黄道度。

求近時午位黄、赤距緯。

求近時黄道與子午圈交角。

求近時午位黄道宫度。

求近時午位黄道高弧。

求近時黄平象限距午度分。

求近時黄平象限宫度。

求近時月距限　置太陽黄道經度，加減用時東西差，依近時距分加減號。爲近時太陰黄道經度，與近時黄平象限宫度相減，爲近時月距限度。餘與前同。

求近時限距地高。

求近時太陰高弧。

求近時黄道與高弧交角。

求近時白道與高弧交角。

求近時高下差。

求近時東西差。

求食甚視行　以用時東西差倍之，減近時東西差，餘爲視行。江氏永曰：此爲求定時距分比例設也。假令用時東西差三十分，近時東西差三十一分，則近時比用時多一分矣。夫月距日此時三十分，而多一分，則由近時至定時，月行三十分又必多一分，并前爲二分，其數恒倍，故於用時東西差先倍之，然後減之，而以其餘爲視行。如用時東西差三十分，倍之六十分，減去近時三十一分，餘二十九分，爲視行。如近時差分少，於用時差分，亦倍而減之，而視行大於用時差分。

求食甚定時　以視行化秒爲一率，近時距分化秒爲二率，用時東西差化秒爲三率，求得四率，爲秒。以時分收之，爲定時距分。江氏永曰：視行化秒與用時東西差化秒相較之差，猶近時距分與定時距分相較之差也。以加減食甚用時，得食甚定時。加減與近時距分同。江氏永曰：加減法見前「求食甚近時」條。按食甚時刻，須求時差而定，則食分之深淺，亦必因視差而變，故復因定時求視差以定食分。

求定時春秋分距午赤道度　以食甚定時變赤道度求之。餘與用時之法同。後諸條倣此，但皆用定時所當度數立算。

求定時春秋分距午黄道度。

求定時午位黄、赤距緯。

求定時黄道與子午圈交角。

求定時午位黄道宫度。

求定時午位黄道高弧。

求定時黄平象限距午度分。

求定時黄平象限宫度。

求定時月距限　置太陽黄道經度，加減近時東西差，依定時距分加減號。爲定時太陰黄道經度。餘同前。江氏永曰：定時太陰黄道經度，與定時黄平象限宫度相減，爲定時月距限度。

求定時限距地高。

求定時太陰高弧。

求定時黄道與高弧交角。

求定時白道與高弧交角。

求定時高下差。

求定時東西差。

求定時南北差。江氏永曰：前未得定時，不必求南北差，至此然後求之，以定食分。以本天半徑爲一率，定時白道高弧交角之正弦爲二率，定時高下差之正弦爲三率，求得四率，爲正弦。檢表，得定時南北差。江氏永曰：東西南北差皆因月有距限度，從高下差而生，其理與其形象，已解見「求用時東西差」條。凡四率皆用正弦者，角與邊相對也。半徑即直角之正弦。此直角對高下差，白道高弧交角對南北差，故如此求之。

求食甚視緯　依月食求食甚距緯法推之，得實緯。江氏永曰：以本天半徑爲一率，黄、白大距之正弦爲二率，實交周之正弦爲三率，求得四率，爲正弦。檢表，得實緯。按食甚定時有東西差，則太陰距交亦有進退，而求實緯，必仍用原算之實交周正弦爲三率。實交周者，實朔用時太陰距交之白道度也。至以定時南北差加減之爲視緯，則距交進退之度，亦在其中矣。以定時南北差加減之，爲食甚視緯。白平象限在天頂南者，實緯在黄道南則加，而視緯仍爲南；在黄道北則減，而視緯仍爲北。若實緯在北，而南北差大於實緯則反減，而視緯變爲南。白平象限在天頂北者，實緯在黄道北則加，而視緯仍爲北；在黄道南則減，而視緯仍爲南。若南北差大而反減者，視緯即變南爲北。江氏永曰：交周初宫五宫爲北，六宫十一宫爲南。反減者，以實緯減南北差也。人在地面視月，恒降而下；月在天頂北，則降下於北。實緯多者反少，少者反多，故加減相反。

求太陽半徑　以太陽距地爲一率，江氏永曰：求太陽距地，見「月食求地影半徑」條。太陽實半徑爲二率，本天半徑爲三率，求得四率，爲正弦。檢表，得太陽半徑。江氏永曰：舊表最小者十五分，最大者十五分三十秒。

求太陰半徑。詳月食。

求食分　以太陽全徑爲一率，十分爲二率，江氏永曰：分太陽全徑爲十分，但以直徑線上截之，未論圓容之積也。月食亦然。太陽太陰兩半徑併内減食甚視緯，餘爲三率，求得四率，即食分。江氏永曰：一分又分六十秒。視緯之餘，亦當化分爲秒，求得四率，以分收之，其餘爲秒。

求初虧復圓用時　以食甚視緯之餘弦爲一率，併徑太陽太陰兩半徑併。之餘弦爲二率，半徑千萬爲三率，求得四率，爲餘弦。檢表，得初虧復圓距弧。江氏永曰：初虧至食甚之弧、食甚至復圓之弧也。用餘弦之理，解見月食。又以月距日實行化秒爲一率，小時化秒爲二率，初虧復圓距弧化秒爲三率，求得四率，爲秒。以時分收之，爲初虧復圓距時。以加減食甚定時，得初虧復圓用時。減得初虧，加得復圓。

求初虧春秋分距午赤道度　以初虧用時變赤道度求之。餘如前法。後諸條倣此，但皆用初虧所當度數立算。

求初虧春秋分距午黄道度。

求初虧午位黄、赤距緯。

求初虧黄道與子午圈交角。

求初虧午位黄道宫度。

求初虧午位黄道高弧。

求初虧黄平象限距午度分。

求初虧黄平象限宫度[一]。

求初虧月距限　置太陽黄道經度減初虧復圓距弧，又加減定時東西差，依定時距分加減號。得初虧太陰黄道經度。餘同前。江氏永曰：太陰黄道經度大於黄平象限者爲限東，小者爲限西。

求初虧限距地高。

求初虧太陰高弧。

[一]「限」，諸本作「弦」，據推步法解卷四改。

求初虧黄道與高弧交角。

求初虧白道與高弧交角。

求初虧高下差。

求初虧東西差。

求初虧南北差。

求初虧視行　以初虧東西差與定時東西差相減，併初虧食甚同限則減，初虧限東、食甚限西則併。江氏永曰：食近限則有變限。日月左旋，故初虧限東，食甚限西。復圓，倣此。爲差分，以加減初虧復圓距弧爲視行。相減爲差分者，食在限東，初虧東西差大則減，小則加，食在限西反是。相併爲差分者恒減。江氏永曰：初虧視食甚却而西，其加減宜如此。

求初虧定時　以初虧視行化秒爲一率，初虧復圓距時化秒爲二率，初虧復圓距弧化秒爲三率，求得四率，爲秒。以時分收之，爲初虧距分。江氏永曰：有餘爲秒。以減食甚定時，得初虧定時。江氏永曰：初虧復圓用時已近密矣，而視差頃刻有變，故復以兩東西差求定時，爲最密。

求復圓春秋分距午赤道度　以復圓用時變赤道度求之。餘如前法。後諸條倣此，但皆用復圓所當度數立算。

求復圓春秋分距午黄道度。

求復圓午位黄、赤距緯。

求復圓黄道與子午圈交角。

求復圓午位黄道宫度。

求復圓午位黄道高弧。

求復圓午位黄平象限度分。

求復圓黄平象限宫度。

求復圓月距限　置太陽黄道經度，加初虧復圓距弧，又加定時東西差，依定時距分加減號。得復圓太陰黄道經度。餘同前〔一〕。

求復圓限距地高。

求復圓太陰高弧。

〔一〕「同前」，諸本誤倒，據推步法解卷四乙正。

求復圓黄道與高弧交角。

求復圓白道與高弧交角。

求復圓高下差。

求復圓東西差。

求復圓南北差。

求復圓視行　以復圓東西差與定時東西差相減，併爲差分。復圓食甚同限則減，食甚限東、復圓限西則併。以加減初虧復圓距弧爲視行。相減爲差分者，食在限東，復圓東西差大則加，小則減；食在限西反是。相併爲差分者，則恒減。江氏永曰：復圓視食甚進而東，則加減宜如此。

求復圓定時　以復圓視行化秒爲一率，初虧復圓距時化秒爲二率，初虧復圓距弧化秒爲三率，求得四率，爲秒。以時分收之，爲復圓距分。以加食甚定時，得復圓定時。

求食限總時　以初虧距時與復圓距時相併，即得食限總時。

求太陽黄、赤宿度。與月食同。

求初虧復圓定交角　求得初虧復圓各視緯，與食甚法同。江氏永曰：置食甚交周，以初虧復圓距弧加減之，得初虧復圓交周，乃以本天半徑爲一率，黃、白大距之正弦爲二率，初虧復圓交周之正弦各爲三率〔一〕，各求得四率，爲正弦。檢表，得初虧復圓實緯。各以初虧復圓南北差加減之，爲視緯。加減法詳食甚視緯。實交周加減升度差，即爲食甚交周，求法見「月食食甚時刻」條。此用食甚交周者，初虧復圓距弧，皆黃道上度分故也。以求緯差角，江氏永曰：太陽太陰兩半徑之正弦爲一率，初虧復圓視緯之正弦各爲二率，半徑千萬爲三率，求得四率，爲正弦。檢表，得初虧復圓緯差角。各與黃道高弧交角相加減，爲初虧及復圓之定交角，法與月食同。江氏永曰：太陽體上作十字交角，限東在左下，限西在右下，而月虧日皆從右，復圓皆從左，其以緯差角加減交角也。限東視其右上之對角初虧，緯南白道在下，對角加大；緯北白道在上，對角減小。限西視其右下之本角初虧，緯南白道在下，本角減小；緯北白道在上，本角加大。復圓加減反此。

求初虧復圓方向　食在限東者，初虧復圓定交角在四十五度以內，初虧上偏右，復圓下偏左；四十五度以外，初虧右偏上，復圓左偏下；適足九十度，初虧正右，復圓正左；過九十度，初虧右偏下，復圓左偏上。食在限西者，初虧復圓定交角在四十五度以內，初虧下偏右，復圓上偏左；四十五度以外，初虧右偏下，復圓左偏上；適足九

〔一〕「周」，諸本作「角」，據推步法解卷四改。

十度，初虧正右，復圓正左；過九十度，初虧右偏上，復圓左偏下。京師北極高四十度，黃平象限在天頂南，故其方向如此。若北極高二三十度以下，黃平象限有時在天頂北，則方向與此相反。

江氏永曰：日體不可分東西，而可分左右，其方向與月食相反。

求帶食 以初虧復圓距時化秒爲一率，初虧復圓視行化秒爲二率，帶食在食甚前，用初虧視行。帶食在食甚後，用復圓視行。帶食距時以食甚定時，如月食法求之。江氏永曰：初虧或食甚在日出前者爲帶食出地，食甚或復圓在日入後者爲帶食入地。帶食出地者用本日日出時分，帶食入地者用本日日入時分，與食甚時分相減，餘爲帶食距時。化秒爲三率，求得四率，爲秒。以度分收之，爲帶食距弧。江氏永曰：地平距食甚之弧也。帶食出地者，初虧未食甚，食甚點在地平下；食甚未復圓，食甚點在地平上；帶食入地者，初虧未食甚，食甚點在地平上；食甚未復圓，食甚點在地平下。又以半徑千萬爲一率，帶食距弧之餘弦爲二率，食甚視緯之餘弦爲三率，求得四率，爲餘弦。檢表，得帶食兩心相距〔一〕。江氏永曰：正當地平時日月兩心相距也。食甚時視緯即兩心相距，因帶食有距弧，則兩心相距必大，於視緯別成斜弧。帶食距弧與視緯相交成直角，而兩心相距之弧與直角對，求法當以一半徑三餘弦爲比例也。乃以太陽全徑爲一率，十分爲二率，併徑

〔一〕「帶食」，諸本作「對食」，據推步法解卷四改，下「帶食」同。

內減帶食兩心相距，餘爲三率，求得四率，爲帶食分秒。江氏永曰：求帶食論本法當如此，而日月近地平，恒有青蒙氣掩映，蒙氣能升卑爲高，日未出地，或已入地，而猶在地平上，又能展小爲大，如此則加時早晚食分多少，有與原算不合者矣。不必帶食，即正食時近地平在蒙氣內者亦然。蒙氣高卑厚薄，各隨其方，須積候之久，以意消息。又或隨日隨時有游氣，謂之本氣，雖近天頂亦然。故日食三差之外猶有三差：一曰青蒙氣差，一曰青蒙徑差，一曰本氣徑差。此非法所能御，故不論也。月食亦然。

求各省日食時刻及分　以京師食甚用時，按各省東西偏度加減之，得各省食甚用時。江氏永曰：偏東一度遲時之四分，偏西一度早時之四分。乃按各省北極高度，如法推近時定時食分及初虧復圓定時即得。江氏永曰：推算止及各省治，細論之，各府州縣亦不同也。

求各省日食方向　以各省黄道高弧交角及初虧復圓視緯，如法求之即得。

蕙田案：以上推日食法。

右推步法中